城乡视角下的土地管理理论与实践

柴玲 著

中国大地出版社

· 北 京 ·

图书在版编目（CIP）数据

城乡视角下的土地管理理论与实践 / 柴玲著. -- 北京：中国大地出版社, 2018.9（2025.1 重印）

ISBN 978-7-5200-0271-4

Ⅰ. ①城… Ⅱ. ①柴… Ⅲ. ①土地管理－研究－中国 Ⅳ. ①F321.1

中国版本图书馆 CIP 数据核字(2018)第 212045 号

CHENGXIANG SHIJIAO XIA DE TUDI GUANLI LILUN YU SHIJIAN

责任编辑：王雪静 万卉
责任校对：王洪强
出版发行：中国大地出版社
社址邮编：北京市海淀区学院路31号，100083
电　　话：(010)66554542 (编辑室)
网　　址：http://www.chinalandpress.com
传　　真：(010)66554577
印　　刷：北京地大彩印有限公司
开　　本：787mm×1092mm 1/16
印　　张：14.25
字　　数：215千字
版　　次：2018年9月北京第1版
印　　次：2025年1月北京第2次印刷
定　　价：48.00元
书　　号：ISBN 978-7-5200-0271-4

前　言

　　土地是人类生存与发展的重要基础资源，迄今为止，人类所创造的一切财富，都源于对土地的利用，自古"有土斯有财""土地是财富之母""地者万物之本源，诸生之根苑也"等至理名言深入人心。因此，人类社会始终非常重视土地问题。

　　随着社会经济的发展以及人口数量的增加，人地矛盾日益突出。在此背景下，如何对土地进行科学管理成为一项重要课题。在中华人民共和国建立初期进行全国土改以后，我国进入了社会主义的土地管理时期。由于历史遗留问题较多，加上近年来我国城镇化进程加速，土地问题错综复杂，在很多具体问题上"理论滞后、实践先行"特征明显，导致土地管理实践待解决问题众多。一方面，在快速城镇化背景下，房地产市场火爆，城市土地的资产价值得到极大显化。地方政府通过城乡建设用地增减挂钩政策，将城市百千里之外的农村建设用地指标拿给城市所用。这些制度和政策的出台是必然的，但是其应有的配套设计却不够完善，比如土地增值收益的合理分配、土地的高效与可持续利用等问题。这些问题虽然受到中央高度重视，但依然没有得到很好的解决。另一方面，我国巨大的城乡差距依然存在，城市与农村对农村青年一代形成巨大的推拉力效应，导致在可预见的将来，农村劳动力数量将呈断崖式减少，农村土地的流转、规模化经营、农业合作社等将面临新问题。一方面，在我国工业化进程中，农地受到严重污染，这也将带来新的挑战和课题。因此，在新的发展时期，我国土地管理工作更显重要。在继承原有理论和方法、总结历史实践经验的基础上，还要面对新出现的各种土地问题，这就要求我们在制度政策、管理实施、技术方法等多方面都要与时俱进。这些年来，国务院、土地管理部门以及其他有关部门经常颁布一些有关土地管理的政策规定、通知文件等，就充分地说明了这一点。本书从我国当前土地利用实际出发，从促进城乡发展的角度对土地资源的管理与利用进行了深入的分析，希望能够为解决我国城乡土地管理中存在的问题，促进城乡经济协调、稳定、可持续发展提供一定的帮助。

本书共分八章对主题内容进行了分析与研究，第一章内容为土地与土地管理，第二章分析介绍了土地管理的理论基础，第三章对土地管理的主要内容进行了深入的分析与探讨，第四章、第五章内容是城市维度的土地管理，包括城市土地规划及城乡一体化中的土地利用、城市土地市场与城乡统一用地市场建设两个方面的内容，第六章、第七章从农村视角分析土地管理，包括农村土地流转及城乡统筹下的集约利用、城市进程中农村耕地保护及生态修复等内容，第八章介绍了城乡统一建设用地市场的建立。

笔者在写作本书的过程中参考了众多专家学者的研究成果，在此表示诚挚的感谢！由于时间和精力的限制，书中可能会出现差错和疏漏，恳请广大读者积极给予指正，以便使本书不断完善！

作　者

2018 年 5 月

目　　录

第一章　土地与土地管理

第一节　土地的概念、特性以及职能

一、土地的概念

土地，最直接的解释是地球表层的陆地部分。但是随着社会生产力的发展、科学技术的进步和人类与土地的关系越来越密切，人们对土地的认识和理解也逐步深入和宽广。土地，是由气候、地貌、岩石、土壤、植被、水文、基础地质以及人类活动的种种结果组成的自然经济综合体。

首先，土地是自然的产物，但在人类对其的利用中又会产生经济利益。因此，自从有人类历史以来，都在不断地改造和利用土地，人类的发展历史也是一部土地利用与管理的历史。

其次，土地既是资源，又是资产。土地是一种自然资源，地球表层是一个深厚、宽广、博大的自然资源库，包括气候资源、水资源、生物资源、矿产资源和土地资源等，土地资源是其重要的组成部分，甚至构成其他资源的载体。随着土地资源进入人类的社会、经济活动领域，又是一种重要的资产。在奴隶社会和封建社会，封疆割地、将土地据为己有，是王公贵族社会经济地位的基本体现；在资本主义社会，土地作为一种重要的财产(不动产)是私人业主和资本家财产的重要组成部分；在我国目前的社会主义社会，实行土地公有制，在进行土地使用制度改革以后，土地使用权作为一种重要的资产已经成了企业资产的一部分。因此，在任何经济社会，土地都充分体现了其资产特性。

另外，土地虽然以实物形态存在，但又依赖于产权。尤其是土地作为资产进入社会经济领域，由于它是一种不能移动的财产(不动产)，其进行买卖、租赁，甚至利用过程中，都需要有明确的产权关系，因此从这一角度来说，土地产权关系是土地的重要构成部分之一。

二、土地的特性

(一) 土地是自然的产物

在社会生产中，其他生产资料都是劳动的产物，唯有土地是自然本身的产物。土地为自然所赋予，非人力所能创造，土地在人类出现以前早已存在，人类不能制造土地，但人类的劳动可以影响土地利用和改良土壤。土地的这一特性，启示我们要珍惜和保护土地。

(二) 土地面积的有限性

在社会生产发展过程中，生产资料的数量可以不断增加，但作为生产资料的土地，因受地球表面陆地部分的空间限制，土地的面积(数量)是有限的，既不能增加，也不能用其他生产资料来代替。正像马克思所说的那样，它不能像工业生产中那样随意增加效率相同的生产工具的数量，即肥沃程度相同的土地数量。列宁也曾指出：土地有限是一个普遍现象。人类可以围湖填海造地，但这只是对地球表层土地形态的改变。从总体看，人类只能改变土地的形态，改善或改良土地的生产性能，但不能增加土地的总量。所以人类必须充分、合理地利用全部土地，不断提高集约化经营程度，从而使有限的土地生产出更多的物质财富，以满足整个社会的需要。

(三) 土地的永久性

其他任何生产资料在使用过程中，都会逐渐陈旧或受到磨损，最后报废。但土地在使用过程中，只要合理利用，其肥力或生产力可以不断提高，成为持续不断的永久性的生产资料。不合理地开垦和利用土地，将导致土地生态系统的破坏，使土壤肥力和土地生产能力下降，最后人类将受到自然界的惩罚。土地的这一特性，启示我们必须尊重客观规律，对土地进行科学规划、正确利用。

（四）土地位置的固定性

其他生产资料可以移位，而土地则是固定的，即地球表层的陆地是恒定的，其空间位置，包括任何一部分土地与其他部分土地的关系，也都是不能随意移动的。土地位置的固定性，不是人为因素所能改变的，哪怕由于特殊需要，无限地抬高土地的价格，也不能改变土地的地理位置。人们不可能用土壤肥沃、地形平坦、交通便利的土地，来替换荒僻地区、交通不便、地形复杂和土壤肥力低劣的土地。可见，土地的利用与改良具有鲜明的地域特点，必须根据当地的自然生态环境因地制宜地组织生产，确定合理的土地利用结构的布局。土地位置是固定的，但其在被人类利用过程中所表现出的社会、经济位置，即土地区位条件则是可变的。例如，有些地区原为条件良好的住宅区，因附近建了工厂，以致变成环境污染或过密的居住区，影响居住区的居住条件；相反，有些原为条件不好的居住区，由于公共设施的兴建而变成优良的居住区，城市内的居住小区改造正体现了这一点。土地的经济位置也是可变的，城市内道路和车站的增加或迁移，基本设施的扩建、改建等，都会影响市区土地的经济价值和利用效益。

（五）土地用途的多样性

同一块土地可作为住宅用地、工业用地、商业用地、交通用地、农业用地，甚至旅游娱乐用地等，这就是土地的多用途性。由于土地用途的多样性与土地数量的有限性同时并存，引起不同用途之间的竞争与改变，例如农业用地转变为住宅用地、工业用地、交通用地，又如在一定的地区既有居住用地，也有林地、农地、工业用地等，这种多用途的并存随处可见。当然，土地尽管具有多用途性，但土地的最适宜用途往往只有一种，或少量的几种，特别是具有特殊使用要求的利用方式所能使用的土地往往有限，如农业生产所需的耕地，因此在土地利用和管理过程中，应对土地进行合理规划，以保证土地资源的合理、有效使用。

三、土地的职能

土地本身是自然产物，当土地投入人类社会生产活动之后，就成为任何社会物质生产部门所必需的物质条件，因此任何社会生产活动都离不开土地。

（一）土地作为资源的职能

古今中外，土地作为资源有许多说法，如"万物之本源，诸生之根苑""一切生产和一切存在的源泉"等。可见，土地在人类生存和生产活动中有着重要作用。

土地作为资源的职能可以概括为：是人类的立足场所、生存条件，是使劳动过程能够全部实现的基础和必要条件，是实现任何生产所必需的物质条件。

1. 土地是人类的生存条件

马克思曾指出："土地……是人类永远不可缺少的生存条件和生殖条件。"自有人类以来，人与土地就结下了不解之缘。没有土地，人类就不能生存，好比人类没有空气、阳光、水不能生存一样。在人类活动初期，土地就以食物、现成的生活资料供给人类，人类从土地中得到衣、食、住、行的基本条件。

随着人类社会的进步，人类活动更为广泛，包括生产活动、文化娱乐活动及其他各种活动，无一不以土地为场所。人类离开了土地，任何活动都没有立足场所，所以，土地既是人类的生存条件，又是人类活动的场所。

2. 土地是人类劳动的一般对象

在原始社会，土地为人类猎取食物的场所，并提供其他生活资料，成为人类劳动的一般对象。后来，人类逐步结束了以现成的食物、现成的生活资料为供给的时代，开始以劳动加于土地之上，制造出人类所需要的各种物质资料。如对原始森林和地下矿藏的开采，以及使土地自然肥力变为可以立即利用的劳动生产力状态等。

3. 土地是人类进行物质生产所必需的物质条件

作为生产资料，土地不仅是劳动对象，而且土地本身也是劳动资料，即劳动手段，是人类在劳动过程中用以改变或影响劳动对象的一切物质资料和物质条件。在农业生产中，需要足够数量的土地，否则就不可能生产出足够数量的生物产品以满足人类的需要。在非农业生产中，土地本身也属于这一类的物质资料，因为它给劳动者提供立足之地，给劳动者的劳动过程提供活动场所、基地和操作空间，没有土地，这些劳动生产过程就不能进行或不能完全进行。由此可见，土地是人类进行物质生产所必需的一切物质条件，是社会生产力中一个重要的要素，即人类在生产过程中所使用的劳动资料和劳动对象的总和，亦即生产资料。

土地在国民经济各部门中的作用是不同的。在工业、运输业及其他非农业生产部门中，土地只是作为基地来使用。工业、建筑业及交通运输业的建设，包括其各种建筑物、道路、桥梁及其他工程设施等，都需要有足够面积，并具有一定承压力的土地作为地基。土地在这些行业的生产中，虽不能直接参与产品的生产过程，但没有它，这些行业的生产就不能进行或只能不完全地进行。

在采矿、水力发电、地热利用、航运等行业中，土地主要被作为劳动资料或劳动手段而起作用。在旅游业中，土地则以自然形成的各种景观作为特殊的基地、场所产生作用。

在农业中，土地则作为主要生产资料起作用。在农业生产中，土地不仅是劳动对象，土地本身也是劳动资料，没有土地就没有农业。因为，土地不仅是农业劳动力和其他生产资料(如机器、各种建筑物、工程物等)的活动场所、配置基地，而且是生物的生存之地，即农作物正常生长发育不可缺少的水、肥、气、热的供应者和调节者，是直接参与农产品形成的不可替代的主要生产资料。

（二）土地作为资产的职能

所谓土地作为资产的职能，是指土地不仅是社会进行物质生产的重要自然资源，而且又是一笔巨大的资产——财产。土地作为资产的职能主要体现在以下三个方面。

1．土地作为财产能为拥有者带来收益或增值

土地具有"两重性"，它不仅是生产资料，还是构成土地关系的客体，它是可占有的稀缺资源。土地的稀缺性和有限性，使经营垄断成为可能，是产生级差地租的客观条件。土地所有者凭借对土地的拥有权，可以定期从土地使用者那里得到地租。马克思说："土地所有权乃是一切财富的最初源泉……"我国古语"有土斯有财"的说法也表明了土地作为资产这一经济属性。土地不仅是构成社会关系的客体，同时也是人类劳动投入或资本投入的载体，尤其是城市土地，凝结了大量的人类劳动，人类可以从土地取得投入资本的效益或增值，并转化为地租。所以，地租是土地资产的最大、最直接的表现形式。人们购买土地不是购买土地本身，而是购买获得土地收益——地租的权利。可见，当土地被垄断占有和加入流通而被让渡时，必然要求在经济上得到体现，进而取得价格形态。这种价格是土地所提供的地租的购买价格，这时土地作为资产这一职能便能得到充分的体现和发挥。

2．土地作为财产能体现拥有者的经济和社会地位

在土地私有制条件下，土地作为不动产，始终是利益集团和个人追求的对象。在我国封建社会，拥有土地者成为地主，并将土地租给农民或雇佣农民耕种，以此来剥削和欺压农民；封建国家或皇帝也经常以土地赏赐给有功的王公大臣，以此提高他们的经济地位和社会地位。在资本主义国家也一样，庞大的、豪华的私人庄园，总是显示着庄园主不一般的社会经济地位，一些经济财团也是以追求更大面积的地产为其奋斗的目标，原因就在于土地既是他们资产的体现，也是他们获取利润和攫取社会经济地位的手段。

3．土地作为财产可作为投资的手段

土地作为重要的生产要素之一，一直是重要的投资手段。土地作为投资手段主要体现在两个方面：一是将土地作为资本进行投资或以地吸引投资，这实际是将土地与资金相结合，然后将其投入生产领域创造价值，这种方式对土地资源丰富而缺乏资金的地区是非常有效的发展经济的方法；二是以土地等不动产进行抵押，作为融资手段，取得资金，这是土地资本运营的最普遍的方式，这也是土地位置固定的特性使其具有特殊的融资信用，因此大多数人愿意采用以地抵押的方式进行资金融通。

我国实行土地公有制，分别属于国家所有和集体所有。在我国实行城镇国有土地使用制度改革以后，国家可以向使用国有土地的部门、单位和个人收取土地使用费——地租，国家也可以将国有土地使用权出让，并从土地使用者那里取得土地出让金等。集体经济组织把集体所有的土地承包或出租给农户、乡镇企业单位使用，并向他们收取各项提留和土地使用费等。随着我国土地使用制度改革的深化和国有企业改革的不断深入，在建立现代企业制度过程中，土地资产作为企业的主要资产，已经得到了充分的体现，而且国家、地方政府以及一些企业也将土地作为融资的重要手段，进行以地投资、以地合资及抵押贷款等经济活动。所有这些，均是对土地资产职能的充分利用。

第二节　管理与土地管理

一、管理的概念与特点

（一）管理的概念

近一个世纪以来，由于市场竞争和资源短缺，人们已经普遍认识到管理的重要性。到了 20 世纪 70 年代，人们甚至把管理和技术列为经济发展的"两大支柱"，

称之为"推动现代经济发展的两个轮子"。

对于管理的认识，人们最初是从泰勒和法约尔的研究中开始系统了解的。在学术界，人们对于管理学的定义，也一直没有形成统一的表述。这些管理学派对管理的某一方面或某几方面的强调侧点不同。一些管理学家认为，管理就是不断制定计划，并指导员工完成这一系列的目标；也有一些管理学家认为，管理是一个决策的过程，上至公司上层领导，下至部门经理，甚至车间工长等管理者不断对新出现的问题进行决策，才会使公司走上不断前进的道路；同时，另外的一些管理学家认为管理是企业将所拥有的各种资源进行有效组织，以使整个系统保持正常运转的过程。

综合上述各种观点，一般来说，管理是在组织系统之中，通过计划、组织、领导、控制等职能，动员和有效运用各种资源(包括人、财、物、时间、空间、信息等资源)，使之适应外部环境，以达到系统目标的人类活动。

上述定义具有三层含义。

第一层含义说明管理将研究的对象视为一个系统，从整体和全局的角度出发，把握和控制系统的运行方向和运行状态。

第二层含义说明管理是用计划、组织、领导、控制等职能，去实现系统的目标。所谓职能是指人、事物或机构应具有的功能、作用。每个管理者在系统的组织活动中都是在执行这些职能的一个或几个。

第三层含义说明管理的目的是使系统能够适应外部环境的变化，调整系统的功能结构与企业外部环境相适应，实现系统的目标。

(二) 管理的特点

通过对企业所拥有的各项人力、物力以及财力、信息等资源的不断整合利用，以不断实现企业的各种既定目标，这就是管理的具体过程。管理这一活动，由来已久，自人类社会产生以来，管理就伴随着各种社会性质的变化而不断改进，但是，管理与社会的文化活动、科学活动以及教育活动是大相径庭的，它有自身的独特性质。

1．普遍性

管理的普遍性主要表现在：只要有组织的地方，管理无所不在，无时不有。也就是说，任何组织，小到家庭、企事业单位，大到军队、国家，只要人们为一定的目标结成组织，就存在管理。正如孔茨和韦里克在其《管理学》中所说："管理工作适用于各种大小组织，营利的和非营利的企事业、制造业以及服务业。"管理之所以具有普遍性，主要由两方面原因决定：一是个人能力的有限性，即个人能力有限需要结成群体，从而使管理成为群体中协调关系不可缺少的手段；二是资源的稀缺性，即有限的资源需要通过管理进行有效的配置。

2．目的性

管理的目的性主要表现为一切管理都是为了实现一定的目标。正如人们通常所说，没有无目标的管理，也没有无管理的目标，任何管理活动都是为了实现一定的目标，如协调人与人之间的关系、把人员配备到适当的职位上、降低成本提高效率等。管理的目的性由管理活动产生和发展的内在要求决定，如果管理没有一定的目标，为管理而管理，或管理不能解决组织存在和发展所需解决的问题，那么这种管理也就没有存在的必要了。管理人员在管理的过程中，应该明确管理的目标，然后针对企业的各项活动进行卓有成效的管理。

3．动态性

管理的动态性主要表现为管理活动需要在变动的环境与组织内部进行，要适应组织内外部环境的变化不断地进行调整，没有一成不变的管理模式。管理的动态性是由管理的目的性所决定的，同时鲜明地体现着管理的艺术性。如果组织运行内外部环境已经发生变化，或管理对象已经发生变化，管理者仍然固守原来的管理模式，那么肯定会造成管理模式与新环境的不适应性，此时的管理肯定会是无效或低效的管理，无法完成既定的管理目标。管理并非空谈，并非仅仅是理论层面的知识，而是在实践的过程中，不断积累不断改进不断完善最终形成的经验。学习管理，固然离不开对理论知识的学习。但是，"实践出真知"，真正的管理技能，要在具体的实践中才能锻炼出来。同时，由于现代企业所处的竞争态势，市场环境不同，因而其采取的管理模式以及管理具体措施也不尽相同。这种经营环境的不同，直接决定着并不存在一种一成不变的适应所有企业的管理模式。也正是因为管理的动态性特征，才使得管理理论不断地得到丰富和发展，新的管理理论、管理流派、管理模式不断涌现。

4. 创新性

管理的创新性主要体现在管理的观念并非一成不变，管理的指导思想并非墨守成规，管理的内容以及手段并非千篇一律，所有这些管理的方式方法会随着时代的变化，会随着社会环境的变迁，会随着市场环境的不断波动而逐渐改变的。管理的创新性与其动态性是一脉相承的。这是由组织经营环境的内外部因素的不断变化而决定的，在组织的经营环境发生变化时，管理的对象与侧重点也在不断进行转移，只有不断开拓新的管理模式，进行新的管理探索，尝试新的管理方法，才有可能在各项条件都发生重大变化的市场中，寻求企业自身的准确定位，实现新的发展。

5. 管理的人本性

管理的人本性主要表现为两个方面：一是管理的中心是协调人际关系和管理人，人是管理的中心，在管理中要注意研究并根据人的行为规律去激发、调动人的积极性、主动性和创造性，并使人们相互沟通和理解，为完成共同的目标而努力；二是在管理中要尊重人、关心人，注意满足人的需要，做到以人为本。就第一方面而言，管理的人本性主要源于在所有的管理对象中，人是最主要、最活跃的要素，组织中所有的关系都可归结为人与人之间的关系，因此，人自然就应成为管理的中心；就第二方面而言，管理的人本性主要源于人的尊严和人性的满足，管理学中的行为科学思想之所以受到人们的广泛重视和应用正是充分体现了这一点。管理的人本性要求管理者在管理活动中要注意抓住管理的中心和重点，并把满足人的各种生理、心理需要作为管理工作的基本出发点。

二、土地管理

在我国目前的制度体系下，土地管理是国家的基本职能之一。国家通过立法机构将意志表示规范化并用法律形式固定下来，并由国家管理机关——各级人民政府和国土资源管理部门来保证法律法规的贯彻执行，从而达到国家管理土地的目的。

土地管理是指国家为了保护和合理利用土地资源，满足国民经济不断发展的需要，运用行政、经济、法律和工程技术的综合性措施对全国城乡土地资源及其利用过程，以及由此所产生的人与人之间的权属、利益关系进行计划、组织、协调和控制等方面的行政管理活动。其实质是国家行政权力在土地配置领域的运用和实现。这一概念包括六个方面的含义：

(1) 土地管理是一种国家行为，其管理主体是国家。国家通过立法授权各级人民政府负责本行政区域内的土地管理，各级人民政府的国土资源管理部门代表国家和政府对土地实行统一管理。

(2) 土地管理的客体是指土地以及土地利用中产生的人与人、人与地、地与地之间的关系。

(3) 土地管理的任务是维护土地所有制、调整土地关系、合理组织土地利用和贯彻土地基本国策。目标是不断提高土地利用的生态效益、经济效益和社会效益，以满足社会经济发展日益增长的需求。

(4) 土地管理的手段与方法是综合运用行政、经济、法律、技术等手段管理土地。

(5) 土地管理的职能是计划、组织、指挥、协调与控制。计划是预测未来、制定目标、决定策略和选择方案的一个连续过程。组织是指建立组织机构和配备工作人员，明确职、责、权，建立上、下各级机构的相互关系，以及横向之间的协作关系，以保证既定目标的实现。指挥是指土地行政管理领导者按既定目标和计划，对所属下级土地管理活动进行指导，以实现管理目标的行为。根据土地管理机构的职责，协调人与人之间(包括国民经济各部门、社会各团体、单位和个人之间)在土地的分配、占有、利用、收益分配、处分等方面的关系，按照国家和社会的整体利益和长远需要统筹兼顾的原则，搞好土地的分配和再分配，实施土地利用的组织、调控和监督。控制则是通过修正执行状况和原计划之间的偏差，确保预期目标实现的管理活动。

(6) 土地管理具有鲜明的阶级性，其目的和特点受社会环境的制约，特别受社会制度、土地制度的制约。例如，我国是社会主义国家，在土地制度上实行土地公有制，这就决定了我国的土地管理除了要最大限度提高土地利用综合效益外，还要维护社会主义土地公有制，从而为有计划地、合理地利用土地提供保证。

现阶段我国土地管理的实质是政府处理土地事务、协调土地关系的活动。政府处理土地事务，是指政府代表国家开展土地行政管理工作中的各种事务，如：贯彻执行《土地管理法》及其相关的法律法规，组织编制土地利用总体规划，保护农用土地尤其是耕地和基本农田，制订土地利用计划，进行土地开发、复垦、整理，实行土地有偿使用制度，做好土地使用权的出让和转让，征收集体土地，供应建设用地，查处违法占地，调处土地权属纠纷，实施土地监测等。协调土地关系，是指政府在土地分配和再分配中对土地权属关系的调整，也就是政府在国民经济建设中，协调各部门、各单位或个人间用地的分配和再分配，实行用地的宏观调控，建立最佳的用地结构，保证土地的充分、合理、可持续的利用。

三、土地管理的必要性

(一) 可持续发展的必然要求

土地资源是人类生存和发展的最基本资源，这一点目前已得到广泛的共识。然而，事实并不仅于此，更重要的概念是：土地资源是整个人类的资源。这里的"整个"应包括不同的时间和空间的概念，即土地资源在投入人类的开发与利用过程中，其开发与利用的结果往往具有时间上的延续性和空间上的关联性。

土地资源开发与利用结果在时间上的延续性是众所周知的。首先，一定时期的土地利用结果是在人类的长期开发与利用过程中形成的，今天的美好环境是我们的前辈注重环境效益的土地利用方式的结果，今天的水土流失、土壤沙化、耕地资源紧张，也是前人过度开发或掠夺性经营造成的后果。以此类推，我们今天的合理开发与否，也会在未来产生完全相反的两种后果，甚至矛盾更突出。因为人类的需求在不断增大而资源总量有限。当人们来到芝加哥最吸引人、公众利用率最高的绿色"黄金海岸"享受优美的环境或进行休闲时，人们不得不感谢 D. Burnham 早在 1909 年所做的芝加哥规划，他借助立法手段规定沿密执安湖滨 32 km 长、至少 1 km 宽的土地不得用于除了公共绿地外的任何其他用途。而当人们来到非洲象牙海岸，却只能回忆和想象当初森林茂密的景象，当地人民还要承受经济衰退所带来的影响。其次，人类所共有的土地资源总量是有限的，今天适度开发，明天就会有足够的潜在资源和可持续的土地利用；今天过度开发和掠夺性利用，就会造成明天的土地资源紧缺和土壤退化，引起人类可利用的土地资源的减少和土地生产力的下降，而且这种损失往往是难以挽回的。我国政府近年来对曾是中华民族发源地的黄土高原进行整治，投入了大量的人力物力，然而其成效却是微不足道的，要让流出去的土再"流"回来，谈何容易。

土地资源开发与利用的结果在区域上的关联性也是明显的。就世界范围来说，森林用地面积的减少，可能会引起整个地球表面反射能力的变化和二氧化碳的不平衡，从而引起全球气候的变化；就地区性范围来说，林地、草地过量开垦或开发，引起土地覆被物的重大变化，常常会导致水文的变化和土壤侵蚀的加速，而且这些变化通常要超出直接受到影响的地区，引起下游地区洪水泛滥、泥沙淤积等。建设一个排放大量废水、废气的工厂，其周围地区势必要遭到污染，并影响周围地区的土地利用方式。因此，一定地区内各种土地资源的利用方式是相互联系、相互影响的，完全从自身利益出发的土地利用方式将受到社会的反对。

因此，土地资源不仅是其占有者的资源，也是非占有者的资源；不仅是当代人的资源，也是子孙后代的资源。土地资源是我们整个人类的资源，为了保证整个人类利益的实现，必须有人从公共利益的角度出发，对土地资源开发与利用进行合理干预。

(二) 规范土地利用社会性的需求

土地利用过程是一个经济过程，这是不言而喻的。土地资源作为重要的生产要素之一，在参与生产过程中总是为了获得更高的经济效益，产生更大的经济结果，其土地利用过程也就自然而然地受到各种经济因素的制约。如土地产品市场价格的变化，使土地使用者总是将土地用作更高价格的产品生产；一定时期的金融或财税政策，将影响土地投资者是否最终将资金投入土地开发；还有土地开发的成本、其他投资市场的状况、土地开发或利用产品的市场状况等，都直接影响土地使用者的土地利用过程。在经济社会，这种影响的根源是经济利益的驱动。

土地利用过程又是一个社会过程，这往往是不以土地使用者的个人愿望为转移的。其原因在于土地利用过程通常不可能是独立的，每一块土地的利用通常都会与周围的土地利用以及设施状况有关，都需要利用其周围的土地，比如用于交通、供水、供电等，而且对周围地块来说，该地块也是它的周围地块，也要满足有关公共服务。这就是土地利用的社会效果，任何土地使用者对土地的利用都要有意或无意地满足有关的社会效果。在满足社会效果的土地利用过程中，实际就实现了土地利用的社会过程。

然而，土地利用的社会效果在不同的土地利用过程中有不同程度的体现，这一程度的差别取决于土地利用的经济过程与社会过程的一致程度。这两个过程有时是一致的，比如交通企业、能源企业等设施性企业的用地，通常既能获得较好的经济效益，又能充分满足周围地区交通和能源等的要求；但大多数情况下是不一致的，工业用地会引起周围地区的污染，追求土地高利用率下的城市"人造石林"会造成城市热岛效应等。

土地利用过程还是对人类生存环境的创造和改造过程。当然这种改造可能是向好的方向发展，也可能会向坏的方向发展。从人类的主观愿望上通常都是希望向好的方向发展，但是往往事与愿违。埃及尼罗河上的阿斯旺水坝，修建者本想获得经济效益和社会效益的双丰收，即扩大农田灌溉面积，提高农田利用率，并利用水能增加能源，这些目标倒是实现了，但却引起了红海海岸线缩短、捕鱼量下降、血吸虫病与疟疾流行等生态问题。

（三）完善政府职责的时代要求

在经济社会，土地利用过程追求高经济效益是必然的，也是自主的，但是如何保证社会效益和生态效益，在社会效益和生态效益与经济效益发生矛盾时如何进行协调，如何保证人类所共有的土地资源有效、合理以及可持续地利用，这就需要社会控制，需要政府从社会的角度和整个人类的角度，对土地利用过程以及由此所产生的人与人之间的社会经济关系进行干预——这就是土地管理。

但是，土地资源的利用过程是广泛的和开放的，要受到各种经济的或非经济的，政治的或非政治的因素的影响，整个发展过程有其自身的客观规律。社会控制或政府干预的过程不能是盲目的、不讲手段的，更不能是无目标的，行政管理过程只能是在深入研究其客观发展规律基础上，采用科学的、合理的、有效的方法，对土地利用过程进行引导和调控，否则难以实现人类赋予行政管理的目标。对土地管理还有个认识问题，管理过程不是为了妨碍发展，而正是为了长期的、更好地发展。土地管理中有时对用地的控制表面看来好像限制了该项目的发展，但执行这些限制恰恰是为了保证绝大多数人的长期利益，为了未来更好的发展。关键在于土地管理过程能否真正实现大多数人的长期利益和未来利益，这就要求土地管理过程的方法是科学的，目标是合理且有预见性的。因此，必须加强对土地管理的研究。

第三节　土地管理的内涵解析

一、土地管理的对象分析

研究土地管理，开展土地管理实践，必须明确土地管理的对象，也就是说要了解土地管理过程的作用点在哪，这样才能科学地、准确地分析土地管理过程的客观规律，对有效开展土地管理实践工作也是必需的。根据我国目前土地管理实践的客观状况以及社会经济发展对土地管理的客观要求，土地管理的对象主要有以下四个方面。

(一) 土地资源

这是土地管理的基础，也是其他土地管理对象的基础。没有土地资源，也就无所谓土地管理；没有土地资源，也就没有土地资源的配置、利用以及土地权属关系。因此，土地管理的对象首先是土地资源。而且，这一土地资源是指全国所有的土地，既包括城市土地，也包括农村土地；既包括已利用的土地，也包括未利用的土地；既包括国有土地，也包括集体土地。这既是实行全国城乡土地统一管理政策的要求，也是由土地资源本身就是一个统一的整体，各类土地的利用具有相互影响、相互联系的客观规律决定的。

(二) 土地资源配置

土地资源配置实际是土地利用过程的前期阶段，也是能否实现土地利用的整体效益最佳的关键。由于土地资源是基本的生产要素之一，它在国民经济各部门之间的分配将不同程度地影响国民经济各部门的结构和比例关系，因此合理地配置土地资源是国民经济和社会发展的客观要求。

土地资源配置是一个转换土地用途和对土地做实体性改变的社会过程。有关政府部门、经济组织和个人，以不同的权利，带着不同的目的，参与这个过程，他们的合力最终决定土地资源的配置。在这一过程中，政府及政府的土地管理部门发挥着重要的、有时是决定性的作用。尤其在土地使用制度改革和经济体制改革以前，政府和政府部门既是用地计划制定和执行者，又是用地配置过程的审批和具体管理者，同时对有关土地权属变更进行确定和管理。在土地使用制度改革以后，土地市场逐步发育，一方面用地的需求不完全来自政府的计划，另一方面配置过程引入了市场机制，不再完全受行政力量的安排，比如用地者可以根据自己的需要和兴趣，在法律和规划许可的情况下，有确定用地面积和位置的自主权，当然还需要支付足够的经济补偿(市场价格)。但是，尽管在市场机制配置过程中，由于土地资源的特殊性和国家仍然掌握土地所有权，政府及政府部门仍要对土地的用途、位置、使用年限、利用方式和有关权属等进行规划控制和权属管理等。

（三）土地资源利用

由于土地利用过程涉及各种行业和部门，而且各行业、各部门的用地，或者各种类型的用地都遵循各自的内在规律，如农业用地中对土壤的水、肥、气、热的要求及农业用地内部结构的分配等，林业用地的合理开发与林分的确定等，涉及各部门内的土地利用过程，在土地管理中难以完全顾及，因而通常不是重点调控的对象。而重点主要在于两个方面：一是监督和保证土地利用过程符合法律、政策及土地所有者的要求，使土地利用过程中个人和企业的目标与国家和社会的目标相协调；二是协调各部门之间的土地利用关系，或不同用地类型之间的关系。具体主要有：

(1) 农业利用与建设利用。这两种方式利用土地的功能不同，要求也不一样，尤其农业用地对土地的自然条件要求严格，在协调二者关系时通常考虑农业用地优先。

(2) 中间开发过程的利用与最终使用者的利用。前者是增加附加值的利用，使土地本身增加内涵和可利用程度；后者是创造附加值的利用，生产土地产品。前者不能没有，但不能仅停留在前者，前后者之间应有开发方向和量上的协调，否则就会出现问题。1992年由于过量土地开发，引起土地供给过剩，所开发的土地不能完全进入创造附加值的利用过程，不仅影响了土地市场的正常发育，还占用了大量资金，更严重的是浪费了土地资源。

(3) 直接追求经济效益的利用与非直接追求经济效益的利用。经济效益是土地利用过程中的敏感问题。从经济学角度，任何经济组织利用土地都必然而且也应该追求土地利用的最大经济效益，但是就整个社会系统来说，又必然有某些不能直接产生经济效益的土地利用方式，来维持整个社会的运行，如军事用地、国防用地、交通用地、教育和行政机关用地等。因此，这两种用地在区域布局和量上的协调，是能否实现土地利用的社会、经济综合效益的关键。如工业用地和交通用地的关系，我国自20世纪80年代初以来经济发展迅速，而对基础设施投入，尤其是交通设施的建设不够，因而一度出现"交通瓶颈"，反过来制约经济发展。

在近几年，各级政府大力加强交通建设，从土地和资金上进行投入，才使得交通紧张状况有所缓解。

（四）土地权属关系

土地作为重要的经济财产之一，历来是人们追求的目标。尤其是在经济社会，人们通常以能否拥有足够数量的土地财产作为衡量一个人身份和地位的重要指标。因此，土地作为一种位置固定的经济财产(不动产)，其权属关系的确定和协调，通常是土地管理过程的核心内容。在具体的土地管理过程中，首先是对土地权属关系的确定和认可，这是使土地权利归属具有法律意义，或被社会承认的必要手段，一般要办理土地权属登记，颁发土地权属证书等；其次是对土地权属纠纷进行协调和处理，即在出现土地权属纠纷时，根据有关法律和规定，依据土地权属证明和事实，利用行政手段进行调处。随着土地市场的发展，土地交易的日益频繁，土地权属关系作为土地管理的对象之一，已越来越重要。

二、土地管理的内容

关于土地管理的内容，目前有许多种不同的观点。通常情况下将土地管理的内容分为地籍与权属管理、土地利用管理两大组成部分。有人将土地管理按照用途分为农用地管理、建设用地管理和未利用地管理。农用地管理是指对直接用于生产的土地，包括耕地、园地、林地、牧草地等的开发、利用、保护、改善以及其权属确认、变更、流转、终止等方面的管理；建设用地管理指对用于建造建筑物、构筑物的土地的管理，包括对村庄、集镇、城市、独立工矿、交通、水利建设等用地的开发、利用、治理、保护、改善以及权属确认、变更、流转、终止等方面的管理；未利用地管理是指对未开发利用的土地的适宜性评价、组织开发利用、开发的用途、开发的权属关系等方面的管理。还有人将土地管理区分为国有土地管理和集体土地管理。根据我国宪法的有关规定，土地实行社会主义公有制，包括全民所有制(国有制)和劳动群众集体所有制两种形式。国有土地管理包括对国有土地范围的确定，国有土地开发、利用、改善和保护以及国有土地权属确认、变更、流转、终止等方面的管理；集体土地管理包括对集体土地范围的确定，集体土地的开发、利用、整治、改善、保护以及集体土地权属的确认、变更、流转、终止等方面的管理。也有人认为土地管理包括资源管理与资产管理。土地首先是资源，土地管理必须遵循自然资源管理的规律，根据土地资源的特性、要求进行管理；同时，土地也是资产，土地资产相比于其他的资产有其独特之处，土地管理必须遵循市场价值规律，根据土地资产的特性、要求进行管理。土地资源管理研究土地的开发、利用、保护、改善及其管理；土地资产管理研究土地产权制度建设，产权的确认、流转和终止，土地价格评估及其管理。

(一) 地籍管理

关于土地管理的内容体系，目前有多种不同的表述方式。林增杰、严星主编的《土地管理概论》(改革出版社，1993 年 2 月第 1 版)中将土地管理的内容体系归纳为两大部分：土地产权、产籍管理和土地利用管理。其中产权产籍管理包括地籍管理和产权管理。地籍管理包括地籍调查、土地登记、土地统计、土地定级、土地估价以及地籍档案管理(信息管理)；产权管理包括产权的确立和变更、产权监督管理、土地征用(收)、土地划拨以及土地出让、转让、抵押、租赁的管理。产权、产籍管理是整个土地管理的基础。

陆红生主编的《土地管理学总论》将土地管理的内容总结为地籍管理、土地权属管理、土地利用管理、城市土地市场管理和土地信息管理。其中地籍管理包括土地调查、土地分等定级、土地登记、土地统计、地籍档案管理；土地权属管理包括土地所有权和使用权的确认、城镇国有土地使用权流转管理、农村集体土地使用权流转管理、土地征用(收)和土地权属纠纷的调处等。

一般而言，地籍管理是对土地基础信息的收集、整理和提供利用，因此，其基本内容包括土地调查、土地登记、土地统计、土地分等定级、土地估价、地籍档案管理等。土地产权管理是对土地所有权、使用权以及土地他项权利的确立、变更、终止进行管理，并对权属争议进行调查处理。因此，土地产权管理的基本内容应当包括土地所有权的确立，土地所有权的变更，土地所有权的终止，土地使用权的确立，土地使用权的变更，土地使用权的终止，以及土地权属纠纷的查处等。在我国，土地所有权的确立包括国家土地所有权的确立和农民集体土地所有权的确立；土地所有权的变更主要指土地征用(收)，土地所有权的终止主要指由于土地征用(收)带来的特定土地的集体所有权终止；土地使用权的确立主要指土地使用者通过出让、租赁、作价出资(入股)、划拨、承包等方式取得国有土地或集体土地使用权；土地使用权的变更即土地使用权流转，包括国有土地使用权的转让、出租、转包和集体土地使用权的转让、出租、转包等。土地使用权的终止包括国有土地使用权的终止和集体土地使用权的终止。土地权属纠纷的查处包括土地所有权纠纷的查处和土地使用权纠纷的查处等。

地籍与土地产权管理的主要内容见表 1-1。

表 1-1 地籍与土地产权管理的内容

地籍与土地产权管理	地籍管理	土地调查	包括土地利用现状调查、城镇地籍调查、土地条件调查
		土地登记	包括对宗地的位置、权属、面积、用途、等级价格的登记
		土地统计	包括对土地的权属、面积、用途、等级价格、利用效益等的统计调查、整理和分析
		土地分等定级	包括城市土地分等定级和农用土地分等定级
		土地估价	包括基准地价评估和标定地价评估
		地籍档案(信息)管理	包括地籍资料的收集、整理、提供利用等
	盘权管理	土地权属的确立	包括土地所有权、土地使用权和土地他项权利的确立
		土地权属的流转	包括土地所有权、土地使用权、土地他项权利的转让、出租、抵押等
		土地权属的终止	包括土地所有权、土地使用权、土地他项权利的终止或收回
		土地权属纠纷的调查处理	包括土地所有权、土地使用权和土地他项权利纠纷的调查处理

（二）土地利用管理

林增杰、严星主编的《土地管理概论》中将土地利用管理的内容归纳为土地利用计划管理、土地利用规划管理、土地开发整治保护管理以及土建利用监测管理，并指出土地利用管理是土地管理的核心。

陆红生主编的《土地管理学总论》将土地利用管理的内容总结为农用地利用管理、建设用地和未利用地开发利用管理、土地利用总体规划、土地用途管制等。

一般而言，土地利用管理应当从土地资源的开发、利用、保护、治理出发进行管理，因此，土地利用管理的内容应当包括土地资源的开发利用规划、土地资源的开发利用、土地资源的整治与保护、土地利用的监督检查等。土地开发利用规划管理应当包括总体规划、分区规划、详细规划管理等；土地资源的开发利用管理包括农用地的利用管理、建设用地的利用管理、未利用地的开发管理等；土地资源的整治与保护管理包括农用土地整理、土地复垦、土地保护管理等；土地利用的监测包括土地利用类型、土地利用程度、土地利用效益的变化情况监控等。

土地利用管理的内容体系见表1-2。

表1-2　土地利用管理的内容

土地利用管理	土地资源开发利用规划	包括土地利用总体规划、土地利用分区规划、土地利用详细规划等
	土地资源开发利用管理	包括农用地的利用管理、建设用地的利用管理、未利用地的开发管理等
	土地资源整治与保护管理	包括土地的整理、土地的复垦、土地保护管理等
	土地资源利用监测	包括土地利用类型、土地利用程序、土地利用效益等的监测等

（三）土地综合管理

土地综合管理是指为土地权属、土地利用以及实施国家的政策法规的需要，对土地信息、土地税费、国外土地管理科学等开展的研究和管理。

土地综合管理包括土地税费管理、土地信息管理、国外土地管理经验借鉴、土地管理科学的发展管理等。

土地管理的研究内容体系见表 1-3。

表 1-3　土地管理的研究内容体系

一级	二级	三级	四级
土地管理	地籍管理	土地调查	包括土地利用现状调查、土地条件调查和地籍调查
		土地登记	包括对宗地的位置、权属、面积、用途、等级价格的初始登记和变更登记
		土地统计	包括对土地的权属、面积、用途、等级价格的初始统计和日常变更统计
		土地分等定级	包括城镇土地分等定级和农用土地分等定级
		土地估价	包括基准地价评估和标定地价评估
		地籍档案管理	包括对上述地籍管理过程中形成的各类信息的处理、存储和提供利用
	土地权属管理	土地权属制度	包括土地所有制和土地所有权，土地使用制和土地使用权，土地他项权利制度和土地他项权利
		土地权属的确认	包括土地权属登记发证，土地权属纠纷的调处等
		土地权属的变更	包括土地征用(收)，国有土地使用权出让、租赁和作价出资(入股)，国有土地使用权的转让、出租、抵押，集体农用地的承包经营及转包，集体建设用地使用权的取得、转让、出租和抵押等
		土地权属的终止与收回	包括国有土地使用权的终止与收回，集体土地承包经营权的终止与收回，集体建设用地使用权的终止与收回等
		土地权属纠纷的调查处理	包括土地所有权纠纷的调查处理，土地使用权纠纷的调查处理
	土地利用管理	土地利用规划	包括土地利用总体规划、土地利用年度计划、江河湖泊综合治理规划、城市总体规划、村庄和集镇规划、土地开发规划、土地整理规划、土地复垦规划、重点项目规划、土地保护规划等规划和计划的编制、论证、实施、更新等
		土地开发利用	包括农用地管理、建设用地管理、未利用地开发管理、土地用途变更的审批
		土地整治与保护	包括土地整理、土地复垦、土地保护等
		土地利用监测管理	包括土地利用空间动态监测和土地资源质量动态监测两个方面。具体包括土地利用类型的变更，农用地转用的范围和数量，建设用地规模扩大的范围和数量，未利用地开发的范围和数量，土地质量的变化，土地生态环境的变化等
		土地利用监督检查管理	包括是否按土地利用总体规划规定的用途使用土地，是否按土地利用年度计划下达的指标使用土地，是否按土地开发整理规划进行土地开发整理，是否根据土地复垦原则进行土地复垦，是否按照土地保护规划实施土地保护和退化土地治理，是否闲置或浪费土地等

续表

一级	二级	三级	四级
土地管理	土地综合管理	土地税费管理	包括土地资源税、土地资产流转税以及相关的各种行政性费用的收缴及使用管理
		土地信息管理	包括土地利用现状调查、土地权属调查和土地条件调查，土地自然信息统计和社会经济信息的统计，土地信息系统的建立与维护等
		其他相关事务管理	包括土地科学专业人才的培养，土地科学理论研究，土地科学技术发展，收集国外土地科技信息及借鉴国外土地管理经验，制定、宣传土地方面的政策法规等

三、土地管理的功能

土地管理的功能在总体上可分为两大体系：一是以土地管理的内容为目标的任务体系；二是以土地管理的过程为对象的程序功能体系。两大体系内部又可分为各个方面或各种类型的功能。

（一）土地管理任务体系中的各类功能

1. 保护土地所有者和使用者的合法权益

土地关系是指围绕土地权属、利用、保护等过程而产生的人与人之间的关系。调整土地关系就是调整人们在开发、利用、保护及管理土地过程中发生的各种关系，如土地权属关系、土地利用关系、土地整理关系等，其中土地权属关系是各类土地关系的基础。

理顺土地权属关系，就是要在国家规定的所有制和使用制框架下，理顺土地所有者、土地使用者及土地他项权利享有者之间的关系。土地所有权关系包括国家与农民集体之间的关系、农民集体之间的关系等；土地使用权关系包括土地使用者与土地所有者之间的关系、土地使用者之间的关系、土地使用者与土地他项权利者之间的关系等。理顺土地权属关系包括确认土地权属、处理土地权属纠纷、管理土地权属流转和终止等。理顺土地权属关系是土地管理的基础性目标。

理顺土地权属关系的目的是维护土地所有制，保护土地所有者和使用者的合法权益，使土地所有者和使用者可依法享有其占有、使用、收益和相应的处分土地的权利。根据科斯定理，在权属明确且可以自由交易的前提下，如果交易费用为0，可以达到资源的最优配置；如果交易费用大于0，对权属不同的界定方式会带来不同效益的资源配置。理顺土地权属关系就是要使土地权属关系明确，优化土地资源的配置。

2. 促进土地的合理利用，提高土地利用综合效益

土地利用是指人们为了自身需要，以土地资源为对象，从事的土地经营或经济活动，包括种植、养殖、狩猎、放牧、建造、存储等。人们通过土地利用与土地发生相互作用和影响。合理的土地利用指在现有的科技水平条件下，根据土地的自然和社会经济条件以及国家宏观需要，在满足较高的经济、生态和社会效益的条件下，通过编制科学的土地利用规划，划分土地利用区，规定每块土地的用途，土地所有者和使用者按照规划用途利用土地。合理的土地利用是一种可持续的土地利用，同时也是一种经济效益、生态效益和社会效益较高的土地利用。

促进土地的合理利用就是要开展土地利用系统研究，编制科学可行的土地利用总体规划、专项规划及其详细的实施计划，研究合理利用土地的方法，制定合理性的评价标准体系，制定促进土地合理利用的政策法规，监督土地所有者和使用者利用土地的行为。

土地利用综合效益和可持续利用性是衡量土地利用合理性的两个指标。土地利用综合效益是指人们通过利用土地，发挥土地功能，使土地提供的满足人类生存和发展需要的物质和精神财富，包括经济、生态和社会效益。土地可持续利用是社会经济可持续发展的组成部分，是在满足现代人对土地利用的需求的同时，不损害后代人对土地利用的需求。

促进土地合理利用，提高土地利用综合效益，促进社会经济可持续发展涉及土地管理的经济、生态和社会目标，是土地管理的核心目标。

3. 贯彻落实国家政策法规，促进国家对土地的宏观调控

土地管理不是单纯的项目或工程管理，不是专为某一单位、某些人、某个团

体服务的，也不是单为土地所有者或土地使用者服务的。土地管理在为单位、团体、个人等土地所有者、土地使用者服务的同时，也要为国家的发展、国家的安全、国家的宏观利益和整体利益服务。国家通过制定和实施政策法规，调整土地关系，维护土地所有者和使用者的合法权益，促进土地合理利用，同时也保证土地资源在各部门分配的宏观平衡，满足基础设施建设、国防建设、重点扶持的产业建设等对土地资源的需求，维护国家主权及国家的整体利益。

土地方面的政策法规，有中央的政策法规，也有地方的政策法规；有经济方面的政策法规，也有行政、法律、技术等方面的政策法规。土地管理者要将各项政策法规贯彻于日常各种管理活动中。贯彻政策法规，保障国家对土地的宏观调控是土地管理的政治目标。

4．参与国际合作，发展土地科学

土地资源不仅仅是一国之内的自然资源，从某种意义上说，在某种情况下，也可能是国际土地资源的组成部分。

"国际土地资源"通常指如下几种资源：一是国家管辖范围之内的土地资源。如被《保护世界文化和自然遗产公约》列为世界遗产的处于国家主权之下的土地资源或与土地有关的资源，根据该公约，缔约国一方面对本国的文化和自然遗产享有完全的主权，另一方面又对本国的文化和自然遗产中被公约接受为"世界遗产"的那一部分承担同整个国际社会进行合作以对其加以保护的义务。二是两个或两个以上国家共享的土地资源，如国际水系统(包括地表水和地下水)、封闭的或半封闭的海和毗连的沿海水域、跨越于两个或两个以上国家的特别生态系统(如山脉、森林等)。三是国家管辖范围之外的土地资源，如南极、海洋等。这些资源由于其具有的特殊地位和特殊性质而需要各有关国家协同合作，在保证各国在开发利用资源上享有主权的同时，不损害他国利益。在这些国际资源的开发、利用和保护上，需要国际社会的普遍合作。

"他山之石，可以攻玉。"国外在土地开发、利用、保护、管理等方面的先进技术、先进经验，我们应当择其善者而取之。如国外先进的土地整理、土地复垦技术，先进的土地退化防治技术，土地权属管理经验等，都应当予以借鉴。参与国际合作，吸收国外先进技术和经验，发展我国土地科学，这是土地管理的发展目标。

(二) 土地管理程序功能体系中的各项功能

土地管理的程序性功能一般包括决策、计划、组织、协调和控制功能。

1. 决策功能

决策是行动的先导，是最重要的管理职能。土地管理过程中的决策，是土地管理者在发现和处理土地问题中，根据实际情况和条件，对可供选择的方案做出最优选择，以有效达到预定目标。决策在土地管理中居于核心地位，决策行为贯穿于土地管理过程的始终。

2. 计划功能

土地管理中的计划功能，就是土地管理机关为了实现既定的决策目标，对整体目标进行科学分解和测算，并筹备必要的资金、物资和人员，拟订具体实施的步骤、方法以及相应的政策、策略等一系列的管理活动。计划是决策的延续。

3. 组织功能

在做出决策和拟定计划后，就需要组织有关的机构和人员，采取具体的执行活动，指导决策和计划的落实。土地管理中的组织功能，包括对有关机构的设置、调整和有效运转，对工作人员的选拔、调配、培训和考核，对已有的资金、物质和人员等做出合理安排和有效利用，对执行活动中的各项具体工作进行督促、检查和指导等。有效的组织是落实决策和计划的关键。

4. 协调功能

土地管理中的协调功能，是指对各管理机关之间、管理人员之间以及各项管理活动之间的关系进行调整和改善，使其按照分工合作的原则，互相支持、密切配合，共同完成预定的任务和工作。

5．控制功能

土地管理中的控制功能，起着监督、检查、修正、纠偏等作用，力求使实际工作中的结果同预期的结果保持一致，按计划完成任务。

第二章 土地管理的理论基础

第一节 行政管理理论

"行政"二字历史久远。《左传》中就有"行其政令""行其政事"的记载。"行政"英文为"administration",源于拉丁文"adminiatrare",古希腊学者亚里士多德在其著作中曾使用过这一词汇。古代所用"行政",一般指国家政务或国家事务的管理。

一、行政管理

(一) 行政管理的含义

"行政管理",也称为行政,其含义有广义和狭义两种理解。广义的行政管理是指一定的机构或单位为达到一定的目的而开展的各项管理活动。从这个意义上来讲,行政管理活动广泛存在于社会的各个部门、机构、单位和团体中。而狭义的行政管理是指国家事务的管理和公共政策的推行,是"公共行政管理"。以下我们对行政管理(同公共行政)概念的分析和界定是针对狭义行政管理进行的。

从人类历史发展的角度来看,行政现象的产生几乎和政府的出现是同时的,但随着社会生产力的发展和社会形态的嬗递,行政管理也慢慢地由简单到复杂,从不完善发展到完善,并使其内容、方式、范围和精神也随之不断地发生变化。概括起来,行政管理的研究有三条相对分明的途径。它们对行政管理的运作过程、价值取向、组织结构等有各自不同的主张(参见表 2-1：行政管理的不同视角)，这导致人们对行政管理内涵产生了不同的理解。

表 2-1　行政管理的不同视角

特征＼视角	管理途径		政治途径	法律途径
	传统管理途径	新公共管理途径		
价值	效率、效能及经济(3E)	成本—收益顾客的回应性	代表性、回应性及责任性	宪法的诚实和公正、正当法律程序、实质权利、平等保护、公平
组织结构	理想官僚制模型	充满竞争的企业化模型	组织多元主义	行政裁决制(抗辩模式)
对人的认识	非人性化的个案,理性人	顾客	群体成员	完整的个体,特定阶层之组成成员,理性人
认识模式	理性—科学主义	理论推理,经验观察,指标测量,实验	协议,民意,政治争辩	归纳性案例分析,演绎式的法律分析,反复抗辩程序
预算	理性(成本-收益)	以绩效为基础,市场驱动	渐进主义(福利分配和负担)	以权利保护为基础
决策观	理性—全面	分散化,降低成本	渐进模型,凑合着过	循序渐进主义
政府职能特征	执行	执行	立法	司法

(资料来源：[美]戴维·H.罗森布罗姆,罗伯特·s.克拉夫丘克.2002.公共行政学：管理、政治和法律的途径[M].北京：中国人民大学出版社(第五版)：40-41)

(二) 行政管理的特点

自产生以来，行政管理就处在不断的发展过程之中，行政管理的作用和范围也是在逐渐地扩大。政府在各个方面对整个社会所承担的组织任务，是其他任何组织所不能或无法执行的。许多学者认为，政府活动的扩张已导致了现代社会的"行政国家"现象。行政国家的出现和社会的复杂化所推动的行政变革使现代行政在性质和形式上都发生了非常大的变化。例如，随着市场不断地发展，过去切割物财的直接行政逐渐变成以市场为基础的间接行政；在政府与公民的关系上，过去的统治行政转变为现代的服务行政，并强调了由公民到政府这个方向的约束作用关系。概括起来说，现代行政管理主要的特征有以下四个。

1. 行政管理的社会化

由于社会事务的复杂化和社会组织化程度的不断提高，进入了行政视野的事物越来越多，如控制人口、保护环境、发展教育、处理劳资纠纷、推行社会福利事业等，这一切都要政府来承担。行政活动的规模和数量的发展非常快，社会生活的各个方面几乎都成了现代行政的对象。行政与社会各项活动连接为一个整体，自觉地、积极地推动社会各个环节的运动，并处在不断的改革和创新之中。进入新世纪之后，人们在看到政府职能扩张的同时，对行政管理的效率和效果更加注重，正因为如此，服务行政、便民行政应运而生。行政管理的性质更趋积极，政府行政的定位更趋向于服务而不仅仅是管理，行政在发挥服务功能的同时，使管理职能得以实现。

2. 行政管理的科学化

现代行政与科学技术之间的关系是密不可分的。一方面，科学技术的发展使行政的内容有所改变，行政不仅包括了对以一般科学知识技能为基础的医药卫生、农田水利、交通运输等事务的管理和服务，而且包括了以宇航、核能、电子、激光等高技术为基础的事务的管理和服务；另一方面，现代的行政手段越来越科学。行政事务的纷繁复杂要求运用更多的科学手段和设施，如电话、传真、电子计算机、互联网等，它们日益成为推行行政事务不可缺少的手段。

3. 行政管理的专业化

在过去，政府行政相对简单，行政人员的数量也非常有限，并且分工不明确。即使是在美国，19世纪也还推行过"官职轮流"制度。但现代行政人员的数量和种类已大大增加，而且，技术专家对政府活动和决策的影响不断增强。同时，现代行政本身也已经是专门的职业，任职者必须具有其职务所需的专门知识与技能，而且这种知识与技能的获得一般都需要经过相当时间的正式教育和充实的专业训练。此外，现代行政人员还必须遵循特定的职业标准和服务道德。

4. 行政管理的法治化

依法行政就是行政管理的法制化，是推进行政体制改革、提高行政管理水平的必然要求。自中华人民共和国成立至改革开放初期，我国的法制建设先后经历了一个起步、挫折、重建的过程。20 世纪 90 年代，我国的行政法制改革取得了新的进展，从此迈入了依法行政的新时代。近年来我国政府一直致力于推进依法行政。1997 年，中国共产党第十五次全国代表大会提出"建设社会主义法治国家"的目标，这对于行政机关来说就是要依法行政。两年后，"依法行政"被写入宪法。2004 年，国务院发布《全面推进依法行政实施纲要》，指出要全面推进依法行政，经过十几年的大力推行，基本实现建设法治政府的目标。为了对纲要内容进一步落实，2010 年 11 月国务院发布了《关于加强法治政府建设的意见》，规定了提高行政机关工作人员特别是领导干部依法行政的意识和能力、加强和改进制度建设、坚持依法科学民主决策、严格规范公正文明执法、全面推进政务公开、强化行政监督和问责、依法化解社会矛盾纠纷等任务，通过这种方式全面推进依法行政，进一步加强政府的法制化建设。

(三) 行政管理的功能

行政管理的功能主要有以下六个方面：

1. 保卫功能

政府赋有保障公民权利和保卫国家在国际社会的安全与独立的责任。各国宪法均明确规定了政府在这方面的作用。如我国宪法就规定，国务院领导和管理民政、公安、司法行政和监察等工作，领导和管理国防事业。行政的保卫功能主要包括两个方面：一是防御或抵御外敌；二是内部治安，防范不法分子和犯罪分子危害社会，维护治安。

2. 维持功能

维持功能是所有行政体系都具备的一种功能。维持一个社会的各种活动和关系能够正常地运转，使社会生活能够稳定地持续下去是行政体系的首要任务。维持功能主要体现在维持政治秩序和维持社会秩序两个方面。在维持政治秩序的过程中，政府主要是作为政治统治的工具或机器存在的，所维护的是统治阶级的利益，并使一个社会政治共同体的成员和集团按照预定的政治规则行事。而有关社会秩序维持方面的内容非常广泛，如维持社会基本需求的供应系统，维持社会的基本生活秩序(生产秩序、流通秩序、社会秩序等)，维持社会的长期存在(人口、教育、文化等)以及制定社会规范以维护一定的道德标准等。

3. 管理功能

管理功能就是指行政系统通过各种手段，直接或间接地使社会各项活动协调发展，使各种活动、要求和利益之间不发生根本的冲突。在现代社会中，政府广泛介入社会生活的诸领域并发挥积极作用。政府通过行政决策和行政行为为社会选择发展目标，为社会发展指明方向；通过妥协、沟通、协调、控制、整合等一系列过程，对各种社会关系进行调整，平衡整体利益、局部利益和个人利益，使多方利益的生存和发展得以实现。行政的管理功能涉及的范围十分广泛，如经济管理、物价管理、金融管理、卫生管理、社会管理、交通管理等各个方面。管理功能的体现形式和运用的手段也多种多样，如直接管理和间接管理、宏观管理和微观管理等。

4. 扶助功能

扶助功能是行政体系在社会上履行的另一项重要功能。它主要是指扶助社会的各种团体或个人，使其能够达到自己的目标或社会希望他们达到的目标。在现实社会的发展过程中，总会有某些个人或集体由于个人的、社会的或自然的原因处于困境之中，或者缺乏必要的条件以实现他们有利于个人发展和集体发展的计划，需要得到政府机构的帮助。消除贫困、普及教育、推广科技、救孤济贫、帮助残疾人等，都属于行政的扶助功能。扶助功能是政府寻求社会整体发展和实现社会公平目标的一个集中体现。

5. 服务功能

随着行政社会化趋势的日渐增强，行政承担的服务功能也越来越多，而且在其功能结构中也变得越来越重要。政府服务项目的设置、选择的提供方式以及服务的质量和效果已经成为衡量现代社会政府行政能力和水平的一个最为主要的标准。行政的服务功能涉及社会的许多方面，并且表现的形式多种多样，如建立公共设施，举办公共事业，兴办邮政、电信，负责建设公用住宅，建立并完善社会保障体系等。由于行政的服务功能地位和作用突出，并且与公民的生活有着密切的关系，近些年更是成为各国政府改革的重点。如何在压缩或不增加财政支出的前提下，不断提高政府的服务能力，满足公众日渐高涨的服务期望，是各国政府面临的共同任务。

6．发展功能

行政体系除了承担上述五种功能外，还应当承担一项更重要的功能，即发展功能。政府的行政管理不应是被动的、消极的、满足现状的，它应当通过自己的活动，不断推动社会各个方面走向现代化。现代社会的行政应是主动的、积极的和富有创新性的行政。制定发展规划、确定发展道路、推动社会发展与进步是政府行政义不容辞的责任。

二、行政管理学

(一) 行政管理学的含义

行政管理学是研究国家行政组织有效管理国家政务和社会公共事务的规律的一门学科。对行政管理学的概念我们可以从以下几个方面加以理解：(1)行政管理学研究的主要是政府组织的活动。政府不是国家治理的唯一主体，行政管理是国家管理的一部分。(2)行政管理学研究行政的规律、基本原则和方法。(3)行政管理学研究的目的是提高政府的工作效率。

(二) 行政管理学的特点

行政管理学知识具有以下特点：

1. 政治性

行政管理学不能脱离国家来研究，国家是阶级统治的工具，行使国家行政职能的行政活动，也不可避免地带有鲜明的政治性和阶级性。不同社会制度的国家，行政管理的目的有着本质的不同。政治职能是政府的基本职能，也是伴随政府产生而产生的古老职能，它最集中地体现了国家政府的阶级性质。每一个国家的行政管理都具有鲜明的阶级性，只是在不同类型的国家，政府所体现的阶级利益要求、性质等有所不同。

2. 综合性

行政管理学是一门综合性很强的学科，它直接地分支于政治学和管理学，同时还大量吸收了经济学、社会学、心理学、法学、行为科学、高等数学、系统科学等理论知识与方法。它包含丰富的多学科的理论知识，又有着独立的研究范畴和体系。

3. 应用性

行政管理学是从复杂的行政现象和行政活动中抽象出一般的原理和原则以及具体的管理模式、手段和方法，具有很强的实践性和应用性。它所揭示的管理规律和方法可以为不同阶级、不同政治倾向的管理者所接受和运用。它体现了理论性和实践性的统一，在实践应用中不断得到发展。

4. 创新性

行政学管理所揭示的行政管理规律、原则具有规范性的特点，具有普遍的指导意义，但又不是一成不变的。影响行政管理的因素是多元的、多变的，行政学要不断地研究新问题、新现象，在理论和方法上不断创新，使学科本身不断得到丰富和完善，更好地发挥其指导作用。

（三）行政管理学与其他学科的关系

作为管理学门类中的一个二级学科，行政管理应该突出它的管理性，但行政管理主体的管理权力来自国家权力，所以与政治学、法学、管理学有密切的关系，但又明显不同于这些学科。

1．行政管理学与政治学的关系

行政管理与政治学联系紧密。行政管理的主体权力来自国家权力，行政权也是国家权力的组成部分。国家的国体和政体直接决定行政管理的性质和体制。行政管理的管理客体就是国家事务和社会事务，反之，行政管理的范围、形式、方法，又是受到法律、资源、国家目标、经济体制等各种因素制约的。但是行政管理毕竟不是政治学，行政从政治学中分离出来，就是因为它属于管理活动，现在的行政管理学已经是比较成熟的、有别于政治学这个基础理论学科的应用性学科。

2．行政管理学与管理学的关系

行政管理学属于管理学门类，当然与管理学联系密切。当年泰勒科学管理理论的创立，直接推动了行政管理理论的发展和完善。在行政管理学的发展过程中，始终离不开对管理学——企业管理理念、方法、手段的直接运用。但是，行政管理主体的公共性又使得它不能完全照搬管理学。因为以企业管理为主要内容的管理学，是以追求企业利益的最大化为目的，而行政管理却必须以追求国家利益的实现、追求公共利益的最大化为目的。

3．行政管理学与法学的关系

行政管理学与法学的联系十分密切。政府的职能、权限和所有的活动都受到法律约束，政府必须在法律规定的范围内行使职权。同时，政府也参与立法，授权立法。但是行政管理学与法学的区别又是明显的。法律是国家意志的体现，法学作为一个研究一切法律现象的学科，以法律意识、法律关系、法律行为等作为自己的研究对象。这显然与行政管理学不同。

总之，行政管理学是一门应用学科，同时也是一门综合性很强的独立学科。

三、新公共管理理论与土地行政管理

20世纪60~70年代以来，西方国家在韦伯的传统官僚行政体制的引导下，逐渐陷入了许多困境，包括财政赤字、政府规模持续增长、公共服务水平和质量下降以及由此而来的政府信任危机等。政府为了应对这些困境和危机，必须推行改革。因此，西方国家开始推行这样一种改革思路，即必须突破传统公共行政模式，寻求政府管理上的创新。以1979年撒切尔夫人执政为时间标志，西方国家开始创新探索，到20世纪80~90年代逐步形成全球性的改革浪潮，"重塑政府""企业型政府""国家空洞化""市场化政府""再造公共部门""政府重组"等不同的改革口号在各国相继出现。这些改革由于在理论基础和具体措施上存在共同点而被冠以"新公共管理"运动的名称。

"新公共管理"是一种不同于传统公共行政的新模式，它强调运用市场竞争的机制与原理和商业企业的管理技术来改造政府管理，改善政府绩效，而不再依靠改良和完善官僚制式的行政组织来达到目的。"新公共管理"旨在追求建立一种新的公共管理体制，使政府能高效、低成本地运行，提高公共服务质量，体现了对市场机制和私营企业管理方法的借鉴以及对传统公共行政的超越。

1. 以效益为主要的价值取向

新公共管理理论根据交易成本理论，认为政府重视的不是管理中严格的程序、过程、规章制度等的投入，而是管理活动的产出与效绩，应关心公共部门直接提供服务的效率与质量，能够主动、灵活、低成本地对外界情况的变化以及不同的利益需求做出富有成效的反应。因此，新公共管理理论主张在政府管理中资源配置应与管理人员的业绩和效果相联系；在酬金上，强调按业绩而不是按传统的任务来付酬；在对财力和物力的控制上，强调采用根据效果而不是根据投入多少来拨款的预算制度，最终体现对管理效益的关注。

2. 对产出控制的重视

在这方面，最显著的变化是用绩效和计划预算取代原有的预算制度。计划预算根据机构特定项目来进行资金分配，而且员工也变成了计划预算的一部分。同时，战略管理受到政府重视。这就意味着要明确组织使命，并对其能否实现目标有所预期，还要了解组织与环境相适应的程度，组织在该环境中的优势与不足，以及环境带来的机遇和挑战。

3. 政府管理中引入竞争机制

我们通常都会讲，市场失灵使政府不得不介入到市场规则中，同样，政府也有失灵的时候。新公共管理就主张用市场的力量来改造政府。在公共部门中引入市场机制，在公共部门和私人部门之间、公共部门机构之间展开竞争。提高公共物品及服务供给的效率。政府的职能是"掌舵"而不是"划桨"，政府应该严格将管理与具体操作分开，有效的政府并不只是一个会实干的政府，一个会执行的政府，更重要的是一个能够站在更高的位置上"治理"的政府。

4. 政府以顾客为目标导向

对政府机关而言，顾客是指受公共政策和公共管理行为影响的人，他们对公共管理的满意与否，决定政府的品质与命运。新公共管理强调政府对顾客的应答性，由此，一个政府官员相应地应成为一个负责任的"企业家"，社会公众则是因向政府纳税而享受政府服务作为回报的"顾客"。政府要以服务对象为顾客，把顾客当作上帝，政府服务应该以顾客之需要或市场的需要为导向。不是由政府管理人员选择提供者，而是政府管理人员让公民选择提供者，给公民以更多的选择权，让公民有更多的机会来评价政府工作效果，从而促进政府改善工作，提高其服务质量。

5. 政府人员实行专业化管理

公共管理人员不应是听命于他人的行政官员，而应成为管理者。在政府之中，管理型而不是专家型的人员应越来越多地担任部门领导。因为在新公共管理者眼里，管理是一项需要技能的职能，而非其他专家可"一学就会"的事情。重要的并不是政府人员对某种技能的掌握，而是一种管理、创新、总揽全局的能力，实现管理的专业化目标，如美国高级行政职务(SES)制度的目的就是发展一批可随时在不同职位和部门之间进行流动的高级管理人才。

第二节　经济学理论

一、土地经济理论

（一）土地投资

土地作为一种生产要素和财产，很久以来就被人们作为投资的主要领域。只是由于不同的国家或地区的国家制度及土地制度的差异，使得土地进入投资领域的程度有所不同。在一些国家和社会，大多数土地被国家、王族或几个主要家族拥有，或者由于风俗习惯和阶级观念的影响抑制了土地持有权的买卖；而在另一些国家和社会，土地大部分为私人所有，使得土地在进入各个生产或消费领域时，都要充分体现出其资本价值，例如在美国几乎每一块土地都被认为具有交易的可能性。

我国实行的是土地公有制，但自从 20 世纪 80 年代中后期进行土地使用制度改革以来，实行土地使用权与所有权分离，使得土地使用权能够在市场上进行交易，这样既促进了土地资源的优化配置，提高了土地资源的利用率和利用效益，又在大量的土地交易过程中，盘活了土地资产，积累了资金，进而促进了整个经济的发展。

土地投资过程的特性：

(1) 土地投资较多地受到传统观念和社会制度的影响。从经济财产的角度，土地是不动产，在私有制社会，拥有不动产的数量和质量是衡量一个人的生存条件、社会地位的基本依据之一。因此，历史上人们常常将拥有土地作为终生奋斗的首要目标。19 世纪，成千上万的欧洲移民漂洋过海来到美国和加拿大，其主要驱动力就是能在美洲大地上获得一块属于自己的土地及其所有权。

当然，这都是在土地私有制条件下的情况。我国实行土地公有制，土地所有权不可能成为私人或单位拥有的对象，但是近年来的土地使用制度改革中，实行土地使用权与土地所有权分离，土地使用权可以依法进行交易，这给在土地公有制条件下进行土地投资提供了可能。近年来我国土地市场活跃，通过土地进行招商引资获得了巨大的社会经济效益，正说明了这一点。

(2) 土地投资具有长久性和固定性。土地投资之所以被人们广泛地重视，是因为它的耐久性和位置固定性，这是由土地资源本身的特点决定的。大多数土地资源开发项目都具有较长寿命的优势。这些资源在现在可以利用，在许多年以后，仍然具有相当大的价值。所谓土地是不动产，正在于此。

然而，土地的这种耐久性，并不意味着适宜土地利用的条件永远不变，如地貌、气候、土壤、水、空气等，都有可能被破坏、污染，人们只有正确处理同土地的关系，切实注意保护和改良土地，才会实现土地的永续利用。

土地投资的长久性的负面效应是占用资金时间太长。有人比喻投资土地好像"造林投资"，需要长达十几年甚至几十年的时间才能逐步回收投资。在这段时期内，土地市场的变化也是难以预想的，可能会引起土地价格的上涨，但也可能会引起土地价格的下降。因此，投资人将资金投入土地时，应事先做好心理准备，以免因为土地价格长期低下，而拖垮投资人的财务。

(3) 土地投资能抵御通货膨胀。土地增值是指土地利用过程中土地价格的增加值，就是说它是地价的增加值，是土地价格的一部分。按照马克思的地价理论："土地价格不过是资本化的地租。"那么反过来，地租就必然是地价的利息化了。这说明地租与地价之间存在着类似利息和本金之间的相互对应关系，这样就可以从地租的角度来分析地价的增加值。

土地增值是客观存在的，它不仅反映在土地交易中，还反映在土地利用中。只要有人类对土地的利用，作用于土地的活动都会引起土地的增值(包括负增值)。这实际上反映了土地级差的可变性。例如平整土地、兴修水利、改善交通、扩建城市等大规模的基本建设活动，改善了土地的生产条件或环境条件，提高了土地利用的能力，引起了土地正增值；与此相反，由于对土地的掠夺性经营，导致土地的生产能力下降，破坏了其良好的环境条件(较多地发生于农业、林业、采掘业等)，引起土地负增值。同时，作为不动产的土地，由于其位置的固定性和总量的不变性，随着人类社会活动的发展和经济环境的变化，常常也会发生增值。

土地增值的形式多种多样，归纳起来主要有以下四种情况。

1) 由于土地经营者增加对土地的投资所引起的土地增值。这种土地增值实际上对应的是级差地租Ⅱ的资本化。但这对应的仅指由于对土地增加投资的，即资本主义生产关系在农业中已占统治地位，资本在国民经济各部门之间，在农业和工业之间可以自由转移，平均利润、生产价格已经形成。从这一假定出发，不同部门的土地利用的绝对地租就应一致。因此，由农业用地转化为建设用地所增加的地租就主要是由于建筑设施利用的集约度更高引起的，因而应是级差地租；但实际上正如我们前面分析的一样，不同部门的资本有机构成不一样，存在着不同值的绝对地租。就是说，对建筑地段来说，其最边远或最差的土地上所必须支付的最低限度的地租，就是建筑地段的绝对地租，但它并不与农业绝对地租等值，而是在量上包含着农业绝对地租和级差地租。因此由农业用地转变为建设用地所增加的地租，在量上相当于原农业地租应包括其建筑地段绝对地租中高于农业绝对地租部分和级差地租。

2) 由于时间的推移，人口的增加和社会经济的发展所引起的土地增值，实际上是由于土地供不应求所导致的土地增值，它是由土地本身的特性——总量的不变性和位置的固定性决定的。在一定区域内，随着人口的增加，人类社会活动的发展和经济环境的变化，对土地的需求就会越来越大，但土地总量是有限的，只有通过提高已利用土地的利用集约度，扩大对未利用土地的利用来满足要求，这样引起原来低收益的土地提高收益，原无收益的土地也产生了收益，从而导致土地增值。这是土地私有制国家的资本家购买地产的主要原因之一。

很明显，这种由于土地供不应求所引起的土地价格的增加值，通过绝对地租的增加得到反映，是绝对地租的资本化。由于人类对土地需求的增加，以至于更差的土地被利用，使得更差的土地也提供地租。

(二) 土地投资的杠杆原理

古希腊物理学家阿基米德说过："给我一个支点，我便可以撬起地球。"这便是著名的杠杆原理。将杠杆原理应用到经济学上，那就是用最少的钱，做最大的买卖。而人们拥有的资金总是有限的，如果单凭自己所拥有的有限的资金去做买卖，买卖数额也会受到限制。也就是说，用只够买一辆自行车的钱去买汽车，显然是不可能的。解决的办法就是向别人借钱，向银行贷款，于是一种新的可能就产生了：即便你仅有只够买一辆自行车的钱，但你仍然可以买得起汽车。

杠杆原理对土地投资十分重要，因为土地买卖通常数额巨大，动辄百万、千万，甚至上亿，即便一个单位或个人一次能够拿出这笔巨额资金，但是长期占用大量资金也是低效率的。杠杆原理运用于土地投资的基本过程是抵押贷款。当你难以一次拿出巨额资金购买土地时，你只要有能力支付部分首期款，就可以得到土地的拥有权，剩下的余额你可以申请抵押贷款去支付。当你能够付清全部地价款，但在进一步的经营中苦于流动资金太少，这时同样可以将土地设定抵押，从银行获得贷款。这里虽然又多了一笔利息支出，但资金灵活运用，可获得更大的效益，相应的利息支出就微不足道了。

这种杠杆原理之所以在土地投资中得到广泛深入的应用，其主要原因不外乎有两个方面：一是土地具有位置固定的特性，属于不动产，所谓"跑得了和尚跑不了庙"，投资者可能会远走高飞，但是他所投资的地产是跑不了的，这是银行能够贷款的根本原因；二是在对土地设定抵押后，投资者仍然可以继续使用和开发他所拥有的土地，并在使用和开发过程中获得收益，这是抵押的最大好处。

当然，杠杆原理的运用必须根据当时当地的国家的金融政策、土地投资政策的规定进行，因为一般情况下每个国家、地区在不同时期的金融政策、土地交易政策都是不同的，投资者必须在这些政策框架内运用杠杆原理。

(三) 土地融资规律与土地管理

由于土地本身的特殊性，它在进入投资领域也表现出特殊的经济规律。在土地管理过程中，掌握并运用这些特殊的经济规律是十分重要的，尤其在市场经济条件下，管理过程也必须遵循客观经济规律，否则难以进行有效的行政调控和管理。

1．合理引导和调控土地投资的数量和结构

我们说土地是一种重要的投资领域，如果能有效地利用土地进行招商引资，既有利于土地资源的合理开发和利用，又有利于地区经济的发展。但是，一定时期和一定地区内土地开发投资的数量和结构上都应有一个量的概念，否则不但不能筹集资金，反而会大量占用资金，既浪费土地资源，又影响经济发展。我国1992年的土地"开发热"，虽然在短时间内对一定地区来说获得了较大的经济效益，如少数省份土地出让收入成为第二财政，甚至有近一半的财政收入来自土地出让，不可谓经济效益不明显，然而由此造成的问题也是深远的。

2．合理分配土地增值收益

认识土地增值的目的在于在土地交易和土地利用过程中准确测算土地增值收益，准确测算土地价格，并在此基础上合理确定土地增值收益的分配方向，使促成土地增值者获得应有的收益，其最终目的是通过合理分配土地增值收益这一经济杠杆促进土地的合理利用。相反，如果土地增值收益分配不合理，就会引起各种土地利用的问题。最明显的例子是前几年蔓延全国的土地隐形市场中所出现的问题，如用地单位自行转让已经增值了的土地使用权，使得大量本应归国家所有的土地增值收益流入个别单位腰包；由于在行政划拨过程中只注重对原土地使用者的适当补偿，而对由此所引起的土地增值未能给予足够的重视，使得行政划拨后的土地转让过程中土地增值收益无偿地流入了单位和个人手中；还有城镇近郊干部职工建私房屡禁不止，其原因之一就是在取得住房的同时，还占有了由农地变为建设用地所引起的土地增值收益。对这些土地增值收益不进行调节和合理分配，不仅损害了国家和集体的经济利益，更重要的是破坏了土地合理利用，影响土地市场的正常发育，甚至扰乱国家的经济秩序。

由于土地增值表现为不同形态地租的资本化，所以土地增值的分配可以以地租的分配为依据。在我国，土地属于国家所有和集体所有，同时土地使用权与所有权分离，因此地租的分配应兼顾国家、集体和个人三方面的利益。其分配的基本原则应该是使导致土地级差的主体能够获得其应有的收益。

二、制度经济理论

（一）公共选择理论

公共选择理论，有广义和狭义两种解释。广义的公共选择理论是经济学理论的一个重要流派。丹尼斯·穆勒将其概括为"非市场决策的经济学研究，或者简单地说，是将经济学应用于政治科学。公共选择的主题就是政治科学的主题，即国家理论、投票规则、投票者行为、党派政治学、官方政治学等。然而，公共选择方法论则是经济学的方法论。"所以公共选择理论被认为是最名副其实的"政治经济学"。狭义的公共选择理论是作为行政管理学的一个流派而存在的，它将公共选择的方法应用于公共行政管理领域，其关注的重点是政府的管理活动及各个领域公共政策的制定和执行。由于公共选择学派将各级行政机关统称为官僚机构，因此它又被称为"官僚经济学"。

在制度经济学中研究公共选择，主要是研究那些公共物品的资源配置问题。在财产体系中，那些不能被独占运用的财产，即其成本和获益不能被内部化，从而这些资产不可能靠私人竞争者在自愿的双边契约中来配置。它们是：

（1）免费品。对这类物品，不存在分配问题，从而也不存在做经济选择的必要。

（2）纯共享品。对这类物品，无须配给，因为在使用者中不存在争胜；但是，它的总供给却必须由集体选择来决定，因为它们的供给要耗费资源。

（3）共同财产。尤其是在其成员身份具有强制性的团体中的公域财产、社会化财产。

(2)类和(3)类需要集体选择，这要由某种集中化的政治程序来决定。与私人选择相比，这种选择会在配置上和知识搜寻上造成一些难题。具体地分析如下：

（1）当别人不能被排除于财产运用之外时，就必须有两个以上的缔约当事人来进行协议。由于集体决策牵涉较多的参与者，他们的机会成本不断变化，目的也各不相同，所以要达成明确的决策会比较困难。而制定决策的交易成本大都要比私人的双边选择高。

(2) 由于个人的偏好必须合为一体，形成一致，集体决策就不可能像形形色色的私人选择那样充分地满足个人欲望的多样性。"一规适万物"即指这种现象。中央计划经济中集体主义终结后的经验确凿地证明，人们是多么欣赏他们自己对形形色色的服装、发型、职业、轿车和生活方式所做的选择。事后看来，强制穿着某种规定样式的制服可能带来了大批量生产的技术性好处，但却造成了个人满足上的巨大损失。

(3) 在互惠、等价的私人交易中，付出和获取是明确相连的。这样，决策者从自己的决策得到完全的反馈。相反，集体选择牵涉多边的付出和获取。其中，利益通常是间接的和非相互性的，所以决策制定者得不到直截了当的反馈。例如，一个共同体的集体选择可以是要修筑一条分流市内交通量的环城道路。这会影响必须为修路出钱的纳税人，它又会对居民产生不同的影响。有的人可能会发现，交通噪声的减少会使他们受益。而另一些人则可能发现，他们的生意会变得难做起来。因为这是一桩"一揽子交易"，成本和获益被混在一起，且不相等，所以关于这条环城道路的决策在获得多数通过之后，必须按适当规则由共同体来强制实施。否则，人们就会受诱惑而选择不付钱，靠搭便车白享受其获益。在成本和获益不对等的场合——不像在私人的、自负其责的决策中那样——会存在"败德危害"的诱惑、"公地灾难"的危险，以及很高的监督成本的强制执行成本。

(4) 公共选择还有一个更进一步的问题。以刘易斯·卡罗尔这个笔名闻名于世的牛津数学家查尔斯·道奇森，在他 1865 年的《艾丽丝漫游奇境记》一书中就已经为此问题烦恼过。这个问题与肯尼思·阿罗(1951)在一项使他赢得诺贝尔经济学奖的分析中称之为"不可能定理"的发现有关。阿罗证明，个人偏好的混合不可能靠表决程序来加总，从而不可能确保个人所偏好的选择也被集体决策所选中。他证明，会出现各种不一致，它们不会让许多个人偏好无矛盾、无冲突地实现加总。与分散而多样化的个人"货币选票"相比，"集体意志"不可能得到完美的表现。

(5) 除了极小的群体外，集体选择必须靠代表来进行。这种代表可以是自封的，也可以是选举出来的。他们将各种个人偏好掺合在一起以便做出具有可行性的决策。由代表来做集体选择需要有三个基本的安排：

1) 必须就集体表决的规则和程序达成一致。例如，该规则可以是全体一致同意(这要求耗费极高的协商成本)，也可以是 2/3 多数或 51% 多数同意。这些规则和程序还必须规定如何接受选票，以及要授权代表们就哪些事务做决策。

2) 因为与私人财产的双边交易不同，在付出和获益之间不存在直接的相互关系，所以集体决策中的"付出"必须依靠政治选择来决定，如靠规定税率来决定，促使个人减少其贡献(但要搭便车享受获益)。这样，监督和强制执行就变得必不可少，这必然会产生相应的代理成本。在较小的集体(地方政府、各种俱乐部)中，参与者们也许能看到"付出"(税负)和"获益"(源于集体行动的好处)之间的某种对应性。在那种场合，代理成本也会相对较低。但在像国家那样的大型集体中，以及在个人感到无权无势的集体中，团结是很脆弱的。于是，监督成本和强制执行成本会相应地直线上升。

3) 第三种安排要规定应如何分配集体创造的效益，当公民们相互争胜时，他们应根据什么准则来获取那些共同财产品(common—property goods)。这需要政治权力，并会造成政治权力自身的委托—代理问题。

(二) 设租理论

设租是议员和官员配置"租金"的政治性活动。"租金"指不是靠市场中的竞争努力而获得的收入。它们来源于提供给私人支持者或由政治精英支持者构成的有组织集团的政治特权。典型的情况是，政治干预将产权从无组织的多数人那里再分配给有组织的少数人；然后，这些少数人就能与实施干预的政府代理人分享他们的租金。

既得利益集团由政治上积极主动的主体联合而成。这类主体在谋求偏袒其收入地位和赋予其政治影响力的政治性干预上利益一致。

政治"市场"是一种过程。这类市场中的需求来自对再分配产权的政治性干预有需要的生产者，而它的供给者则是各种政府主体。政府主体代表既得利益对自由竞争进行干预。根据这一与经济市场的简单类比，政治市场的需求方大都向市场干预的供应方(议员、政治家、官员和法官)支付干预价格，其方式是货币支付和政治支持。

纵观历史，与政治权力有关的另一个关键问题是政府代理人——不论其是世袭的统治者、民选议员、部长还是被任命的政府官员——都受诱惑而按其私利行事。因此，委托—代理问题在政治组织和行政组织中也普遍存在。因为，代理人(官员、政治家)作为内部人，比他们的委托人(外部公民)更了解情况。然而，与企业代理人——经理要受竞争约束的企业不同，在政府里，对委托—代理问题缺少这样的自动监察。这造成了更大的信息不对称，并最终为代理人机会主义的形成创造了更多的机会。

委托—代理问题呈现在集体行动的所有层面上。它往往源于有组织利益集团与政府机构之间的共谋。在多数政治系统中都存在着政治市场，它服务于干预和针对政府普适制度的歧视性变通：许多生产者都寻求对其行业的干预，以期缓和无休止的严峻竞争。政治性干预市场的供给方，政治家、官员和法官，从事设租活动(rent-creation)。这给政治家和官员带来了好处：他们获得了影响权势集团的能力，也获得了政治支持和物质支持，无论这些支持是给予政党的还是给予干预者个人的。政治干预通常还带来一种充当保护人的满足感，并能靠关心自己伙伴的保护人声誉生活。

设租者与不按公民——委托人利益行事的寻租者之间的联盟可以从许多时代和国家得到证明，并可以在集体行动的所有层面上见到。例如，英格兰的伊丽莎白女王一世、法国的路易四世和其他重商主义的君主都曾把与世界某一地区贸易的垄断权授予联系密切的商人，比如与印度和美洲的贸易权。作为交换，政府同商人们共享垄断收益，其形式是进入国库和他们个人钱箱的资金。在近代，靠关税和配额阻挡国际竞争的保护为国内的农业和工业创造了租金，也为保护主义政府创造了回扣的好处。在此过程中，制度重点从商业性的正和心态(positive sum mentality)转向再分配性的政治维护心态和经济停滞。

第三节　资源与生态学理论

一、资源理论

（一）资源

资源按其属性分为自然资源和社会资源两大类。自然资源指自然界存在的对人类有用的自然物，例如土地、水、矿产、生物、气候等。社会资源包括各类自然资源经过人类社会多次加工制成的生产资料、生活资料、资本等实物资源，劳动力资源以及信息、科技与教育、管理等非实物资源。资源是一个历史的、动态的范畴，随着社会生产力的不断发展，自然资源与劳动力资源经历了历史性的变化，自然资源向实物资源演变，又从实物资源扩展到非实物资源，劳动力资源也从体力劳动逐渐向智力劳动演变。

人类研究资源问题由来已久，但提出资源科学体系的时间并不久。资源科学是由学科群构成的大科学领域，是研究资源系统的结构与功能及优化配置的综合性科学。它由自然资源学、社会资源学与知识资源学三大部门组成。至今仅自然资源学及其诸多分支学科发展较快。知识资源学是随着信息资源的日益发达及知识经济的兴起，于 20 世纪 90 年代才引起人们注意，并提上研究日程的。

资源作为人类社会的生产资料已有上万年历史。工业革命促使矿产、土地、水、森林等部门资源科学的形成与发展。但是资源作为一门科学进行整体的、系统的、综合的研究则是近几十年的事，它在我国始于 20 世纪 50 年代的自然资源综合考察。经过近半个世纪的努力，尤其在 20 世纪 80 年代以后，随着国民经济的蓬勃发展，资源科学研究取得了长足的进展。20 世纪 90 年代，这一研究领域完成了两项标志性的成果，一是由原国家计委主持完成的 42 部《中国自然资源丛书》，另一是由中国自然资源学会主持完成的《中国资源科学百科全书》。这两项成果系统地总结了近半个世纪以来我国资源研究的理论与实践，初步建立了资源科学的框架，对学科的理论体系进行了有益的探讨。

资源科学要研究与解决的主要矛盾是劳动力资源与自然资源之间的矛盾。人(力)与(自然)资源的关系是最基本的关系。自然资源的有限性与人类需求的无限性之间的矛盾将是长期存在的。我国人口众多，自然资源相对紧缺的矛盾已成为我国的一个基本国情，解决这对矛盾的力、法归根结底是要依靠自然资源与劳动力资源的优化组合和科学技术的进步。

(二) 资源的特性

1. 资源在空间上的共生性与整体性

在自然界，气候资源、水资源、生物资源、土地资源、矿产资源是相互联系、相互制约的一个整体，它们在垂直空间上是共生的。在地球大陆的任意位置，土地资源、矿产资源、水资源、生物资源、气候资源等自然资源有机地组合在一起，共衰共荣，彼此间不断地进行物质和能量的交换。人们对某一类资源的合理利用或破坏，都会对其他资源产生有利或不利的影响。如一地森林生物资源的采伐、草原放牧，就可能造成该地水土流失与沙化等，因此，资源的存在与发展表现出明显的整体性。如果脱离对资源的整体性考虑，只顾及某一资源合理利用与保护是难以达到目的的。资源的共生性与整体性决定了对资源合理利用管理的综合性。农业生产中是对全部农业资源的利用，即对土壤资源、水资源、生物资源、气候资源的同时利用，各类农业资源对农业生产具有同等重要性。可以断言，单一农业自然资源的农业利用不存在。农业生产是一类生物生产，由于土地利用的排他性，所以农地作为农业生产的同时，不能作为非生物生产所用。由于这一原因，造成了资源整体性与资源管理立法的单一性之间的矛盾。

2. 资源分布的地域性

资源的分布具有一定的空间范围和分布规律，表现出明显的地域性。气候资源、水资源、生物资源和土地资源的地域性分布规律主要受地带性因素的影响，同时也受非地带性因素的制约；矿产资源和化石能源等的地域性分布规律，主要受非地带性因素的制约。此外，资源开发利用的社会经济条件和技术工艺水平也具有地区发展的不均衡性，使社会经济资源也表现出一定的区域性特征。由于资源分布的区域性特征，就要求资源的调查、评价，特别是对资源的保护与开发利用要做到因地制宜。

3．资源的相对有限性与绝对无限性

时间、空间和运动是无限的，物质与能量也是无限的，但在具体的时空范围内，就人与资源的关系而言，资源特别是自然资源又是有限的。从哲学观点出发，自然资源是相对有限性与绝对无限性的辩证统一。沿人类历史长河溯源，可以看到，人类不断繁衍，持续消耗更多的资源，而资源储存不断增加，尤其是新种资源不断涌现，这显然应归功于社会发展与科技进步的无限性。资源特别是自然资源的绝对无限性，是人类无限生存下去和社会无限发展、进步的重要条件。而资源的有限性则为经济、合理地利用资源，有效地保护和管理资源提供了依据。

4．资源利用的多宜性

无论是单项自然资源，还是复合性的资源，都具有多功能、多用途和多效益的特征。诸如土地资源可以作为农业、林业、牧业、渔业、建筑业、交通运输业等各种使用方向；一条河流既是农业灌溉水源，又可作为电力部门的动力源，还可以是交通部门的运输线，当然也可以作为工业的水源以及旅游用地等；森林资源的多功能性、多宜性更为明显。自然资源的多宜性，带来了资源利用的复杂性。显然，不是所有资源的多宜性功能都具有同等重要的意义。因此，在资源开发、区域规划和地区发展战略研究时，就需全面权衡利弊，特别是面对社会多种需求、资源广泛利用时，资源的多宜性功能抉择就更显重要。

5．资源系统的全球性

资源的全球性可以说是资源系统的地域性与整体性在全球尺度上的具体体现。首先，全球自然资源是一个整体系统，一个国家或地区的资源利用后果往往

会超过其主权范围而波及世界其他地区。其次，全球资源分布的地域性与不平衡性，导致了全球区域性的资源短缺与优势互补问题。再次，有些资源是全球性共享资源，诸如公海中的自然资源、北极的资源，以及界河、多国流域和迁移性资源等。因此，在研究资源开发时，除了要立足本国外，也要放眼世界，了解国际上资源的供需状况及发展前景。这就涉及资源开发利用的国际合作问题。

（三）土地管理的资源基础

任何国家和地区的土地管理都必须以其土地资源条件为基础，其土地管理的政策、法律及行政措施等都必须与其土地资源条件相协调，否则将不可能达到应有的管理效果。

1. 水资源及气候条件、土壤与地质地貌条件决定土地利用方式

人类任何土地利用或管理行为都必须遵循土地的自然条件，而一定区域内土地的水资源状况、气候条件、土壤质量及地质地貌条件等都决定着其可利用方式和利用程度，如我国西北地区土地资源丰富，而水资源短缺，导致土地沙漠化，土地利用能力极低；东北地区土壤肥沃，人少地多，而其气候寒冷，决定了其土地自然生产能力仍然较低。我们在"以粮为纲"的年代，进行全国大开垦，尤其将一些坡地开发为耕地，从而导致水土流失，这是不遵循自然规律进行土地利用与管理的典型体现，从而招致自然的惩罚——水土流失，环境恶化，又不得不退耕还林、还草，劳民伤财。

2. 土地资源调查、评价与土地统计是土地管理的基础和前提

要进行有效的、合理的土地管理，其前提是必须摸清家底。土地资源调查就是为查清一定国家、一定地区或一定单位的土地数量、质量、分布及其利用状况而进行的量测、分析和评价工作，为合理调整土地利用结构和农业生产布局、制定农业区划和土地利用规划提供科学依据，并为进行科学的土地管理创造条件。尤其在我国目前实行土地用途管制制度体系下，准确、全面地掌握全国土地利用类型是土地管理最基本的工作。

二、生态理论

(一) 生态学

1. 生态学的概念

"生态学"(ecology)一词源于希腊文"Oikos"，表示住所和栖息地的意思，"logos"表示学科，原意是研究生物栖息环境的科学。1866年，德国的动物学家Haevkel 首次为生态学下了定义：生态学是研究有机体与其周围环境——包括非生物环境和生物环境相互关系的科学。1966年，Smith 认为，"eco"代表生活之地，因此生态学是研究有机体与生活之地相互关系的科学，所以又将生态学称为环境生物学。美国生态学家 E．Odum 提出的生态学定义是：生态学是研究生态系统的结构和功能的科学。我国生态学家马世骏先生认为，生态学是研究生命系统和环境系统相互关系的科学。

生态学的不同定义代表了生态学的不同发展阶段，强调了不同的基础生态学分支和领域。目前，生态学家普遍认为，生态学是研究生物与环境之间相互关系及其作用机理的科学。

2. 生态学的研究对象

生态学是研究生物与环境、生物与生物之间相互关系的一门生物学基础分支学科，是研究以种群、群落和生态系统为中心的宏观生物学。

(1) 种群。种群是指栖息在某一地域中同种个体组成的复合体。种群是由个体组成的群体，并在群体水平上形成了一系列个体层次上没有的新的群体特征，如种群的出生率、死亡率、增长率，年龄结构和性别比，种类关系和空间分布格局等。动物种群生态学在20世纪60年代以前是动物生态学的主流。

(2) 生物群落。生物群落是指栖息在同一地域中的动物、植物和微生物的复合体。同样，当群落由种群组成为新的层次结构时，产生了一系列新的群体特征，诸如群落的外貌、结构、动态、多样性、稳定性等。植物群落生态学在 20 世纪

60 年代以前是植物生态学的主流。

(3) 生态系统。生态系统是指在同一地域中的生物群落和非生物环境的复合体。20 世纪 60 年代以后，由于出现全球的人口、资源等威胁人类生存的挑战，生态系统研究也发展为生态学研究的主流。

(4) 生物圈。生物圈是指地球上全部的生物和一切适合于生物栖息的场所，它包括岩石圈的上层、全部水圈和大气圈的下层。

随着全球性环境问题日益受到重视，如全球性气候变化、酸雨、臭氧层破坏、荒漠化、生物多样性减少，全球生态学已应运而生，并已成为民众普遍关注的领域。

生态学的研究重点在于生态系统和生物圈中各组成部分之间，尤其是生物和环境、生物与生物之间的相互作用。

(二) 土地生态理论

土地生态，即土地生态系统，是土地各组成要素之间及其与环境之间相互联系、相互依存和制约所构成的开放的、动态的、分层次的和可反馈的系统。该系统是一个由土地、自然环境、技术、政策、人等生态因子组合而成的有机整体，系统中的任何一种因子的变化都会使自然界原有的土地生态平衡被打破，尽管土地生态系统自身具有一定的恢复功能，但这个功能是有它自身的限度的，超过了这个限度将不能恢复。

1. 土地生态理论的原理

(1) 土地是一个生态总体，其中，一方面它要作为植物、动物、微生物和人类等生物群体的生存、生活和发展的基础环境；另一方面，它又要因这些生物群体的不同层次的影响而受到不同的改变。这种环境与一定生物群落的相互影响和有机的生态结合，就是地球表面的土地生态系统。

(2) 这一生态系统是一个具有层阶划分的多层次、有结构而又有以各个主体生物群落及其环境相结合的标志而划分的各个分系统，如森林生态系统、草原生态系统、农田生态系统、城市生态系统等。

(3) 这一生态系统是有地区分异和随时变异的四维系统。

(4) 这一生态系统具有系统论及其宏观性特征，人们必须具有系统性及宏观思维，以进一步深入认识其系统内外及其宏观分异的地学特征。

(5) 这一生态系统具有多学科的综合性，人们必须具有多学科知识与综合思维的能力，才能去剖析其资源生态变化和采取相应的科学应对措施。

2. 土地生态规划与管理

土地生态规划指土地利用规划与生态学规划相结合的土地利用规划。

首先，是立足于科学发展观，根据规划区土地资源的地学生态背景、环境容量、资源特点等和区域经济发展要求进行区域土地生态评价，以及按生态规划的原则——如区域分异、自然资源特点及其承载潜力、生态平衡等进行土地利用总体规划，使土地资源背景及其生态格局与土地利用的宏观布局及分区等形成一个生态协调的总体。

其次，是在区域总体的基础上进行分区与专项建设的生态及其规划相结合的设计。

再次，分别深入进行各土地利用项目内的专业设计与生态设计，使土地利用与生态建设达到高度有效与和谐发展。

土地生态规划一定程度上可以理解为土地利用规划的专项规划，在实际工作中有两种方式：

一是以土地生态评价结果为基本依据来布局和安排各类土地生态系统的比例和空间分布格局，这种规划对社会经济因素考虑相对较少，因而所得出的用地结构和布局规划方案在某种程度上可称为理想土地利用结构和布局模式。

二是在充分考虑土地生态评价结果的同时，还要综合考虑经济社会发展规划、土地供给能力和各项建设对土地的需求，据此编制土地利用结构与布局规划方案。后一种规划结果既符合生态学原理，又满足了经济社会发展的需求，因而更有实用价值。

　　土地生态规划的研究方法主要有两种：

　　一是土地系统的生态功能分类研究法，根据各个土地个体生态功能属性上的差异性而进行的群类划分，它是选择优化各种土地利用方式的依据之一。

　　二是把各种土地功能类型落实到具体空间上、并侧重于各种功能型土地的空间相互关系分析。

第三章　土地管理的主要内容

第一节　地籍管理

一、地籍调查

地籍调查是国家为满足土地登记的要求，依照法定程序，通过权属调查和地籍测量的方法，查清每一宗土地的位置、权属、界线、数量、用途和等级等基本情况，并以图、簿表示，为土地登记、核发证书提供依据的调查工作。按照地籍调查的开展范围和对象特征划分，地籍调查可以分为农村地籍调查与城镇地籍调查两类。

（一）农村地籍调查

农村地籍调查的任务：一是集体土地所有权调查登记及发证。即在原有土地利用调查成果的基础上，根据实地情况进行大比例尺更新调查，重点调查集体土地所有权状况。在调查基础上，开展集体土地所有权登记发证。二是建设用地使用权登记及发证。即对城镇建成区、村庄居民点以外的国营农林牧渔场、独立工矿、机关、团体、学校、部队等单位进行大比例尺地籍调查，重点调查土地使用权状况。三是集体土地所有权和建设用地使用权调查登记发证管理系统建设。即建立农村集体土地调查登记发证基础数据库，包括地籍调查数据和集体建设用地使用权调查数据，在此基础上建立全辖区的土地调查登记发证管理系统，形成服务于政府部门和社会大众的多种信息产品。

55

农村地籍调查的步骤可以分为七步：

第一步，准备工作(组织准备、技术准备)。一般由市、县人民政府成立农村集体土地登记领导小组，制定工作计划、落实登记经费，结合本地实际确定应提交的权属证明材料和相关图件资料。

第二步，发布通告。采取张贴、直接送达、媒体发布等多种形式通告以下内容：登记区的划分、登记期限、登记资料收件地点、登记申请人应提交的证明文件等。

第三步，土地登记申请。集体土地所有权登记申请人有三种：一是村集体所有的土地，由村属农村集体经济组织或者村民委员会及其代表申请土地登记；二是村集体内有两个以上农村集体经济组织的，如过去的生产队，目前仍然为独立存在的，可以由各农业集体经济组织及其代表申请土地登记，也可以由村集体代办；三是乡(镇)农民集体所有的土地，应由乡(镇)集体及其法人代表申请土地登记。

第四步，农村集体土地权属界线调查与土地面积测算。

第五步，审核与结果公告。登记机关对登记申请人递交的《土地登记申请书》《地籍调查表》及相关材料进行审核，经初审、复审后将审核结果公告。

第六步，注册登记与颁发证书。

第七步，成果资料归档，建立农村土地产权数据库。

农村地籍调查工作和技术两方面内容包括：调查地区的自然、经济、社会概况等；集体土地地籍调查的组织实施情况；集体土地地籍调查使用的工作底图情况；集体土地地籍调查使用的分类系统；集体土地地籍调查的技术路线和方法；质量保障措施、工作中遇到的主要问题及处理方法；集体土地地籍数据库建设；集体土地地籍调查取得的主要成果内容；经验、问题和建议；附件，包括有关文件、补充的技术要求，重要的会议纪要、有关图表等重要文献。

(二) 城镇地籍调查

现阶段，土地权属调查、地籍测量等工作主要集中在城镇区域。

初始土地权属调查是初始地籍调查的重要程序，是调查人员对县及县级以上某一行政辖区内申请登记的全部宗地进行全面现场调查，以核实宗地权属，确认宗地界址的实地位置，并掌握土地利用状况。初始土地权属调查的基本单位是宗地，其调查内容包括：一是准备工作。包括确定调查范围和准备调查工作用图、划分宗地和地籍街坊、发放调查通知等。二是实地调查。其主要任务是在现场确定土地权属界线。具体内容包括宗地权属状况调查和界址调查等。三是地籍编号。界址点编号包括按宗地编号、按图幅统一编号、按地籍街坊统一编号。四是地籍调查表填写。五是绘制宗地草图。六是初始土地权属调查资料的检查与归档。初始土地权属调查完成后，应对初始土地权属调查成果进行严格的质量审核和分项处理，为地籍测量和今后日常地籍管理打下良好的基础，成果的整理归档应符合档案管理和建立地籍信息系统的规定和要求。

变更土地权属调查是指调查人员接收经土地登记人员初审的初始、设定或变更土地登记申请文件后，对宗地权属状况及界址进行的调查。变更权属调查的基本单元也是宗地。变更权属调查的步骤为：查阅土地登记申请文件、发送变更地籍调查通知书、宗地权属状况调查、界址变更调查及界址标志的设定、填写变更地籍调查表、勘丈或修改宗地草图、填写变更权属调查记事及调查员意见、权属调查文件资料的移交。

初始土地权属调查是在某一时期内对整个行政区范围内整区域整街坊的调查，变更土地权属调查是在某一宗地土地使用者提出变更土地登记申请后，调查人员在短时间内及时进行调查。变更土地权属调查是国土资源管理部门日常性调查工作。因此，变更权属调查的特点是：针对性及政策性强、调查范围小且发生频繁、任务急。

变更土地权属调查的内容：一是地籍变更申请与变更调查通知，包括地籍变更申请、发送变更地籍调查通知书；二是宗地变更权属状况调查，包括土地使用权初始登记时的宗地权属状况调查、土地使用权类型变更时的宗地权属状况调查、土地使用权转让变更时的宗地权属状况调查、土地用途变更时的宗地权属状况调查、土地使用者名称及地址变更时的宗地权属状况调查、土地他物权设定登记时的宗地权属状况调查；三是界址调查及地籍资料的变更，包括地籍编号的变更、界址点号的变更、宗地草图的变更、地籍调查表的变更；四是变更地籍调查的审核与资料入库。

从地籍调查的定义角度看，地籍调查分为权属调查和地籍测量两部分。

权属调查包括核实土地产权来源、认定土地产权界线、设立土地产权界标等内容。调查前，登记机关应根据登记区的划分，制作调查工作底图，并对各宗地预编地籍号。根据土地登记申请人提供的产权证明材料，查实土地产权的发生和演变过程及产权性质。确认产权界线时，应由被调查宗地产权人的法定代表人，与相邻宗地产权人的法定代表人，共同到现场指界，并在调查表上签字、盖章。确定产权界线后，需在界线的拐点等处设置界标。权属调查结束后，应绘制宗地草图，标明宗地的位置、界址点线、界址边长、相关距离等。

地籍测量是土地管理工作的重要基础，它是以地籍调查为依据，以测量技术为手段，从控制到细部，精确测出各类土地的位置与大小、境界、权属界址点的坐标与宗地面积以及地籍图，以满足土地管理部门以及其他国民经济建设部门的需要。地籍测量是在权属调查的基础上运用测绘科学技术测定界址线的位置、形状、数量、质量，计算面积，绘制地籍图，为土地登记、核发证书提供依据，为地籍管理服务。地籍测量包括初始地籍测量和变更地籍测量。其中，初始地籍测量是在初始权属调查的基础上，借助测绘仪器，以科学的方法，测量调查区域内每宗土地权属界址点线位置、宗地形状及地类界等，并根据测量数据计算其面积、绘制地籍图，为不动产总登记提供依据。变更地籍测量是在变更地籍调查过程中，测量变更后的土地权属界线、位置、宗地内部地物地类变化，并计算其面积、绘制宗地图、修编地籍图，为变更登记提供基础资料与数据。变更地籍测量在变更权属调查基础上进行，变更地籍测量的技术、方法与初始地籍测量相同。变更地籍测量包括界址未发生变化宗地的变更地籍测量、界址发生变化的宗地变更地籍测量及新增宗地的变更地籍测量三种形式。

二、土地登记

（一）土地登记的概念

土地登记制度是我国《土地管理法》确立的一项重要法律制度。1989 年原国家土地管理局印发了《土地登记规则》，专门用以指导全国的土地登记工作，多年来在实践中也得到了较为充分的应用。根据《土地登记规则》的规定，"土地登记是国家依法对国有土地使用权、集体土地所有权、集体土地使用权和土地他项权利的登记"。

2008 年 2 月 1 日，我国《土地登记办法》正式实施。作为《物权法》实施之后的一部有关不动产登记的部门规章，该《办法》的出台，广受社会瞩目。《土地登记办法》是根据《物权法》《土地管理法》《城市房地产管理法》和《土地管理法实施条例》制定的。《土地登记办法》主要对土地登记的概念、原则、效力、类型、内容、程序以及土地登记各项基本制度等做出了明确规定。

按国土资源部政策法规司领导的说法，《土地登记办法》出台背景有以下几点：

一是贯彻落实《物权法》中不动产登记有关规定的需要。2007 年 3 月 16 日第十届全国人民代表大会第五次会议审议通过的《物权法》，确定了包括土地登记在内的不动产登记的基本制度，对不动产统一登记、更正登记、异议登记、预告登记、登记赔偿、登记收费等做了规定，对土地登记程序、方法等提出了新的要求。贯彻落实《物权法》不动产登记规定，有待国家出台不动产登记法规。但考虑到不动产登记法规的出台还需要一段时间，在这段时间内，为进一步规范土地登记行为，依法保护当事人的合法土地权益，国土资源部根据《物权法》中有关不动产登记的规定，在对《土地登记规则》进行补充、修改和完善的基础上，出台了《土地登记办法》。

二是现行土地登记规范性文件的法律层级不够。此前作为土地登记工作依据的《土地登记规则》，是原国家土地管理局以规范性文件的形式下发的，并没有上升到法律的层面。这在实际工作中，产生了一些问题。近年来，随着我国社会主义市场经济的发展，土地的资产价值日益显化，对土地财产权益的保护提上了日程。我国原有的土地登记规范性文件，有必要提高法律效力层级，才能进一步发挥土地产权保护的效力。

三是《土地登记规则》需要修改完善。《土地登记规则》由原国家土地管理局 1989 年颁布实施，1995 年进行了修订，多年来一直作为我国开展土地登记工作的依据，对建立完善我国土地登记制度、促进国土资源管理和经济社会发展起到了重要作用。但是，随着我国土地法律体系的完善和土地使用制度改革的深入，社会经济发展对保护土地物权的要求越来越高，《土地登记规则》的部分条款已不能适应当前工作的需要，需要进行修改完善。

《土地登记办法》对土地登记重新定义："土地登记是指将国有土地使用权、集体土地所有权、集体土地使用权和土地抵押权、地役权以及依照法律法规规定需要登记的其他土地权利记载于土地登记簿公示的行为。"此定义包括了三层含义：一是明确了登记的土地权利范围，即国有土地使用权、集体土地所有权、集体土地使用权和土地抵押权、地役权以及依照法律法规规定需要登记的其他土地权利。其中，国有土地使用权，包括国有建设用地使用权和国有农用地使用权；集体土地使用权，包括集体建设用地使用权、宅基地使用权和集体农用地使用权(不含土地承包经营权)。二是土地登记是将需要登记的土地权利在土地登记簿加以记录、记载。记录、记载是登记的字面含义，将土地权利在土地登记簿上加以记载是土地登记的应有之义。三是土地登记是土地权利的公示行为。登记在民事方面最重要的功能就是产生公示公信效力。登记机关进行登记只是行政确认，而不是行政许可。登记是物权公示的手段，如此定义强化了土地登记的民事色彩。

(二) 土地登记的程序

土地登记的程序分为五个步骤，即土地登记申请、地籍调查、权属审核、注册登记、核发证书。

土地登记申请是土地权利人或土地权利变动当事人按照规定向土地登记机关申请其土地权利状况或权利变动事项，请求在土地登记簿上予以注册登记的过程和行为。在申请土地登记时，土地登记申请人应提交的文件资料包括土地登记申请书、申请人身份证明、土地权属来源证明、地上附着物权属证明。

地籍调查分为权属调查和地籍测量两部分。地籍调查是土地登记的前期基础性工作，是土地登记法律行为的重要程序。其目的是依照有关法律程序和技术规程，查清每一宗土地的位置、界限、面积、权属、用途以及等级等基本情况，以满足土地登记的需要。

权属审核是土地登记机关对申请人提交的证明文件资料和地籍调查结果进行审核，再由县级以上人民政府根据土地登记机关的审核意见，决定对申请登记的土地权利和权利变动事项，是否准予登记的法律程序。它是土地登记的核心环节。

注册登记是指土地登记机关对批准土地登记的土地所有权、使用权或他项权利进行登卡、装簿、造册的工作程序。土地登记经办人和审核人必须由获得土地登记上岗资格，熟悉精通业务和有关法律法规的人员担任，并实行专人负责制度。

土地证书是土地登记卡部分内容的副本，是土地使用者持有的法律凭证。目前我国的土地证书主要有四种：《国有土地使用证》《集体土地所有证》《集体土地使用证》《土地他项权利证明书》。土地证书以宗地为单位根据土地登记卡填写。《土地他项权利证明书》以他项权利人为单位填写。

另外，在土地登记过程中涉及的土地登记卡、归户卡和土地证书，其功能和联系为：土地登记卡是土地登记的主件，是土地使用权、土地所有权和他项权利的法律依据。从归户卡上可以了解某一权利人在同一县级行政范围内拥有使用的土地数量，这对了解、掌握土地权属及其利用现状，加强土地管理，指定有关法规是非常有益的。土地证书是土地登记卡的副本，是土地权利人拥有土地使用权、所有权和他项权利的凭据。土地归户卡和土地证书都是依照土地登记卡填写的，归户卡除其编号外，其他栏目的填写方法与土地登记卡对应项目相同，土地证书上的内容是土地登记卡内容的摘录。

三、土地统计

(一) 土地统计的概念

土地统计是地籍管理的一项基本内容，也是整个土地管理的一项重要基础工作，它是指利用数据和图件等形式对土地的数量、分布、权属、利用状况及其动态变化进行系统的调查、整理、分析和预测。其特点是统计数据不仅反映在文字和数字上，同时一定要在相应的图纸上得到证实，表示其空间位置。运用土地统计方法，了解并掌握土地在其利用过程中所发生的数量与质量变化以及存在的问题，是土地管理的重要手段。土地统计包括三个含义：①土地统计资料，反映土地资源的特征和规律的数字资料及与之相联系的其他资料的总称；②土地统计工作，泛指对土地数量方面进行收集、整理和分析的工作过程；⑨土地统计科学，指土地统计的理论和方法。

土地统计制度是国家为了认识和掌握土地资源状况及其变化规律，贯彻土地基本国策，制定有关土地政策，实现土地科学管理而依法建立的统计制度。土地统计制度具有统一性、权威性和规范性特点。

(二) 土地统计工作的内容

1. 土地统计调查

土地统计调查是指根据土地统计任务的要求，采用科学方法，有计划、有组织地从调查单位收集土地变化的原始资料(即土地数据和图件)，运用统一的指标体系对有关的现象数据进行调查、记载的过程。它是整个统计工作质量的前提与保证。

根据统计调查的组织形式不同，可分为定期统计报表和专门调查；按照调查对象包括的范围不同，专门调查又可分为全面性普查与非全面性的抽样调查、重点调查、典型调查等。定期的报表制度既可用于全面调查，也可用于非全面调查。其中，普查是一种专门组织的、一次性的全面调查，主要用来调查对象在某一时点上的数量状况。重点调查是选择少数在总体中具有举足轻重地位的重点范围或重点项目进行调查，借此了解总体的基本情况。典型调查是在总体分析的基础上，有意识地选择有代表性的单位进行调查研究。抽样调查一般指概率抽样调查，是实际工作中应用最广泛的一种非全面调查的主要组织形式。而统计报表是按照国家统计报表制度规定报表格式，统一指标内容，统一报表报送程序和报送时间，由填报单位自下而上逐级提供统计数据的一种调查方式，是当前我国土地统计数据资料的主要获取方式之一。

2．土地统计整理

土地统计整理是指根据土地统计研究的目的和任务，对土地统计调查取得的各项原始资料进行审核、汇总，使其系统化、条理化，从而得出反映土地资源总体特征的综合资料，或者对已加工过的资料进行再整理。

土地统计整理工作的步骤：首先，对原始资料进行审核订正；其次，根据调查的任务和研究目的进行分组；再次，计算各项指标及总体指标，并进行汇总；最后，将汇总的数据编制成统计表。

3．土地统计分析

土地统计分析是指在资料整理的基础上，运用统计科学的理论和方法，对土地数量、结构、利用状况、权属状况及其区域分布状态、动态变化过程等进行分析研究，揭示土地利用的水准、特征、分布格局、变化规律的趋势，从而及时地对土地分配、使用、开发等土地管理状况做出评价，发现问题、总结经验、认清本质、找准规律、洞察趋势，为探求加强土地管理的对策措施提供依据。

土地统计分析工作内容包括：对统计整理的成果进行进一步加工，计算相对数和平均数等各种分析指标，形成统计分析的"零部件"；从总体的特殊表现过渡到总体的一般表现，即达到规律性的认识；对现象做出判断和评价；进行推论，即从对现状的认识过渡到对未来的认识或预测。

四、地籍档案管理

（一）地籍档案及其管理的概念

地籍档案是指国家和地方各级土地管理部门及其所属单位中，在地籍管理工作中直接形成的、具有保存、查考价值的历史记录，包括地籍的簿、册、图件、音像、软盘等有关材料。将此定义剖析，可以包括以下内涵：地籍档案是各级土地行政主管部门及其事业单位地籍管理专业活动的真实历史记录，它是由地籍文件材料有条件地转化而来，其形式多种多样。它是地籍管理活动的原始记录。地籍档案是土地管理的核心，是国家档案的重要组成部分，也是全面、科学管好用好用地的重要保证。地籍档案具有数量大、形式多样、保存分散、成套性、跨年度、周期长、动态性、现势性、较高技术含量等特点。

地籍档案管理是指以地籍档案为对象所进行的收集、整理、鉴定、保管、统计和利用等工作的总和。地籍档案管理的手段主要包括地籍档案的收集、整理、鉴定、保管、统计和利用，其中前五项是基础性工作，后一项是管理档案的目的。

（二）地籍档案及其管理的内容

从其工作性质看，地籍档案的内容包括地籍档案行政管理工作、地籍档案馆室工作、地籍档案的宣传教育和科学研究工作。从其工作内容看，地籍档案的内容包括收集、移交、整理归档、保管、查借阅利用、编研参考。从其包含的档案类型看，城镇地籍档案的内容与农村地籍档案的内容有些许不同。城镇地籍档案包括地籍调查档案、土地登记档案、土地统计档案、房产调查档案、土地质量档案、土地等级档案、土地利用现状类别档案、土地法规文件档案、城市规划设计档案等；农村地籍档案包括土地利用现状调查档案、土地登记档案、土地统计档案、土地质量与评价档案、土地法律法规档案、非法占地档案、农户承包使用土地档案等。

地籍档案管理的内容基于前文提及的地籍档案管理的手段，包括地籍档案的收集、整理、鉴定、保管、统计和利用。其中，地籍档案的收集是指收集保存地籍工作中形成的有利用价值的资料；地籍档案的整理是指将繁杂、凌乱的地籍材料条理化和系统化；地籍档案的鉴定是指对保存的档案去粗取精，确定其保存价值和级别；地籍档案的保管是指对地籍档案进行日常维护，保持其完整性，并随时补充新内容；地籍档案的统计是指借助特定的技术和方法，以数字的形式反映地籍档案的数量、质量及其他状况的情况；地籍档案的利用是指将其用到土地管理及其他相关工作中，发挥其积极作用。发挥档案在土地管理及其他工作中的积极作用。

上述地籍档案管理工作的每个环节，都带有较强的技术性和规范性。比如，地籍档案整理工作，从程序上看，包括档案的分类、立卷、案卷的排列和案卷目录的编制等，按照以下步骤立卷：第一步，组卷。把单份的文件按照它们相互间的联系和价值大小，采用一定的方法组合成为案卷。第二步，拟写案卷标题。第三步，把卷内文件按照一定的方法逐一加以排列，并编号。第四步，填写卷内目录和备考表。第五步，打印案卷封面，装订。

第二节　土地权属管理

土地权属管理是指国家行政机关通过各种手段对土地权属关系进行调整，以维护土地所有制，保护土地所有者和使用者的合法权益，规范土地权属流转，发挥市场对土地资源的优化配置作用，促进土地资源的合理利用。

土地权属特性是土地资产的本质特性之一。土地权属是土地的一个根本问题。土地资产管理的核心是土地权属管理。

一、土地权属管理的目的

国家土地行政主管部门采取各种措施对土地权属进行管理，主要目的如下。

(一) 维护土地所有制

我国实行土地的社会主义公有制。为了维护土地公有制，保护国家对国有土地、各农民集体对其所有的土地行使其合法的土地所有权，土地行政主管部门必须通过确认国家土地所有权、集体土地所有权，排斥其他任何单位或个人的土地所有权，达到维护土地公有制的目的。

（二）保护土地权属人的合法权益

土地权属人是指依法享有土地权利的法人或公民。在我国，土地权属人可以分为三类：土地所有者、使用者和他项权利拥有者。明确土地产权、调解土地权属纠纷，是保护土地所有者、使用者和他项权利拥有者的合法权益的有效措施。土地所有权、使用权以及部分土地他项权利作为财产权，受我国《民法通则》等法律保护。

（三）规范土地权属流转，发挥市场对土地资源的优化配置作用

土地权属流转是建设社会主义市场经济体制的需要。在我国，土地所有权不能流转，但是土地使用权可以依法流转。土地使用权市场流转一般可以分为两级：一级使用权流转指土地所有者通过土地使用权出让、租赁、作价出资(入股)、联营等方式，将土地使用权从土地所有权中分离出来，提供给土地使用者；二级流转是指从一级市场取得土地使用权的土地使用者，通过转让、出租等方式将土地使用权再转移给其他土地使用者。国家土地行政机关通过对一级、二级土地使用权权属流转的审查、批准和监督，以规范土地使用权流转，发挥市场对土地资源的优化配置作用。

（四）促进土地资源的合理利用

明确土地权属，依法管理土地权属变更，规范土地权属流转市场，有利于发挥土地所有者、使用者合理利用土地的积极性。土地所有者、使用者为了在较长时期内获取较大的土地效益，应当采取措施合理利用土地。如对农用地，采取措

施培肥地力，改良土壤，维护排灌工程设施；对建设用地，采取措施按照规定用途开发建设，减少闲置、浪费土地的现象发生。

二、土地的所有权与使用权

（一）所有制与所有权

1．概念认知

土地所有制是指人们在一定的社会经济条件下拥有土地的经济形式。它是整个土地制度的核心，是土地关系的基础，是生产资料所有制的重要组成部分。

土地所有权是土地所有制的法律表现形式，它是指土地所有者对土地享有占有、使用、收益和处分的权利。1986 年全国人大通过的《民法通则》第七十一条规定了财产所有权的定义和基本内容："财产所有权是指所有人依法对自己的财产享有占有、使用、收益和处分的权利。"2007 年施行的《物权法》第三十九条也规定："所有权人对自己的不动产或者动产，依法享有占有、使用、收益和处分的权利。"由此可以看出，所有权的基本内容包括占有、使用、收益、处分四方面的权利。

占有是权利主体对土地的实际管理或控制，它表现为一种持续的状态。它是指对"土地事实"上的管领，比如土地承租人对土地的实际占用等。使用是权利主体为了发挥土地的使用价值对土地加以利用，比如在依法取得的土地上建造房屋、在耕地上种植农作物等。收益是权利主体通过对土地的占有、使用等方式取得经济效益：一是利用土地的自然属性获得收益，比如在耕地上种植农作物直接收获粮食等；二是利用一定的法律关系获得收益，比如把土地出租而获取租金收入等。处分是权利主体对土地在事实上和法律上的最终处置，事实上的处置是指对土地进行实质上的变形、改造等物理上的事实行为，比如对土地进行"七通一平"等；法律上的处置是指土地权利发生变动的法律行为，比如土地转让、出租、抵押等行为。

67

土地所有权是通过国家制定法律、法令和其他规范性文件做出的规定来行使的。土地所有权是一项专有权，其所有权主体是特定的。土地所有权具有排他性。土地所有权是在法律规定范围内所享受的权利，其行使范围不是无限的，而是受赋予其权利的法律规定限制的。

2. 主体与客体

(1) 国有土地所有权的主体与客体。《土地管理法》第二条规定："中华人民共和国实行土地的社会主义公有制，即全民所有制和劳动群众集体所有制。全民所有，即国家所有土地的所有权由国务院代表国家行使。"意即国有土地属于全民所有。因此，只有代表全体人民意志和利益的"国家"才能作为土地国家所有权的主体。而作为国家的代表，政府是土地国家所有权主体，由国务院代表国家行使。《土地管理法》第五条又进一步规定："国务院土地行政主管部门统一负责全国土地的管理和监督工作。县级以上地方人民政府土地行政主管部门的设置及其职责，由省、自治区、直辖市人民政府根据国务院有关规定确定。"由此可以看出，获得法律授权的各级土地行政管理机关也有权对国家所有的土地进行管理，其权限依据地域和土地使用权的审批权限划分而确定。除此之外，任何单位和个人均不得充当土地国家所有权的主体。且"任何单位和个人都有遵守土地管理法律、法规的义务，并有权对违反土地管理法律、法规的行为提出检举和控告"。

国有土地所有权客体较为广泛。依据《宪法》第九条、第十条，《民法通则》第八十条、八十一条，《土地管理法》第八条等的有关规定，土地国家所有权的客体范围包括：城市市区土地；农村和城市郊区中依法没收、征用、征收、征购、收归国有的土地；国家依法确定由机关、团体、企业、事业单位和个人使用的土地；依照法律规定属于国家所有的荒地、山岭、滩涂、林地、牧草地、水域和未利用的土地；名胜古迹、自然保护区等特殊土地(不包括集体所有土地)；国有的农、林、牧、渔场(站)等农业企业和事业单位使用的土地；划给农村集体和个人使用的国有土地；县级以上人民政府依照法律认定的不属于农村集体经济组织所有的一切土地。《土地管理法》第二条进一步明确，下列土地属于全民所有即国家所有：城市市区的土地；农村和城市郊区中已经依法没收、征收、征购为国有的土地；国家依法征用的土地；依法不属于集体所有的林地、草地、荒地、滩涂及其他土地；农村集体经济组织全部成员转为城镇居民的，原属于其成员集体所有的土地；因国家组织移民、自然灾害等原因，农民成建制地集体迁移后不再使用的原属于迁移农民集体所有的土地。

(2) 集体土地所有权的主体与客体。我国农村集体土地所有权是在互助组、合作社和人民公社的基础上逐步建立的一种土地所有权形式。集体所有的土地只属于某个劳动群众集体所有，这个"劳动群众集体"是抽象化的，具象化的农民个人或农民集体无法行使所有权，而是由某个集体经济组织代表农民集体行使所有权。《土地管理法》第十条规定："农民集体所有的土地依法属于村农民集体所有的，由村集体经济组织或者村民委员会经营、管理；已经分别属于村内两个以上农村集体经济组织的农民集体所有的，由村内各该农村集体经济组织或者村民小组经营、管理；已经属于乡(镇)农民集体所有的，由乡(镇)农村集体经济组织经营、管理。"因此可以看出，土地集体所有权的主体有：村农民集体；乡(镇)农民集体；村内多个农民集体(生产队、村民小组等)。

按王万茂等(2010)的观点，由于城市和城市市区的概念和范围，目前尚未有法律明文规定，城市与城市郊区农村之间没有一个明确的界线，难以确定城市或城市市区的土地范围。按照行政区划或者城市规划来确定城市市区范围的办法是不科学的。主流观点认为，应将城市市区理解为"城市建成区"为宜。城市建成区是指已进行城市配套建设，具备城市功能和建筑集中连片的区域。对城市建成区内新建部分区域内存在的未经征用的集体土地，其所有权性质的确定存在两种意见：一是由于未经办理征用手续，其集体所有的性质不能改变；二是由原农民继续使用的农业土地，仍属原农民集体所有，建设用地则应属国家所有。对于深入城市建成区腹地零星的未征用地的原集体所有土地，可以认为事实上已转为国家所有。集体所有的土地最初是本集体的农民入社带来的土地，但由于 20 世纪50 年代以来农民集体所有制的频繁变动，农民私有土地入社时的农业生产合作社的土地界线已不能反映现实集体土地权属范围。在处理集体所有土地之间界线时，应当充分考虑引起变化的历史背景，尽量维护现有的土地权属状况，一般应按目前集体实际占有的土地的界线确定土地的权属。

土地集体所有权的客体是集体土地。集体土地的范围包括：农村和城市郊区的土地(法定属于国家的除外)；集体所有的耕地、森林、山岭、草原、荒地、滩地等；集体所有的建筑物、水库、农田水利设施和教育、科学、文化、卫生、体育设施所占土地；集体所有的农林牧渔场和工业企业使用的土地；农民使用的宅基地、自留地和自留山。

3. 土地所有权的行使与内容

(1) 国有土地所有权的行使与内容。国家土地所有权的行使及其权利内容包括以下几个方面(樊志全，2005)：

1) 国有土地所有者代表依法将国家土地所有权的部分权能让与土地使用者。国家对土地依法享有收益权，并保有最终处分权。国家土地所有权的行使有以下特点：一是国家土地所有权主体不能亲自行使所有权，而只能由其授权的代表代为行使所有权；二是国家土地所有权主体代表不能亲自行使土地所有权的占有、使用权能(即使行使占有、使用权能，其身份也非所有者代表，而为划拨国有土地使用权人)；三是国有土地所有者代表对土地保有最终的处分权。

2) 国有土地所有者代表可依法通过出让(含以出让金出资或入股)、出租和划拨等方式将国有土地使用权让与土地使用者。国有土地所有者代表应遵守其与土地使用者订立的土地出让或租赁合同，履行合同义务。国有土地所有者代表可依法收回国有土地使用权。

3) 县级以上地方人民政府及其职能部门对国有土地行使处分权的权限划分按《土地管理法》第四十四条的规定确定。不具审批权限或超越审批权限处分国有土地，其处分行为无效。

4) 县级以上地方人民政府及其职能部门对国有土地行使收益权应依法向上级人民政府及其职能部门上缴土地收益。

(2) 集体土地所有权的内容与限制。集体土地所有权的内容与限制包括以下几个方面(樊志全，2005)：

1) 集体土地所有者及其代表依法对集体土地享有占有使用、收益和处分权能，其权利行使受法律限制。比如，集体土地所有者代表实施对集体土地的重大处置，需经农村集体经济组织或村民小组成员表决同意，并不得违反法律的禁止性规定。

2) 集体土地所有权的内容。集体土地所有权可以由所有者亲自行使，也可由所有者代表代为行使。其权利内容包括占有、使用、收益和处分四项权能。集体土地所有权具有不完全性，在收益和处分方面受到一定限制。

3) 集体土地所有权的权能分离。集体土地所有者或其代表可以向用地者让与权利，并且可因此获得应有收益。

4) 集体土地所有者代表对土地行使处分权的限制。一是受国家法律和政府管理的限制，集体土地所有权在收益权和处分权两方面受到限制。在收益权方面，集体所有的土地不能直接用于房地产开发，若用于房地产开发必须先由国家征收转变为国有土地后再由国家出让给房地产开发商，这就使集体土地所有权中的收益权能受到限制。

(二) 使用制与使用权

1. 概念认识

土地使用制是对土地使用的程序、条件和形式的规定，是土地制度的一个重要组成部分。土地使用制受制于土地所有制。

土地使用权是指国家机关、企事业单位、农民集体和公民个人，以及三资企业，凡具备法定条件者，依照法定程序或依约定对国有土地或农民集体土地所享有的占有、利用、收益和有限处分的权利。简单地说，土地使用权是依法对一定的土地进行利用、管理并取得收益的权利，是土地使用制度的法律体现形式。

国有土地使用权是指国有土地的使用人依法利用土地并取得收益的权利，国有土地使用权的取得方式有划拨、出让、出租、入股等。农民集体土地使用权是指农民集体土地的使用人依法利用土地并取得收益的权利。农民集体土地使用权可分为农用土地使用权、宅基地使用权和建设用地使用权。农用地使用权是指农村集体经济组织的成员或者农村集体经济组织以外的单位和个人从事种植业、林业、畜牧业、渔业生产的土地使用权。宅基地使用权是指农村村民住宅用地的使用权。建设用地使用权是指农村集体经济组织兴办乡(镇)企业和乡(镇)村公共设施、公益事业建设用地的使用权。

2. 主体与客体

(1) 国有土地使用权的主体与客体。按照有关规定，国内外法人、非法人组织和自然人都可依法取得国有土地使用权。在我国现行立法中，1986 年颁布《民法通则》第八十条规定：“国家所有的土地，可以依法由全民所有制单位使用，也可以依法确定由集体所有制单位使用，国家保护它的使用、收益的权利；使用单位有管理、保护、合理利用的义务。”同年颁布的《土地管理法》第七条规定，“国有土地可以依法确定给全民所有制单位或者集体所有制单位使用，国有土地和集体所有的土地可以依法确定给个人使用”，增加了个人，但仍未包括非公有制单位(1998 年修订后的《土地管理法》第九条规定，“国有土地和农民集体所有的土地，可以依法确定给单位或者个人使用”；2004 年修正后的《土地管理法》第十一条规定，“单位和个人依法使用的国有土地，由县级以上人民政府登记造册，核发证书，确认使用权”)。1990 年发布的《城镇国有土地使用权出让和转让暂行条例》第三条规定：“中华人民共和国境内外的公司、企业、其他组织和个人，除法律规定者外，均可依照本条例的规定取得土地使用权，进行土地开发、利用、经营。”对用地单位不再区分所有制，也不分境内外，并且包括了个人，使国有土地使用权的主体进一步扩大。

国有土地使用权的客体为国有土地。

(2) 集体土地使用权的主体与客体。按有关规定，集体土地使用权的主体包括农村集体经济组织及其成员，农村集体经济组织投资设立的企业，乡(镇)、村公益性卫生组织及法律、行政法规规定的其他单位和个人。

集体土地使用权的客体包括农地使用权、建设用地使用权两大类。其中，建设用地使用权又分为宅基地使用权、乡镇企业用地使用权、乡村公益用地使用权三种类型。

《土地管理法》第十五条对农地使用权(土地承包经营权)做了规定："农民集体所有的土地，可以由本集体经济组织以外的单位或者个人承包经营，从事种植业、林业、畜牧业、渔业生产。发包方和承包方应当订立承包合同，约定双方的权利和义务。土地承包经营的期限由承包合同约定。承包经营土地的单位和个人，有保护和按照承包合同约定的用途合理利用土地的义务。"

《土地管理法》第六十二条对宅基地使用权的取得做了规定："农村村民一户只能拥有一处宅基地，其宅基地的面积不得超过省、自治区、直辖市规定的标准。农村村民建住宅，应当符合乡(镇)土地利用总体规划，并尽量使用原有的宅基地和村内空闲地。农村村民住宅用地，经乡(镇)人民政府审核，由县级人民政府批准；其中，涉及占用农用地的，依照本法第四十四条的规定办理审批手续。农村村民出卖、出租住房后，再申请宅基地的，不予批准。"《土地管理法》第六十条对乡镇企业用地使用权的取得做了规定："农村集体经济组织使用乡(镇)土地利用总体规划确定的建设用地兴办企业或者与其他单位、个人以土地使用权入股、联营等形式共同举办企业的，应当持有关批准文件，向县级以上地方人民政府土地行政主管部门提出申请，按照省、自治区、直辖市规定的批准权限，由县级以上地方人民政府批准；其中，涉及占用农用地的，依照本法第四十四条的规定办理审批手续。按照上述规定兴办企业的建设用地，必须严格控制。省、自治区、直辖市可以按照乡镇企业的不同行业和经营规模，分别规定用地标准。"

《土地管理法》第六十一条对乡村公益用地使用权的取得做了规定："乡(镇)村公共设施、公益事业建设，需要使用土地的，经乡(镇)人民政府审核，向县级以上地方人民政府土地行政主管部门提出申请，按照省、自治区、直辖市规定的批准权限，由县级以上地方人民政府批准；其中，涉及占用农用地的，依照本法第四十四条的规定办理审批手续。"

3. 土地使用权的内容与限制

(1) 国有土地使用权的内容与限制。按照有关法律规定，任何国有土地使用权人都可对国有土地行使占有权和使用权。但是，国有土地使用权取得方式的不同，其权利内容有所不同。原国家土地管理局 1992 年出台的《划拨国有土地使用权管理暂行办法》第五条规定："未经市、县人民政府土地管理部门批准并办理土地使用权出让手续，交付土地使用权出让金的土地使用权，不得转让、出租、抵押土地使用权。"可见，划拨国有土地使用权人对划拨国有土地使用权在未转变为出让国有土地使用权并符合其他条件时，不得转让、出租、抵押土地使用权。《城镇国有土地使用权出让和转让暂行条例》第二条规定："国家按照所有权与使用权分离的原则，实行城镇国有土地使用权出让、转让制度，但地下资源、埋藏物和市政公用设施除外。"权利的行使不得违反法律的禁止性规定。《土地管理法》第四条规定："国家实行土地用途管制制度。……使用土地的单位和个人必须严格按照土地利用总体规划确定的用途使用土地。"2012 年国土资源部修订通过《闲置土地处置办法》，对闲置土地的认定和处罚措施做了详细规定。

(2) 集体土地使用权的内容与限制。集体土地使用权人对土地享有占有权、使用权是不言而喻的。但不同的集体土地使用权人在对土地行使收益权、处分权方面存在很大差异。相比较而言，土地举包经营权人的权利内容最充分；而非农公益用地使用权人的权利内容最欠缺，其对土地只享有占有权、使用权，几乎不拥有收益权、处分权。因此，一般而言，集体土地使用权人对集体土地享有占有权、使用权，依土地用途之不同及权利取得方式之不同，享有不同的收益权、处分权。但对依法或依约定不属于集体土地使用权客体的，不得行使上述权利。

4. 土地他项权利

土地他项权利是指在土地所有权和土地使用权以外，依法律、合同或者其他合法行为设定的土地权利。原国家土地管理局 1995 年底颁布的《土地登记规则》第二条："……本规则所称土地他项权利，是指土地使用权和土地所有权以外的土地权利，包括抵押权、承租权以及法律、行政法规规定需要登记的其他土地权利……"这里所说的"其他土地权利",从我国目前的情况看,主要包括抵押权、租赁权(承租权)、地役权、耕作权、借用权、空中权和地下权等。

(1) 抵押权。土地抵押权是指债务人或第三人提供一定的财产作为债务履行的担保,当债务人不履行债务时,债权人有权依照法律规定以抵押物折价或者以变卖抵押物的价款优先得到偿还的权利。土地抵押权是土地使用权人在法律许可的范围内不转移土地占有而将土地使用权作为债权担保的权利,在债务人不履行债务时,债权人有权对土地使用权及其上建筑物、其他附着物依法进行处分,并以处分所得的价款优先受偿的担保性土地他项权利。

(2) 租赁权。土地租赁权是土地承租人按期向土地使用权人支付租金而取得的一定期限内对土地使用、收益的土地他项权利。土地租赁权是指通过契约从土地所有权人或土地使用权人处获得的土地占有权、狭义的土地使用权和部分收益权。与土地使用权相比,少了一项处分权,主要包括土地转租、农村土地转包、城市土地出租。

(3) 地役权。《民法通则》对相邻用地的通行、排水等权利相邻关系的形式做了规定。这种在他人土地通行、排水的权利称为地役权。相邻关系是通过法律规定的,不必经相邻各方约定而对土地所有权和使用权进行限制,所以不需要再作为土地他项权利予以确认。但将邻里之间的通行权、排水权等进行权利登记,可以更好地保护土地产权各有关方面的合法权益。地役权是指土地权利人为了自己使用土地的方便或者土地利用价值的提高,通过约定而得以利用他人土地的一种定限物权(限制物权)。《物权法》也对地役权做了相关规定,第一百五十六条规定:"地役权人有权按照合同约定,利用他人的不动产,以提高自己的不动产的效益。这里所称他人的不动产为供役地,自己的不动产为需役地。"即地役权所涉及的两块土地中,需要役使他人土地的地块称为需役地,供他人役使的地块则称为供役地。需役地的所有权人或者使用权人成为地役权人,地役权对他来说是一种权利;供役地的所有权人或者使用权人成为地役人,对他来说,地役权则是一种负担或义务。

(4) 耕作权。土地耕作权是指按照规定或约定,在已经明确了土地使用权的土地上，在不妨碍土地使用人的土地使用权的条件下，种植农作物，在大型靶场、试验场内有限制地种植树木和农作物等的权利。设置这种他项权利，主要是从合理利用土地的原则出发的。耕作权一般都长期地依附于土地使用权，取消这种他项权利时，还要给耕作权人以适当补偿。

(5) 借用权。土地借用权是指借用人无偿占有、使用出借人拥有土地使用权的土地权利。我国现行实践所承认的土地借用权，是我国特定历史条件下产生的一种土地他项权利。具体说，这是我国长期以来的国有土地无偿划拨制度的产物。在这样的制度下，由于没有地产市场，用地单位之间的余缺调剂主要通过两种方式进行：一是通过行政指令，改变划拨国有土地使用权人；二是通过用地单位之间的借用协议。

(6) 空中权和地下权。这两种土地他项权利主要是针对地表土地使用权而言的。空中权如桥梁、渡槽、架空电线、空中楼阁(水中、地面以柱角支撑的亭台、房屋)等。地下权如地下隧道、地下商场等。空中权和地下权的成立是以地表土地使用权已经确定且与空中、地下权利主体不一致为条件的。这是一种可以独立转让、抵押和出租的权利，其权利内容和价值与土地使用权有时基本相同。

三、土地权属的判别依据

(一) 宪法

宪法是国家的根本大法。我国宪法对生产资料所有制、土地所有权、土地使用权的规定是确认国家土地所有权、集体土地所有权的根本依据。

关于土地所有权，《宪法》第六条规定："中华人民共和国的社会主义经济制度的基础是生产资料的社会主义公有制，即全民所有制和劳动群众集体所有制。"土地作为最重要的生产资料，实行社会主义公有制，包括全民所有制和劳动群众集体所有制两种形式。《宪法》第九条规定："矿藏、水流、森林、山岭、草原、荒地、滩涂等自然资源，都属于国家所有，即全民所有；由法律规定属于集体所有的森林和山岭、草原、荒地、滩涂除外。"《宪法》第十条规定，"城市的土地属于国家所有"，"农村和城市郊区的土地，除由法律规定属于国家所有的以外，属于集体所有；宅基地和自留地、自留山，也属于集体所有"，"国家为了公共利益的需要，可以依照法律规定对土地实行征收或者征用并给予补偿"。

关于土地使用权，1988 年修正的《宪法》第十条规定："任何组织或者个人不得侵占、买卖或者以其他形式非法转让土地。土地的使用权可以依照法律的规定转让。"

（二）民法通则

《民法通则》中关于土地所有权、土地使用权和相邻权的规定，是确认土地所有权、使用权、土地他项权利的基本依据。

《民法通则》规定，"集体所有的土地依照法律属于村农民集体所有，由村农业生产合作社等农业集体经济组织或者村民委员会经营、管理。已经属于乡(镇)农民集体经济组织所有的，可以属于乡(镇)农民集体所有"，"国家所有的土地，可以依法由全民所有制单位使用，也可以依法确定由集体所有制单位使用，国家保护它的使用、收益的权利；使用单位有管理、保护、合理利用的义务"，"公民、集体依法对集体所有的或者国家所有由集体使用的土地的承包经营权，受法律保护。承包双方的权利和义务，依照法律由承包合同规定"。"国家所有的森林、山岭、草原、荒地、滩涂、水面等自然资源，可以依法由全民所有制单位使用，也可以依法确定由集体所有制单位使用，国家保护它的使用、收益的权利；使用单位有管理、保护、合理利用的义务"，"国家所有的矿藏，可以依法由全民所有制单位和集体所有制单位开采，也可以依法由公民采挖。国家保护合法的采矿权"，"公民、集体依法对集体所有的或者国家所有由集体使用森林、山岭、草原、荒地、滩涂、水面的承包经营权，受法律保护。承包双方的权利和义务，依照法律由承包合同规定"。

(三) 土地管理法及其实施条例

《土地管理法》是国家关于土地管理的原则、管理制度、管理内容、程序等的法律规范。《土地管理法》及《土地管理法实施条例》中关于土地所有权、土地使用权的确认、登记、发证等方面的规定，是土地行政主管部门确认土地权属的基本依据。

(四) 城市房地产管理法

《城市房地产管理法》中关于土地使用权出让、土地使用权划拨、房地产交易、房地产转让、房地产抵押、房地产租赁以及房地产权属登记管理中有关土地权属的规定，是确认城市房地产中土地使用权的基本依据。

(五) 城镇国有土地使用权出让和转让暂行条例

《城镇国有土地使用权出让和转让暂行条例》中关于城镇国有土地使用权出让、转让、出租、抵押，以及城镇国有土地使用权划拨、土地使用权的收回等规定，是确认城镇国有土地使用权的重要依据。依法通过出让、转让、出租、抵押获得收益权。

(六) 其他有关法律法规

如《城市规划法》《森林法》《草原法》《渔业法》《矿产资源法》《环境保护法》《水法》《文物保护法》《外商开发经营成片土地管理暂行办法》《中外合资企业建设用地的暂行规定》等法律法规中关于土地权属的规定，也是确认土地使用者的土地使用权的重要法律依据。

四、争议处理

土地权属争议在当事人协商不成的情况下，由人民政府处理。在土地权属争议解决之前，任何一方不得改变土地利用现状；不得破坏土地上的附着物；不得影响生产和在有争议的土地上兴建建筑物和其他附着物。擅自在有争议的土地上兴建建筑物和其他附着物的，土地管理部门有权责令停止施工。

(一) 土地权属争议的申请

土地权属争议的申请是指土地权属争议申请人要求土地管理部门接受处理土地权属争议的行为。申请人主张土地权属，要求行政机关处理土地权属争议，首先要自己提出申请；不提出申请，土地管理部门一般不主动处理。特殊情况下，如人民政府交办的土地权属争议案件，土地管理部门应当直接承办，可不需当事人申请。

申请人申请人民政府处理土地权属争议，应当提交书面申请书。申请书应当载明下列事项：一是申请人和对方当事人的姓名或名称、地址、邮政编码、法定代表人姓名、职务；二是请求的事项、事实和理由；三是有关证据；四是证人的姓名、工作单位或者住址、邮政编码。

委托代理人申请的，应当提交授权委托书，授权委托书必须写明委托事项和权限。

(二) 土地权属争议的受理

土地权属争议的受理，是指县级以上土地行政主管部门或乡(镇)人民政府依据争议管辖的规定，对申请人的申请决定受案审理的行为。

土地管理部门接到当事人的处理申请后，应当予以必要的审核，对符合规定条件的案件，应当予以受理，在决定受理之日起 10 日内将申请书副本发送至对方当事人。对方当事人应当在接到申请书副本之日起 30 日内提交答辩书和有关证据；逾期不提交答辩书的，不影响案件的受理。土地管理部门决定受理后，应当及时指定承办人员。承办人员应当通晓业务，具有一定的法律政策水平及办案能力。承办人员与案件处理有利害关系的，应当申请回避；当事人认为承办人员与案件处理有利害关系的，有权请求该承办人员回避。承办人员是否回避，由受理案件的土地管理部门决定。

土地管理部门决定不受理的，应当在决定不受理之日起 10 日内书面通知申请人，并说明理由。

（三）土地权属争议的调查

土地权属争议调查是指承办人员对争议事实进行查证的行为，调查的目的在于弄清案件事实。证据通常有以下几种：一是人民政府颁发的土地权属证书；二是人民政府或者主管部门批准征用(收)、划拨、出让、租赁、作价出资(入股)土地的文件；三是争议双方当事人依法达成的书面协议；四是人民政府或司法机关处理争议的文件或附图；五是证人证言等。

处理土地权属争议必须以事实为依据，以法律为准绳。在调查期间，土地权属争议双方当事人对各自提出的事实和理由负有举证责任。当事人应当及时向土地管理部门提供有关证据。承办人员在办案过程中，为了查清案件事实，可以向有关单位和个人调查取证。被调查的单位和个人有义务协助，并如实提供有关证明或者材料。在办案过程中，土地管理部门认为有必要对有争议的土地进行实地调查的，在实地调查前，应当通知当事人及有关人员到现场。必要时，可以邀请有关部门派人协助调查。

土地管理部门对调查所得证据应当予以核实，对当事人提供的证据必须经过查证，查证属实的证据方可作为认定事实的依据。

（四）土地权属争议的调解

土地权属争议的调解是指在查明事实、分清是非和双方自愿的基础上，通过说服教育和劝导当事人，达成解决纠纷的协议的行为。用调解的方法解决纠纷，是处理涉及民事权益纠纷的行之有效的办法之一，也是处理土地权属争议案件的一贯做法。调解对于解决纠纷，减少行政诉讼，防止人民内部矛盾的激化，发挥了重要作用。调解应当符合自愿、合法的原则，不得强迫。土地管理部门对受理的土地权属争议案件，应当在查清事实、分清责任的基础上进行调解。

对经过调解达成协议的，应当制作调解书。调解书应当包括以下内容：一是当事人的姓名或者名称，法定代表人的姓名、职务；二是争议的主要事项；三是协议内容。调解书经双方当事人签名或者盖章，调处人署名并加盖土地管理部门的印章后生效，具有法律效力，可以作为土地登记的依据。

调解未达成协议，或者调解书送达之前一方或者双方反悔的，土地管理部门应当及时提出处理意见，报人民政府做出处理决定。

(五) 土地权属争议的处理

土地权属争议的处理是指土地管理部门对受理的土地权属争议，在查清事实的基础上，提出自己的处理意见，并报人民政府做出处理决定。

处理土地权属争议时，要严格依照法律规定，正确适用法律，以法律和行政法规为依据。处理土地权属争议应当下达处理决定，处理决定应当包括以下内容：一是当事人的姓名或者名称，法定代表人的姓名、职务、地址；二是争议的事实、理由和要求；三是处理决定的事实和适用的法律、法规等依据；四是处理结果；五是不服决定时申请行政复议和向人民法院起诉的期限等。

(六) 当事人不服土地权属争议处理决定的补救

当事人对有关人民政府下达的处理决定不服的，根据《行政复议条例》和《行政诉讼法》的有关规定，可以在接到处理决定书之日起 15 日内向做出处理决定的上级人民政府土地行政主管部门申请行政复议，也可在接到处理决定书之日起 30 日内向人民法院起诉。上一级土地管理部门应当在收到复议申请书之日起 2 个月内提出复议意见并报人民政府做出复议决定。申请人不服行政复议决定的，可以在收到复议决定书之日起 15 日内到人民法院起诉。期满未申请复议也未起诉的，处理决定书即发生法律效力，并作为土地登记的依据。

当事人拒不履行发生法律效力的处理决定的，按照《行政诉讼法》的有关规定，由受理案件的人民政府土地行政主管部门报请做出处理决定的人民政府提出《强制执行申请书》，送交有管辖权的人民法院，申请人民法院强制执行。

第三节　土地利用管理

一、城市土地利用管理

城市土地利用管理的对象主要是城市建设用地。城市建设用地是国家建设用地极其重要的组成部分，从内容上讲，城市几乎包含所有的国家建设项目，有关国家建设用地的各种管理内容，如土地的征用、划拨、土地使用权的出让、转让等都适用于城市土地利用管理。本节主要介绍城市土地利用管理的相关概念、城专土地用地条件判定、城市建设用地及未利用地管理、城市土地开发及规划等。

（一）城市土地的科学认识

广义地讲，城市土地可以分成三个层次：一是城市市区的土地，即城市已开发建成的区域的土地；二是城市规划区的土地，指按城市总体规划确定定期发展的土地，城市规划区包括城市市区、近郊区以及城市行政区内因城市建设和发展需要实行规划控制的区域；三是城市行政区内的土地，包括城市市区、郊区及市属县范围内的全部土地。上述三个层次的土地构成了城市有限的土地面积。城市中的各种经济活动，包括工业、农业、商业、服务业、交通运输业、居民消费等，只能在这有限的土地空间中进行。因此，城市土地供给的稀缺性尤为突出。在城市经济中，城市土地扮演着一个非常重要的角色，城市的发展与繁荣在一定程度上取决于是否能集约高效地利用有限的城市土地。城市土地利用管理的对象主要是城市建设用地。城市建设用地，是指城市各项建设事业所需要使用的土地，是城市规划区内的所有土地。本节所指的城市建设是城市非农业建设，主要包括城市规划区内城市基础设施(水、电、气、道路和桥梁等)建设、城市公益事业(如学校、医院和公园等)建设、城市企业建设、城市居民住宅建设、城市商服业建设、事业单位和社会团体建设及其他城市建设项目。

(二) 城市土地的特征总结

城市土地除了具有一般土地的自然特征和经济特征以外，还具有它本身的某些特征，这些特征主要是相对于农业土地而言的。

1. 城市土地的区位具有特殊的区位性特征

如果农业土地的优劣主要取决于土地的肥沃程度，这种肥沃程度以土壤层的厚度、结构、质量为主要指标，那么城市土地的优劣主要取决于土地的区位特征。区位特征由土地所处位置的聚集经济效益、交通便利程度、基础设施和环境质量好坏等因素构成。研究城市土地的微观区位特征非常重要。西方房地产业有一种流行的说法，认为城市土地的特征有三条：一是区位，二是区位，第三还是区位。这种说法虽然有点简单化，但是生动地刻画了城市土地区位的特殊重要性。

城市土地的区位差异会形成不同的级差收益，直接影响土地利用的经济效益。对工业企业来讲，多个企业在同一区位集聚会产生集聚经济效益，降低产品生产成本，提高单位土地上所创造的产值和利润。工业企业区位的交通便利程度对产品的生产成本和销售价格也会产生重要影响。对于商业企业来讲，不同性质或相同性质的多个商店在某个区位相对集中，也会产生集聚效益，光顾商业中心的顾客人数多，商店营业额高，收益好，这就是商业企业都希望在商业区开设商店的缘故。对于居民住宅来讲，交通便利、环境理想、购物方便是居民区区位选择的首要标准，因此区位理想的商品房一般能卖个好价钱，开发商也能获得较高利润。

城市土地区位的重要性可以通过城市土地的价格反映出来。土地位置越好，级差收益越高，相应的城市土地价格也越高。1933 年，上海南京路外滩每亩土地银价 22.5 万两，折合现在的人民币为 70 万元，向西不足 1km 的"跑马厅"，地价为每亩 6 万两白银，折合现在的人民币为 18.7 万元。这些土地价格昂贵，主要是因为具有理想的区位特征，而且可以看出，不同区位土地的价格坡度也是很明显的。越靠近南京路外滩的土地，价格越贵，因为那里是旧上海的商务中心，是世界主要银行驻沪机构的集聚地，因此土地收益也是最高的。

2．城市土地对交通运输、城市基础设施具有较强的依赖性

城市土地的区位具有特殊的重要性，而城市土地区位的优劣在很大程度上取决于交通运输和城市基础设施的状况，交通运输越通畅，城市基础设施越完善，城市土地越能发挥级差效益。城市作为集约人口、资金、经济的空间地域，是人们进行各种经济、文化和社会消费活动的场所，人与人之间的交往是不可缺少的，而这种交往离不开城市交通。通畅的交通运输条件可以减少人们的交际成本，缩短彼此之间的空间距离，从而促进城市的生产、商品流通和提高居民生活便利程度。

3．城市土地具有报酬递减规律

在农业土地利用中，在一定的技术水平条件下，对土地的投资规模受制于土地的面积、所投入的劳动力和资金规模等因素。但是城市土地主要用于建筑，在面积有限的情况下可以向空间发展。因此，在城市土地利用中，单位土地面积可以持续不断投入资金，在现代科学技术不断发展的条件下，城市土地面积对土地投资规模的限制作用比较小，起主要制约作用的将是土地报酬递减规律。

4．城市土地具有利用方向的多样性

农村经济主要是种植业经济，经济结构比较简单。相对于农村经济来说，城市经济则是一个更为复杂、庞大的经济系统。城市经济的社会化程度比较高，具有发达的社会分工和专业化协作，包括工业、商业、建筑业、服务业、旅游业、金融业、交通运输业以及市政管理等各个经济部门，这些部门分别配置在不同的土地功能区域内，相互联系、相互作用，形成城市地域内部的利用结构。城市土地利用方向的多样性及其变更的困难性，要求人们在规划和实施土地利

用时，必须进行详细的调查研究，分析其可行性，避免因土地利用不当造成失误和损失。

(二) 城市土地及其利用的原则

1. 城市土地利用的认识

城市土地利用，就是人们根据城市土地资源所固有的属性和城市土地的各种功能特征，对城市土地在不同经济部门之间、不同项目之间进行合理的配置和使用。城市土地利用是一个综合性的概念，是对城市土地的开发、使用、改善和维护活动的总称。广义的城市土地利用包括城市土地配置和城市土地利用两大基本过程。

(1) 城市土地配置。城市土地的合理配置是城市土地合理利用的基础和前提，这是由城市土地本身的经济特征决定的。城市土地配置的实质是对城市土地的利用方向进行合理分配，确定土地的不同用途，使城市土地利用达到经济效益、社会效益和生态效益的统一。要做到这一点，就必须在政府的宏观调控下，自觉地引进市场调节机制。不论是政府的宏观调控，还是市场的微观调节，都是城市土地合理配置的重要手段。政府宏观调控要求政府有关部门对城市土地资源进行调查、分类、统计等基础工作，对城市土地利用现状进行分析，并在此基础上制定出科学合理的城市土地利用规划。在实施过程中自觉地运用地租、税收、利率、信贷等经济杠杆对城市土地市场的供求进行调控。政府宏观调控的目的是使城市土地利用更加符合全社会的整体效益，防止企业只追求经济效益而不顾社会效益、环境效益的倾向。市场微观调节是对政府宏观调控的最理想的补充，在城市土地资源的合理配置中起到基础性的作用。单个企业根据最大收益原则，在政府的宏观调控下确定它在城市中的定位，寻找合适的城市土地与其他生产要素，组成最优的资源组合。这种组合常能使资源得到最好的利用，使经济个体在追求自身经济利益的同时促进和提高社会整体效益。

(2) 城市土地利用。城市土地的利用是指城市土地经过合理配置以后，土地的所有者或者土地使用者根据一定的经济目的以及已配置土地的特征和功能，对土地进行开发、使用、改善和维护的过程的总称。它包括开发出具有城市功能的土地、使用城市土地、改善现有的城市土地以及维护城市土地等一系列活动。将一定量的资金投入自然状态的土地，将其改造成具有我们所需要的城市功能，这就是城市土地的开发活动。开发土地后，利用城市土地的某方面性能来满足生产或生活的需要，就是使用城市土地。利用中为了更好地满足使用要求，往往要克服原来土地的缺陷或改变已经不适应现实经济结构的土地利用方式和利用结构，必须对城市土地进行某种程度的改善或改造，如城市老城区的改造等，就是城市土地利用中的土地改善活动。在利用城市土地的过程中，为了维护城市现有效用和使用价值的稳定性、长期性、有效性，对城市土地的功能特征加以保护，使之长久地持续下去，就是城市土地的维护。城市土地的开发利用不能违背在城市土地配置过程中确定下来的土地利用方向，不得随意变更土地的用途。

2. 城市土地利用的原则

在以上城市土地利用介绍的基础上，我们在进行城市土地开发利用时，还要遵循一定的原则，具体如下：

(1) 实行统一管理的原则。对城市建设用地实行统一管理是指国家在管理建设用地上实行统一的法律和政策，由统一的管理部门负责管理，采取统一的措施，制定统一的规划、计划和建设用地标准。

1986年，我国颁布了第一部《土地管理法》，并成立了统一管理土地的部门，实行了城乡地政、全国土地的统一管理。目前，国家成立了国土资源部，进一步强化了土地管理的职能。

(2) 规划总体控制的原则。现行《土地管理法》的一个重要变化是对城市建设用地的管理方式实行了重大改革，即以土地用途管制的方式代替了过去的分级限额审批制度，并强调了土地利用总体规划对建设用地的宏观控制作用。农用地转为建设用地，要看是否符合土地利用总体规划的要求。如果确实需要改变用途，应当首先通过程序对土地利用总体规划进行修改，否则不能批准转为建设用地。

(3) 有偿使用土地的原则。1990 年国务院颁布了《城镇国有土地使用权出让和转让暂行条例》，我国国有土地有偿使用制度正式建立。建设用地的管理也从单一的资源管理向资源和资产管理并重的模式转变。1994 年第八届全国人大常委会第八次会议通过的《城市房地产管理法》进一步明确了国有土地使用权出让等有偿使用方式。现行《土地管理法》规定，除一些公共设施、公益事业和基础设施外，国有土地供应原则上都应采用有偿使用的方式，土地有偿使用将成为我国建设用地供应的基本制度。实行土地有偿使用，不但可以增加国家收入，防止国有资产流失，还可以促进土地资源的优化配置和合理利用，是控制建设用地增长的有效经济手段。

(4) 节约集约利用原则。城市土地是典型的稀缺性资源，这一重要特性决定了对城市土地的开发利用必须坚持节约集约利用原则和方向，否则会造成大量农用地被城市"蚕食"，威胁国家粮食安全。因此，在城市土地利用上，必须坚持节约集约利用原则。

(5) 可持续利用原则。在确定土地的经济用途与土地利用结构时，要正确评估土地的自然、经济特点，充分发挥不同地段的资源优势，切实做到地尽其利。尤其是，城市土地作为一种典型的人工改造景观，更应该坚持生态环境改善、维护及平衡，这样有利于建设良好的城市生态环境，使城市土地资源得到保护和永续利用。

选择城市土地的经营方式，确定其利用功能，要根据土地生态系统能量转化和物质循环的规律，采取各种措施，使土地生态系统各部分的功能处于相互适应、相互协调中。例如，对城市工业区要加强绿化、"三废"处理等工作，居民居住区要远离工业集中区，保持安静及交通便利等。

(三) 城市土地利用与城市经济发展

城市土地是城市人口和各种经济要素的载体，城市土地利用状况对城市经济结构构成直接的促进或者制约作用。

第一，离开城市土地的利用，城市经济的其他任何要素都不能发挥作用。正是城市土地利用的历史和现实，造成城市人口稠密、建筑物密布、生产要素高度集聚，城市经济发展的一切活动被限制在一个相对狭小的土地利用空间中进行。与此同时，这又为城市经济发展所需要的生产专业化和广泛的社会协作提供了良好的条件。城市经济是发展、扩大着的，城市土地的经济承载力是有限的，如果不能合理地利用土地，其承载能力就不能最大限度地发挥出来。当城市区域内原有土地利用不合理或者利用不充分，不能容纳现实经济发展要求的规模时，往往靠外延扩大城市范围、增加城市土地数量的方式予以满足。农业用地的减少，尤其是耕地的减少带来一系列的经济和社会问题，所以城市土地的不合理利用对城市经济的发展也会产生很大的制约作用。

第二，城市土地利用结构直接决定着城市整体经济功能和城市产业结构，从而影响城市经济的发展。城市土地利用结构表现为城市各类用地在城市用地中的比例以及各类用地内部各行业、部门用地的构成和比例。城市各类用地的比例关系不平衡，势必造成城市各种机能的失调，降低城市土地的整体功能，阻碍城市经济的发展。而合理的土地利用结构配置，可大大提高城市土地的整体功能，促进城市经济的发展。据测算，如果城市工业区布局和结构合理，可节省城市用地10%~20%，交通运输线可缩短20%~40%，工程管线可减少10%~20%。节约用地10%~20%的直接经济意义是降低工业部门用地成本10%~20%，可以在不增加城市土地的情况下，增加工业生产总量和利润10%~20%。城市土地利用结构与城市产业结构有着直接的关系，城市各类用地的构成及其内部比例关系与城市各产业的布局及其内部的比例关系直接相关。城市经济发展的过程就是产业结构不断调整、优化的过程，如果城市土地利用结构长期不合理，并且僵化不动，就会阻碍城市生产力结构，主要是产业结构的变动，从而阻碍城市经济的发展。

第三，从局部来看，城市土地利用，特别是城市土地的位置差异，直接影响城市企业享受城市聚集经济效益的大小。城市企业是城市经济的细胞，城市土地利用与结构若是提高了城市总体的聚集经济效益，也就促进了城市经济的发展。在城市这一特定的空间区域内，云集着大量加工制造工业企业，这必然有利于城市外界提供城市加工企业生产所需的各种基础原材料，因而使得城市土地与原材料产地之间的距离对于城市企业的运输成本格外重要。距离越近，越能降低成本，反之亦然。同时，城市集中了大量的人口和各类经济活动，必然大大强化这一区域内专业化协作的生产方式，致使在有限的区域内集中了门类齐全的各行各业，相应地制造出一个巨大的生产资料本地市场，这使得除了矿产资源、工业用农产品原料及本地无法生产的初级产品需要从外部调入外，绝大部分的生产原材料能够通过本地的市场解决，从而降低其成本。城市作为大量人口和企业群体的载体，本身就是一个巨大的市场，这不仅使处于城市土地的企业以低成本获取原材料，而且可以通过不断挖掘和开辟本地市场，打开产品的销路，降低产品的销售成本，这对提高企业的经济效益有重要的意义。

应该看到的是，虽然现代城市的生产只是近几百年的事情，但是城市土地的地理位置、地貌、地质状况则有千万年的历史，它们在很大程度上影响和制约着城市的兴建，形成了当今各种不同性质、类型和不同规模、功能的城市，导致了城市土地和城市经济的以上所述的直接相互关系。但是，随着城市生产专业化协作的日益发展，新的产业部门不断涌现，旧的产业部门逐步沿革，原有的生产力要素的空间组合格局将会不断被打破，城市建设实践和经济增长不断提出新的调整和分配利用城市土地的要求。这就是说，城市土地不仅为城市经济的过去，更为城市经济的将来，为新的城市建设、城市改造，创造前提条件，并起着重要的决定作用。

二、农村土地利用管理

（一）农村用地的含义

农村用地是指直接用于农业生产和建设的土地，在利用目的上，农用地是指用于生产、提供农产品的土地。农用地主要依靠其土壤肥力，通过人们的耕种、种植、培育、养殖，为人类和其他生物提供产品。

（二）农用地的特点

农用地相对于建设用地而言，在利用上具有以下特性：

1．农用地的利用受自然条件的广泛制约

农用地的利用受自然条件的制约。不同地域的地质、地貌、土壤、生物、光、温、水、热等条件不同，适宜生长的作物种类有区别，同种作物的产量水平也有差异。农业生产应当因地制宜选择生物品种。

2．农用地应当具有肥力

农业生产指人们通过利用土地的养育能力和作物的生产能力生产农产品。在不具有肥力的贫瘠土地或光、温、水、热条件十分恶劣的地方，一般不适宜农业生产，相应范围内的土地不适宜作为农用地。

3．农用地的循环利用性

利用土壤生长作物，作物的生命周期就是农用地的循环周期。如耕地，一般在光、水、热量充足的地方垦殖指数可达300%，且第二年又可循环利用。

4．农用地用途变更的相对简便性

农用地用途变更相对于建设用地的用途变更而言，比较容易。如耕地，一般可以用于种植农作物，但也可改为园地，用于种植多年生木本作物和草本作物，还可改为林地，用于生长林木。这种用途变更不需支付大量的人力、物力、财力，不涉及房屋拆迁和人员安置。

（三）农村用地的管理

1．建设用地管理

农村建设用地总的说来，要强化顶层设计、完善政策体系、注重宏观指导、加强末端治理。

(1) 抓紧构建集体建设用地法律法规体系。加强农村集体建设用地管理基础

在于完善集体建设用地产权制度，明晰产权，根据《立法法》规定，这必须由法律来解决。近几年来，全国许多地方针对宅基地管理、集体建设用地流转等出台一些创新文件，也取得了一些经验，但是由于无法有效解决产权不明晰等问题，遇到了很多障碍，靠地方已很难取得新的突破。因此，必须利用《土地管理法》修改的机遇，进一步明确集体建设用地使用权主体，完善其组织形式，强化其行为能力，清除集体建设用地开发利用及流转方面的法律障碍。其次，抓紧完善配套规定，建立集体建设用地所有权和使用权制度体系，如制订集体建设用地使用权流转办法、集体建设用地流转收益分配办法等，使其具有可操作性。

(2) 处理好加强政府监管与发挥集体经济组织自治作用的关系。政府在集体建设用地流转过程中，不再具有产权代表的身份，而只能作为管理者和服务者行使管理和服务职能，应把属于集体权利范围内可以自行管好的事务交给集体决定，建立政府监管和集体自治相结合的管理机制。首先，要科学界定政府监管的任务、方式和程序。政府监管集体建设用地主要任务应是用途管制保护耕地、推进节约集约用地和权益保障等三个方面，主要通过编制土地利用总体规划、农用地转用审批、使用建设用地和流转审批、登记发证、制订拆迁补偿安置标准、违法行为查处等方式来实现管理目标。其次，要充分发挥农村集体经济组织在宅基地管理中的作用，体现产权所有者自治原则，如在宅基地规划及安排上可由集体经济组织在法定范围内集体决定，只要符合法定条件政府就发证确认。符合法定情形宅基地使用权人不依法主动退回宅基地的，农村集体经济组织有权收回宅基地，并直接向国土资源部门申请注销宅基地证书。集体建设用地流转时，只要符合规划、产业政策并依法审批，流转方式、价格、面积、对象等由集体经济组织决定，政府不要随意干预。

(3) 处理好集体建设用地开发利用与保护耕地、节约用地的关系。《中共中央关于推进农村改革发展若干重大问题的决定》要求坚持最严格的耕地保护制度和实行最严格的节约用地制度。因此，完善农村集体建设用地管理必须以强化耕地保护和推进节约用地为目标。要认真落实好现行法律法规有关耕地保护的规定，任何制度创新，都不得削弱耕地保护和节约利用土地。相反，只要有利于保护耕地和节约用地的措施，都要鼓励去尝试。

(4) 要处理好集体建设用地流转与土地征收等相关制度的关系。经过长期努力，我国已建立起一套相对比较成熟的土地征用和国有土地使用制度，对集体建设用地制度进行改革创新，必然会对现有制度产生影响。因此，必须处理好几个关系：第一，处理好与土地征收的关系。抓紧出台和完善征地目录，将征地范围限制在公共利益范围内。不限制征地范围，政府可以随时行使土地征收权，集体建设用地流转权无法保障。第二，处理好集体建设用地使用权与国有土地使用权价格关系，按照同地同权同利的原则，完善地价体系，实现价值并轨，逐步建立城乡统一的建设用地市场。第三，协调好收益分配关系。通过提高征地补偿安置标准，建立集体建设用地流转资金，将征地补偿安置所得与集体建设用地使用权流转所得控制在合理范围内，让农民和政府土地增值收益更趋于合理，体现社会公平。

2. 农田用地管理

基本农田是指按照一定时期人口和社会经济发展对农产品的需求，依据土地利用总体规划确定的不得占用的耕地。基本农田保护区，是指为对基本农田实行特殊保护而依据土地利用总体规划和依照法定程序确定的特定保护区域。基本农田保护实行全面规划、合理利用、用养结合、严格保护的方针。

各级人民政府在编制土地利用总体规划时，应当将基本农田保护作为规划的一项内容，明确基本农田保护的布局安排、数量指标和质量要求。县级和乡(镇)土地利用总体规划应当确定基本农田保护区。省、自治区、直辖市划定的基本农田应当占本行政区域内耕地总面积的 80%以上，具体数量指标根据全国土地利用总体规划逐级分解下达。

地方各级人民政府应当采取措施，确保土地利用总体规划确定的本行政区域内基本农田的数量不减少。基本农田保护区经依法划定后，任何单位和个人不得改变或者占用。国家能源、交通、水利、军事设施等重点建设项目选址确实无法避开基本农田保护区，需要占用基本农田，涉及农用地转用或者征用(收)

土地的，必须经国务院批准。占用基本农田的单位应当按照县级以上地方人民政府的要求，将所占用基本农田耕作层的土壤用于新开垦耕地、劣质地或者其他耕地的土壤改良。

禁止任何单位和个人在基本农田保护区内建窑、建房、建坟、挖砂、采石、采矿、取土、堆放固体废弃物或者进行其他破坏基本农田的活动。禁止任何单位和个人占用基本农田发展林果业和挖塘养鱼。禁止任何单位和个人闲置、荒芜基本农田。

国家提倡和鼓励农业生产者对其经营的基本农田施用有机肥料，合理施用化肥和农药。利用基本农田从事农业生产的单位和个人应当保持和培肥地力。县级人民政府应当根据当地实际情况制定基本农田地力分等定级办法，由农业行政主管部门会同土地行政主管部门组织实施，对基本农田地力分等定级，并建立档案。农村集体经济组织或者村民委员会应当定期评定基本农田地力等级。

县级以上地方各级人民政府农业行政主管部门应当逐步建立基本农田地力与施肥效益长期定位监测网点，定期向本级人民政府提出基本农田地力变化状况报告以及相应的地力保护措施，并为农业生产者提供施肥指导服务。

县级以上人民政府农业行政主管部门应当会同同级环境保护行政主管部门对基本农田环境污染进行监测和评价，并定期向本级人民政府提出环境质量与发展趋势的报告。经国务院批准占用基本农田兴建国家重点建设项目的，必须遵守国家有关建设项目环境保护管理的规定。在建设项目环境影响报告书中，应当有基本农田环境保护方案。

3. 林业用地管理

林地是指生长乔木、竹类、灌木、沿海红树林等林木的土地。林地，特别是森林对人类的生产和生活具有重大意义。一方面，林地具有自然资源功能，可向人类提供大量木材和其他林产品，如纤维、树胶、染料、果品、药材、薪柴、饲料等；另一方面，林地具有特有的生态功能，如补充大气中的氧气、涵养水源、保持水土、调节气候、防风固沙、净化空气、降低噪音等，同时，森林还是各种野生动植物的栖息地和繁殖地。

(1) 森林保护管理。地方各级人民政府应当组织有关部门建立护林组织、负责护林工作，根据实际需要在大面积林区增加护林设施，加强森林保护。地方各级人民政府应当切实做好森林火灾的预防和扑救工作，禁止毁林开垦和毁林采石、采砂、采土以及其他毁林行为，禁止在幼林地和特种用途林内砍柴、放牧。进入森林和森林边缘地区的人员，不得擅自移动或者损坏为林业服务的标志。

(2) 植树造林政策。各级人民政府应当制定植树造林规划，因地制宜地确定本地区提高森林覆盖率的奋斗目标。宜林荒山荒地属于全民所有的，由林业主管部门和其他主管部门组织造林；属于集体所有的，由集体经济组织组织造林。铁路公路两旁、江河两侧、湖泊水库周围，由各有关主管单位因地制宜地组织造林；工矿区，机关、学校用地，部队营区以及农场、牧场、渔场经营地区，由各该单位负责造林。

(3) 森林采伐制度。国家根据用材林的消耗量低于生长量的原则，严格控制森林年采伐量。国家制订统一的年度木材生产计划。年度木材生产计划不得超过批准的年采伐限额。采伐森林和林木必须遵守下列规定：①成熟的用材林应当根据不同情况，分别采取择伐、皆伐和渐伐方式。皆伐应当严格控制，并在采伐的当年或者次年内完成更新造林。②防护林和特种用途林中的国防林、母树林、环境保护林、风景林，只准进行抚育和更新性质的采伐。③特种用途林中的名胜古迹和革命纪念地的林木、自然保护区的森林，严禁采伐。采伐林木必须申请采伐许可证，按许可证的规定进行采伐。

4. 牧业用管理

草原调查、统计、评价与监测。国家建立草原调查制度、统计制度、草原等级评定制度；国家建立草原生产、生态监测预警系统。

(1) 草原规划。国家对草原保护、建设、利用实行统一规划制度。国务院草原行政主管部门会同国务院有关部门编制全国草原保护、建设、利用规划，报国务院批准后实施。县级以上地方人民政府草原行政主管部门会同同级有关部门依据上一级草原保护、建设、利用规划编制本行政区域的草原保护、建设、利用规划，报本级人民政府批准后实施。经批准的草原保护、建设、利用规划确需调整或者修改时，须经原批准机关批准。

(2) 草原建设。国家鼓励单位和个人投资建设草原，按照谁投资、谁受益的原则保护草原投资建设者的合法权益。国家鼓励与支持人工草地建设、天然草原改良和饲草饲料基地建设，稳定和提高草原生产能力。县级以上人民政府应当支持、鼓励和引导农牧民开展草原围栏、饲草饲料储备、牲畜圈舍、牧民定居点等生产生活设施的建设；同时支持草原水利设施建设，发展草原节水灌溉，改善人畜饮水条件。对退化、沙化、盐碱化、荒漠化和水土流失的草原，地方各级人民政府应当按照草原保护、蓬设、利用规划，划定治理区，组织专项治理。

(3) 草原利用。草原承包经营者应当合理利用草原，不得超过草原行政主管部门核定的载畜量；草原承包经营者应当采取种植和储备饲草饲料、增加饲草饲料供应量、调剂处理牲畜、优化畜群结构、提高出栏率等措施，保持草畜平衡。牧区的草原承包经营者应当实行划区轮牧，合理配置畜群，均衡利用草原。

县级以上地方人民政府草原行政主管部门对割草场和野生草种基地应当规定合理的割草期、采种期以及留茬高度和采割强度，实行轮割轮采。遇到自然灾害等特殊情况，需要临时调剂使用草原的，按照自愿互利的原则，由双方协商解决；需要跨县临时调剂使用草原的，由有关县级人民政府或者共同的上级人民政府组织协商解决。

因建设征用(收)或者使用草原的，应当交纳草原植被恢复费。需要临时占用草原的，应当经县级以上地方人民政府草原行政主管部门审核同意。临时占用草原的期限不得超过二年，并不得在临时占用的草原上修建永久性建筑物、构筑物；占用期满，用地单位必须恢复草原植被并及时退还。

(4) 基本草原保护。国家实行基本草原保护制度。下列草原应当划为基本草原，实施严格管理：重要放牧场，割草地，用于畜牧业生产的人工草地、退耕还草地以及改良草地、草种基地，对调节气候、涵养水源、保持水土、防风固沙具有特殊作用的草原，作为国家重点保护野生动植物生存环境的草原，草原科研、教学试验基地等。

第四章 城市土地规划及城乡一体化中的土地利用

第一节 城市用地条件评价及判定

一、城市用地自然条件分析

城市用地是指用于城市建设和满足城市功能运转所需要的土地，既包括已开发利用的土地，也包括已列入城市规划区范围但尚未开发利用的土地。城市存在于自然环境之中，自然条件不仅为城市居民提供所必需的基本生存条件，而且影响着城市形态和城市功能的发育及城市社会的生活方式。所以，在城市用地开发利用与管理工作中，必须首先分析城市所在地域的自然条件，研究其与城市的相互制约和影响的关系。

组成自然环境的要素有地质、水文、气候、土壤、地貌、生物等，它们从不同程度、不同范围，并以不同方式对城市用地产生着影响。

(一) 地质条件

地质条件的分析主要表现在与城市用地选择和开发建设有关的工程地质方面的分析。

1. 建筑地基

城市各项工程建设都由地基来承载。自然地基的组成物质不同，对建筑物的承载能力就会有所差异。了解城市建设用地范围内不同的地基承载力，有利于城市用地选择和建设项目的合理分布，提高城市用地开发的经济效益。一般来说，碎石、角砾、粉土和粗砂土的承载力要高于大孔土、细砂土、淤泥和泥炭的承载力。例如，沼泽地区的地基承载力较低，当作为城市用地开发时，要注意采取降低地下水位、排除积水等措施，以提高地基承载能力和改善环境卫生状况。

2．滑坡与崩塌

滑坡与崩塌常出现于丘陵地区或山区。因此，在丘陵地区或山区的城市用地开发和建设中，必须对建设用地的地形特征、地质构造、水文、气候、岩石的物理力学性质进行综合分析与评定。在选择建设用地时，应避免不稳定的坡面，避免过分的人工开挖或切坡，减少对地下水或地表水的影响。

3．冲沟

冲沟切割之地，支离破碎，不利于土地开发利用，或增加开发建设的成本。因此，在冲沟发育地带选择建设用地时，应分析冲沟的分布、坡度、活动与否，摸清其发育条件，采取对地表水进行导流或绿化、建筑护坡工程、防止沟壁水土流失等治理措施。

4．矿藏

矿藏的分布与开采影响着城市用地的选择与布局形态。矿藏的开掘所形成的地下来空区，会导致地面塌陷，对地面建筑和设施的载荷带来限制。因此，必须对采空矿层的深度、地面沉陷的稳定状况及该区域的地质条件进行分析，以便确定这类用地的使用条件及适宜的建筑和设施的分布情况。

（二）水文及水文地质条件

城市用地范围内的江、河、湖水的水文条件与所在区域的气候特点、流域的水系分布和区域的地质、地形条件等有密切的关系。洪水隐患、年降水量的不均匀时空分配特性、流速变化、河岸的冲刷及河床泥沙的淤积等会给城市用地的开发和建设带来不利影响。因此，城市用地的开发与建设，必须对水体的流量、流速、水位、水质等水情动态进行调查分析，以便更好地安排城市用地的布局和堤防工程建设。

地下水资源的蕴藏量、矿化度、硬度、水温等条件对城市选择、城市规模、工业项目布局及建筑工程的适应性具有重要影响。例如，苏北沿海地区城镇地下水含盐量和硬度偏高，对当地纺织产品的质量及纺织企业的布局具有一定的不利影响。盲目过量地抽取地下水，将会使地下水位下降，导致地面下沉、海水倒灌，威胁城市的可持续发展。

(三) 气候条件

气候条件(太阳辐射、风象、气温、湿度和降水等)对城市用地的选择和开发建设具有有利和不利两个方面的影响，其作用往往通过与其他自然环境条件的配合而变得缓和或强化。

1. 太阳辐射

太阳辐射强度是确定城市建筑的日照标准、间距、朝向、遮阳设施及各项工程的热工设计的基本依据，其中，建筑日照标准、间距的考虑还将影响到城市建筑密度、用地指标与用地规模的合理规划与设计。

2. 风象

风向和风速也是影响城市用地选择和布局的重要因素。为了减轻工业排放的有害气体对居住区的危害，城市工业区应按当地盛行风向配置于居住区下风向若全年有两个方向的盛行风，则工业区及居住区一般可布置在盛行风向的两侧。风速越大，污染物越易扩散，从而越有利于降低有害物质的浓度。

3. 降水

我国大部分地区受季风气候影响，夏季多雨，且时有暴雨。雨量的多寡及降水强度对城市防洪工程和排水设施有较为突出的影响。我国又是一个多山的国家，山洪暴发对山区城市的用地选择和布局具有一定影响。江河汛期水患给江河沿岸城市的用地及防洪工程带来危害。

(四) 地形条件

城市用地是城市各项工程建设的基础物质载体。不同的地形条件,对城市的形态扩展、各项工程的建设和布局均有一定的影响。而且,通过人类的开发建设,可对自然地貌进行某种程度的改造,使其呈现新的地表形态。具体表现在以下几个方面。

(1) 影响城市的空间布局和平面结构。多数城市选建于平原、河谷地带或山间盆地、低丘山冈上。河谷地带往往展现带状城市布局结构,低丘山地大多呈现环状城市布局结构,而水网地区河道纵横,桥梁工程比较多,往往展现团块城市布局结构。

(2) 地面高程和用地各部位间的高差。它是城市用地的立体开发建设、地面防洪及排水等工程设施的设计依据。

(3) 地面坡度。对城市用地选择和功能开发具有多方面的影响。工业用地的适宜坡度为 0.5%~2%,居住用地的适宜坡度为 0.3%~10%,城市道路用地的适宜坡度为 0.3%~6%,铁路站场用地的适宜坡度为 0~0.25%,对外主要公路的适宜坡度为 0.4%~3%,而绿化用地对坡度的要求则较为宽松。

(4) 地形与小气候的形成有着密切关系。分析不同地形及与之相伴的小气候的特点,有助于城市建筑、绿地等工程设施的合理配置,例如,在低丘山地利用向阳坡面布置居住建筑,可以获得良好的日照等。

二、城市用地的自然条件评定

(一) 城市用地评定的要求

城市用地的评定是在调查分析城市自然环境各组成要素的基础上,按照开发建设的需要以及整备用地在工程技术上的可能性与经济性，对用地的环境条件进行质量评价，以确定用地的适用程度。通过用地评定，为城市用地的选择与组织提供科学依据。

进行城市用地评定时要遵循下列原则：

(1) 城市用地评定的内容与深度要依据具体要求而定。城市用地评定工作主要为城市开发建设服务，因而它与农业用地评定有一定的区别。在扩建或新建城市时，必须对拟建地区用地的适用性进行分析与评定，以此作为城市开发与建设的基本依据。工业用地、商业用地、旅游用地、居住用地、办公用地和农业用地等不同用地类型对环境条件各有不同的要求，因而用地评定应该因地制宜、因需而异。

(2) 城市用地评定要坚持以自然条件为主、自然条件与社会条件因素相结合的原则。在以自然条件为主的评定中，首先应按用地的环境质量，分析其是否适应开发和规划建设的需要。同时，也要尽可能地预计人类活动可能给自然环境带来的变化和影响，结合有关社会经济因素进行更为综合的评价，以便进一步确定应该用地的适用程度。

(3) 用地自然环境的评定要注意将单因素评定与环境组合要素评定综合起来，即除了对各个环境要素的单独作用予以分析评定外，还应考虑环境组合要素的相互效用，综合地鉴定其利弊。

(4) 主导因素作用的原则。城市用地评定的影响因素很多。因此，要抓住对用地影响最为突出的环境要素进行重点分析与评价，以提供具体而可靠的依据。例如，地形坡度往往是山区城市用地评定中的主导因素之一。

(二) 城市用地评定的内容

城市用地评定是以城市用地为基础，结合与之相关的各项自然条件的优劣来鉴别各种用地是否符合城市开发与建设的需要。

通常可将城市用地分成三类：一类用地，是指用地的自然环境条件比较优越，能适应各项城市设施的建设要求，一般不需或只需稍加工程措施即可用于建设的用地；二类用地，是指需要采取一定的工程措施，改善条件后才适用于建设的用地，它对城市设施或工程项目的分布有一定的限制作用；三类用地，指不适于建设的用地，即用地条件极差，必须采取特殊工程技术措施后才能建设的用地，这取决于科学技术和经济的发展水平。

需要注意的是，上述用地分类具有相对性和地方性，甲城市的一类用地在乙城市可能只是二类用地，不同城市地区不能做质量类比；类别的多少也应视环境条件的复杂程度和开发建设的要求来确定，有的可分为四类，有的则只需两类即可。

在平原地区，城市用地分类可以地貌类型、洪水淹没程度、坡度、地下水埋深、地基承载力等为主要依据；在山区，地面坡度的大小往往制约城市土地的使用和建筑布置，因此，地形坡度成为用地评定的一个主要因素，一般可按适用程度划分为小于10%、10%~25%、大于25%三类。

用地评定的成果包括图纸和文字说明。在用地评定图上，可以按用地的具体情况分别标出各项分析与评定的内容，如地下水埋深、地形坡度、洪水掩埋线、地基承载力等，然后加上不同用地类别的范围。图纸包括单项因素评定图和综合评定图，务求清晰明确。图纸的比例与城市规划图纸的比例相一致，以便于对照。

作为城市用地，不仅要求有良好的自然条件，同时用地所载负的种种人工施加条件也至关重要。这些条件包括建设现状条件、工程准备条件、基础设施条件等。在城市用地选择时，还要考虑到与土地利用有关的外部环境条件。所有这些条件对城市土地的利用及其价值的评定均有着直接的影响。

三、城市建设现状条件分析

城市建设现状是指城市现有的各项物质内容的构成形态以及数量状况。城市建设具有连续性，因而导致了城市建设现状实际上的动态变化性。城市建设现状条件的调查分析内容主要包括以下五个方面：

(一) 城市用地布局结构分析

(1) 城市用地布局结构是否合理。主要体现在城市各功能部分的组合与构成关系是否恰当，城市总体运营是否高效与和谐。

(2) 城市用地布局结构是否适应发展的需要。例如，工业的改造或者规模的扩展，将带来居住生活等用地的相应扩大，是否会导致工作地与居住地的空间分布上的结构性障碍等。

(3) 城市用地分布对城市生态环境的影响。城市生态环境是城市投资环境的重要组成部分，城市环境对人的精神状态和健康有着重要影响。城市的开发建设应确立"以人为本"的思想，注意人与建筑、人与自然、建筑与自然的协调、和谐与统一。因此，公园和绿地要在城市用地结构中占有一定的比例。城市工业所造成的环境污染，往往会影响到城市用地的价值，增加环境改良的成本。

(4) 城市内外交通系统结构的协调性、矛盾与潜力。城市对外交通线、点的分布，将影响城市用地结构的形态。城市内部道路交通系统的完善性及其与对外交通系统在结构上的衔接与协调性，将影响城市建成区自身的用地功能，又制约着城市进一步扩展的方向和用地选择。

(二) 城市设施状况分析

城市设施主要有服务设施和市政设施，它们的建设现状，包括质量、数量、容量与改造利用的潜力等，都将影响土地的利用及旧城区再开发的可用性与经济性。

在市政设施方面，现有的道路、桥梁和给水、排水、供电、煤气等市政公用设施的管网以及厂站的分布及其容量，均是城市土地开发和建设的重要基础条件。在服务设施方面，如商业贸易、文教卫生、邮电、信息咨询、技术推广等设施的分布、配套与质量，均是衡量土地利用的重要条件，尤其是在旧城改建方面，土地利用的价值往往取决于旧有住宅和各种服务设施及其经改建后所得利益的大小。

（三）城市社会经济结构分析

城市人口的数量和密度、年龄结构和文化素质状况以及城市各项物质设施的分布及其容量与居民需求之间的适应性，是影响城市土地利用的主要社会结构变量。人口分布的疏密还反映出土地利用的强度与效益。城市经济发展水平及其产业结构和就业结构均对城市用地的功能组合和各种用地的数量结构具有重要的影响。

（四）工程准备条件分析

在选择城市用地时，为了顺利而经济地进行工程建设，总是希望用地有较好的工程准备条件，以获得费省效宏的结果。用地的工程准备条件包括地形改造、防洪、改良土壤、降低地下水位、制止侵蚀和冲沟的形成、防止滑坡崩塌等方面。

（五）城市基础设施条件分析

城市基础设施是城市正常运转必不可少的支撑条件，而用地的基础设施条件又是投资环境的重要组成成分之一。

广义的城市基础设施，包括城市物质基础设施、社会基础设施、生态基础设施三大类，如供电、供水、排水、通信、供煤气、道路、铁路等物质基础设施，商店、学校、医院、邮电所、技术推广站、信息咨询点、储蓄所等社会基础设施，公园、园林绿化、污水处理站、垃圾焚烧炉等生态基础设施。它们是支持工程建设、维持产业经营、开展业务活动及使居民安居乐业的基本设施条件。

除了上述三个方面用地自身的建设条件外，在城市用地选择和开发建设中，还应考虑城市所在区域的外部条件：

(1) 经济地理条件：如区域内城市体系的经济联系、资源的开发利用、产业的布局、人口的迁入与迁出、新兴市场或城市的崛起、国家重大工程项目的配置等。

(2) 交通运输条件：主要是城市的对外运输条件，如铁路、公路、港口等交通网络的分布与容量，以及接线接轨的条件。

(3) 供电条件：指区域供电网络、变电站的位置与容量、城乡电网的改造、区域潜在水电资源的开发前景等可供利用的条件。

(4) 供水条件：城市所在区域内的水源分布及供水条件，包括水量、水质、水温等方面在城乡之间的情况分析。

四、城市用地条件的综合评价与用地选择

城市开发与建设所涉及的因素很多，而且彼此之间的关系往往是错综复杂的。对于城市用地的适用性评价，除进行以自然环境条件为主要内容的用地评定及技术经济和现状建设条件的分析外，还要以更加广阔的胸怀，考虑到社会政治因素(如城乡关系、工农关系、民族宗教关系等)、文化因素(如历史文化遗迹、城市风貌、各种保护区等)、地域生态因素等有关条件。所有这些都作为环境因素客观地存在着，并对用地适用性的评定产生不同程度的影响。因此，为了给用地选择和用地组织提供科学合理的依据，必须对用地条件进行自然和技术经济综合评价，在此基础上提出城市用地选择和开发布局的具体构想。

(一) 城市用地条件的综合评价与用地选择的关系分析

城市用地条件的综合评价与用地选择两者相互依存，关系密切。前者是后者的依据，后者则向前者提出评价的内容与要求。它们根据一般规划与建设的要求，从用地所具备的条件和规划方案对用地所提出的具体需要两个角度，对拟选用地进行论证，是城市规划工作中两个不可分割的环节。

通过对城市用地自然条件的评定结果的分析，结合用地的建设条件及社会、经济、文化和生态等因素的影响，进行综合评价，以便为用地选择提供科学合理的依据。

(二) 城市用地选择的影响因素及原则

城市用地选择是城市规划的重要工作内容。无论是新城的开发建设，还是旧城的更新改造，都有选择所需要用地的问题。它根据城市各项设施和工程项目对用地环境的要求及城市开发布局、用地组织的需要，对用地进行鉴别与选定。城市用地选择恰当与否，关系到城市的功能组织和布局形态，对城市建设的工程经济和城市的运营管理也有一定影响。

1. 选择城市用地时需要综合考虑的因素

(1) 城市规划方面的因素，包括用地的合法用途，规划设计条件如建筑密度、高度、容积率和建筑物平面及立面布置的限制，相邻地块的土地用途等；

(2) 自然特性，包括用地面积大小、形状及四至范围、水文地质特征等；

(3) 市政基础条件，包括雨水、污水排放管道，供水管道，电力、煤气、热力、通信条件等；

(4) 交通通达程度，包括用地的可及性、出入口的位置、停车条件等；

(5) 环境条件，包括空气、水和噪声污染程度，公园、开放空间和绿地的数量与质量等；

(6) 公共配套服务设施的完备情况，包括治安和消防服务，中小学校、卫生保健设施和邮电设施，垃圾回收与处理，政府提供配套条件所收取的税费等；

(7) 土地价格，包括出让金、市政设施配套费和拆迁安置补偿费等在内的土地成本。

2. 城市用地选择应遵循的原则

城市用地选择的原则应包括以下几个方面：

(1) 城市用地选择要按新建与扩建的不同特点来进行。新城的选址一般从区域范围内选定，而旧城扩建的用地选择则往往因要考虑到与现状的关系而有所限制。无论新城或旧城扩建都应注意到现有城市的利用与改造。

(2) 城市用地选择，特别是新建城市，在选择工业用地时，要考虑它与城市

105

其他布局的关系，尤其是与居住空间的相互关系。

(3) 城市用地要尽可能满足城市各项设施在土地使用、工程建设以及对外界环境方面的要求，充分利用有利条件，考虑到开发与建设的合理性与经济性。

(4) 城市用地选择要注意把握不同工程项目在开发建设的具体需要上的差异性。例如，工业用地的选择应重点考虑当地提供主要原材料的可能性，交通运输是否足够方便以有效地连接原材料供应基地和产品销售市场，技术人才和劳动力供给的可能性，水电资源供给的充足程度，控制环境污染的程度等；商业用地的选择应主要考虑可能的顾客流量，地块位置，消费者行为、偏好及购买能力，交通通达程度等；居住用地的选择应主要考虑生活服务设施和教育设施的完备程度、公共交通的便捷程度、环境因素等，如山水、绿地、阳光、新鲜的空气、无噪声污染等都是居民定居的重要因素；办公楼用地的选择应考虑基础设施、地块规划、交通便捷程度等因素。

通常是按照用地状况和用地组织的要求，通过多方案比较来选择比较合适的用地；也可以应用系统工程方法和电子计算机技术来制定用地选择和用地组织的方案，并进行方案的比较和选优，从而为更加科学、合理和快速地选择用地和维织用地提供条件。

第二节　城市用地规划管理

一、土地利用总体规划

土地利用总体规划是指人民政府依照法律规定，在一定的规划区域内，根据国民经济和社会发展规划、土地供给能力以及各项建设对土地的需要，确定和调整土地利用结构、用地布局的总体战略部署。土地利用总体规划是由各级人民政府组织编制的，其核心是确定和调整土地利用结构和布局。

（一）土地利用总体规划的特性

土地利用总体规划的特性表现为以下几点：

(1) 综合性，又称整体性或总体性。土地利用总体规划关系到各部门用地的分配与使用，必须从国民经济和社会发展的全局考虑，科学、合理地安排各部门用地，协调各部门的土地利用活动。要综合各部门对土地的需求，对土地利用结构和土地利用方式做出调整，使之符合经济和社会发展目标，以促进国民经济持续、高速和健康发展。

(2) 战略性。由于土地利用总体规划是中长期规划，所以只能预见土地利用的方向、目标、内容、结构、布局与土地利用方向变化的大体趋势，而不能预见其具体变化的形式和内容。因此，土地利用总体规划只能是战略性的规划，只能为主要用地部门提供概略的、方向性的、指导性的规划指标，如经济、社会各部门的用地总供给与总需求的平衡问题，土地利用方式的重大变化，土地利用结构与用地布局的调整等。

(3) 长期性。土地利用总体规划是土地利用的中长期规划，是对与土地利用有关的重要经济与社会长期变动趋势做出的预测，据此制定长远的土地利用规划，拟订战略性的方针政策和措施，为编制短期和年度土地利用计划提供科学依据。同时，经济、社会的发展过程是长期的、渐进的，调整土地利用结构与利用方式，使之达到预定的目标，也是长期才能实现的，这就决定了需要有一个长期的规划，以使土地利用的变化与长期的经济发展过程相协调。

(4) 控制性。土地利用总体规划的控制性主要表现在两个方面：从纵向上讲，下一级的土地利用总体规划受上一级土地利用总体规划的指导和控制，下一级土地利用总体规划又是上一级土地利用总体规划的反馈；从横向上看，一个区域的土地利用总体规划对本区域内国民经济各部门的土地利用起到宏观控制作用。

(5) 权威性。土地利用总体规划由各级人民政府编制，纳入国民经济和社会发展计划，通过国家行政权力保证实施，对于违反土地利用总体规划的土地利用行为要追究其刑事责任，这不同于行业或者部门规划。

(6) 动态性。土地利用总体规划属中长期规划，涉及人口、技术进步、经济增长、社会发展和政策等各个方面，受许多不可预测因素的影响。因此，土地利用总体规划也只是在一定时期内把土地利用现状改变为更适合于当时经济发展状况的措施之一，它是随时间变化的。当国民经济和社会的发展、科学技术的进步、经济形势和政策的变化、实际土地利用与规划的土地利用不一致时，就要及时对规划进行充实、修编和完善，及时调整实施措施。因此，土地利用总体规划是一个"规划—实施—再规划—再实施"的连续不断的动态发展过程。

（二）土地利用总体规划的作用

土地利用总体规划的编制是政府行为，是管制土地用途的依据。通过土地利用总体规划，国家将土地资源在各部门间进行合理配置。土地利用总体规划的作用可以概括为以下几点：

(1) 土地利用总体规划可以为充分、合理利用每一寸土地提供科学依据。一方面，我国人多地少，土地资源潜力有限，并且水土流失和耕地沙化、退化的现象很严重；另一方面，土地利用过程中存在着许多不合理现象，土地管理薄弱，土地资源浪费现象严重。因此，必须制定出完整的、系统的、科学合理的土地利用总体规划，来解决土地利用中存在的主要问题，对土地资源的开发利用与保护做出总体的、宏观的统一安排，为充分合理利用每一寸土地提供科学依据，以发挥土地的最佳效益。

(2) 土地利用总体规划可以协调人地关系，协调各部门用地矛盾，保证国家"一要吃饭、二要建设、三要保护环境"的土地利用基本方针的贯彻落实。我国的后备土地资源不足，人口与土地反向发展，导致人地矛盾日益尖锐。要保证吃饭与建设用地的需求，必须编制好各级土地利用总体规划，根据土地资源状况和各部门发展对土地的需求，合理分配和高效利用有限的土地资源，不断改善生态环境，为各业发展创造良好的土地条件，保证人民生活水平的提高和国民经济稳定、协调、持续发展。

(3) 土地利用总体规划是加强土地利用管理的手段。土地利用总体规划是土地利用管理的"龙头",对土地利用具有宏观控制和指导作用。通过编制土地利用总体规划,可确定本地区较长时期内土地利用的方向和目标、各部门用地数量和布局,使土地管理工作有章可循,其他各项土地管理工作都要为实现这个总目标、总任务去开展。有了科学的规划,也就有了土地利用的总战略、总布局,土地管理工作就有了明确的方向和目标。

(4) 土地利用总体规划可以有效地促进社会经济发展。土地利用总体规划是以国民经济和社会发展计划目标为依据的,而社会经济发展计划和国民经济计划目标最终必须落实在合理的土地利用上。为此,编制和实施土地利用总体规划,可以保证社会经济发展目标的落实,保证国民经济目标得以实现,从而促进国民经济的发展。

(三) 土地利用总体规划的体系和内容

我国目前的土地利用总体规划按行政区域划分为全国、省(区)、地(市)、县(市)和乡(镇)五个层次。

市场经济体制的建立确立了市场机制在土地利用决策与土地资源配置中的基础地位。与此相适应,它要求土地利用规划不应是对某块土地如何利用做出具体安排,而是要对土地利用起调节控制作用。由于每一层次、每种类型的规划所调节控制的范围不同、目的不同,其所要求的规划内容重点、规划编制模式等也不相同。针对我国土地管理的实际状况,各层次的土地利用总体规划的内容如下:

1. 全国性土地利用总体规划

全国性土地利用总体规划应该为国家的宏观经济环境调控提供依据,它应该属于战略性、政策性规划。全国性规划应从促成全国的人口合理分布、资源合理配置、生产力合理布局、经济均衡发展、食物的安全供给以及环境整治的要求出发,提出全国土地利用的战略目标,确定土地开发、利用、整治和保护的重点项目和重点地区,协调全局性的重大基础设施建设的用地关系,提出不同类型地区土地利用的方向、目标、重点和土地利用政策。按这一规划内容的要求，全国性规划应以文本为主，规划成果主要体现为制定一系列政策，同时确定一些土地利用的战略性目标，如全国的耕地保有量指标、林地指标、城乡建设用地总规模指标、土地整治(风沙地治理，水土流失治理……)指标等，指标应突出重点，不宜面面俱到。

2. 省(区)级土地利用总体规划

在我国，省(区)级行政区的区域范围都比较大，经济结构、产业结构、土地利用结构都比较完整，省级土地利用总体规划仍然属于政策性规划的范畴。它的规划内容与全国性规划相似，但它更强调区域土地供需总量的平衡，土地开发、利用、整治和保护的重点地区和项目更加明确，土地利用政策的区域差异性更加明确、具体。省级规划应协调好各地市间的用地关系，根据各地市的经济发展状况与土地资源状况，提出各地市的拼地总量动态平衡目标和城市用地规模控制目标。省级规划要协调好跨区域的骨干工程建设用地的关系，为下一级规划提供依据。省级规划可以对全省进行地域分区，但应淡化这种地域分区的土地利用布局控制功能，而代之以土地利用政策的区域差异。省级规划成果以文本为主，应有反映主要用地的控制指标，辅之以反映土地开发、利用、整治与保护的重点地区和项目的示意图。

3. 地(市)级土地利用总体规划

就其深度而言，地(市)级土地利用总体规划应属于政策性规划范畴，它是由省级规划向县级规划过渡的层次。其基本内容应是在上级规划的控制下，结合区域规划的要求，在分析本地(市)的人口、土地与经济发展的基础上，进一步分析土地的供需情况，提出土地供应的总量控制指标，并确定本市(地)区域内土地开发、利用、整治和保护的重点地区和范围。市(地)规划作为一级较大区域的规划，在分析土地的供需关系时，应重点从本地区的工农业发展、城市化水平与进程、区域城市体系和各城市的中心职能与分工等方面进行研究，合理确定各中心城市的人口规模、用地规模以及区域性骨干基础设施的用地关系。

4. 县(市)级土地利用总体规划

县(市)级土地利用总体规划属于管理型规划,重在定性、定量、定位地落实,提高规划的可操作性。县级规划作为总量控制的最基本层次,其规划内容要具体体现定性、定量、定向、定位的要求,其总量控制指标应落实到位,尤其对于城镇用地,不仅要有全县(市)的城镇用地总规模控制,而且要有每一个城镇的控制指标。在土地的开发、整治、保护层面上,县级规划要具体确定重点项目的类型、时序、规模和范围。在控制指标上,县级规划要改变过去指标过细过全、重点不突出的问题,简化指标,可考虑只保留耕地保有量指标、建设用地总量控制指标、各城镇建设用地控制指标、土地资源开发复垦指标和生态性、公益性的用地指标。在土地用途的定位控制上,县级规划的范围还比较大,比例尺较小,难以实现具体地块的具体用途的确定,而是以土地利用大类的用途区域范围的控制为主。

5. 乡(镇)级土地利用总体规划

乡(镇)级土地利用总体规划处于规划的最低层次,属实施型规划,规划成果以规划图为主,为用地管理提供直接依据。乡(镇)级规划内容的重点应是在县级规划总量控制与用地分区控制的基础上进行详细的土地用途编定,即把各类用地定量、定位地落实到具体地段,并确定每类用途土地的具体要求和限制条件,为土地的用途管制提供直接的依据。但在用途编定时,应避免把用途划分得过细,既要考虑用途的确定性,又要考虑用途的不确定性,从而为市场调节留下足够的空间。乡(镇)级规划还应提出需要进行土地整理的具体区段、方式和范围以及实施的时间。

(四) 土地利用总体规划的审批与实施

1. 土地利用总体规划的审批

为了加强中央政府对土地利用的控制及确保耕地总量动态平衡的实现,《土地管理法》对土地利用总体规划的审批权做了如下的规定:①土地利用总体规划实行分级审批；②省、自治区、直辖市的土地利用总体规划，报国务院批准；③省、自治区人民政府所在地的市、人口在100万以上的城市以及国务院指定的城市的土地利用总体规划，经省、自治区人民政府审查同意后，报国务院批准；④上述规定以外的土地利用总体规划，逐级上报省、自治区、直辖市人民政府批准，其中，乡(镇)级土地利用总体规划可以由省级人民政府授权的设区的市、自治州人民政府批准。

2. 土地利用总体规划的实施计划与设计施工图

土地利用总体规划一经批准，必须严格执行。土地利用总体规划的实施计划可分为中期计划和年度计划，它是按上述规划的目标和内容，根据国民经济发展情况和投资数额来统筹安排相应的用地结构、占地规模和实施项目。土地利用中期计划一般与国民经济发展五年计划相对应，期限为五年。土地利用中期计划通过土地利用年度计划逐步落实。

土地利用规划方案在被相应的各级政府批准以后，就产生了法律效用。设计单位可根据该方案编制土地规划施工图，在图上应绘出工程施工所需要的全部信息(包括确切的位置，施工项目的长度、宽度、深度，质量要求等)，以保证按计划施工。

二、城市土地利用与城市规划的关系

对国家建设用地实行规划、计划管理，在城市用地中表现得更为明显和严格。根据《土地管理法》的规定，城市总体规划应当与土地利用总体规划相衔接，城市总体规划中建设用地规模不得突破土地利用总体规划；在城市规划区内，土地利用应当符合城市规划。《城市规划法》规定："城市总体规划应当和国土规划、区域规划、江河流域规划、土地利用总体规划相协调"，"城市规划区内的土地利用和各项建设必须符合城市规划，服从规划管理。"从这些规定可以看出，城市土地利用必须符合城市规划的要求，与城市规划密不可分。

第四章　城市土地规划及城乡一体化中的土地利用

现代城市土地利用需要规划，并不以任何个人的主观意志为转移，而是由现代城市发展的特点所决定的。现代城市要在有限的土地上，高度积聚大量人口和大量第二、第三产业，并要求带来高效益，必然要求事先充分协调地上、地下和空间的各种相互干扰的建设活动。现代城市各种设施和环境的建设、利用和维护等，需要很大的投资，一旦建成，不易拆改变动，要使这些活动互不干扰并尽可能起相互促进的作用，事先不做周密考虑、安排规划，是不可能实现的。只有作为代表社会整体和长远利益的正确周密规划，才能在用地安排上发挥卓有成效的、统一协调城市千千万万分散土地利用活动的作用。

现代城市土地利用的问题非常多、非常复杂，只有分成不同层次才能比较准确、比较有效地予以解决。因而需要进行不同层次的规划。

我国的城市规划一般分总体规划和详细规划两个阶段进行，大中城市可在总体规划基础上进一步编制分区规划。

城市总体规划的内容包括：①城市的性质、发展目标和发展规模；②城市主要建设标准和定额指标；③城市建设用地布局、功能分区和各项建设的总体部署；④城市综合交通体系和河湖、绿地系统；⑤各项专业规划；⑥近期建设规划。

分区规划的内容包括：①进一步控制和确定不同地段的土地用途、范围和容量；②协调各项基础设施和公共设施的建设。

城市详细规划的内容包括：①规划地段内各项建设的具体用地范围；②建筑密度、容积率和高度等控制指标；③总平面布置、工程管线综合规划和竖向规划。从上述城市规划的内容看，城市总体规划和分区规划的内容大部分属于用地规划，而详细规划的内容完全是用地规划。

在编制城市规划的过程中，特别要重视对城市用地的规划，严格控制城市用地规模。节约和合理利用土地及空间资源是我国城市规划工作的基本原则，应贯彻于城市规划、建设和管理的始终。城市建设用地应充分挖掘现有用地潜力、提高土地利用率。城市总体规划应确定分阶段的城市人口和用地规模控制目标，不得突破。城市辖区内的各类开发区的规划和建设，都要纳入城市的统一规划和管理。

三、城市用地结构与布局规划

(一) 城市总体布局的集中与分散问题

城市总体布局的集中与分散各有利弊，但集中、分散的利弊是相对的，而不是绝对的。一个城市是采用集中布局的形式，还是采用分散布局的形式，取决于城市发展的客观机制和城市的具体情况。好的城市规划在于充分认识这种客观机制和具体影响，因势利导，充分利用积极因素，尽可能减少消极因素的影响。城市规划中必须结合当地实际，选择适于当地发展的城市布局形态。

过分集中的大城市具有许多弊端，如城市喧嚣、交通拥挤等，对于规模过大的城市进行适当的分散是有必要的。但现代化大生产和现代城市居民的生活要求集中聚集，决定了现代城市发展的趋势是城市的适度集中布局。集中和分散都不是目的，两者都是适应城市内在机制、发展城市经济、改善居民生活的一种重要手段。

(二) 空间扩展方向的选择

分析国内外许多城市空间扩展方向的历史，现代城市空间的扩展是有其客观规律的，其中最主要的是取决于对外交通形成的物流、人流集散方向和扩展城市用地的难易程度。一般来说，许多城市都是沿着主要对外交通线路方向扩展的，并随着交通主渠道的变化而调整。以水运作为主要物流、人流通道的城市，总是自发地或自觉地沿河海通道扩展。当河运、海运由于港口淤塞而减弱其在对外交通中的作用时，或被铁路、快速公路干道等更加便捷、廉价的运输手段取代时，城市空间扩展方向即随之调整，沿河海地段逐渐衰落，而沿铁路或快速干道方向则逐步繁荣。河、海、陆、空交通汇集之处，用地必然大为扩展，这首先是由物资运输、装卸、仓储等经济活动决定的，同时，市内外交通交汇处的人流、信息流带来的明显积聚优势也起着重大作用。所谓指形或星形发展的城市，其所指或放射的方向往往就是市内外主要交通要道。

城市的下风向发展工业的常规扩展原则，往往还要与用地条件结合起来。工业区需占用大量土地，并有大规模平整土地的经济能力，但要求地价低廉，因此一般情况下，工业区扩展的具体方位必须与大量荒地、劣地、低丘地的位置结合起来，而不应向占用高产优质农田菜地的方向扩展。如能与城市对外交通干道方位结合起来，则更为理想。居住区要求较好的环境质量和较周全的城市社会服务，可靠近中心区，因此在一般情况下，应紧邻市区扩展，并以向劣地、荒地、低山坡地扩展为首选方向。

在扩展方向上，有些预留城市发展用地，因对未来难以把握，而难以确定其功能。但对其基本干道应规划出框架，在基本干道骨架的基础上可以大体考虑其中心位置及居住和生产区域。扩展方向还应与高速公路、高压线走廊、铁路线路以及主要铁路站场、机场和污水处理等关系城市布局的重大问题统筹考虑，以避免其影响未来城市总体规划框架，造成无法弥补的后果，不过其发展弹性应更大些。

(三) 布局结构形态

城市土地利用结构主要可以分成商业、工业和居住三大功能区，但是这三大功能区在每个城市中的区位不尽相同，这就产生了城市土地利用不同的布局结构形态。一般来说，一个城市土地利用布局结构形式是多种因素共同作用的结果，取决于城市土地市场的自发力量、城市土地利用的自然规律以及城市规划和城市土地使用政策等。各种模式，如单一中心大饼式、多中心的多组团式、带形多组团式、组群式、圈层式、指形、星形、风扇形、双城式、三城式等都各有特色，各有优点。但实践表明，这往往是在分析研究现状的基础上，对具体规划结果的生动形象的综合描述。任何规划结构形态都不是先验论的，不是为了搞某种理想的结构形态模式而去机械模仿。只有对规划范围的各项历史、现状进行认真分析，并对其发展预测和各种发展空间方案进行选择比较后，具体安排、反复调整，才能得出更趋合理的结论。

第三节　城乡一体化中的土地利用

一、利用经济杠杆，制约耕地占用

市场经济条件下，我们不能忽视了经济规律的作用，要充分利用地价经济杠杆作用来规范城镇用地，制约城镇无限制占用耕地，为此，必须做好小城镇地价评估工作。与大中城市相似，目前小城镇地价评估的基本思路是土地定级与估价结合进行的，即先进行土地定级，再在级内分用途确定基准地价，以基准地价为基础对各宗地进行具体情况修正得到宗地地价。

但是，小城镇相对于大中城市来说具有规模小，经济发展水平低、数量大、形式多样化等特殊性，这些特殊性使小城镇依据上述方法进行评估时遇到较多的困难：一是大多数小城镇因地方财力有限，未曾开展土地定级工作；二是小城镇规模小，可供调查的资料有限；三是在调查时存在调查单位虚报数据现象，从而使调查单位资料失真，人为因素过多；四是小城镇地价评估专业技术人员较为缺乏。针对上述问题，作者认为我国小城镇地价评估工作可以从以下几方面考虑：

(一) 分级进行土地定级工作

可分国家和省(市)两级。国家级根据我国经济明显呈现东、中、西三个不同的经济带，确立三个等级，确定各省(市区)小城镇的归属，粗线条地制定出各省(市区)小城镇土地定级的依据，同时要考虑自然方面的因素，省级则根据国家级制定的有关规划，结合本省(市区)各县(市)的具体情况，制定出不同地形区，不同等级规模小城镇的土地级细则。这两级的小城镇土地定级工作应由相应级的政府组织有关专家进行。这样既可以避免地方保护主义的影响，又可以克服小城镇土地评估专业人员不足的毛病。

(二) 建立地价资料库

建议以县(市)为单位，建立小城镇地价资料库。建立资料库的目的是为小城镇的地价评估积累资料，以便更好地规范小城镇的地价评估工作。首先应确定小城镇的功能区。一般说来，小城镇的规模小，功能区不明显，但小城镇的布局一般都较简单，划分各功能区也并非很难。小城镇的功能区一般说来至少要三个，即商业区，居住区和工业区。对商业区来说，宜采取把收益还原法和比较法结合起来使用。因为商业区的活动大都是以经济收益为准来进行的。同时，商业区土地使用权更替较为频繁，为比较法提供了较多的实例。对于居住区来说，可以采取路线价方法来确定地价。因为小城镇的规模小，布局相对简单，利于路线价的确定。同时，可以采用租金剥离法、成本法和比较法为路线价的制定提供依据。对于工业区而言，由于其用地量大，经济收益较低，可以采取成本法，即土地开发成本加上成本的平均利润。这种方法评估的地价一般偏低，但它却有利于刺激工业企业的发展和吸引投资者的投资。

二、挖掘城镇存量土地潜力

(一) 闲置和废弃地利用

闲置和废弃土地在我国小城镇土地中占有相当大的比例，潜力很大。由于闲置和废弃土地的开发成本低，难度小，因此闲置和废弃土地的开发和利用是今后一段时期我国农村城镇化土地利用的主要方向，必须做好。对闲置和废弃土地的利用，应采取行政、法律和经济的手段综合治理。

(二) 旧城改造

旧城改造是根据城镇发展的需要在城镇老化地区实施有计划的城镇改造建设，包括再开发、修复和保护三个方面的内容。再开发是在布局混乱、城镇功能完全丧失、环境质量恶化的地区，根据城镇总体规划，拆除全部建筑物和构筑物。拓宽城镇道路，新建各种必要的城镇设施，重新安排合理的城镇土地利用、完善城镇功能、提高城镇环境质量，彻底改变原有地区景观的大规模城镇改造建设。修复是指在布局混乱、城镇功能部分丧失、环境质量正在恶化的地区，根据城镇总体规划、拆除不良建筑物和构筑物，对尚可使用或具有保留价值的城镇建筑物和构筑物进行保护性修缮、改造、新建各种必要的城镇设施。合理调整城镇土地利用，完善城镇功能，提高环境质量，部分改变原有城区景观中等规模的城镇改造建设。保护是指在现状良好，但将来可能恶化的城区，根据城镇总体规划，对具有保留价值的建筑物、构筑和街区进行保护修缮、强化城镇功能、保护城镇环境和原有地区景观的小规模城镇改造建设。我国小城镇旧区与大、中城市比较起来，有规模较小的特点，因此，旧城区改造工作相对来说要简单容易一些。旧城区改造的第一步应当根据城镇规划的要求，确定再开发、修复和保护的对象和范围。第二步才是改造工作。旧城改造工作最大的难度在于资金方面的欠缺，因此，要搞好小城镇旧区的改造工作，首先必须解决资金问题。可以采取多方筹资的办法，也可以采取先取得一部分启动资金让项目启动，然后边改边售，所售收入全部投入后期的改造工作的办法，还可以采取期房等方式取得所需资金。我国小城镇旧区的土地利用基本上都是在城镇发展中自然形成的，普遍存在布局混乱，地域结构不合理的问题。例如，一些区位条件优越的土地被低级城镇职能单位所占用，城市土地利用的经济效益差，地域分化不明显，居住用地与工业、商业用地混杂在一起，相互干扰，严重地影响城镇功能的正常发挥等。目前我国许多的旧城改造大都是拆除旧住宅建设新住宅、拆除旧商店建设新商店，很少触及旧城原有的地域结构。所以，由于地域不合理而产生的诸多城镇问题并没有得到根本解决。因此，在改造旧区时，要根据城镇总体规划，对旧城区的布局和地域结构进行更深层次的改造。

(三) 城镇土地地上、地下空间的拓展

过去在城市建设中也强调过土地的空间利用问题，但它主要是针对大中城市而言。对于小城镇土地的空间利用有所忽视，导致了大多数小城镇建设走过去的

老路，不进行小城镇建设的立体规划，很少利用地面空间和地下空间，而采取扩大城镇地域范围的办法来解决城镇建设用地紧张的问题，这样就必然使城镇周边的土地，尤其是耕地面积萎缩。从现实的情况来看，我国小城镇绝大多数地面可利用空间还十分宽裕，地下空间的开发利用几乎还是空白。从地面的空间角度看，在东南沿海经济比较发达地区，虽然小城镇的中心区高楼林立，但中心区的外围地带仍保留许多低矮的居民住房或院落。街巷之间、院落之间仍有许多边角空闲地块。在我国中西部地区，小城镇建筑物仍十分低矮，居民区的院落占地过多十分突出。从地下空间角度来看，在一些发达国家，为了缓解小城镇土地紧张的矛盾，也为了使商场、服务业及居民生活不受干扰，近些年来很重视地下空间的开发利用。在建筑物下修建商场、仓库、停车场的情况十分普遍。而我国，即使是发达地区的小城镇，这种情况也少见。因此，今后在我国小城镇规划和建设中，应注意向地面空间和地下空间拓展。

三、修改与完善土地法律法规

土地法律法规是人们利用土地的根本规范，对我国农村城镇化用地有着巨大的作用。要从根本上解决农村城镇化中土地利用的问题，就必须进一步修改和完善土地法律法规，彻底摆脱人治，实现法治。因此，土地法律法规须加以完善，真正实现土地的统一管理，提高政府对小城镇发展中土地利用行为的调控能力。当然，改革会涉及多个部门的利益调整，因此阻力较大，必将是循序渐进的过程。建议在各级人大常委会设立土地委员会，负责土地法律规划的编制工作，并监督其运作。

第五章 城市土地市场管理

第一节 土地市场管理的宏观认识

一、土地市场管理的认识

（一）市场与土地市场的概念解析

市场是商品经济的范畴。商品交换关系的存在和发展是市场赖以存在和发展的经济基础。正如列宁所说，市场不过是商品经济中社会分工的表现，"哪里有社会分工和商品生产，哪里就有市场"。"市场"一词的含义包括狭义和广义两种。狭义的市场是指商品交换的具体场所，广义的市场是指商品交换关系的总和。

由此，"土地市场"的含义也包括狭义和广义两种。从狭义上讲，土地市场是指以土地交易作为交易对象进行交易的场所，如土地交易所、不动产交易所等。从广义上讲，土地市场是指土地这种特殊商品在流通过程中发生的经济关系的总和。土地市场由于其经营的产品具有价值大、位置固定等特点，产品难以集中到固定的场所去交换，其交换活动尤其需要凭借金融、信息等部门的作用才能完成。因此，土地市场的内涵一般不用狭义的市场定义来概括，而应概括为包括中间商、代理商、金融信用、广告信息等一切构成土地产权交换关系在内的经营性活动。土地市场的客体主要是土地及其产权关系。因此，土地市场是有形的土地和无形的权益、信息、咨询服务等的统一体，是我国社会主义市场体系的重要组成部分。

在市场经济中，土地的重要性决定了土地市场的重要性，因为市场是资本家、企业家获得土地的唯一来源，只有通过市场，才能使资本与土地相结合，同时在生产过程中与劳动力相结合，使资本成为真正的资本。因此，在经济高度发达和市场经济成熟的国家，金融市场(或资本市场)、土地市场、劳动力市场(或人才市场)是居于主导地位或支配地位的三大市场。房地产市场被称为晴雨表或风向标。在我国，随着市场经济的建立和日趋成熟，房地产业不断发展并成为国民经济的支柱产业，房地产市场逐渐形成和壮大，以土地市场为基础和核心的房地产市场已经成为国家经济决策层进行经济决策的重心、进行宏观调控的重要手段。近年来，国家出台的一系列以稳定房地产价格为核心的房地产调控政策，充分说明了房地产市场的稳定发展对国民经济体系的健康发展的重要作用。由于我国实行的是国家所有制和集体所有制两种形式共存的社会主义土地公有制度，因此，土地市场应包括土地市场和农村土地市场。由于当前我国农村土地市场尚处于萌芽阶段，因此本章只讨论已经比较成熟的土地市场及其管理。

(二) 土地市场的一般特点

土地市场作为市场体系的组成部分，具有市场的一般特性。同时，由于土地是一种特殊形态的商品，土地市场具有区别于一般商品市场的明显特征。

1. 交易实体的非转移性

一般市场交换表现为商品实体的运动，而在土地交易过程中，由于土地位置的固定性，交易对象不移动，只发生产权的转移，土地交易的实质是土地产权契约的交易。因此，土地交易往往以一定的契据等法律文件为依据，权利的取得必须以法律为依据方为有效，并必须按权属管理的需要进行变更登记，使土地权属的变更得到法律确认。因此，土地市场实际上是土地权利和义务关系的交换及重新确定的场所。

2. 土地市场的地域性

土地位置的固定性决定了任何一宗土地都只能就地开发、利用，并要受制于其所在的空间环境，如邻里关系及当地的社会经济条件等；土地不像其他商品，原材料产地、生产地、销售地和消费地可以不在同一个地方，可以在不同地区之间调剂余缺，从产地或过剩地区运送到供给相对短缺或需求相对旺盛的地区。所以，土地市场不存在全国性市场，更不存在全球性市场，它是一个地区性市场，其供求状况、价格水平和价格走势等都是地区性的。也就是说，不同地区由于经济发展水平不同，土地市场产生和发展的动力也不完全相同，土地供求关系、交易量及交易价格也均存在较大差异，因而也就导致了不同地区土地市场状况的不均衡。

3. 土地市场的垄断性

土地资源的稀缺性和土地位置的固定性，以及土地市场的地域性分割，导致地域性土地市场的不完全竞争，以及土地价格不完全由供求关系决定，加之土地交易数额较大，所以土地市场容易形成垄断。此外，在实行土地公有制的国家和地区，与土地所有权相联系的各种权利义务和关系复杂而繁多，拥有部分产权者在行使自己的权利时，会影响到其他产权人的利益。这样，为了协调土地产权人之间以及土地产权人与其他相关市场主体之间的关系，必须由政府对土地市场进行相关管理，限制进入土地市场的竞争者，从而使土地交易带有垄断性或不完全竞争的特征。

（三）土地市场的结构体系

市场结构反映的是市场体系的内部组成状况及其相互关系。土地市场结构包括土地市场类型结构、土地市场层次结构和土地市场组织结构。

1. 土地市场类型结构

(1) 各类用地市场。土地具有用途的多样性，土地市场包括各类用地的市场。各类用地市场相互作用、相互制约的结果，形成了土地利用的数量结构和空间结构。各类用地市场的关系是通过土地各用途之间的竞争来实现的。土地各用途之间的竞争是指土地区位选择最佳用途的竞争。各类用地市场包括住宅用地市场、商业用地市场、工业用地市场等类型。

(2) 土地产权市场。土地市场交易与一般商品交易一样，也是产权的交换，不同的只是后者既有产权的交换，又有商品实体的位移，而前者只有产权的让渡，没有实物形态土地的空间移动。因此，土地市场实质上就是土地产权市场。

我国土地实行的是国有制，土地所有权不允许买卖，所以不存在土地所有权市场。因而，我国的土地市场即土地使用权市场。

2．土地市场层次结构

按照土地交易主体以及土地流转层次的不同所分的一级市场、二级市场和三级市场能够反映不同市场阶段和层次的状况。一级市场反映的是国家作为土地所有者，将一定年期的土地使用权出让给土地使用者的交易过程，这是一种垄断的市场。目前土地使用权出让的主要方式有协议、招标、拍卖和挂牌等。早期，土地多以协议方式出让，由于缺乏竞争且交易过程不公开，主观因素较多，容易造成出让土地价格的扭曲；而拍卖、招标、挂牌方式在供给总体数量一定的情况下，充分引入了竞争机制，能够发挥市场机制优化土地资源配置的基础性作用。因此，2002 年 5 月，国土资源部发布了第 11 号令，颁布实施《招标拍卖挂牌出让国有土地使用权规定》，明确提出"商业、旅游、娱乐和商品住宅等各类经营性用地，必须以招标、拍卖或挂牌的方式进行出让"。有资料表明，目前采取招标、拍卖、挂牌方式出让土地使用权的比例不断提高，且过去土地市场不够发达的西部地区也广泛采取招标、拍卖、挂牌方式出让土地。

目前，在土地使用权市场中还存在一种土地使用权租赁市场，即国家把土地使用权租赁给土地使用者，每年收取一定的租金。这种"年租市场"是我国土地使用制度改革中出现的新生事物，比较适用于国有企业改制以及无法一次性交纳土地出让金的企业。因此，可以将一级市场看成有两种形式：一种是土地使用权的长期出让，一般为 20~70 年，可称批租市场；另一种是年租市场。近年来各地广泛发展的"年租制"(如湖北襄阳)和"收地租"(如山东临沂)等，证明土地租赁市场很具潜力。在我国目前的土地公有制体系下，加之土地交易的特殊性，租赁制应是土地市场发展的主要趋势。

增量土地市场和存量土地市场是根据土地市场的供应来源划分的。增量土地市场反应将城市新增建设用地通过出让方式提供给使用者的交易，这种增量土地绝大多数情况下是先由集体土地征为国家所有，再以出让方式提供给用地单位使用，这既反映城市建设用地的增加，又反映国有土地的增加。存量土地市场主要是指原有的采取划拨方式(无偿使用方式)使用的城市建设用地，通过补办出让手续、补交出让金，或由政府收回，进行再出让的市场。存量土地市场交易不引起城市建设用地的增加，主要是解决过去划拨土地实行有偿使用的问题。从发展趋势来看，由于农用土地资源有限，保护耕地成为头等大事，而目前绝大多数土地使用还是采用划拨方式，城市存量土地大量存在，因此，发展存量土地市场是今后土地市场发展的主要趋势。目前，国有企业改制中的土地使用权处置、旧城区改造、土地收购储备等，均是存量土地市场交易的具体体现。

按照市场交易主体和市场运行过程，可将土地市场分为三级市场结构形式。

(1) 土地一级市场。即土地使用权的出让市场，是指土地所有者将土地使用权在一定期限内让与土地使用者而形成的市场，反映的是土地所有者与土地使用者之间的经济关系。我国土地归国家所有，政府是土地一级市场唯一的供给者，所以土地一级市场是一种垄断性市场，其主要市场活动可看作国家以土地所有者的身份，将土地使用权按照规划要求和投资计划及使用年限，出让给土地使用者或开发商。政府通过土地供应计划和规划，对出让土地的建设规模、土地开发计划、土地的位置及面积、土地的使用要求做出规定，并根据这些规定和要求对土地出让活动实行直接调控。

(2) 土地二级市场。即土地使用权转让市场，是指土地一级市场的土地使用权受让者将剩余年期的土地使用权让与其他土地使用者而形成的市场，反映的是土地使用者与土地使用者之间的经济关系。其主要市场活动是开发商根据政府的有关规定和出让合同的要求，对土地进行开发和建设，并将经过开发的土地的使用权连同地上附着物进行转让、出租、抵押等。其受让方可以是二手的开发经营者，也可能是直接的土地使用者。与一级市场不同，二级土地市场供应者不是唯一的，所以，土地二级市场是一种竞争性市场，是国家调控下以市场调节为主的市场。

(3) 土地三级市场。三级市场包括土地使用者之间进行的土地转让、租赁、抵押、交换等交易活动，是市场调节的开放市场。土地的价格原则上根据市场供求状况，由交易双方议定，交易总量由市场供求关系决定。

三级市场结构是我国目前土地市场的基本构成，明确区分三级市场，既有利于政府管理和调控土地市场，又有利于分析土地市场的交易状况，掌握真实的市场供求关系。尽管二、三级市场较难区分，有时出现交叉，但是严格区分三级市场结构对于土地市场管理者来说是非常有意义的。

总之，在我国土地使用权市场中，按市场交易主体和交易层次不同有一级市场、二级市场、三级市场体系，具体出让方式有协议、招标、拍卖、挂牌等形式，土地交易方式有出让、转让、租赁、联建、入股、授权经营等，按市场供应来源不同分为存量土地市场和增量土地市场，市场交易形式多样，已基本形成了土地市场体系，如图5-1所示。

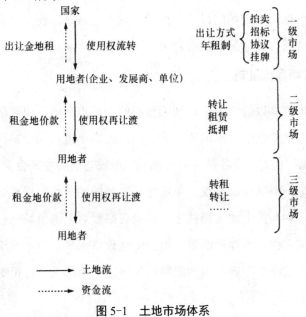

图 5-1　土地市场体系

3．土地市场组织结构

土地市场组织结构包括土地市场主体组织、市场中介组织和市场调控组织。

(1) 土地市场主体组织。土地市场主体是土地市场的能动要素，土地市场的存在依赖于土地市场主体的活动，没有土地市场主体，也就没有土地市场。市场主体，是指拥有独立的产权、能自主进行市场决策，并追求自身最大经济利益的经济活动单位。产权独立、自主进行市场决策和追求自身最大经济利益是市场主体内在的、不可缺少的规定性，三者共同构成市场主体的内涵，其中，最为重要的是产权独立。

(2) 土地市场中介组织。由于土地具有位置的固定性、异质性、产权关系的复杂性和市场信息的不完全性，为了保障土地市场有序运行，必须建立、健全土地市场中介组织。在房地产市场发达的国家或地区，都有完善的房地产中介组织，区别之处只是名字不同而已，有的称为"鉴定公司""咨询公司"，有的称为"测量师行""物业股价所""房地产租售代理公司"等。土地市场中介的内容十分广泛，主要包括法律咨询、投资决策咨询、租售代理和价格评估等。

(3) 土地市场调控组织。政府是市场调控的主体。土地市场调控组织是指各级政府。政府调控土地市场的目的是维护土地市场秩序，使土地资源得到合理配置、土地利益得到合理分配，从而为国民经济的可持续发展创造条件。

4．土地市场运行机制

土地市场是依靠以价格形成机制为核心的市场机制的作用来运行的，土地价格的形成是由土地的供给与需求决定的。土地的供求机制和价格机制是土地市场运行机制的核心。同时，受各种因素的制约，市场功能的发挥会受到一定的影响，特别是对土地这一特殊商品来说，单靠市场机制的调节作用很难保证土地市场健康有序地发展。为维护土地市场秩序，政府有必要对土地市场进行宏观调控。其主要手段和措施有控制土地供给量、调控土地价格水平、制定土地市场规则、确定土地优先供给范围、制定优惠和限制政策等。土地市场运行机制包括市场机制和宏观调控机制。

(1) 市场机制。市场机制，是对市场经济体制中，基于经济活动主体的自身经济利益，对竞争性市场中供给、需求与价格之间相互依存和作用、连锁互动所形成的自组织、自耦合机能的理论概括。土地市场机制主要包括供求机制、竞争机制和价格机制。

1) 供求机制。在土地的供求机制中，土地供给是在某一特定时间内，在某一土地市场上，某类用途土地在某一价格下可供出售或出租的数量，这是一种有效供给。

第一，土地的自然供给。一般而言，无论市场上土地价格如何变动，土地的自然供给都是固定不变的，即土地自然供给基本无弹性。

第二，土地的经济供给。由于土地用途是可以改变的，对某一用途的土地而言，土地的供给是可以变化的。例如，随着城市化进程的加快，城市人口迅速增加，城市对建设用地的需求急剧增长，从而引起土地价格上涨，导致城市周围更多的农用地转化为城市建设用地。这就是土地经济供给的变化，即某一用途的土地在某一特定市场内，随着市场价格的变化，其市场供给也发生变化。可见，土地的经济供给是有弹性的。

第三，决定土地经济供给量的因素。决定土地经济供给量的因素主要有土地价格、税收等政府政策、土地利用计划和规划、土地开发成本及机会成本、建筑技术水平等。一般情况下，某种用途的土地市场价格越高，其供给量越大；市场价格越低，其供给量越小。从长期来看，土地的用途是可以改变的，因而，土地的长期供给表现为有弹性。

土地需求是在某一特定时间内，在某一土地市场上，某类用途土地在某一价格下被购买或租出的数量。在不同的地域市场内，某一时期的某一土地价格下，土地的需求是不相同的，例如，在某一价格下商业用地市场需求的增加并不能说明住宅用地的市场需求也增加。

土地需求量的决定因素主要有土地价格、消费者或投资者的货币收入和融资能力、土地投机、人口因素和家庭因素、消费者或投资者偏好、对未来的预期等。一般而言，土地价格越高，对土地的需求越小；土地价格越低，对土地的需求越大。

2) 竞争机制。在竞争机制市场秩序的形成过程中，市场机制是最重要的、最基本的调节力量。市场秩序能否形成，主要取决于市场机制能否发挥作用及其作用程度。

3) 价格机制。土地价格和地租是由土地的供给与需求共同决定的。根据土地的供给和需求原理，在某一土地市场上，当土地的价格持续上升时，土地的供给量增加，但土地的需求量减少，最后该市场的土地供给量就会超过需求量，出现过剩，从而使部分土地卖不出去，土地价格就会下降；相反，当土地价格持续下降时，土地需求量就会增加，但土地供给量会减少，最后该市场的土地需求量就会超过供给量，出现短缺，从而会使土地价格上涨。需求与供给二者相互作用，最终使土地的供给和需求在某一价格上相等，此时出现了市场均衡，这时的价格称为均衡价格。

(2) 宏观调控机制。市场机制也存在失灵的一面。单纯依靠市场机制调节，不能使土地市场达到有序运行状态。因此，就像对其他市场的干预一样，迫切需要政府对土地市场进行干预，以有效地管理土地市场。政府干预的措施主要包括：制定相应的法律法规和规章；制定土地利用规划和计划；对集体土地实行征收制度和农用地转用审批制度；实行国有建设用地出让和转让制度；建立耕地保护与土地整理管理制度；对出让国有建设用地实行招标、拍卖、挂牌方式；对土地进行收购、储备和出售；实行成交价格申报制度、土地登记制度等。

二、土地市场管理的宏观理解

(一) 土地市场管理的必要性

土地市场管理是由土地市场本身的特性决定的。

(1) 土地市场的客体。土地是一种有限的、不可再生的资源，是人类进行各项生产、消费活动不可缺少的基本物质条件，与此同时，土地的利用又具有巨大的社会性。因此，世界各国(包括社会主义国家和资本主义国家以及实行土地私有制的国家)都对土地资源和土地市场进行严格的管理、监督和调控。

(2) 土地的不可移动性。在土地市场上实际流转的不是土地自身，而是土地产权，而土地产权及其流转必须在国家的法律确认下才能充分实现：土地产权由具有法律效力的国家机关确认并给予保护；土地产权流转必须经过国家有关机关登记、确认。可见，土地市场的正常运行离不开国家的管理。

(3) 土地具有保值、增值的特性。土地市场与其他市场相比具有更大的投机性。为此，必须由国家运用各种法律手段、经济手段以及必要的行政手段来抑制土地投机行为，管理土地市场。

土地市场运行中出现的问题也要求加强土地市场管理。

(1) 由于缺乏有效的宏观管理和调控，土地开发和供给存在一定的盲目性。一些地区在未落实开发项目，也未进行市场预测和科学论证的情况下盲目圈占土地，设置大量开发区，不仅造成土地的闲置浪费，而且压占了大量资金。

(2) 土地收益分配不合理，国有土地收益大量流失。一方面，某些地区为了尽快吸引更多外资，盲目实行地价优惠政策，有的地价低到不足以补偿征地费用，有的地区甚至向外商无偿提供土地，造成了国家巨额地租的流失。另一方面，大量划拨土地使用权的非法转让、出租，导致"土地隐形市场"活跃，不仅给国家土地税收造成了巨大损失，也干扰了土地市场的正常发育和有序运转。据有关部门计算，全国一年流失的国有土地收益至少有 30 亿元。

(3) 土地资源配置不合理。首先，在用地上"优地劣用"的现象普遍存在。其次，商品房大量空置，土地隐形浪费十分严重。再次，土地利用效率低下的同时，耕地大幅减少。这种"摊大饼"式的外延扩张与低效率的土地利用形成鲜明对比，充分说明当前土地资源配置尚不合理，需要加强宏观管理和调控。

(二) 土地市场管理的原则

1. 整合性利益原则

整合性利益原则，即国家利益与土地市场交易各方利益辩证统一的原则。这一原则也是处理土地市场经济利益关系的最高原则，其实质是个体与整体、局部与全部、目前与长远利益相统一。在土地市场管理的全过程中，必须以经济利益为目标，以整合性利益原则为指南。具体来说，应处理好以下关系：首先，采取特殊措施，重点保护国家利益。这是土地市场管理作为政府管理市场职能的客观要求。同时，既是维护国家政权发展的需要，也是维护社会主义公有制的需要。

其次，要切实保护土地市场交易各方的利益。土地市场交易各方的经济活动构成了整个土地市场运行的基础。土地交易者的合法权益如果得不到保护，土地市场就难以发展、繁荣，国家利益也就难以实现。从这个意义上讲，土地交易者的利益和国家利益是一致的。

2. 平等对待原则

市场关系的平等性是市场经济的基本特征，平等对待原则是土地管理市场的基本原则。这一原则有两层含义：一是参加土地市场活动的市场主体在土地市场中的身份是平等的；二是市场交易行为是平等的，土地交易者在等价交换的基础上公平交易。土地市场管理就是要清除人为的不平等的竞争环境，监督市场交易，打击扰乱市场秩序的行为。与此同时，平等对待原则也是"法律面前，人人平等"原则在土地市场管理中的具体运用和体现。

3. 控制与弹性管理原则

控制与弹性管理原则，包括两个方面的内容：一方面，政府在土地市场交易规则、土地市场体系建设、土地价格政策等方面要制定出标准与目标，对土地市场实行控制管理；另一方面，对土地市场交易者的具体市场行为在法律许可范围内给予充分自由，并根据市场环境的变化及时调整管理措施，以维持良好的市场秩序。

在贯彻这一原则时，必须处理好控制与弹性的关系。控制是为了规范土地市场主体的行为，而管理的弹性是为了提高土地市场管理的效率，弹性的实现离不开控制的基础。也就是说，要鼓励和引导市场主体在政策、法律法规允许的范围内充分发挥积极性和创造性，活跃市场。

4. 依法管理的原则

任何市场经济活动都必须在法律规定的范围内进行，越是放开搞活市场，越要求高度法制化的市场规则。对土地市场管理来说，从市场主体、市场行为到竞争秩序，市场活动的每个环节都必须做到有规可循、有法可依。依法管理市场，可以减少市场管理中的主观性和随意性，是实现平等对待原则的保证。实践证明，只有贯彻依法管理的原则，才能切实有效地规范市场行为，维护正常的市场秩序，促进市场的健康发展。

（三）土地市场管理的内容

土地市场管理的内容包括宏观管理和微观管理。

土地市场宏观管理，是指国家从社会经济发展的总体和长远目标出发，通过经济手段和行政手段，对土地市场进行干预，以达到抑制土地投机、维护土地市场稳定、优化土地资源配置、合理分配土地收益的目的。土地市场宏观管理又包括两个方面：土地市场供需管理和土地市场价格管理。从土地市场层次结构来看，一级土地市场是关键，是整个土地市场的"总阀门"，它的运行状况决定了二、三级市场的运行状况。因此，土地市场管理的重点就是对城市一级土地市场的供需和价格进行管理。

土地市场微观管理，是指国家通过法律手段和行政手段，对土地市场主体、市场客体和市场交易程序进行管理，保证土地市场中的公平交易和平等竞争，以发挥土地市场机制的正常功能。

第二节　土地市场供需调控的手段与工具

一、发展计划和规划

（一）土地发展与利用计划

土地发展与利用计划一般分为长期计划、中期计划和年度计划。年度计划主要有年度建设用地计划(或年度土地出让计划)和年度信贷投放计划。由于土地和资金是土地市场发展的两大源头，管理好这两个方面对于保持土地市场的供求平衡有重要意义。在市场经济下，国有银行已逐渐实现商业化，政府对信贷资金的投量和投向只能通过间接调控来实现，因此，土地年度供应计划更为重要。政府作为唯一的土地供应者，合理确定每年各类土地的供应数量和投放时机，对土地市场的供求平衡有直接影响。如果土地推出过多，不仅影响政府来源于土地的近期和远期收入，造成土地资源的浪费，还会影响政府对房地产市场的宏观调控能力。例如，中国在 1992~1993 年房地产发展高潮时期，各地纷纷批出土地，大搞开发区建设，土地供应失控，造成大量耕地被占，土地闲置现象严重。如果土地供应不足，则会导致地价、房价飞涨，既增加社会投资成本，也不利于解决居民住房问题，还会加剧房地产投机活动，引发泡沫经济。另外，高度透明的年度出让计划可以使投资者对房地产现状做出准确判断，对未来趋势做出合理的预期，从而降低投资的盲目性。

从全国范围看，目前土地出让计划存在的主要问题有：①计划编制往往流于形式，脱离实际，不具备操作性；对部分城市调查结果表明，实际出让数量往往是计划出让数量的几倍甚至几十倍，基本是敞开供应，有求必应；②土地出让计划基本没有约束力，对于地方政府来说，若实际出让数量超过计划出让数量，反而会以超额完成招商引资任务为名成为当地政府政绩；③出让计划不公开，透明度低，无法发挥其引导投资的作用。

针对这些问题，可参考借鉴上海和香港地区的经验对发展计划手段加以完善。

(1) 年度土地计划要在土地利用总体规划的指导下从紧编制。一是对新增用地要严格控制，并按《土地管理法》的有关条文，实行土地用途管制和耕地占补平衡制度。二是对存量土地实行指令性计划，特别是对经营性项目用地，要从指导性计划改变为指令性计划。三是加强对闲置土地的计划管理，未列入闲置土地利用计划的，不准随意利用。

(2) 建立新的土地供应审批程序。土地管理部门要根据商品房存量和市场需求情况，提前拟定下一年度经营性项目用地总量的预安排。建设项目的审批程序由原来的"计划立项—规划选址—土地审批"改为"土地计划—计划立项—规划选址—土地审批"。在申报项目可行性研究报告前，必须先得到土地管理部门的用地计划审核意见，以体现土地供应制约的需求。

(3) 借鉴香港地区的经验，提高土地供给计划的透明度。根据国土资源部《关于建立建设用地信息发布制度的通知》，省、市、县级土地管理部门必须按照规定的格式如实发布土地供给总量、已供给宗地、政府供地限制目录等信息，实现土地信息社会共享。

(二) 土地利用总体规划和城市规划

土地利用总体规划对土地市场的宏观调控作用表现在：

(1) 确定了建设用地总量和耕地保有量的控制指标，制约着土地市场上的土地供给总量；

(2) 县级土地利用总体规划以划分土地利用区的形式明确了土地用途，土地用途的转变受土地用途管制制度的制约；

(3) 土地利用总体规划是土地利用年度计划编制的重要依据。

城市规划对土地市场的宏观调控作用则体现在对具体土地和房地产开发项目的控制上：

(1) 用地使用控制，包括用地性质、用地面积、位置、边界范围等；

(2) 建筑控制，包括建筑类型、建筑高度、容积率、建筑密度等；

(3) 环境容量控制，包括人口密度、绿地率、空地率等；

(4) 设施配套控制，即对地上公共设施和市政设施提出定量配置要求；

(5) 形体景观控制。

要充分发挥土地利用总体规划和城市规划的调控作用，关键在于土地利用规划与城市规划相协调。土地利用总体规划与城市规划从不同的角度对不同的规划对象(土地利用总体规划的对象是规划范围内的全部土地，城市规划的对象是土地)做出了长期部署和安排，两者既有所区别、有所侧重，又有相互交叉、相互重叠的地方，因而必须处理好两者的相互协调关系，做好土地利用总体规划与城市规划的衔接工作。《土地管理法》第三章第二十二条规定，城市规划、村庄和集镇规划应当与土地利用总体规划相衔接，城市规划、村庄和集镇规划中的建设用地规模不得超过土地利用总体规划确定的城市和村庄、集镇建设用地规模。该条款为衔接协调"两规"关系提供了最基本的原则和依据。

以上"两规"衔接的三个重点是：

(1) 土地利用总体规划与城市规划的统计指标体系的衔接。"两规"在规划基本资料的统计数据来源、统计指标定义和统计方法上有所不同，造成两者规划的依据不同，因而规划的结果也不同。要做好两者的衔接，首先必须在双方使用的基础数据上达成一致。

(2) 城镇体系规划的衔接。土地利用总体规划和城市规划中都包含城镇体系规划，双方对城镇体系规划应一致，避免两者建设用地规模出现差异。

(3) 城市规模的确定与衔接。土地利用总体规划和城市规划在城市规模的确定上达成一致，是"两规"协调的关键。

二、财政政策

财政政策是国民经济宏观调控的两大手段之一，也是土地市场供需调控与管理的重要经济工具。财政政策在调节土地市场的发展速度和供求关系上发挥着重要的作用。

(一) 地租政策

地租政策属于一种财政收入政策。国家通过调整绝对地租、级差地租和垄断地租(具体表现为土地出让金或年租金的升降以及不同地段之间的差价)，来影响各类房地产的开发成本和市场对不同用途土地的需求，达到控制土地市场的供给、优化土地利用的目的。

(二) 税收政策

税收政策通过规定不同的税种、税目和税率等，来调节经济利益和经济行为。

例如，通过课征土地增值税，可以在一定程度上防止土地投机，以及可能由此引起的经济泡沫，并能将一部分社会进步带来的土地增值收归国库。税收政策作为一种财政收入政策，对土地市场的供需调控作用体现在两个方面。

(1) 通过对土地市场运行过程中不同环节进行征税，实现对土地市场的调控。例如，通过计征土地取得过程中的契税和土地占有过程中的财产税与土地使用税来调控土地市场需求量和需求结构；通过课征土地增值税、营业税来调控土地市场的供给量和供给结构。

(2) 通过减免税实现对土地市场的调控。减免税的优越性有两个：一是手段灵活，政府有较多的增减自由；二是减免税不一定使财政总收入减少，因为高税率不一定是高效率，超过一定限度的高税率往往挫伤生产经营者的积极性，削弱经济主体的活力，导致资源不合理配置和浪费，最终使经济停滞甚至倒退。

(三) 财政投资政策

财政投资政策对土地市场的调控作用主要体现在财政投资的导向作用上。

(1) 利用财政投资引导社会投资，调整产业结构。一般来说，地区的主导产业越强大，产业结构越合理，综合实力越雄厚，土地市场受宏观经济波动(特别是经济萧条)的制约和冲击就越小。因此，财政投资应将适度财力投入各主导产业，保持合理的产业结构，创造综合经济实力，使之成为土地市场健康发展的坚实基础。

(2) 利用财政投资引导社会投资，调节地区差异。我国采取财政投资向中西部倾斜的政策以后，土地市场的地区差距已明显缩小，东重西轻、南强北弱的格局逐步发生了变化。

三、金融政策

如前所述，土地和资金是土地市场发展的两个"龙头"，资金是土地市场的

"血液"，资金融通关系到土地投资能否完成，投资回报能否实现。土地市场与金融市场的这种紧密关系使得政府可以通过采取金融手段达到调控土地市场的目的。信贷资金的投放和收缩直接影响着土地市场的活力和兴衰。因此，国家金融政策是政府对土地市场供需进行调控的重要手段。金融政策对土地市场的调控可分为直接调控和间接调控。

(一) 直接调控

直接调控是指政府通过制定土地金融政策，依靠中央银行直接干预土地信用业务的质和量。其中，量的控制主要指中央银行直接规定银行土地开发信贷的最高限额。质的控制主要指以下方面：中央银行直接限制商业银行土地开发信贷的结构；规定银行发放土地开发信贷的方针、基本条件；鼓励或限制商业银行对土地进行投资，以及制定和规定其他金融机构(如人寿保险公司)投资土地开发的方针、条件。

(二) 间接调控

间接调控是指国家通过贷款利率和贷款成数等金融杠杆来调节货币供应量和需求量，进而调控土地市场供需。

(1) 贷款利率和限期调整。利率反映资金借贷的成本，间接影响市场各方主体的未来预期收益。在土地市场有供过于求的迹象时，可适当提高土地开发商贷款的利率，也可适当降低消费信贷利率，从两个方面达到宏观调控的目的。

(2) 贷款成数。这有两层含义：一是指土地开发商在申请项目贷款时应具备的自有资金比例；二是指土地购买者在购买时可申请到的最高贷款比例。贷款成数的高低直接影响市场的活跃程度，各国在打击炒地皮风时，往往以提高土地开发商申请项目贷款的自有资金比例、降低土地购买贷款成数为操作手段。

第三节　土地市场供需结构分析

一、土地供需

土地供需不是一个单纯的概念，而是由几个相互联系、又有所区别的概念所组成的范畴与体系。借助于这个体系，我们可以更全面、更深刻地对现实的土地市场运行状况进行考察。完整的土地市场供需体系包括以下几组概念。

(一) 土地供需总量与供需结构

土体供需总量与供需结构是交互作用的，供需总量的变动会引起供需结构的改变，供需结构的改变又会引起供需总量的变动。由于总量总是一定结构下的总量，结构总是一定总量下的结构，所以，土地供需矛盾总是表现为供需总量和供需结构的"双重矛盾"。因此，我们必须从总量控制和结构调整两个方面解决土地的供需问题。

(二) 土地存量供需与增量供需

在某一时点上，以城市建成区土地为对象而形成的供需就是土地存量供需。土地存量供需的结果表现为土地利用集约度的不断提高，例如，土地空闲地减少而使土地利用率得到提高，土地容积率增大而使土地利用强度得到提高。以城市规划区土地为对象而形成的供需就是土地增量供需，土地增量供需的结果则表现为城市用地规模的不断扩展，农用地景观被市地景观所替代。

(三) 土地资源性供需与资产性供需

土地既是一种资源，又是一种资产，所以土地供需又可分为资源性供需和资产性供需。从资源利用的角度来看，土地需求者对土地的使用价值所产生的需求就是土地资源性需求；从资产经营的角度来看，土地需求者对土地的价值所产生的需求就是土地资产性需求。与土地资源性需求相对应的供给就是土地资源性供给，与土地资产性需求相对应的供给就是土地资产性供给。一般来说，土地首先是以资源属性进入市场的，市场只不过是赋予了土地这一稀缺性资源以价值。所以，一般先有土地资源性供需，后有土地资产性供需。若首先大量出现的是土地资产性供需，而且土地资产性供需又不能及时转化为土地资源性供需，则土地市场必定混乱无序。

（四）土地所有权供需、经营权供需与使用权供需

土地市场实质上是土地产权交易市场，包括土地所有权买卖市场、经营权和使用权转让市场。因此，从产权的角度来看，土地供需又可分为所有权供需、经营权供需和使用权供需。在我国，土地归国家所有，其所有权不允许买卖，所以我国土地供需是指土地经营权供需和使用权供需。

（五）土地一级市场供需与二级市场供需

从市场层次来讲，土地市场一般分为一级市场和二级市场，那么土地供需又可划分为一级市场供需和二级市场供需。土地供需运动不仅表现为同一市场层次的土地供需运动，而且还表现为这两个市场层次的土地供需的交互运动。当一级市场土地供过于求时，就会导致二级市场土地供过于求；当二级市场土地供不应求时，就会向一级市场发出土地需求信号，一级市场则会根据二级市场的状况做出反应，增加一级市场供给，使二级市场土地供不应求的矛盾得到解决，从而形成土地供需运动的良性循环。下面借此范畴来探讨我国土地市场的供需问题。

三、土地市场供需调控的"三维立体结构"

土地市场供需调控的"三维立体结构"，是指土地市场供需调控的方向、时间

和力度。

(一) 土地市场供需调控的方向

供需调控的方向包括两个方面的内容:一是选择调控目标;二是确定调控措施的作用方向。调控目标的选择相对容易,其确定依据是一定时期内土地市场的发展目标。例如,当土地市场处于景气循环的谷底萧条阶段时,供需调控的目标是增加有效需求,促进消费,从而启动土地市场,加快市场走出低谷的步伐;当土地市场处于景气循环的繁荣阶段时,就要根据土地市场的发展状况(一般以土地价格为指示器)来判断土地市场是否过热,根据判断结果来决定调控的目标是保持还是降低其发展速度。

确定调控措施的作用方向则需要在明确调控目标的基础上,对当前土地市场的运行状态和变化趋势进行分析。土地市场供需调控措施的作用方向大致可分为两类:一类是刺激土地市场发展的措施,其作用方向是向上的,如减免税收、降低贷款利率等;另一类是抑制土地市场发展的措施,其作用方向是向下的,如控制贷款规模、限制土地供给量等。在土地市场景气循环的不同阶段,需要采用不同作用方向的调控措施。一般来说,在土地市场景气循环的萧条阶段和复苏阶段,应采用作用方向向上的调控措施;在土地市场出现"过热"预兆时,应采用作用方向向下的调控措施。为了判断调控措施的方向是否正确,可以分析、评估调控措施实施之后产生的调控效应。如果调控方向正确,那么调控效应就会表现为向目标迈进的有效成果,即正向效应;如果调控方向不正确,那么调控效应就会表现为与目标偏高的运行结果或与预期相反的结果,即偏离效应或负向效应。

(二) 土地市场供需调控的时间

确定供需调控时间,也就是要确定何时开始调控,调控时间应持续多长。在确定土地市场供需调控的时间问题上,必须考虑三个方面:①要考虑供需调控措施的决策时间,即土地市场上问题的出现—供需调控决策者对问题有了比较清楚的认识—决策者经过判断决定对土地市场实施的调控行为—决策者具体确定调控方案和调控手段组合出台的时间间隔。②要考虑供需调控效应的滞后时间。供需调控的措施实施之后，并不是马上就能产生调控效果，从实施供需调控措施到产生供需调控效应的这一段时间就是供需调控效应的滞后时间。③要考虑调控效应的惯性，即某种调控行为撤销之后，调控效应在一定时间内仍然存在。

由以上分析可知，在对土地市场实施供需调控的过程中，为了准确把握供需调控的时机、正确确定供需调控的时限，必须做到以下几点：

(1) 准确掌握土地市场运行的状态和变化趋势。为此，可以凭借经验进行定性分析，也可以对土地市场的变化趋势进行定量分析与界定。为了提高判断的准确性，后者显得更为重要。

(2) 由于供需调控决策时间和调控效应滞后性的存在，必须尽早发现土地市场中存在的问题，超前采取调控措施，才能做到"防患于未然"或"将问题消灭在萌芽状态"，将土地景气循环波动减至最低程度。

(3) 密切注意调控效应的强弱，及时修正调控手段，调整调控力度。当调控目标已基本实现时，要及时终止调控。

以上三点的实行都依赖于及时充分地掌握土地市场上的各种信息，这些信息的收集、处理和分析又依赖于土地市场监测预警系统。因此，土地市场的供需调控必须与完善的土地市场监测预警系统相结合。

（三）土地市场供需调控的力度

供需调控的力度大小与作为调控手段的变量的变化幅度大小相关。以土地开发投资贷款利率为例，将贷款利率提高 10%和 5%，对土地开发投资总量的调控作用的大小是不同的，前者将大幅度降低投资需求，后者可能小幅度降低投资需求。显然，供需调控手段的变量的变化幅度越大，则调控力度越大；反之，则调控力度越小。作为供需调控手段的变量，有些可以用具体数量来反映其变化幅度，如土地开发投资贷款利率、按揭利率、固定资产总规模、土地开发和交易的相关税率等；有些则难以用数值来反映其变化幅度，如法律手段、行政手段、规划手段、舆论手段，它们只能以采取措施的严厉程度或传递信息量的大小来衡量——措施越严厉，实施行为次数越多，传递信息量越大，调控力度也越大。在决定土地市场供需调控的力度时，要考虑如下因素：

(1) 土地经济波动的幅度。这是决定调控力度的首要因素。土地经济波动的幅度越大，为了抑制其波动，需要使用的调控措施的力度也应越大。

(2) 调控手段从使用到产生效应的滞后时间。不同调控手段在同等力度下的滞后时间是不同的，因此，在同等情况下，若使用滞后时间长的调控手段，需要加大调控力度。

(3) 调控效应惯性大小。对于调控效应惯性大的调控手段，使用时要注意减小其力度。

(4) 调控环境。若调控环境不利，如土地市场不完善，市场信号传递效率低，则调控手段执行过程中遇到的调控摩擦和阻力将增大，在使用时就必须加大调控力度。

第六章　农村土地流转

现代农业的发展，须根据高产、优质、高效、生态、安全之要求，将农业发展方式快速转变，在推进农业科技进步和创新的同时，加强农业物质技术装备，健全农业产业体系，在土地生产率、资源利用率、劳动生产率方面有所提高，农业抗风险能力、国际竞争能力、可持续发展能力有所增强。农业、农村、农民问题关系党和国家事业发展全局，土地是"三农"问题的关键和核心，因此必须要稳定和完善农村基本经营制度，健全严格规范的农村土地管理制度。

第一节　我国农村土地现状及存在的问题

《中华人民共和国土地管理法》规定："中华人民共和国实行土地的社会主义公有制，即全民所有制和劳动群众集体所有制。""城市市区的土地属于国家所有。农村和城市郊区的土地，除由法律规定属于国家所有的以外，属于农民集体所有；宅基地和自留地、自留山，属于农民集体所有。"根据这两条规定，可知所谓农村土地即指农民集体所有制的土地。集体所有制土地的范围，具体是指城市市区以外的、除了按法律规定属于国家所有的之外，都包括在农村土地的范围之内。

一、土地的特点

(一) 土地的位置具有固定性

土地位置不能互换、不能搬动，这是土地最大的自然特性，也称为地理位置的固定性。日常生活中，物品的搬运以及房屋、其他建筑的移动是可以实施的，但只有土地是固定不变的，并占有一定的空间。这种不可移动的特性决定了土地的有用性和适用性，并随着地理位置的不同而变化。

这种固定性要求人们因地制宜利用土地，同时也决定了土地的市场并非是一种完全市场，它是土地产权流动的市场，不是实物交易意义上的市场。

(二) 土地的面积具有有限性

人类不具备创造土地的能力，土地是自然界的产物。地球产生后的表面积决定了土地的总面积。即使人类能够扩展土地、利用土地，但也仅限于土地用途的转换，土地面积并没有增加。

(三) 土地的永续利用具有相对性

土地作为一种生产要素，"只要处理得当，土地就会不断改良"。合理利用和保护土地，才能有效提高农用土地的肥力，能永远利用的只是非农用土地。人类能够合理利用和保护土地，也是因为土地的这一自然特性提供了客观的要求与可能。土地资源还有一种永续性的特点，因为人类利用土地，土地资源并不会随之消失，这对于消耗资源来说，土地是一种非消耗资源。

土地利用的永久性含义主要有两方面：第一，土地具有永不消失性，是一种与地球共存亡的自然产物；第二，土地具有永续利用性，是因为土地是作为人类活动场所和生产资料这一特性决定的。而对于其他的物品或资料来说，是在反复利用过程中，逐渐转变成另一种物品、资料或逐渐陈旧、磨损，失去了原有的使用价值。土地则不然，只要利用者能够保护它，是可以永久使用的。但土地的永续利用性是相对的，想要实现土地的永续利用，必须在利用过程中维持土地的功能。

(四) 土地的质量存在差异

由于地域的不同，土地在地理位置和社会经济条件上存在着差异，这使得构成土地的诸要素(如土壤、气候、水文、地貌、植被、岩石)的自然状况存在不同，并且带给人们的影响也是不同的，这种在结构和功能上存在的差异性，最终在土地质量上得到体现。

二、我国农村土地现状

在我国，土地的地位举足轻重，例如我国传统的农村社会保障实质上就是以土地保障为核心。但是，经济的日益发展，土地保障作用日渐削弱，已经出现许多保障功能发挥的问题。

(一) 耕地质量下降

在农业生产过程中，由于人们大量的破坏性生产，造成土地退化现象令人触目惊心。根据相关统计表明，东北地区黑土地沙化和土壤变薄现象严重。人们过度使用农药、化肥，同样造成耕地板结，肥力下降的现象，土地遭到严重破坏。据统计，2014 年我国化肥用量为 6 933.7 万吨，但我国化肥利用率不足 30%。随着城市化、工业化水平不断提高发展，工业"三废"排放量不断增大，由此导致约有 15% 的农田受到不同程度的污染。

造成土地保障功能削弱的原因是多方面的，主要包括人口的快速增长，城市化、工业化发展迅速。最主要原因还是我国农村土地法律制度不健全。

(二) 农村人均占有土地逐渐减少，人地关系不断恶化

根据国土资源部的调查，我国耕地面积持续减少，导致人地关系不断恶化，农民占有的土地越来越少，导致土地所承担的社会保障功能上升，生产资料功能下降。在个别地区，农业经营利益不高，土地的生产资料功能严重退化，已形成单一的保障手段。对于大部分非农产业的农户，他们粗放经营土地，或将土地撂荒。此外，城镇化与工业化的不断发展，造成一部分农民失去土地，致使农民彻

底失去土地基本生活保障。这种失去土地保障又不能进入城镇社会保障的情况，失地农民将会面临保障缺位的困境。

（三）农业生产出现了投入与产出倒挂的现象

加入 WTO 后，国际农产品市场价格影响我国农产品价格，使得我国多数农产品的价格提升空间不大，而以小规模农户分散经营为主的农业组织结构，农产品成本的增长势头却一直比较强。上述这种情况造成主要农产品的生产成本占出售价格的比重越来越大，而农产品价格持续走低。在价格、成本两方面因素影响下，我国农业经营的绝对收益持续走低。部分地区甚至出现亏损现象，给农民带来沉重的负担。至今为止，农民的负担并没有明显缓解，而土地流转价格的走低使转出户不仅不能从土地转让中获得收益，反而要倒贴给转入户。

三、当前我国农村土地存在的主要问题

（一）农村现行土地制度不完善

我国农村土地制度真正实现了"三权分离"是在家庭联产承包责任制以后，"三权分离"也就是所有权、承包权与经营权分离。以国家宏观层面和法律角度出发，可以基本明确当前的产权关系，也就是农村土地农民集体所有。其中存在的主要问题是不能够协调产权与治权的关系。产权需要治权的配合，需要受到保护和实现，但我国在这方面的问题还存在，例如在治理结构上和法律体系上的问题等，这些问题的存在都不能很好地体现农民土地产权。尤其在城市化、土地非农化趋势明显以后，一般意义上的产权界定已不足以解决实际的运作。

除此之外，农村土地还有一个重要的问题是，要稳定完善现有产权结构而不是推行私有制。农村土地所有权不能完全移到村民小组以上的层次，承包经营权要稳定在农户手中，长期不变，有了这个基础才能实现其他目标。

（二）农民利益与土地制度之间存在矛盾

土地具有五大功能，即生产、保障、资产、生态和公益功能。在我国，土地对农民起到一定的保障作用，这一功能是我国特有的。出现对征用农民土地补偿低的现象，主要是因为对土地功能及其与农民的利益关系缺乏正确认识，因而往往是对土地的生产功能给予补偿，而对土地的保障功能、资产功能补偿过低。从利益格局来考察，我国的土地配置总体上是以牺牲农民的利益为代价的，市场机制基本没有发挥作用。因此，土地的五大功能应该成为我国农村土地制度改革或者重新构造利益分配格局的一个出发点和分配基础。

（三）农村土地、城市化与农民市民化之间存在矛盾

城市化进程中必须处理好城市扩张和农民利益的关系，避免新一轮的以牺牲农民为代价的城市偏向和新的剪刀差现象。原来存在的主要是农产品剪刀差，但这些年又形成了土地剪刀差，这比农产品剪刀差更加危险。尽管中央在宏观上采取了严格的调控政策，但并没有从根本上解决这一问题。城市化战略应该是城市发展和农民利益的双赢。现阶段我国城市化本质上应该是转移农民的市民化过程，而不是单纯的城市扩展和城市现代化。因此，必须使农地非农化、城市化与农民市民化融为一体，要把农民市民化和城市化相挂钩。

第二节 农村土地经营流转问题分析

从当前现代科技的发展速度来看，农业要实现现代化就要实现土地这一重要生产资料的集中。与此同时，中央政府多次出台政策要求加快建设社会主义新农村，实现农村土地经营权的流转。

土地经营权流转是在现有土地所有制度不变的条件下，实现农村土地集中耕

作的一个重要方式。自 1956 年《中国土地法》大纲颁布以后，我国一直在探索适合于我国生产发展需要的土地制度。当前在农民大举进城，政府致力于消除城乡差距的社会大背景之下，实现土地经营流转已经是大势所趋。

一、土地经营权流转的产生

土地经营权是在农村土地集体所有的前提下，在国家政策允许和农民在法律上取得土地承包权的基础上产生的。我国农村土地所有权是与我国生产资料的社会主义公有制性质相一致的。《中华人民共和国宪法》规定"农村和城市郊区的土地，除由法律规定属于国家所有的以外，属于集体所有"，这一法律规定在我国广大农村来说就是集体土地所有。因此，我国公民不拥有土地所有权，只拥有经营权。

农村土地集体所有权表现为农民集体对其所有的土地依法占有、使用、收益和处分的权利。现行的"集体所有和家庭联产承包制度"是社会主义性质土地所有制的具体体现，是我国土地制度的一大创新，具有浓厚的中国特色。"集体所有和家庭联产承包"的农村土地集体所有权形式，经历了一个从探索到坚持长期稳定不变，并最终形成我国农村一项基本经营制度的过程。

我国农村土地集体所有权正式形成于 1956 年，其标志是第一届全国人民代表大会第三次会议通过的《高级农业生产合作社示范章程》。此后，农村土地集体所有权先后经过了合作社土地所有权、人民公社土地所有权、生产队土地所有权和现行的"集体所有，家庭联产承包制度"模式中的农村土地集体所有权四种形式。

我国现行的农村土地经营形式源自 1978 年的改革。1978 年党的十一届三中全会以后，为了调动农民的生产积极性，党中央对农村的人民公社体制进行了改革，1979 年中共中央下发了《关于加快农业发展若干问题的决定》，提出了"包工到作业组"；1980 年印发了《关于进一步加强和完善农业生产责任制的几个问题》的通知，使包产到户在法律上得到承认。1983 年中央颁布了"一号文件"《当前农村经济政策的若干问题》，指出了要稳定和完善家庭联产承包责任制，逐步确立了我国现行的"集体所有和家庭联产承包"的农村土地集体所有权形式。

目前在农村土地集体所有权的实现上，还存在着土地集体所有权主体不明、土地使用权主体边界不清、农村土地管理混乱等问题，造成了对农民权益的侵害。学界在讨论这个问题的时候，产生了农村土地变集体所有为国家所有、变集体所有为农民私有、变集体所有为混合所有等错误观点。笔者认为，解决这一问题要站在保证农村发展，满足广大农民根本利益的角度，需要从法律上不断完善现行的农村土地集体所有权制度，让这一具有伟大创造意义和浓厚中国特色的农村土地集体所有权更好地实现。由此，更加符合时代要求的土地经营权流转问题便应运而生。

二、农村土地经营权流转的内涵

农村土地经营权流转是在稳定农村土地集体所有制关系不变的前提下，实现土地经营权的转让与流动，是土地权利的分离。农户将自己从集体承包的土地转让于他人经营，实际上农户承包土地的性质并没有变化，最终土地承包权并没有发生变化，简称农村土地经营权流转。农村土地承包经营权流转与农村土地流转蕴含着不同的意义，农村土地承包经营权流转，意指不改变土地所有权性质、不改变土地承包权、不改变土地的农业用途的土地经营权流转。土地流转，可以包括上述三不改变土地经营权流转，也可以包括对土地所有权、承包权和使用性质改变的土地经营权流转。

三、农村集体土地流转的理论基础

研究农村土地流转方式问题，首先要弄清楚农村土地流转的理论依据问题，在理论思考之始就确立流转过程中的权利公平。

(一) 物权平等保护原则

物权平等保护原则是《物权法》适用我国 1982 年修改后《宪法》的重要体现。我国公民在不剥夺政治权利之前，一切权利地位是平等的。因此，在参与市场经济的过程中，各市场主体都享有平等的社会地位，遵守平等的社会规则，承担平等的社会责任。物权平等保护原则强调主体不分强弱、身份或性质，其所享有法律保护内容是相同的。在我国法律体系中，平等保护原则主要体现在以下几个方面。

1. 权利主体在法律地位上是平等的

权利主体的法律地位平等是指法律所赋予我国公民的权利和义务是平等的，在法律面前应该履行的义务也是平等的，这是我国宪法基本原则的重要体现。在市场经济条件下，我国法律参与市场经济的地位是平等的，其所享有的财产权也是相等的。

权利主体的法律地位平等是发展市场经济的先决条件。如果不同主体享有不同的法律地位，就会造成基本权利问题的寻租，会造成市场混乱，从而阻碍市场经济的发展，因此也就不可能完善社会主义市场经济。

2. 权利主体适用法律规则的平等

权利主体在适用法律规则时是平等的。法律规则是法律保护权利主体法律平等地位的重要体现。因此，从这个角度看，适用法律规则平等是法律地位平等的拓展。规则是法律维持社会秩序的重要手段，任何人除了特殊情况之外都应该遵守法律规则。在处理物权的过程中，权利主体任何具体物权的取得都需要符合法律规定，应具有法律依据。

3. 物权保护的平等

权利主体一旦取得物权都应该受到法律保护。在适用法律保护之时，权利主体面临的物权保护规则也应是相同的。权利主体认为自身权利受到侵害时，权利主体可以按照我国法律规定处理物权纠纷。在处理物权纠纷之时，双方所适用的规则是对等的。法律将按照一个规则处理物权纠纷，双方的地位也是相等的。在处理纠纷时，双方无论是国家、集体或者私人，其物权在法律地位上是平等的，任何单位和个人不得越过法律界线。

(二) 土地发展权理论

1. 土地发展权的概念

土地发展权(Land Development Rights)这个概念始于 20 世纪 50 年代，是英、美、法等国相继设置的土地产权制度发展的基础。土地发展权在我国的发展比较缓慢。目前我国存在大量土地交易的情况，但是尽管如此，我国仍然没有相关制度设置。因此，自 20 世纪 90 年代以来，我国国内不少学者分别从法学、经济学和土地资源的角度，做了大量土地发展理论探讨工作。

从我国学者的探讨来看，土地发展权的概念有狭义和广义两种。狭义的土地发展权认为土地所有权人有将自己拥有的土地变更用途或在土地上兴建建筑改良物而获利的权利。广义的土地发展权则认为土地所有权人有利用和再开发土地并因此获利的权利，包括在空间上向纵深方向发展、在使用时变更土地用途的权利。其中，农村土地发展权指土地用途由农用地转为建设用地的使用之权，主要包括：国家通过征地将农村集体农用地转为国家建设用地，农村集体农用地依法转为农村集体建设用地，国有农用地依法转为国有建设用地。

2. 土地发展权的归属与流转

土地发展权的权利主体问题涉及政府、土地所有者、土地使用人等各方对土地增值收益的分割。在土地发展权的归属上，目前学界存在着简单归公或者归私的论调。这两种论调其实都是一种绝对产权观念，与我国现有国情并不相符。先看涨价归公。这种论调看似能够减少土地交易投机，但是实际上却缺乏公平，农民投资获得利益不能得到保障，而且农村土地保护也不能有效开展；再看涨价归私。这种论调，与归公的论调刚好相反，太过激进，可操作性差，容易损害公共利益。因此，二元主体论，即国家和农民同样作为土地发展权的主体，国家和个人同时从土地增值之中获得土地增值收益，则能够起到兼顾效率与公平的作用。

(三) 城乡经济社会发展一体化理论

从 1921 年建党以来，我国革命和建设的核心问题始终是如何正确处理工农、城乡关系问题。改革开放以来，城乡发展不协调，城乡收入差距有扩大的趋势。如果不尽早采取有效措施加以遏制，必将进一步加剧城乡二元化发展状况，对我国五位一体的经济发展总布局造成恶劣影响。

因此，我国社会目前面临的主要问题是如何建立一套有效的制度，实现城乡的协调发展。从当前城乡发展的现状来看，我国需要尽快在城乡建设规划、产业布局、基础设施建设、公共服务、劳动就业一体化等方面取得突破，促进农村发展，最终实现生产生活要素在城乡均衡配置，实现城乡发展一体化。

1. 城乡建设规划一体化

土地资源利用问题是解决城乡一体化的首要问题。在改革开放之初至 2005 年这段时间，国家发展的重点在城市，资源向城市倾斜。在 2005 年之后，国家提出发展社会主义新农村，对农村进行大规划，通盘考虑城市与农村的协调发展，最终实现城乡全面的一体化。

在今后一个时期，我国要按照自然和社会发展的规律，全面考虑取悦规划问题，明确分区功能定位，合理安排各地区的空间布局，实现物尽其用、人尽其才，最终达到城乡全面可持续发展的建设目标。

2. 实现城乡产业一体化

城乡产业一体化是促进城乡经济社会发展一体化的重要环节。这一环节关系到城市和乡村的多个方面。总起来看，要实现城乡产业一体化，我国就需要从体制、规划、政策等多个方面解决城乡产业分割问题，顺应城乡经济社会发展不断融合的社会发展趋势。首先，要制定一套行之有效的制度体系，引导资金流、人才流的合理流动，使其向农村倾斜，促进农村产业同城市的接轨。其次，要注重农村环境保护，保证人与自然和谐相处。农村是一片产业发展净土，要严格按照我国社会发展五位一体的总布局实现城市与乡村的和谐发展。最后，要实现农村各类产业的协调发展。对农村各类产业要进行整体设计，实现农村第一、二、三产业协同发展。不仅如此，在进行整体设计时，设计者眼光还要放在农村相连区域，从城市与乡村整体考虑。

3. 实现城市与乡村公共服务一体化

城市与乡村的关键问题还有公共服务。我国城市之所以领先乡村的发展，除了政策倾斜之外，还有城市公共服务较农村先进，比较突出的问题就在于教育、医疗和交通。城市社会的教育资源、医疗资源和交通资源都优于农村，吸引了社会大规模的劳动力，从而加速了城市的发展。因此，要实现城乡一体化就要实现城乡在公共服务上的一体化。

我国政府要加大对农村安全饮水、稳定电力、便利交通、安全通信和垃圾处理等问题上的投入，保证这些方面实现城乡共建、城乡联网、城乡共用。为了实现农村地区的长期稳定发展，我国政府还要加大对农村教育和医疗的投入，要保证城乡在教育资源和医疗资源上的均衡。其他基本方面也值得注意，如城乡文化资源、体育资源、住房保障资源等方面的均衡。

4. 统筹城乡劳动就业

就业是关系城乡民生的一个重要问题，不仅对城市重要，对农村也同样重要。农村土地大规模经营流转之后，面临的一个重要问题就是失地农民的去向。农村人民进入城市就业面临先天不足。大部分农民接受的教育水平比较低，缺乏城市就业所需要的职业技能。因此在就业时，很多农民往往都只能选择一些不需要技能的职业。这一点从当前我国社会的农民工现象中就可以看到。农民工在城市的职业大多是建筑工人、产线普通工人、店面售货员等。这些岗位上的职工在城市的收入水平普遍偏低，难以有效应对他们在城市的必须生活消费。这就给他们以后在城市生活带来困难。因此，我国政府要实现城市与农村就业的一体化，就要对农民再就业进行培训，使他们具备走向岗位的必备职业技能，有在城市生活的基本能力。

5. 实现城乡社会服务和管理一体化

城市人口流动是城市发展的自然现象。有人走，有人来，为城市的发展带来了活力。随着当前我国城市发展节奏的加快，农民工犹如候鸟一般带着他们的家人和期盼来往于不同的城市之间，来往于城市与乡村之间。这是中国社会发展之不幸，也是中国社会发展之大幸。不幸在于，社会发展未能给这群人提供良好的居所和社会服务。大幸在于，这些人的活动确实给我们的城市，给我们的国家带来了大批量的劳动力，加速了社会的发展。作为政府，有必要维护他们的公平，为他们这一群体提供保障。

为了适应这一群体的需要，政府应做出一些必要的措施，提供良好的社会服务，保障这一批人的权益。首先，要建立适应这一群体的社会保障制度，使他们住有所居、病有所医、学有所教、老有所养。其次，要建立适当的流动人口管理制度，登记造册，稳定社会秩序。最后，逐步实现城乡一体化，最终为这个群体创造一个良好的社会环境。

四、农村土地经营权流转模式

(一) 农民自主流转模式

农民自主流转模式是指土地由农民自主进行安排进行流转。这种模式主要发生在农户与农户之间、农户与农业专业户之间、农业专业户与农业专业户之间。双方经过协商，签订土地流转合同，农民将自己的土地交给对方经营一定期限。流出土地的农民则选择其他生产方式。

这种模式存在的主要问题在于双方信息不对称。首先，农户之间的流转交易形式不够规范，即使在存在第三方见证的情况下，也难免产生产权纠纷。其次，农户之间还存在一些交易成本。出让土地承包权的农户往往在外地工作，回来进行产权交易的通勤成本往往很高。再次，前文说到农户对于未来土地的使用市场没有准确的估计，通过口口相传约定的费用往往低于正常的水准，这就容易造成农户土地收益的损失。第四，承接土地经营权一方往往也面临着一定的风险。当前，农业先进技术还没有在全国范围普及，一些地方存在"靠天收"的情况。这些地区的农户在自然灾害面前往往是无力的。

作为政府，有义务指导农民合理进行土地流转。政府应该作为中介，建立一个土地经营权交易平台，使双方都能够准确获得土地交易信息，从而公平进行土地交易。政府还可以对土地的适用方式进行约束。双方在签订合同时应明确土地适用方式，避免在土地经营权转让到期时农户要对土地进行二次平整，损害出让农户的利益。政府还应对土地经营权转让做出其他方面的规定，规范土地出让市场，保证我国农业的发展。

(二) 股份合作经营模式

土地股份合作经营模式是指以集体的名义将农户土地重新承包回来或者农民以土地作为资本入股集体，集体经营土地的收益再按照农民参股的比例进行分配。这种交易方式目前流行与我国发达城市的农村郊区，首创于广东南海、宝安等地区。

土地股份合作经营模式的意义在于通过集体决议，规避了信息不对称造成的风险。集体土地经营的收益与风险由参股农民共担。作为集体，具备较强的从金融市场上获得大量资金的条件，便于集体开展新的农村土地经营活动。集体还能够从人才市场上聘请高水平的管理队伍，从而把握集体土地经营的正确方向，在一定程度上规避了农民独自经营所带来的风险。参与股份合作的农民还可以获得集体返聘的岗位，对于农民就业也有一定的帮助。不愿意从事集体工作的农民还可以在第二产业和第三产业工作，使劳动力的价值获得最大限度的发挥。总之，这种模式对集体和参与农民都十分有利。

当然任何一种模式都不是十全十美的。土地股份合作经营模式同样存在缺陷。由集体经营的土地，必然要寻找一个代理人负责。这样就产生了所有权与经营权的分离，容易造成代理人寻租问题，而且这种模式的构建也需要较高的经济发展水平。从我国目前这种形式的经营情况来看，采用这种模式的地区，往往都是经济较发达的地区，农业在经济发展中的比重较低。农民有较稳定的收入来源，愿意从农业之中转移出来。如果需要人力，该地区还具备人才市场，能够随时从市场中获取。

要克服这样的问题，就需要政府加以引导。县乡政府要能够从当地的实际情况出发，审慎处理这些问题。针对有可能发生的代理人问题，县乡两级政府有义务指导集体组织建立监督代理人的制度，使参与集体的每一个农民都能够清楚集体土地的经营状况，并且可以随时对土地经营状况进行质疑。建立监督制度，是目前唯一一种有效解决代理人问题的方式。学界虽然探讨了其他一些方式，例如激励制度，但是往往伴生着较多的负面问题。从企业的角度看土地股份合作经营模式，可以把农民视为参与土地经营的股东。现代企业观念强调企业应该在固定日期向股东公布企业经营状况，接受股东监督。县乡两级政府指导监督制度的建立正是基于这一理念。对于土地股份合作模式所需要的条件问题，县乡两级政府则可以给予其他方面的指导，例如鼓励农民创业，发展当地第二、三产业，从而促进农民的产业转移，为实现土地股份合作经营模式创建建立条件。土地股份合作经营模式一旦建立起来，政府就应该给予全面的关注。

（三）反租倒包模式

反租倒包模式是建立在农民自愿的前提下，由集体出面，将土地从农民手中承租下来，然后再转租给农业专业户或外来公司。反租倒包模式包括了两个租赁模式，一是集体承租个人，二是农业大户又再承租集体的土地。这种模式因为包含了两个过程，所以其具体操作形式多样。有的是通过县乡两级政府的统一规划，再建设一部分基础设施以后才转租给个人。有的是土地周围的设施本身就很便利，转租出去十分方便。有的是省去了集体再转租给其他人的过程，直接又集体承租，然后再雇佣出租农民进行耕作。

这种模式是农民自主流转模式与股份合作模式的结合。总体上看，这种模式规避了农民自主流转模式中农民信息不对称的制约。农民集体具备较高的信息获得水平，也有一定的抗风险能力，还能够针对土地未来经营所可能出现的问题进行一些制度要求。这种模式还规避了股份合作模式之中的代理人问题。由于存在二次转租，其经营状况由第二次承租的农业专业户和专业土地经营公司承担。农业专业户和土地经营公司能够对自己的行为负责。这种模式对集体十分有利。由于集体在这种模式中即是承租人，也是出租人，能够享受到差价的便利，因此，集体能够从中获得一些利润。

在实践中，该模式也存在一些问题，值得我们认真思考。首先，集体能不能顺利地从农民手中承租土地。这是所有模式的一个通病。如果农民不愿意放弃土地，那么这种模式即使优点再多也不能产生多大的实际效益。其次，集体在承租土地以后的管理问题，是由农民集体进行管理，还是由集体决定委托他人管理。再次，集体在二次出租的时候，能否顺利出租。从当前这种经验的实际操作经验来看，一般情况下，附近基础设施较好的土地往往容易将土地出租出去，而这种土地有可能产生集体强租农民手中土地的情况，导致农民利益被损害。对于有山地大规模耕作不便利的土地二次出租则较为困难。这样的土地如果采用这种形式集体则会有损失。

所以，这种模式有比较苛刻的适用条件。一是村民就业渠道多，能够获得第二、第三产业经营收入；二是地理位置优越，能够吸纳外界企业或农业大户入驻；三是村庄具有比较充足的农村土地资源；四是集体经济组织有较强的能力，这种能力既包括对内统一和协调的能力，也包括对外的公关运作能力，还包括廉洁自律能力。

五、制约土地经营权流转的因素分析

（一）政策制约因素

1. 征地补偿安置问题

目前我国各个地区都有征地补偿问题，农民、政府、开发商三者之间的关系始终是社会关注的一个焦点问题。征地补偿安置中也没有对耕地流转后的实际耕种者进行考虑，政府征地时的谈判对象没有明确是否包括租地者，使得租地双方无法合理预期流转后若发生征地情况时双方的利益会如何，因而制约了农村土地流转。

2．产权模糊化问题

农村土地的产权边界不清，使用权、所有权和政府的行政管辖权错综复杂地结合在一起，剪不断理还乱。我国历来存在国有产权重于集体产权、集体产权重于农户产权的产权不平等观念，所以农户产权往往容易受到事实上的侵害，如政府或村委会强制流转等。在这种情况下，农民之间的自发流转就处于政府或村委会强制流转的威胁之下，一旦流转土地被政府或集体需要，则这一流转关系就会解体。

3．收益权不稳定问题

农业政策的多变性使经营表地的收益权在量上非常不稳定。比如前几年取消了农业税，又实施良种补贴、农机补贴，使经营农村土地的收益增加。农业政策的不断调整导致农民在转出或转入土地时对未来的收益难以形成稳定预期，从而影响了农村土地长期而稳定的流转。即使已经发生的流转，当政策变化时也会发生调整。如农业税取消后，原来已经低价将农村土地流转出去的农户发现现在种田有利可图了，于是纷纷回乡索要转出的土地，使土地流转纠纷增加。

4．承包经营权收回问题

由于《土地承包法》规定了在几种情况下承包地可依法收回，这就导致土地流转可能会存在依法中断的情况。比如张三把耕地出租给了王五，租赁期十年，但在租期内，张三举家搬迁到了设区的市，并取得了城市居民户口，则按照承包法规定，张三所在的集体经济组织可以依法收回其承包的土地。在这种情况下，张三与王五之间的租赁合同就面临被取消的风险。所以，承包经营权依法收回规定的存在，不利于稳定承包经营权的流转。

(二) 动力制约因素

1. 转出方的动力不足

农民"恋地"情结重，阻碍了土地流转，影响了农村土地规模经营。主要表现在：一是看好土地的收益功能，耕地对于减轻劳动负担的作用越来越小，农事活动可以抽时间甚至挤时间进行，这样可以方便从事其他活动；二是看好土地增值功能，有一部分农民认为农田仍然是自我生存保障的主要依靠，他们宁愿不种或粗放耕作，也不愿意放弃土地承包权；三是留恋土地的保障功能，土地之于农民来说，还有一定的心理安慰意义，"三亩地，一头牛，老婆孩子热炕头"是一部分安于现状农民的生活态度。

可见，农民对于农村土地的考虑并非主要出于经济考虑，土地之于他们已经温饱的生活来说是一种内心安定的保障。将土地转交给他人经营，其生活会变得"没着没落"，心理的不安定是制约他们流转土地经营权的重要因素。

2. 流入方的动力不足

制约土地流转的因素不仅仅是流出，还有流入。从我国当前土地流转的情况来看，在很多地区，并不是没有土地流出，而是没有农业专业户耕作土地。土地，对于投资者来说，其吸引力不足。

首先，农民经营土地种植大田作物的纯收入不高。当前农民土地经营生产力与国外相比仍旧不高，单位面积的纯收入很低，这也是农民不愿种地的一个重要原因。

其次，通过转入土地实现规模经营非常困难，我国农民人均耕地普遍较少，远远达不到吸引农户重视农业、把农业视为主业、专职务农的地步。

再次，农村土地规模经营是否会带来高效益值得怀疑。在我国大部分地区，农村最普遍的状态就是资本积累不足。这就制约了我国农民地域自然风险和市场风险的能力。当他们决定扩大农村土地经营规模时，不确定的自然灾害因素则又将这一萌芽扼制下去。在收入与风险的天平上，更多的农民会选择稳定的收入。

最后，租入土地会给农户的灵活决策带来不便。时间对每一个人都是公平的。

在农民看来，如果不能够充分利用时间为自己带来可观的收益，这一年的生活就是失败的。一旦农民租入土地，巨大的资金压力会促使他将大部分时间花费在土地上，难以有其他方面的时间投入。这个结果就是一旦土地遭受自然灾害，不仅仅是农民的一年辛苦打水漂，还要付出巨额的土地租金。

（三）功能制约因素

农村土地的各种功能之间存在矛盾。从保障功能和经济功能的角度看，当农民占有土地数额较小的时候，农村土地的保障功能就比较突出。一旦土地数额较大，其产出超出农民生活正常所需，土地的经济功能就比较突出。当农户实现土地规模经营之时，土地的经济功能并不能当代社会和农民的需求。一方面，如果农民要实现大规模经营并且要有大量的产出，那么农民就必须适用大量农药、化肥和其他对土地或者社会不利的生产手段。另一方面，当代社会越来越注重养生，采用上述生产方式生产的农产品，不能满足公众的需求，农产品的价格自然就很低。

由于农村土地功能与当代社会的不协调，政府若要发展农村土地规模经营就需要推广更先进的生产技术，提高农产品的社会价值，从而提高土地经营权流转的规模。

（四）能力制约因素

1. 农村土地经营能力的制约

土地作为一种生产资料，自身并不会创造财富，全赖具备经营能力的人来实施。我国农民对于小地块的耕种经验比较丰富，但是对于大地块来说，却鲜有人能够实现盈利。有很多农业专业户，他们往往能够经营二十亩以下的土地，但是上百亩，甚至上千亩，则往往无能为力。究其原因，则是我国农民的知识有限、见识有限。在耕作之时，他们往往倾向于使用劳力，依靠个人体力实现土地产出增长。在现代农业之中，这一点是鲜见的。

2．农民预期能力的制约

农村土地流转的年限约定，不仅反映了农户对流转农村土地使用权所拥有的时间尺度，而且也反映农户对农村土地经营的预期。流转约定的年限短，说明农户对农村土地经营的预期不足；流转约定的时间长，说明农户对农村土地经营效益有较长期的预期。当前许多农户不敢长期流转土地，说明农民对前景的预期能力不足，只能将农村土地流转作为权宜之计，因而制约了农村土地的稳定流转。

3．人际能力的制约

我国农业生产大户很多都是老实巴交的汉子，其人际交往能力较差。在土地流转经营的过程中，农业生产大户必须要和转出方、政府方进行交涉，维持其合作关系。从转出方来看，土地流转经营并不是简单地两户之间一对一的关系，而是一对多。农业生产大户一户要面对多个转出户，这无疑考验其人际交往能力。再进一步分析，可以看到，影响转出方的是整个农村的人际关系生态。这就更加大了农业生产大户和转出方的交际难度。

从政府关系来看，政府往往承担了中间人的角色。这个角色看起来容易处理，但实际上并不容易。从近期中央政府反腐的行动来看，在处理与政府关系的时候，农业生产大户很有可能就受到挑战。

（五）流转机制制约因素

1．信息不对称

目前农村的土地交易通常是通过交易双方私下协商实现的。一般情况下，有承包土地经营权需求的人，往往会通过向他人打听的方式获得农村土地经营权供给信息，然后再与供给人通过第三方(往往是村委会)签订一个承包经营权合同。这种形式极大程度地发挥了农村熟人社会的作用，但是却有一个缺陷：土地市场的价格不透明，难以随市场不断变动。这样就不能达到土地资源的最大化配置。

另外，由于信息不对称，交易双方往往还不能对土地经营权交易到期以后如何进行配置进行有效协商。这样还有可能对承包土地农民产生巨大侵害。

2．中介服务不完善

在农村的熟人社会，土地经营的价格往往是通过双方的协商实现的。双方并没有能力对土地做出准确的估价。这一工作原本是需要土地中介服务机构实现的。但是在服务体系交叉的农村，这一点的实现无疑是妄想。

六、农村土地经营权流转与农村经济发展

农村土地承包经营权流转是生产关系一定要适应生产力发展的必然要求，是发展现代农业的必由之路，是实现农村劳动力合理转移和促进农民步入小康生活的必然选择。

（一）农村土地经营权流转是生产关系一定要适应生产力发展的必然要求

人类社会发展的基本规律是生产力决定生产关系，生产关系一定要适应生产力的发展。自改革开放以来，党中央经过不断摸索，最终探索出了一个适合于我国当前生产力发展的土地经营模式。自 1978 年，我国正式实施农村家庭联产承包责任制以来，农民确立了其对土地的主体地位，实现了我国粮食产量的提高，并逐步摆脱农民吃不饱的现状。当时的背景是我国农业采用的技术并不先进，要实现粮食产量的大幅度提高，必须施行农民自主地对土地进行精耕细作。因此，在当时，以"家庭分散经营"为主体的家庭联产承包责任制适应了当时农村生产力发展的需要。

在当前社会，以信息化为主题的科学技术革新已经实现我国农村生产力的大规模增长，扼制农业发展的一个重要原因就是当前的土地制度。小规模的地块已经不能适应农业粮食增长的需要，实现土地的大规模集中已经成为生产力发展的趋势。但是，我国仍有八亿农民，这些人的基本生活问题，却是羁绊土地集中的重要因素。因此，在原有承包制度的基础上实现土地的大规模集中是现有生产条件下农村生产关系适应生产力发展的必然方向。

(二) 农村土地经营权流转是发展现代农业的必由之路

2007 年中央下发的一号文件《中共中央国务院关于积极发展现代农业扎实推进社会主义新农村建设的若干意见》提出：发展现代农业是社会主义新农村建设的首要任务，要用现代物质条件装备农业，用现代科学技术改造农业，用现代产业体系提升农业，用现代经营形式推进农业，用现代发展理念引领农业，用培养新型农民发展农业，提高农业水利化、机械化和信息化水平，提高土地产出率、资源利用率和农业劳动生产率，提高农业素质、效益和竞争力。农业发展仍然要依靠科技，依靠投入大量劳动力提高生产效率的时代已经过时了。然而在分散经营的条件下，科学技术的应用受到了限制，技术进步非常缓慢。实行土地流转，可以形成土地的规模集约经营，在平等、自愿、协商、有偿的条件下，使农村土地向农业企业、农村专业合作组织、专业大户等集中。这样，新技术、新品种、新机械就便于推广，能有效地提高农业劳动生产率，促进农村剩余劳动力向第二、第三产业转移，促进了农业结构的调整，使农业产业化发展成为可能。农业的适度规模经营可以使农产品的生产、加工、流通各个环节有机地结合起来，形成较为完整的产业链，从而有利于现代农业的发展。

(三) 农村土地经营权流转是促进农民步入小康生活的必然选择

科学发展观的第一要义是发展，核心是以人为本，实行农村土地流转，正是对科学发展观内在需求的集中体现。实现农村土地流转是为了促进农村和农业的发展，是为了实现整个社会的全面发展和进步。只要是遵循"依法、自愿、有偿"的原则，为农村土地流转创造健康、和谐、有保障的环境，依法、积极、合理与稳妥地推进农村土地流转，农村与农业生产力与生产关系发展中的一系列矛盾会在农村土地流转中化解，农民就可以从土地流转中获得当前和长远的利益。土地流转会成为促进农民增收、促进农民步入小康生活的必然选择。

第三节　农村土地规模经营的研究与探索

农村土地规模经营并非规模越大越好，而是适当调整，实现农村土地生产效率的最大化，也就是农村土地适度规模经营。作者以农村生产为背景，对土地的最优经营规模进行了探讨。

一、农村土地适度规模经营的相关概念

(一) 与规模经营相关的两组概念

1. 规模经济、规模效益与规模报酬

规模经营是与规模经济、规模效益等概念相关的。因此要确定经营成果是否是规模经营，首先要对其相关概念进行有效界定。

规模经济与规模效益的含义非常接近，其不同之处非常细微。"规模经济"一词源自《新帕尔格雷夫经济学大辞典》，其定义是："考虑在既定的(不变的)技术条件下，生产一单位单一或复合产品成本，如果在某一区间生产的平均成本递减，那么就可以说这里有规模经济。"从经济学的角度看，这一定义强调规模经济产生的原因在于单位生产成本的下降。单位生产成本下降的原因在于单位产品的可变成本不变的情况，单位产品的固定成本随着大规模生产而不断降低。因此，从这个角度看，规模经济在函数图像上表现的是与长期生产成本相关，可以用长期生产成本变低来说明规模经济。从长期的角度，如果生产规模扩大，生产单位能够以低于两倍的投入获得两倍或两倍以上的成本，那么生产单位就面临着规模经济；反之，就是规模不经济。如果要继续研究各概念之间的投入关系，可以看到，各投入要素之间的关系是非线性的。

"规模效益"(Increasing Returns of Scale)，源自《萨缪尔森辞典》。其定义为，

"所有投入比例增加时产生的增长率","当所投入的均衡增加导致更大比例的产出增加时,生产表现为规模效益递增"。与帕尔格雷夫相反,萨缪尔森从投入的角度定义产出。规模经济就是生产单位规模扩大从而能够以更低的投入获得一单位产品。

2. 经营规模与规模经营

"规模"一词原本是和格局紧密相连的。我国近代化以后,"规模"常被用作指生产单位的数量等级,通常包括企业占地面积、雇佣工人人数、资产总量、生产产量、产值等。根据不同的划分标准,可以对规模进行不同的分类。例如,按增长方式的不同可划分为粗放的规模与集约的规模。

经营,是指生产者安排生产要素(生产资料、劳动力和资金等)从事生产并销售的活动。这些要素按照生产者的意图以一定的配置比例发挥生产或经营的效果。

经营规模也就是单位的生产规模或销售规模,通常是指单位的生产或者销售产品的经济价值大小。具体地说,经营规模是与企业参与市场竞争的实力紧密联系在一起的。

规模经营与经营规模不同,是指一种经营方式,以经营单位的规模为特征。而经营规模则反映的是生产单位的实力。规模经营是与生产单位的效益紧密联系的。因此,对规模经营的研究往往要以单位的生产实力为特征,以单位的生产效益为最终目的。由于在经营过程中涉及许多生产要素,对规模经营的细化研究应朝向生产要素的配置。

(二) 农业规模经营

1. 农业规模经营的内涵

农业规模经营是指农业生产的规模化,即农业生产过程中各生产要素的规模化使用,特别是生产资料的规模化使用。这也就是说,农业规模经营不只是简单的土地面积的规模、普通的连片种植和一般几个农户的简单联合,而是在经营管理机制、规模、方式、效益质量上的综合统一。由于农业生产的特殊性,土地是农业生产中最不可少的最基本的投入要素，农业规模经营的基本内涵，其核心是土地规模化基础上的规模生产，土地的规模经营是农业规模经营的直观表现。

2. 农村土地适度经营规模

适度规模经营要求规模经营达到适度的经营规模。"农业适度规模经营"，《中国大百科全书：农业卷Ⅰ》定义为："适度扩大农业经营单位的规模，使生产要素的组合趋向优化，以获取较高的经济效益。"

农村土地适度经营规模具有以下特征：一是地区性。各个地区在人口、土地、产业等方面的条件具有较大不同，各个地区也会有不同的土地经营方式。二是动态性。农村土地经营规模的适度值是随当地的条件不断变化的。如果当地经过几年的发展，工业化水平有所提高，农业劳动力转移较快，最终肯定能够提高农村土地经营规模的适度值；反之，则相反。三是层次性。农业机械、农业劳动力等生产力要素的数量和质量不同以及农业生产经营形式的不同，就会有各不相同的农村土地适度经营规模。

二、农村土地适度规模经营的相关理论

农村土地规模经营作为专门的研究领域在我国才起步不久，至今还没有形成系统的理论。因此，目前有关农村土地规模经营问题的研究，主要是借鉴国外的先进理论和经验，结合我国农业发展的国情以及全国各地推进农村土地规模经营的实践经验，探索研究农村土地规模经营的发展问题。

(一) 土地规模经济理论

与其他产业的规模经济基础不同，土地规模经济的基础则是单位土地投入可变成本随着土地规模的不断扩大而不断降低。生产要素投入量的降低可分为两种：一种是随着生产规模的扩大，单位产品的固定成本投入量不断降低，这一种在制造业生产之中比较明显；另一种是随着生产规模的扩大，单位产品的固定成本投

入和可变成本投入同时按照不同的比例减少，这一现象在农产品生产之中就能够看到。

上述两种单位成本变化的方式都有一个最低点。围绕这个最低点，我们将土地规模的扩大和规模报酬之间的相互变化分为三种情况：

(1) 土地规模报酬不变：是指土地经营规模扩大的幅度等于经营报酬的增长幅度；

(2) 土地规模报酬递增：是指土地经营规模扩大的幅度小于经营报酬的增长幅度；

(3) 土地规模报酬递减：是指土地经营规模扩大的幅度大于经营报酬的增长幅度。

我们将土地经营处于土地规模报酬递增阶段或递减阶段时，称为土地规模经济和土地规模不经济。土地经营规模情况，如图 6-1 所示。

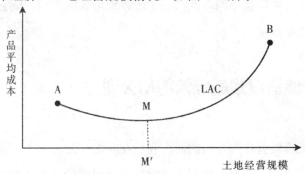

图 6-1　土地规模经济与规模不经济

根据土地规模报酬变化的规律，土地经营就是要尽量使土地经营规模处于报酬增加阶段，直至处于土地规模报酬不变阶段。若土地规模处于报酬递减阶段时，土地经营规模应进行调整。

(二) 城乡统筹理论

1. 马克思主义的城乡统筹观

早在 19 世纪，马克思就运用阶级分析的方法分析城乡差距的形成和城乡协调发展的路径已经进行了深入系统的探讨。马克思认为："城乡之间的对立是随着野蛮向文明的过渡、部落制度向国家的过渡、地方局限性向民族的过渡而开始的，它贯穿着全部文明的历史并一直延续到现在。""由于农业和工业的分离，由于大的生产中心的形成，而农村反而相对孤立化。"恩格斯在他的《共产主义原理》中提出了城乡融合论，"通过消除旧的分工，共同享受大家创造出来的福利，以及城乡融合，使社会全体成员的才能得到全面的发展"。

2．发展经济学的城乡统筹观

发展经济学的城乡协调理论主要是围绕城乡发展关系而展开研究的，该理论虽然没有直接论及统筹城乡发展问题，却为同类研究提供了重要的研究视角或方法论启示。

刘易斯利用"二元经济"的理论分析发展中国家的经济结构。刘易斯把发展中国家的经济结构简单分为现代部门与传统部门，他认为发展中国家要实现自身发展就要实现传统部门不断向现代部门过度，从而实现整个经济的现代化。刘易斯的这一理论经过拉尼斯和费景汉的深化，形成了"刘易斯—拉尼斯—费景汉"模型。拉尼斯和费景汉认为，农业部门即是刘易斯所说的传统部门，其现代化的基本方式即是实现农村剩余劳动力的转移，即农业部门不断向现代部门输送劳动力，最终只有少数人参与农业。

在"刘易斯—拉尼斯—费景汉"模型之后，发展经济学之中改变或者逐步消除城乡二元结构，统筹城乡发展，实现公平与效率兼顾的理论主要发展出了两种：一种是通过劳动力流动，以城市发展带动乡村发展；一种则是通过增加农业投入，形成城乡平衡发展。前一种理论认为，城市吸收农村剩余劳动力，从而减少农业部门的劳动力比率，通过间接的方式把土地集中起来，从而逐渐提高农业部门的生产率。后一种理论认为，农村剩余劳动力大量流入城市并不会随着城市生产率的增加而快速的转化为市民，反而会在一定时期内形成城市失业人员，成为"城市病"产生的一个重要根源。因此，要让农民进城成为市民，就要首先提高农民的收入。实现这一目的的重要方式即是大量提高农民的收入，加大农村财政投入，把乡村变为城市，就地解决农村剩余劳动力的问题。

三、农村土地适度经营规模判定标准和测量模型的选定

（一）农村土地适度经营规模判定标准的选定

所谓适度规模是指在这一规模之下土地经营处于规模报酬递增阶段。农村土地适度规模经营标准的选定是与当地的条件紧密相关的，并不是整齐划一的设定一个适用于全国的标准。从宏观上来说，农村土地适度规模经营标准的选定与当地的生产力水平和自然地理环境紧密联系。生产力水平高、自然地理条件较好的地区其"适度"的农村土地经营规模也就越高。

农村土地适度规模经营可以促进科技在农业生产中的推广和应用、促进资金的投入和土地产出率、劳动产出率和经营效益的提高，因此，在现代农村土地经营中，要取得好的经济效益，必须把握好一个适度的规模。当经营规模小于现有生产力水平时，就会造成生产要素大量闲置，扩大规模会促进产出的增加；反之，当经营规模大于现有生产力水平时，会产生内部监督失效等激励问题，导致经济效益下降，从而出现规模不经济或规模经营的低效率。"适度规模值"是指在一定的经济技术条件下，单位劳动打达到最佳投入产出的经济效益所能经营的最大土地面积，即能使规模经营保持在最佳效益之内的边际量。在这个规模上，可以以最小的消耗取得最大的经济效益。

推行农村土地规模经营的难点主要在于如何把握规模经营的适度性问题。"适度"的把握，既是实践中的一个现实问题，也是理论上的一大难题。一方面，农村土地经营规模具有一定的动态性，在不同的发展时期会产生不同的适度规模值。农村土地经营的适度规模值是多种自然因素和经济条件综合作用的结果，随着各种条件的变化，适度值也必然会随之变化而呈现出动态性，工业化水平的提高、农业劳动力转移、农村土地流转的现状，都必然影响到农村土地经营的适度规模

值。另一方面，农村土地规模经营又具有一定的层次性，例如农业机械、农业劳动力等生产力要素的数量和质量不同以及农业生产经营的形式不同，也会有不同的农村土地经营的适度规模值。吴昭才和王德祥以锦州市的调查资料为例，证实了分别用土地生产率、劳动生产率和资金盈利率三个指标所计算出来的最优规模是不一致的。因此，我们在具体测度某一区域农村土地经营的适度规模值时，要坚持具体问题具体分析。

　　适度的、合理的和最佳的农村土地经营规模需要用一些经济指标进行具体的分析判断。判定最优土地经营规模的标准或者指标是多层次、多样化的，不存在一个普适性的最优土地经营规模。也就是说，农村土地经营规模是否适度是针对一定的评价目标而言的。不同的目标会出现不同的判断标准，从而也会有不同的土地适度经营规模。因此，对农村土地适度经营规模的测算首先要对目标和评价标准进行选择。目前，最优的土地规模经营面积的判定目标包括宏观层面和微观两个层面，宏观层面主要从整个社会效益的最大化(或农产品总产量的最大化)来考虑农业生产经营的最佳规模，微观层面主要从自身微观利益的最大化来考虑农业生产经营的最佳规模。宏观层面和微观层面评判农村土地最佳经营规模的不同目标所构成的评价指标体系见图6-2。

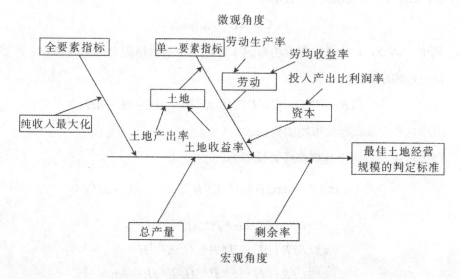

图 6-2　农村土地适度规模经营评价指标体系

(二) 农村土地适度经营规模计量测度模型的选定

基于农村土地经营规模的动态性以及农业发展的具体情况，本研究在确定了最优土地经营规模的评定标准后，对本研究的计量模型进行了选定。计量模型是在参考了钱贵霞、李宁辉和陈艳红的计量模型后，利用柯布—道格拉斯生产函数 (CD 函数)进行推导而来，可以对最优土地经营规模值进行估算。

1. 模型的设定与说明

生产函数采用 CD 生产函数，模型如下。

(1) 土地的粮食总产出 Q 表示如下：

$$Q = AL^{\alpha}K^{\beta}H^{\gamma}$$

式中，L 为劳动力投入量，K 为资本投入量，H 为土地投入量，α、β、γ 分别为劳动力、资本和土地产出弹性，A 为其他影响农产品生产各种因素的作用和。

满足：$0 < \alpha$，β，$\gamma < 1$；

$$\partial Q / \partial L > 0;\ \partial Q / \partial K > 0;\ \partial Q / \partial H > 0;$$

$$\partial^2 Q / \partial L^2 < 0;\ \partial^2 Q / \partial K^2 < 0;\ \partial^2 Q / \partial H^2 < 0。$$

(2) 土地生产的总成本 C 表示如下：

$$C = wL + rK + nH$$

式中，w，r，n 分别代表劳动力的工资、资本的价格和土地的地租。

(3) 土地的总收益表示为：

$$TR = P * Q - C = P * AL^{\alpha}K^{\beta}H^{\gamma} - wL - rK - nH$$

式中，P 代表农产品市场的价格。

综上所述，最优土地规模经营模型为：

$$\max TR = \max(P * AL^{\alpha}K^{\beta}H^{\gamma} - wL - rK - nH)$$

$$\text{s.t}\begin{cases} \partial TR / \partial L = \alpha * P * AL^{\alpha-1}K^{\beta}H^{\gamma} - w \\ \partial TR / \partial K = \beta * P * AL^{\alpha}K^{\beta-1}H^{\gamma} - r \\ \partial TR / \partial H = \gamma * P * AL^{\alpha}K^{\beta}H^{\gamma-1} - n \end{cases}$$

2. 最优土地经营规模的确定

通过总收益最大时的均衡解，得出最优的土地经营规模：

$$\frac{H^*}{L^*} = \frac{\gamma}{\alpha} * \frac{w}{n}$$

公式表示的是在模型存在均衡解的条件下，最优的人均耕地面积。可见，最优人均耕地面积取决于土地产出弹性、劳动力工资、劳动力产出弹性和土地地租四个变量，最优人均耕地面积与土地产出弹性、劳动力工资成正比，与劳动力产出弹性和土地地租成反比。它表明：

(1) 以粮食生产依靠土地为原则，获得较高的收益在于投入更多的土地，土地产出的弹性与人均耕地数量成正比；

(2) 如果劳动力少、工资高，土地多的情况下，则人均耕地数量增加，反之，人均耕地数量减少；

(3) 如果大部分农民都从事费农业生产，并且非农业的工资高，则使劳动力产出弹性大，这种情况造成劳动力减少，人均耕地数量增多，反之，人均耕地数量减少；

(4) 如果土地稀缺、租金高，则造成人均耕地数量减少，反之，人均耕地数量增加。

单位土地面积上的最优资本投入量为：

$$\frac{K^*}{H^*} = \frac{\beta}{\lambda} * \frac{n}{r}$$

公式代表单位土地面积上的最优资本投入量，它也取决于四个变量：分别是资本产出弹性、土地产出弹性、土地地租和资本价格。

第四节　城乡统筹视角下的土地集约利用

城镇化与工业化的高速发展、人口高峰期的到来以及统筹城乡区域发展步伐的加快，对土地资源的需求大量增加，人地矛盾变得更为尖锐。在土地资源紧缺而"开源"有限的情况下，城乡统筹发展要求以严格保护耕地为前提，以土地集约利用为核心，改变城乡一体化建设中偏重城市用地规模外延扩展、村镇建设不合理、土地利用效率偏低的做法，统筹城乡用地布局，切实转向内涵挖潜、提高集约化程度的利用方式。城乡土地资源集约利用不仅符合"坚持开发和节约并举，把节约放在首位"的资源利用指导思想，也是统筹城乡可持续发展的有利保障。

一、统筹城乡土地集约利用的特征分析

(一) 城乡区域统筹特征

当前，资本、技术和劳动力要素市场已相当发育，但土地要素市场发展还很不完善。城乡土地市场分割造成土地要素缺乏流动、土地收益分配不合理、国有和集体建设用地"同地不同价"等城乡差异。城乡土地市场的结构体制严重制约和影响了城乡生产要素的有序流动与城乡社会经济的协调发展，限制了城乡土地的统筹开发和高效利用。如何在城乡统筹发展的大主题下协调城乡土地管理制度与模式上的差异，促使城乡土地资源、资产、资本有序流动，在保障城乡经济与建设统一发展的同时，使农民获得相应的土地收益。统筹城乡土地资源的有效整合与合理配置，提高土地利用效率，促进城乡土地节约集约利用，是实现城乡共同发展的路径选择。围绕城市对农村的辐射和带动作用，土地按区域划分为四大类：城市市区，城市边缘区，城市近郊区，偏远农区。根据区域优势和不足，不同区域承载的土地功能具有一定差异同时也出现了不同区域土地功能的交叉。

城市市区土地的主要功能是建设用地的供给。城市市区土地集约利用旨在加强土地合理布局和用地结构优化，引导城市功能的适度混合及土地使用兼容，充分挖掘城市土地资源的供给潜力，增强城市经济竞争力，同时应体现与社会、生态环境效益的统一。以此为前提，优先保证重点项目建设用地的需求。

城市边缘区处于农村与城市的过渡地带，具有土地利用市场程度高、利用集约和流转频繁等特点。合理控制城市规模的扩展，提高边缘区农地的集约利用，将边缘区土地的非农开发与农地建设有效结合起来具有重要意义。从保护边缘区农地资源的角度出发，在城市边缘划定基本农田保护区，从事农业生产，为城市居民提供新鲜的农产品服务，不仅储备了耕地，还强化了城市生态资源的保护力度。

城市近郊区依托城市化的推进，收益增值很快，而城市化又必然要向这部分土地蔓延。合理分配土地增值收益，兼顾城市的发展和农民的利益，切实制定有效措施解决失地农民的生存发展问题。城市发展的要求和历史沿革决定，城市的扩展必然引起耕地的减少，因此说城市近郊区是发展经济和保护耕地的矛盾聚结点。在这一地区，适当加强规划，严格控制征地规模，遵循适度发展原则、有限空间原则，使其担负起城市生态保护的屏障。

偏远农区土地的主要功能是保护耕地，确保粮食安全。生活在传统农区的农民，特别是种粮的农民，除了进城当农民工以外，他们大多不愿意放弃土地，但是种粮的低收益直接压抑了农民种好地的积极性。对于这部分农民来说，必须下大力气解决好从事农业生产的比较收益和农业产业的发展前景问题。在这一区域实行最严格的土地用途管制制度，着重加大农村建设用地集约利用程度，采用科学的方法、严密的程序进行基本农田保护区的划定，合理开发后备资源。在耕地面积不减少、质量有提高和城乡建设用地总量不增加的前提下，通过土地整治将农村节约的建设用地纳入城乡建设用地增减挂钩项目。一方面缓解城市用地紧张，提高农村土地的利用效率；另一方面增减挂钩最大限度地为农村建设筹措了资金，为当前农村经济发展提供了有力支持。土地整治中农地的整理为发展现代农业、实现土地规模经营创造了条件，提高了农业综合生产能力。

(二) 动态特征

从粗放到集约是土地资源利用的一般规律。在经济社会发展过程中，由于主要生产要素如资本、劳动力和土地供需状况的相互变化，土地资源利用存在着从粗放向集约转变的一般过程。在工业化和城镇化初期，土地资源利用倾向于土地资本化，土地资源利用呈现出比较粗放的态势；进入工业化和城镇化中期，建设用地需求快速增民，但土地供应渠道已不像之前那样畅通，资本积累促使土地资源利用方式从粗放型向集约型转变；进入工业化和城镇化后期，资本已经相当充裕但土地稀缺问题加剧，在资本与土地边际费用的权衡之下，土地资源利用倾向于以增加投入促进土地产出，土地资源利用集约程度进一步提高；进入经济稳定发展的后工业化时期后，服务业成为主导产业，由于服务业对区位条件的优势追逐，使得产业布局更为集中，从经济效益角度而言土地资源利用变得更加集约。此外，由于土地利用报酬递减规律的作用，土地利用集约度的提高是有限的。土地资源集约利用受到现有技术、经济和制度条件的制约，其利用潜力不仅取决于目前土地集约利用的程度，而且取决于未来一定时期内地区经济发展和技术水平等因素。土地集约利用同时也是一个相对概念，对于不同的参照标准，土地集约利用的潜力也有所不同。在城乡统筹的大环境下，加强政府宏观调控，充分发挥市场配置资源的基础性作用，土地资源集约利用水平将逐渐趋于优化。

（三）效益综合特征

城乡土地集约利用追求的目标是土地利用效益的综合化，即土地利用在追求经济效益的同时，应兼顾与社会、生态环境效益的统一。土地资源利用属于典型的效益驱动刑，追求经济利益是土地资源利用的主要驱动力之一。作为土地资源利用的主体，由于区域构成不同和发展差异，土地资源利用应尽可能体现城乡利益分配的均衡和城乡发展权的公平性。从资源利用角度来看，土地资源利用是土地资源自然生态利用与经济社会利用的有机耦合。人类在与土地生态系统交换物质、能量和信息的过程中推动环境的变化和演替。土地利用干扰自然动态变化，可导致环境污染和退化，引发生态安全问题。充分认识土地的生态服务功能，人类利用土地资源不仅要满足当前经济社会发展需求，而且要重视保护现状资源，确保土地利用的生态可持续。

二、统筹城乡土地集约利用遵循的原则

城乡统筹发展不仅强调城乡发展的互动性、互补性，而且更注重城乡一体化的基础设施、公共服务与社会保障制度的建设。现阶段城乡一体化一方面是农村人口不断向城镇集聚的过程；另一方面是城乡土地利用结构不断调整、农用地向非农建设用地转化，耕地趋向减少的过程。因此城乡一体化的健康发展需要妥善调整好以下几方面的关系：

（一）处理好城镇用地扩展与保护耕地的关系

客观上讲，城乡一体化建设与保护耕地之间存在着一定的矛盾。人口城镇化和经济发展使城镇膨大，必然引起耕地的减少，构成土地利用失衡的严峻形势。耕地承载着 13 亿人口的粮食安全和基本保障，保护耕地要求数量和质量并重。只有确定 18 亿亩耕地落实到不同区域，才能有效支撑粮食生产以及应对全球气候变化对粮食生产波动性的不利影响，全国范围内的粮食安全才得以保障。处理好城镇用地扩展与保护耕地的关系，关键在于实施用地总量控制，集约利用土地资源，充分挖掘存量土地利用潜力，并注重保护农民利益，促使城市和乡村健康有序地发展。

（二）处理好失地农民的保障与社会稳定的关系

土地是农民最重要的生产资料，是农民获得生活保障的基础。工业化、城镇化和城乡一体化建设大量征占耕地，造成很多农民失去土地。据调查，失地农民中通过征地单位安置的占劳动力总数的 5%，季节性、临时性就业的约占 30%，其余大部分失地农民仍在自谋职业。受地理位置、土地征用制度等因素的影响，不同区域失地农民收入差距较大。如何切实做到依法征地、合理补偿和妥善安置，不仅关系到城镇化对建设用地需求和广大农民的切身利益的落实，而且关系到我国社会稳定和经济的可持续发展。处理好失地农民的生存保障与社会稳定的关系是城乡统筹发展的重要环节。改革城乡土地管理制度，激活城乡资源要素，实现公共资源均衡配置，基本公共服务均等化，切实创造条件提高农民的市场竞争力，让城乡居民特别是农民增加财产性收入和保障性收入，促进社会和谐稳定。

（三）处理好生态持续与经济发展的关系

人类本身只是全球生态系统中的一个子系统，人类社会的正常运转需要以生态系统的正常运转作为保证。土地资源利用具有干扰自然的动态变化因素，长期累积可引发环境灾害，危及人类生存安全。合理规划土地用途，加强土地节约集约利用，在保障区域生态安全的前提下，探讨实现经济可持续发展和土地可持续利用的路径和模式。土地资源的有限性和功能不易替代性决定了人类经济社会发展对土地利用的集约要求，要求土地利用从土地的自然特性和经济特性两个方面入手，研究耕地人口承载力、土地生态承载力、土地经济承载力对土地集约利用的制约因素，处理好生态持续与经济发展的关系，科学利用土地，以满足当前和未来不同时段人类的用地需求。

三、统筹城乡土地集约利用的对策研究

（一）突出土地利用总体规划

在城乡区域发展中的统筹和控制、协调土地利用规划与各专项规划的关系。土地利用总体规划是合理利用土地的基础和依据，科学地编制土地利用规划是促进土地节约集约利用的前提。在空间上、时间上对城乡土地的开发、利用、治理、保护做出统一安排和布局，充分发挥土地利用规划的引领作用、调控作用。同时，统筹城乡土地利用要做好土地利用规划与各个专项规划的相互衔接，尤其是农业、交通、水利、城建、生态、环保、旅游等多个部门规划的衔接，防止结构趋同、基础设施重复建设、用地规模无序扩张等土地利用方式的粗放浪费和低效利用。明确不同层次规划的职能，发挥土地利用总体规划宏观调控能力和区域协调能力，

解决不同层次的发展矛盾和利益冲突。对于区域发展而言，城镇和乡村是互动的整体，割裂城乡联系，孤立地研究和管理城镇、乡村用地，都难以适应城乡统筹发展的要求和趋势。正确把握城乡用地增长和社会经济发展的关系，实施城乡区域用地整体调控战略。在用地规模上实行必要的总量和增量调整，避免土地资源的低效利用。在资源紧缺的中国，城市化、工业化与城乡一体化应该是城乡基础设施均衡化发展，社会保障全面覆盖。在城乡全面统筹的前提下，积极引导用地布局，调控城乡建设的功能定位，同时考虑区域土地自然禀赋、利用现状和经济发展阶段，实行用地供给差别化调整，保证用地数量与经济发展阶段相适应。在城乡一体化进程中实现科学设计，合理编制和实施土地利用年度计划，强化规划的权威性和严肃性，促进土地节约集约利用。

（二）统一城乡土地市场，健全土地集约利用的市场机制

城乡土地市场长期以来呈现割裂的二元结构，土地要素缺乏流动性在很大程度上限制了劳动力、资本等要素的自由流动，使资源与要素的进一步整合受到限制。建立城乡统一的土地市场，通过土地资源的有效整合与合理配置，实现城乡土地的统筹开发和集约利用。统筹城乡土地市场，强调市场配置资源的基础性作用，以土地资源供求、竞争、价格等要素为核心，通过市场价格的波动、市场主体对利益的追求、市场供求的变化，调节土地市场运行，促进土地资源、资产、资本有序流动。在城乡统筹发展的基础上，通过土地出让、租赁、土地股份制等制度设计，把农村土地通过金融机构或其他机构集中起来重新整合，实现土地使用权市场化流转并产生收益网；扩大国有建设用地的有偿使用范围，进一步规范国有建设用地划拨目录，逐步实现经营性土地的招、拍、挂出让，促进土地市场的发育和完善，营造土地使用者集约和合理利用土地的市场机制。

（三）构建城乡土地集约利用的驱动机制，多途径促进土地集约利用

节约集约用地是一项系统工程，必须动员全社会的力量，建立土地集约利用

的共同责任机制，多管齐下，综合治理。政府、社会、用地者都要共同担负起节约集约用地的责任。深入探讨城乡土地集约利用的影响因素、内部机制和基本过程，预测其未来变化发展趋势，据此调控土地可持续利用的决策指导。在市场经济条件下促进土地集约利用，还须建立起适宜的导向型的土地集约利用机制，包括激励型土地集约利用机制和约束型土地集约利用机制。对于各类实际用地主体，首先可通过制定各种优惠政策鼓励其在符合城乡规划的条件下，转变用地观念，改进土地利用和生产方式，充分挖掘土地集约利用潜力，多途径实现土地的集约利用。其次，可以通过建立土地节约集约利用评价和考核制度，科学评价土地集约利用状况，指导和监督土地的集约利用，对节约集约用地的用地者给予税收奖励，对节约集约用地的地方政府实行土地出让指标和土地出让金奖励，从而提高用地主体节约集约利用土地的积极性和主动性。

（四）调整产业布局，构建城乡产业一体化发展

构建城乡产业一体化发展框架，支持新型工业、现代服务业链条向农村延伸，适时推动劳动密集型产业、农产品加工业以及农机、化肥等涉农工业向农村转移。通过"退城进园""土地转换""向山地进军"等手段鼓励企业按照土地利用总体规划和城乡统筹规划的要求，有计划地推动产业的梯度转移，把一些投资强度低、占用土地多、排放量大的劳动密集型企事业转移出去。一方面，保证有限的土地资源向优势产业和重点项目集中，有效改变工业用地布局分散、粗放低效的现状，提高工矿用地效率和效益；另一方面，适度利用低丘缓坡地发展工业，有利于节约集约用地，有利于促发展、保红线。随着产业在城乡之间的转移和集成，激活来自农村经济发展的推力，实现城乡土地的集约利用。

第七章　农村土地资源的保护

第一节　农村耕地资源保护的意义及存在的问题

一、耕地保护的意义

耕地的保护，涉及政治、经济、国家安全、生态等很多方面，十分重要。从我国人多地少和处于高速发展时期等客观国情考虑，耕地保护形势不容乐观，保护耕地就是保护我们的生命线。正是因为耕地保护的重要性在我国十分突出的原因，党和国家对耕地保护历来十分重视，把耕地保护作为一项基本国策予以定位，要求采取世界上最严格的措施保护耕地，要求各级政府把耕地保护工作纳入当地的重要议事日程，抓紧抓好。

(一) 保护耕地是基于粮食安全的需要

近年来，由于农业生产资料价格上涨，粮食生产的成本增加，利润下降，影响了农民持续投资农业生产的积极性，呈现出"两降一减"，即耕地质量下降、粮食播种面积下降和粮食总产量减少的态势。耕地在减少、人口在增加，已严重危及粮食安全。

(二) 保护耕地是基于经济社会可持续发展的需要

耕地作为一种十分重要又稀缺，且很难再生的资源，在可持续发展战略中，地位十分重要。国土资源尤其是耕地资源的有效保护与合理利用是我国可持续发展的重要资源保障。耕地是农业最基本的生产资料，它的存在是非人力所能创造的，土地本身的不可移动性、地域性、整体性、有限性是固有的，人类对它的依赖和永续利用程度的增加也是不可逆转的。因此，通过立法强化土地管理，保证对土地的永续利用，以促进社会经济的可持续发展是发展方向。

（三）保护耕地是基于社会稳定和谐的需要

耕地是农民最重要的生产资料和最基本的生活保障。耕地除了能生产粮食解决人类的生存问题外，还能安排数以亿计的劳动者就业。实践证明，失地农民越多，社会矛盾就越突出。在当前，耕地成了一些失去工作岗位农民工维持生计的重要"心理底线"。

（四）保护耕地是基于生态的需要

耕地作为一种稀缺的、不可再生的自然资源和经济资源，不仅有经济社会功能和相应的价值，更具有生活和生态功能。它与其上的植物组成耕地生态系统，具有生态环境功能和相应的价值，一旦转为其他用地形式，这些功能与相应的价值均发生改变，非农流转对耕地生态环境影响尤甚，我国总体环境质量下降与此不无关系。耕地保护必须以保护和改善生态环境、防止水土流失和土地沙化为目标。我们再不能走乱用耕地、牺牲耕地来取得建设的老路。

二、我国耕地保护面临的问题

（一）大量耕地被占用

20 世纪 90 年代，我国出现了"房地产热"和"开发区热"，到处圈地，招商引资，占地面积过大，而且浪费了相当部分的高产优质粮田，特别是有些条件不具备的地区也盲目跟风，造成大量土地闲置浪费。据有关资料统计，在全国开发区清理整顿前，全国各类开发区 6 866 个，占地面积 386 万亩，其中耕地 200 多万亩。闲置土地达 70 多万亩，其中耕地 30 多万亩，按我国现有人均耕地 1.38 亩计算，相当于每年吞掉 20 多万人的"口粮"，大量良田也被城市新区和房地产吞占。

（二）粮价偏低造成耕地荒废

近年随着农资价格大幅上涨，农民生产成本不断提高，越来越多的农民选择外出打工，致使大面积耕地荒废，我国农民的种粮意愿在下降，政府补贴赶不上化肥、农药等必需的生产资料上涨速度(另外种粮补贴并没有真正补贴到种粮农民的手里，补贴制度设计不尽合理)。农民最讲究实惠，零星、分散、不成规模耕种的种田效益可想而知，这严重挫伤了农民种田的积极性，是造成农村许多耕地撂荒的重要因素。

（三）以地生财误导滥用耕地

在资源利用的同时，人们缺乏保护意识，仍然热衷于传统的经济增长模式。不能正确认识资源保护与经济发展之间的关系。无论是介绍土地买卖的"中间人"还是取土烧砖的单位、个人，在处理耕地保护与经济发展的关系之间，所有人都只看到了经济利益，忽视了生态利益，只看到了眼前的利益，忽视了长远的利益。经济的发展与资源保护并不总是冲突的，那种经济发展必须要以牺牲环境资源为代价的观点已经受到广泛的批评。

（四）城市建设扩展占用耕地

据有关资料统计，我国 600 多个城市，人均占地面积超过 100 平方米规定标准的城市达 400 多个，推算存量土地约 400 万亩，这些城市为什么不在存量土地上做文章，还要继续向外扩展呢？

第一，城市领导者认为城市规模越大越好，盲目求大，滥铺摊子，乱上项目，易出政绩，致使城市不断向外延扩张。

第二，投资开发商不愿投资旧城改造。因拆迁安置费高，工作难度大，往往选择城乡结合部位开发，逐渐蚕食城市周边的耕地，在城市中形成了一个又一个"城中村"。

第三，从征地价格来看，征收集体土地支付的各项费用偏低。这样一来，城市周边的耕地一块一块地被"吃掉"了。

三、农村耕地与农田保护的建议

(一) 提高认识，强化政府和市民对耕地尤其是基本农田的保护意识

保护耕地就是保护人类的生命线。耕地资源涉及国家粮食安全、社会稳定、经济安全和生态安全，对这一紧缺资源要从地区经济社会发展和社会稳定的战略高度充分认识其重要意义。要从可持续发展战略出发，树立资源忧患意识，认清耕地资源的严峻形势，坚持实行最严格的土地管制制度不动摇，切实改变重视经济发展、忽视耕地保护的片面认识，处理好保护与发展的关系。需加大土地国情、国策和国法的宣传教育力度，深入宣传耕地保护在经济社会发展中的重大战略意义，让社会各界充分认识耕地及基本农田保护的必要性和重要性，通过电视、报纸、互联网等新闻媒介和公益广告等多种途径，广泛宣传耕地尤其是基本农田保护的重要性、必要性、紧迫性，使基本农田保护家喻户晓、深入人心，形成一个人人知道农田保护、人人遵守农田保护、人人监督农田保护的社会环境。

(二) 加强基本农田保护的理论创新，建立健全基本农田保护法律法规

要按照党的十七届三中全会通过的《中共中央关于推进农村改革发展若干重

大问题的决定》坚持最严格的耕地保护制度要求，在总结国内基本农田建设经验和教训的基础上，多方借鉴世界先进的基本农田保护理论成果和实践经验，加强基本农田保护的理论创新，建立以保护区域基本农田总体生产能力为中心，协调耕地保护与经济建设的用地矛盾，保障经济发展和国民生活为目的的基本农田保护模式。同时完善《基本农田保护条例》和《土地管理法》中有关基本农田保护的条款，强化对基本农田占用、变更法律程序，基本农田保护制度应含基本农田保护责任制、基本农田保护区用途管制制度、基本农田严格审批制度、基本农田占补平衡制度、基本农田质量保护制度。政府应根据实际情况制定更加严格的基本农田保护法则、法律法规。

完善基本农田保护制度，加强基本农田保护区的规划建设。基本农田是指按照一定时期人口和社会经济发展对农产品的需求，依据土地利用总体规划确定不得占用的耕地。对基本农田实行全面规划、合理利用、用养结合、严格保护的方针。

（三）科学划定永久基本农田，落实有效保护空间

科学划定永久基本农田，合理地选择基本农田保护区的落地空间对于基本农田保护的真正实现具有重要的意义。建议在划定的基本农田保护区要综合考虑保护单元所处区域的自然条件和经济发展潜力，以保证基本农田保护面积空间上落得下、保得住。基本农田划定的指标体系主要是以层次分析法进行评定的，主要评定依据为以下几点：

(1) 光温条件。光照与热量是作物进行光合作用的基本要素，可采用光温生产潜力和气候生产潜力等指标来反映光温条件的差异。

(2) 地形地貌条件。海拔、坡度、坡位、坡向对作物养分利用效率、光能利用力产生一定的影响。

(3) 水资源与水利条件。农业土地利用离不开水资源，水资源状况直接影响土地质量，影响作物的生存可能、生长机理、生长速度和作物产量。水资源状况主要指标：区域水资源平衡状况、排水条件、灌溉保证率、地下水埋深、水源水质。

(4) 土壤条件。土壤是土地的最基本的物质组成，土壤肥力的高低直接影响土地质量，而土壤肥力则主要取决于土壤的理化性质。土壤条件的九个指标：土壤类型、土层厚度、障碍层深度、土壤质地、土地构型、土壤养分、土地盐碱状况、土壤污染状况、土地侵蚀状况。

(5) 交通区位条件。距城、镇、村距离是耕作半径的一个重要方面，可减少成本的投入和管理成本；距国道、省道、县道、乡道距离是产品市场流动的重要条件。

(6) 经济社会条件。人均耕地、农民人均纯收入、土地投入产出效率、作物单产是决定农民收入的主要方面。

（四）加快社会主义新农村建设，实现土地集约化利用

对新村庄建设要结合社会主义新农村建设，进行统一规划。对农村的村庄建设进行科学论证，统一规划，制定的规划要具有科学性、前瞻性和可操作性。该撤的撤，该并的并，调整好中心村的住宅建设预留地，加大对旧镇旧村改造的力度。分批实施撤并自然村计划，引导人口向中心村和城镇集聚，达到实现土地集约化利用的目的。被撤并的自然村土地，应制定复垦措施，根据复垦土地用途并给予享受复垦补助政策和折抵用地指标政策，从而引导和调动镇村两级治理"空心村"的积极性。这样做，不但弥补了旧镇旧村改造资金的不足，而且还可缓解全县建设用地指标严重短缺的困难。

（五）加大土地开发复垦整理的力度，建立耕地储备制度

土地开发整理和土地复垦是保持耕地面积基本稳定的重要一环。土地开发整理应坚持以土地利用总体规划为依据，与村镇建设规划、基本农田保护规划相衔接；坚持以经济建设为中心、保障各项重点建设项目用地，以保护耕地、实现耕地总量动态平衡战略目标为前提；坚持将连片、集中、潜力大、质量高的耕地优先纳入土地开发整理规划范围，并在开发整理后划入基本农田保护区；坚持开源、

节流、挖潜、保护并举的方针，重点开展各类矿区塌陷地的复垦、低效零散耕地的整理；坚持经济、社会、生态效益相结合，加强生态环境保护，确保耕地质量与环境质量的共同提高。根据资源分布的开发复垦与整理的潜力，遵照"规模大、潜力大、基础好、示范强、效益高"的选项原则，针对不同后备土地资源类型、不同开发整理区域选择荒山开发、荒草地开发、采煤塌陷地整治、公路沿线及村镇周围耕地、农村居民点整理、砖瓦窑废弃地复垦六类重点项目。

与此同时，可以建立耕地储备制度，确保耕地供需平衡。借鉴市地储备的成功经验、做法，建立耕地储备制度，把基本农田保护区以外的现有耕地以及通过土地整理、土地复垦、土地开发活动新增的耕地、具有开发潜力的耕地后备资源按一定比例储备起来，由市级土地管理部门统一掌握，通过改造、整理、开发、置换，将其优先于发展重点项目，并按改造后的耕地质量程度逐步纳入基本农田保护区中。

(六) 坚持耕地占补数量和质量的平衡，保护耕地生态条件

完整意义上的耕地保护绝不仅仅是保护耕地数量，还要保护耕地的质量及其总体生态条件，如果只保护耕地数量，不保护耕地质量和生态环境，即使在耕地数量不变的情况下，由于耕地质量及其总体生态条件恶化，仍然会影响粮食综合生产能力，所以在保护耕地数量的同时，必须重视耕地质量和生态环境的保护，三者缺一不可。县市级政府、土地管理部门要明确耕地保护的核心是对耕地综合生产能力的保护，就是使粮食综合生产能力处于协调发展状态，以达到各个时期所需的农产品产量，满足不断增长的人口需求的基本要求，实现耕地资源永续利用。要实现耕地占补平衡不仅要保持数量平衡，今后更要重视质量平衡。建设用地指标应尽量避免占用现有耕地，进行土地开发时应优先考虑本市荒草地等质量较好的土地，以保证产出率稳中有升。

(七) 加强资金和技术投入，切实保护耕地和基本农田

全面贯彻落实基本农田保护的法规政策，稳定基本农田保护面积，积极推广

基本农田保护先进经验，完善基本农田网络管护制度和责任制，逐步建立"以图管理、以牌定界、依法处理、公共参与"和"一个责任制、两个网络建设"的基本农田日常管护模式，逐步实现"管理网络化、手段信息化、监督社会化"的基本农田管护目标，切实保护耕地和基本农田。同时，继续加大对耕地的资金和技术投入，优先安排农业投资用于建设水利工程、农业技术工程以及配套的田间工程，改造中低产田，建设高标准基本农田。改善农业生产条件，增强耕地抵抗自然灾害的能力，防治耕地污染，提高耕地质量及提高单位面积产量。通过技术投入，随时掌握耕地状况和检查耕地保护的效果，对耕地实现快速和准确的动态监测，为检查耕地保护效果和进行耕地利用管理决策提供依据。

（八）建立经济激励机制，统筹耕地和基本农田保护与区域经济发展

建立耕地及基本农田保护的经济激励机制，一方面，制定具体的耕地和基本农田保护实施办法、奖惩制度等政策与制度，鼓励全社会各部门、各单位及个人积极保护耕地和基本农田，要在人力、物力、财力和技术等方面给予保护者必要的支持与扶持，对各乡镇的耕地及基本农田保护执行情况进行年度考核，利用经济激励机制调动各乡镇保护耕地及基本农田的积极性。另一方面，要结合当地的实际，在改善耕地和基本农田生产条件，提高耕地和基本农田质量，对促进耕地和基本农田保护方面做出贡献的单位或个人，给予必要的表彰奖励(包括精神奖励和物质奖励)，形成耕地和基本农田保护奖励激励机制，以此调动农民保护耕地及基本农田、耕作粮食的积极性，发挥其耕地及基本农田保护的主体地位，引导和促进农民保护耕地和基本农田。

同时，坚持在保护中发展，以发展促保护，使经济发展为耕地保护创造良好的环境。既不能不顾当前经济建设的合理需求，单纯地为了保护耕地而保护耕地；也不能只考虑经济一时的增长，而忽视保护耕地，以牺牲耕地资源为代价换取经济的暂时增长，在满足各类建设用地的同时实现耕地保护目标。在强化土地用途

管制，制约新增建设用地无序扩张的同时，逐步建立起耕地保护与工业化、城镇化以及农业现代化协调发展的机制，逐步加大工业对农业的支持和反哺力度，引导和利用建设用地收益补偿耕地，发展农业生产。

第二节　城镇化过程中农村耕地资源的保护

现阶段我国经济高速发展，已经成为世界第二大经济体，在取得如此重大成就的同时，还要考虑到环境保护和资源的保护，不能只一味地追求经济效益而不顾生态的保护。我国的城市化进程不断地发展，大多数农村地区已经迅速地向城市化迈进，多数的农村经济也在迅速的发展，但是在城市化发展的过程，城市用地规模不断扩大，导致一些耕地被转变成城市建设用地，使原本就紧张的耕地建设面积进一步减少，使得越来越多的农民失去了赖以生存的土地，严重威胁了我国的粮食安全。尽管国土部门采取了严格处理土地违法的行为的措施，尽管国家采取了保护耕地资源的措施，同时严格的控制着土地指标，虽然有了一定的效果，但没有达到强化耕地保护的目的，我国城市化进程的耕地保护形势依然严峻，所以应该始终把耕地保护问题放在紧要位置。

一、我国城市化进程中耕地保护现状

我国城市化进程与耕地保护是一对矛盾体，城市化进程和发展对土地使用提出了巨大的需求。根据研究显示，在过去的几十年里，我国城市建成区面积增长了两倍以上，一些城市扩张更是达到二十倍以上，如湖南长沙，建成面积高达到 $119km^2$ 城市的扩建，城市建筑的增加，大量占用了农村的耕地，极大地威胁了我国的粮食安全和蔬菜安全，因此应该采取节约高效的土地发展策略和方式。

随着经济的迅猛发展，城市急剧扩张，占用城郊耕地的现象越来越屡见不鲜，从 1990—2000 年间，城市建设用地，大约有 50%来自农村的耕地，2000—2010 年间，这个比例占到50%以上。我国正在经历历史上最大规模、最快速度的城市面积扩张，虽然城市在如此迅速的扩张，但是土地的利用率仍然不高。根据《中国城市建设统计年鉴》《中国城市统计年鉴》等统计文件，中国人口的城市密度并没有增加，反而在逐步呈下降趋势。人口密度从 2000 年的 0.99 万/km^2，下降到 2010 年的 0.89 万人/km^2。最近几年，中国城市的建成区面积大大增速，但是使用率却一直得不到提升，这种现象应该被重视，并且应该仔细分析出现这种现象的原因，争取及时解决。目前邻近连片发展的趋势仍将继续，应该优化配置，实现统筹计划，以达到节约土地，增加建成区使用效率的目的。

我国城镇划建设已经步入最快发展时期，2012 年我国城市城区面积达到18.30 万 km^2，建成面积为 4.5566 万 km^2，2162km^2 城镇的建设需要土地，但是农村的发展和建设以及生产更加需要土地，农业生产主要依赖的就是最基本的土地。要想解决城市中土地利用率不高并且逐年下降的问题，需要相应地调整原来城镇的不合理的产业结构，改造旧城的一些基础设施不齐全的地方和危旧住房。因此，在城镇化的过程中，要想在不大量占用耕地的前提下，大力促进城市化的发展，就要不断地提高城镇土地的利用效率，城市化的建筑建设要增加高度，时间高度上的利用，减少土地面积的利用。

二、我国城市化进程中耕地保护的问题及原因

（一）对保护耕地的认识不到位

只有增加耕地面积，才能大规模地提高粮食的产量，因为即使使用高科技，一定面积的土地产量也依旧是一定的。因此想要保障我国的粮食安全，满足我国

最近基本的粮食供应，就要提供足够的耕地面积，只有这样，才能确保粮食综合生产能力的稳定性。但是我国许多的官员对于耕地的重要性认识能力还不够，将目光只投入到促进经济发展上来，还有一些企业、工厂随意占用耕地面积，只注重经济效益，忽视了对耕地资源的保护，使得耕地得不到合理利用，导致城市化进程中的可用地逐步减少，耕地面积大幅度减少，土地后备资源不足。

(二) 城市土地利用结构不合理

我国土地的利用结构存在着大量的不合理的现象，土地的利用效率低，大量的土地被浪费， 然而大量的农村耕地却依旧被城市建设大量占用，其原因就是城市的土地利用的总体规划不健全和存在着一定的历史遗留问题。在土地价格昂贵的市中心，依旧存在着大量的企业和单位，这些单位占据最好的城市地段，但是土地的利用效率依旧很低，大规模地存在着土地浪费的现象；我国的经济结构中工业的比重占据最大的地位，因此在城市中心，重工业工厂占据的比重大，大部分还是重工业工厂，并且重工业的工厂在发展的过程中，需要土地不断的扩张，因此需要占据更大的耕地，导致交通用地和城市绿地占用的比重减小，许多重工业企业占据了城市重要的地段，造成了土地资源的严重浪费，与此同时，城市绿地和交通用地的紧张，造成我国城市存在交通拥挤、环境质量差等现象。

(三) 城市化进程与耕地保护矛盾突出

随着近年来城市化进程的加快，在城市化的过程中，大多以牺牲大量的耕地来扩大其发展面积的模式，因此耕地总量急剧减少，随着城市化进程的不断加速，农村耕地的被占用是很正常的，这使原本就紧张的耕地资源面临更严重的问题。无论从时间上还是空间上，城市化进程与耕地保护都达不到统一，两者在实际运作过程中难以很好地衔接，从而导致城市管理失控，土地利用率低下。一直以来，我国人口多，耕地少，人地矛盾日益严重，因此，城市化进程中耕地保护是必需的，但是马克思哲学告诉我们，矛盾存在于一切事物中并贯穿于事物发展的始终，因此城市化进程与耕地保护矛盾将长期存在。

（四）耕地保护中的土地管理系统不规范

在我国现阶段的土地管理系统中，制定的一系列法律法规并不完善，规章制度并不能完全展开实施，尤其是在中小城市的许多基层政府，为了进一步发展经济，进一步促进经济建设，所以很大程度上忽视了农村耕地资源的保护，使得农村的土地资源大幅度减少，耕地资源被破坏，后果非常严重。

土地、农业和农民利益来强化经济的发展，占用耕地来发展经济的现象频繁发生，这样只会导致国家整体利益受到损害；更有一些城市在向城镇化发展过程中，拥有足够的空间，往往最大限度地占用农村的耕地，为了大量建筑设施和大量的建筑有足够的空间，往往占据的耕地数量较多、规模较大，对土地利用集约化和节约化的意识淡薄，从而导致土地利用率较低，存在大量闲置和浪费等情况。在城市化进程中，一些农民为了挣更多的钱，进城务工，在进城进行生产、生活的同时，在农村所占的土地并未退出，这样就产生了两头占用的现状，导致我国很多农村中有很多住宅处于闲置状态，虽然也采取了户籍制度、就业制度、住房制度等限制措施，但是农村的土地并未退出，导致耕地进一步紧张。

（五）地方政府对耕地保护态度消极

耕地是农业发展的物质基础，对农业的发展具有十分重要的作用，但其对经济发展的带动作用却微乎其微。近年来，我国经济迅猛发展，国家大都以 GDP 的增长值作为衡量经济发展水平的重要标准，而作为地方政府官员，其政绩的考核也是以 GDP 作为衡量的标准之一。因此，地方政府为了政绩突出，只注重经济的发展，不顾当地经济发展的实际状况和土地资源的实际承载能力，有的地方基层政府甚至强制农民配合他们的指示，将大量的耕地转变为城市建设用地，达到扩大城市建设用地的目的。可以看出，地方政府过于注重经济效益，热情都放在了增长经济上，并且把局部利益凌驾于全局利益之上，完全忽视了耕地保护的重要性，对耕地保护的态度消极，为了实现眼前的利益而在耕地资源上急功近利，甚至不惜违法。

（六）缺乏耕地保护监督机制

在经济迅速发展的时候，土地问题得到了有识之士的关注，但是土地问题仍然没有引起大多数人的重视，尤其是没有得到相关政府部门的重视。政府部门只注重经济的发展，反而没有制定相关的法律法规进行土地的监督和控制，导致土地问题没有得到很好的重视。在我国现有的耕地保护政策中还存在许多不完善的地方，例如在征地补偿、产权、土地用途管制及耕地总量动态平衡、基本农田保护等许多方面都存在着不足之处，还没有完善的耕地保护制度，使得土地不合理征用现象严重，农村耕地的流失也十分严重，然而相关部门却没有加大对农村土地的占用监督力度，从而加剧了城市经济建设与耕地保护两者之间的矛盾。

（七）在保持耕地动态平衡上困难重重

农村耕地大量地流向了城市，导致耕地的不平衡性加剧。要想解决耕地的不平衡性的问题，困难非常大，虽然我国实行了以实现我国耕地总量动态平衡的耕地占补平衡制度，但是依旧不能够解决，在现实生活中，城市化建设所占用的耕地大多是城市周边及重要交通干线沿线的农业生产条件比较好的耕地，而补偿给农民的大都是远离城镇、农业生产条件差的耕地，这与原有的耕地存在很大的差距。因此，目前我国在耕地占补平衡中存在着占优补差，占多补少以及补偿耕地基金不到位的现象突出，从而造成了我国耕地数量急剧减少，并且趋势越来越明显。

三、城市化进程中出现的问题及提出的建议与措施

(一) 集约、节约利用耕地资源

随着社会经济的不断发展，大量的农村耕地被城市建设占用的现象已经屡见不鲜，虽然说城市建设占用农村耕地是社会进步的必然趋势，但是，大量占用耕地仍然会危及农村土地的安全。虽然要想完全避免城镇化占用农村土地是不可能的，但是尽可能地合理利用土地也是可以实现的。要想合理地利用农村的土地，最重要的就是要集约、节约利用耕地资源，提高土地的利用效率。首先重视城市化发展的内涵，提高土地利用率，增加土地资源对可持续发展的保障能力，促进旧城改造，而不是光牺牲耕地来扩大自己的发展空间，有序地推进城市化进程：其次，加强土地资源的整理，对城市内的低利用土地、地区的弃耕地以及未利用的闲置土地用行政管理和与市场调控机制相结合的方法进行整理与开发，实现土地利用由粗放式到集约式的转变，从而进一步规范土地资源市场，在推进城镇快速发展的同时，也可以达到保护耕地资源的目的，从而进一步缓解建设用地和保护耕地之间的矛盾。

(二) 做好城市土地利用规划

土地利用总体规划是国家调控土地的基本手段，对土地资源利用现状和土地潜力进行分析，对土地需求进行科学的预测，在城市建设之前加强规划管理法制建设，按照依法实施规划的要求，建立健全监督检查体制，实行典型检查与全面检查相结合，定期公布各地规划执行情况，增强基层监管力度，有效预防违法用地行为。

(三) 强化地方政府对耕地保护的责任

在城市化进程中，出现随意占用耕地面积以扩大建设用地的现象，主要由于地方政府和企业过于注重本地经济，政府管理不力，政府行为不规范，尽管耕地对当地经济带动作用低，但是农业发展的物质基础就是耕地。所以，必须规范政

府的行为，强化地方政府对耕地保护的责任。

(四) 建立耕地保护的实时监测与监控系统

越来越多的技术手段被应用于耕地的利用中，要想进一步解决城市化进程中耕地保护的问题，如 RS 和 CIS 等技术建立耕地评估、监测和监控系统。这样不仅可以提高土地容积率，减少建筑占用土地，实现城市建筑物的立体化，以充分利用建筑土地，并且要对耕地的保护落实到实际中去，避免不法人员对耕地的胡乱占用。再者，要对耕地的保护问题及时提上日程，及时的保护和检测农村耕地的问题，避免耕地被占用。

第三节　农村耕地资源的生态修复

一、耕地退化的修复

(一) 耕地侵蚀及防治

耕地侵蚀大多数要从生态角度入手对耕地环境进行综合修复治理。在山区，水土保持是山区生态环境保护与经济社会发展的基础性工程，采取有针对性的防护措施很有必要，在长期的水土保持工作中形成了以水利工程、生物工程和农业技术相结合的综合治理措施。

1. 水利工程措施

(1) 坡面治理工程。按其作用可分为梯田、坡面蓄水工程和截流防冲工程。梯田在水土保持治理中具有重要的意义，从治理效率上来说，开垦梯田能够拦蓄90%以上的水土流失量。梯田的形式多种多样，有水平梯田、反坡梯田、隔坡梯田等，图 7-1、图 7-2、图 7-3 为我们展示了三种不同梯田的截面。坡面蓄水修复措施的目的是拦蓄坡面径流，将水、土保持在坡面。

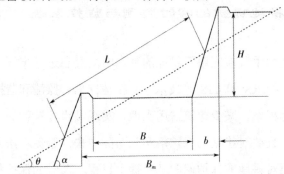

B—田面净宽；B_m—田面毛宽；b—梯面宽度；L—原地面坡长；

a—梯埂坡度；θ—原坡面坡度；H—梯埂高度

图 7-1　水平梯田截面示意

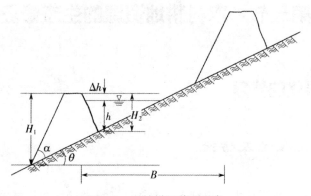

图 7-2　反坡梯田截面示意

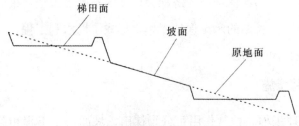

图 7-3　隔坡梯田截面示意

(2) 沟道治理工程。主要有沟头防护工程、谷坊、沟道蓄水工程和淤地坝等，图 7-4、图 7-5、图 7-6 为我们展示了不同的沟头防护工程。

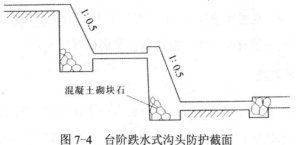

图 7-4　台阶跌水式沟头防护截面

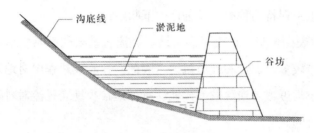

图 7-5　谷坊工程断截面

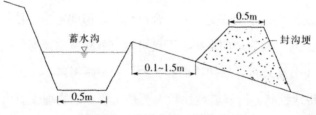

图 7-6　沟道蓄水工程截面

(3) 小型水利工程。小型水利工程的目的对降水进行拦截与蓄积，防止地表的耕地随着水流流失，一般来说为保持水土而修建的小型水利工程主要有蓄水池、转山渠等。

2. 生物工程措施

生物工程措施是指利用生物的自然作用改善生态环境，防止水土流失，一般来说常见的生物工程措施主要包括植树造林、黄山绿化等。利用生物工程措施防止水土流失的优点是能够减少人为治理对环境的二次破坏，此外生物工程措施可以发展生态农业，对农业经济与农村地区的社会发展具有重要的意义。生物防护措施可分两种，第一种是防护林，第二种是经济林。防护林与经济林营造的主要目的有所差别，防护林的主要目的是保护耕地，防治水土流失，经济林的目的是进行林地综合利用，发展林地经济。常见的防护林有塬地护田林、水源涵养林等，常见的经济林一般开展林粮间作、放牧林、薪炭林等。

3. 农业技术措施

水土保持的农业技术措施，是通过改善农业耕作方式，充分利用自然规律来保持水土一种技术措施。农业技术措施的种类和范围比较广，但总的来说，农业技术措施进行水土保持的种类可以进行如下归纳：

(1) 改变地表微地形。地表形态对地表径流有重要的影响，地表坡度较大径流流速快会携带较多的泥沙和硬质耕地。因此，在农业耕作中对地表形态进行微调整，使其减小坡度或者消除坡度，能够有效地较少地表径流对耕地的冲刷，达到保持水土的目的。

(2) 增加地面覆盖。地表耕地之所以能够被径流冲刷裹挟，是因为地表耕地缺乏覆盖物以及植物根系的固定。通过合理密植、田间轮作、秸秆覆盖等措施增加植被或者覆盖对地面耕地的保护，不仅可以有效缓解水流对耕地的侵蚀，覆盖物在自然作用下分解还可以增加耕地的肥力，一举两得。

(3) 改善耕地性状。改善耕地性状主要是从耕地的物理性质出发，以增加耕地的透气性与透水性为主，最常见的措施是对耕地进行翻耕。松软、通透的耕地能够渗入大量的水，这个常识我们都知道，因此利用这一原理对耕地性状进行改良，增加其蓄水能力也是通过农业技术措施保持水土的一个重要方法。

(二) 耕地沙化的防治途径

耕地沙化的防治重点在"防"，耕地一旦沙化其治理难度会成倍增加。从地质条件上来说，土地沙漠化是一个难以逆转的过程，这一点是很多专家的共识，尤其是在沙漠地区耕地一旦沙化，意味着耕地变为沙漠。

1. 营造防沙林带

防沙林是一种有效阻挡沙漠蔓延，保护土地免受沙漠侵蚀的方法。我国"三北"防护林工程正是利用树木对风沙的阻挡作用来保护位于北方沙漠边缘土地的，"三北"防护林工程被称为"绿色长城"，一期工程的造林任务已经完成，目前正在计划进一步扩大"三北"防护林的覆盖面积，对更多的农田与土地进行保护。

2．实施生态工程

河西走廊深处内陆，气候干旱，植被覆盖率低，生态环境十分脆弱，被称为"沙窝子""风库"。为了保护河西走廊地区的土地与农田，我国利用生物工程技术与防护工程技术组合出击，打出了河西走廊土地资源保护的重拳。在河西走廊地区，以北部沿线为规划治理边缘，当地因地制宜，因害设防，采取生物工程与石工程相结合的固沙林13.2万公顷，封育天然沙生植被26.5万公顷，对河西走廊内部相互交错营造了5万公顷的农田树林保护网，该工程已经初见成效，一些治理成果显著的地方已经成为林密粮广的丰产区域。

3．建立生态复合经营模式

内蒙古东部、吉林白城地区、辽西等半干旱、半湿润地区，降水量比起内陆沙漠、隔壁地区相对较多，自然条件的约束使得土地沙漠化的程度比较轻，这些地区要充分利用当地的气候与降水优势，将林地营造与牧草种植结合起来，进行综合式治理。

4．合理开发水资源

水是控制土地沙化的重要因素，在内陆河流水源相对丰富的地区要合理利用水资源对土地沙化进行控制。新疆、甘肃黑河流域对于利用水资源控制土地沙漠化有一定的经验。塔里木河是我国最大的内流河，中华人民共和国成立之初其径流量为 $100 \times 10^8 \mathrm{m}^3/\mathrm{s}$，经过对塔里木河的生态维护，其上游径流已经得到稳定，从比例上来看上流径流量占塔里木河总径流量的50%左右，但这一区域人口较少，河流中下游人口是上游的数倍，径流量只与上游相当，因此对河流径流量上下游的分配进行合理的调控，改善不同地区水资源的分配状况对于控制耕地沙化具有重要的意义。

5. 控制农垦

农垦区域是土地沙化的多发区，因此在农业种植上要合理利用土地资源，控制农垦的规模，使其与土地的承载能力相适应。草原地区由于土质与气候问题，土地不宜进行农垦种植，基于这一点，在旱地进行粮食生产要根据当地的气候与耕地要素因地制宜，不能盲目进行土地开垦。印度拥有大量的草地资源，由于过度开垦与放牧，很多生态相对脆弱的地区很快变为荒漠，土地资源被破坏。

6. 完善法制，严格控制破坏草地

在草原、耕地沙化地区，工矿、道路以及其他开发工程的建设必须要对环境要素进行考量与评估，不能为了经济利益牺牲环境。对于人为性的土地开垦与林、草资源破坏，要根据《环境保护法》的相关规定，从严进行规划控制。

（三）耕地盐渍化防治

从广义来说，盐渍土改良的思路主要有两个：第一个是改良耕地，即对耕地中的盐碱含量降低，使其能够成为正常耕作的土地；第二个是改良作物，培育耐盐碱植物，使其适应盐碱耕地的生长环境。改良耕地可以通过水利措施、工程与农业措施以及化学改良措施实现，改良作物主要是培育与种植耐盐碱作物。

1. 水利改良措施

采取措施控制地下水位，安排好排灌工程的配套措施，建立立体农田综合网络，改善农田综合生态环境，延缓耕地的沙化，使土地盐渍化的情况得到缓解。

2. 工程措施与农业措施结合

从传统农业耕作来说，我国农业改良盐渍化的措施主要有：起土刮碱、开沟躲碱、蓄淡压碱、增施有机肥料。就目前来说，我国工程措施与农业措施相结合治理耕地盐渍化的模式主要有以下几种：

(1) 引黄明沟明渠系统与农业措施相结合；

(2) 井灌井排系统与农业措施相结合；

(3) 井灌沟排系统与农业措施相结合；

(4) 抽咸换淡、咸淡混浇系统与农业措施相结合；

(5) 提灌提排系统与农业措施相结合；

(6) 种稻改碱、水旱轮作相结合。

这些措施虽然在方法上有所差异，但其体现的核心思路离不开以治水为先、培肥为核心。耕地盐渍化治理的工程措施我们可以概括为排、灌、平、肥，大部分方法都是这几个基本方法的延伸与变化。排、灌是治理耕地盐渍化的基础，只有打好这个基础，其他的措施才能发挥更好的作用。

3. 生物改良措施

(1) 增施有机肥料。盐渍土除了盐渍危害以外，干旱、瘠薄常常制约着农作物生长，并呈现着盐化程度加重，耕地肥力愈低的趋势。据江苏盐城新泽试验站资料，培肥熟化耕地，表层 10~20cm 耕地有机质会计师增到 1.5% 左右，总孔隙度达到 >55%，其中非毛管孔隙度达 15% 以上，直径 >0.25 毫米团粒含量在 2.5% 以上，容重 $<1.25/cm^3$，可有效地掏耕地返盐。通过对植物抗盐机理的深入研究，选取择、引种和培育新的抗盐经济作物，使其适应盐渍土环境。

(2) 种植耐盐植物。一是引种盐地先锋植物，可以应用生物排盐。已筛选出的一批盐地先锋植物，如柽柳、花花柴等，它们对硫酸盐、氯化物等盐类都有较强的忍耐力，植物体还具有泌盐腺、泌盐孔的结构，每年可从耕地中带走 100~150 公斤/亩的粗盐。

二是可以增加绿色覆盖，防止盐分表聚。内陆盐渍的特点之一是在强大蒸发作用下，耕地盐分通过毛细管作用聚于地表。采用时空两个层面增加植物覆盖，可以大大减少地面蒸发，减少盐分表聚。如用红豆草、毛苕子覆盖，盖度达 90% 时，耕作层耕地全盐降低 70%，盐分由原 0.83% 降到 0.15%。

三是可以培肥地力，达到可持续发展的目的。种植豆科耐盐植物后，耕地有机质增加 0.5%，耕地容重降低，团粒结构改善，进而种植其他作物。

4．施用耕地改良剂

(1) 采用物理措施，改善耕地结构，增强耕地渗透性。例如磁化水灌溉、砂掺粘、粘掺砂。

(2) 采用化学措施，进行碱土改良。一种是加酸(化学作用)，如硫黄、硫酸、硫酸亚铁、硫酸铝等。碱土加酸后有残留物，同时增加了耕地的盐分。一种是加钙(代换作用)，如石膏、氧化钙、石灰石、磷石膏、煤矸石。

(3) 采用生化措施。以生物有机酸为主成分，利用生物化学作用。

由于每一措施都有一定的适用范围和条件。因此必须因地制宜，综合治理。

二、耕地污染的治理

(一) 强化预防措施

1．加强耕地容量，提高耕地净化能力

增加和改善耕地胶体的种类和数量，能够有效保持耕地对外来侵入物质的吸附能力。污染物作为从耕地生态系统的侵入物质，能够被耕地胶体高的耕地吸附，从而保护耕地免受这些有害物质的破坏，保持耕地生态结构的平衡性。

2．大面积植树造林，保护生态环境

森林是自然的净化器，它不仅可以吸附尘土，还能有效地对空气中的有毒物质进行过滤和阻挡，从而避免耕地因大气污染而受到污染与破坏。除此之外，森林在涵养水源方面具有优良的表现，尤其是在保持水土，防止水土流失上作用尤为显著。无论是从耕地的保护还是从污染的治理来说，植树造林都是一项必不可少的环境保护措施。

(二) 控制和消除耕地污染源

要控制耕地污染，净化被污染的耕地不仅要隔离与清除污染源，还要对已经

污染的耕地进行净化。在控制与消除耕地污染的过程中充分利用耕地本身的性质，顺应自然规律。

1. 加强对工业"三废"的治理

工业"三废"是指工业生产产生的"废水""废气"与"废渣"，"三废"的排放要严格遵守我国环保部门的相关规定，排放物污染指标要进行严格的控制。一般来说工业"三废"在排放之前会经过相应的处理，达到净化的目的，使其符合我国废弃物排放标准。如果企业生产产生的"三废"没有经过处理直接排放到自然环境中，环境保护部门要进行严格的治理，令其停业整顿，排放物达标方可继续经营。

2. 严格把关耕地污灌水，加强耕地污灌区的监测和管理

有些地区由于水资源的缺乏或其他原因，会使用污水进行农作物灌溉，这些地区环境保护部门要重点监测污水的污染物指标，弄清污染耕地的主要物质与成分，并采用相应的措施对污水进行处理，从灌溉水源头保护耕地免受污染。

3. 适量施用化肥和农药

农药与化肥是农业生产中不可缺少的因素，也是农业增产、丰收的重要保障。在农药的使用上要慎重，尽量采用生物方法对害虫进行防治，减少农药中的有害物质进入耕地。化肥为植物生长提供了基础营养物质，但化肥的使用易造成耕地的破坏，因此要大力发展新型肥料技术，推广传统有机肥料的施用。

(三) 污染耕地的综合治理

污染耕地的治理主要可以从生物修复法、物理化学法和化学抑制法三方面考虑。

1. 生物修复法

耕地一旦被有害物质所污染，仅依靠切断污染源头很难从根本上解决耕地污染的问题，因此要采用多种措施进行综合综合治理，从预防、治理与巩固三个方面采取措施。生物的降解或者植物本身的吸收作用能够净化被污染的耕地，蚯蚓

是一种具有耕地改良与污染净化能力的动物，如果加以合理利用能够有效对城市垃圾、工农业废弃物等污染物进行净化，保护耕地免受有害物质的污染。

2．物理化学法

利用物理(机械)、物理化学原理也可以对污染的耕地进行净化，防治污染。一般来说，物理化学法对耕地进行治理主要可以采用隔离法、清洗法、热处理、电化法等方法。物理化学法处理被污染的耕地能够比较彻底地隔绝污染源或对被污染耕地进行净化，但要注意治理工艺的科学性，否则容易造成二次破坏。此外，物理化学法的成本相对较高，大面积的推广与应用并不现实。

3．化学抑制法

化学法是利用化学原理对被轻度污染的耕地进行改良，改变其化学性质，达到治理污染的目的。化学法对污染耕地进行治理能够使耕地添加物的特性作用于污染物质，使其发生氧化、还原等化学变化，从而达到控制或清除污染物的目的。

第八章　建立城乡统一的建设用地市场

第一节　城市建设用地市场

一、城市建设用地的管理

根据《城市用地分类与规划建设用地标准》(GBJ 137—90)，城市建设用地应包括分类中的居住用地、公共设施用地、工业用地、仓储用地、对外交通用地、道路广场用地、市政公用设施用地、绿地和特殊用地九大类用地，不包括水域和其他用地。这些用地可以概括为三方面：①生产性设施用地，有工业用地、交通运输用地、仓储用地；②生活性设施用地，有居住用地、公共设施用地、园林绿地；③市政公用性设施用地，有交通、给水、排水、供电、供气、通讯、环保、防灾等设施用地。编制和修订城市总体规划时，居住、工业、道路广场和绿地四大类主要用地占建设用地的比例应符合表 8-1 的规定。

表 8-1　城市建设用地结构

类别	建设用地占比/%
居住用地	20~32
工业用地	15~25
道路广场用地	8~15
绿地	8~15

在考虑建设用地规划管理时，必须根据不同用地需求合理布局。几种主要用地的布局基本原则：

(一) 工业用地的布局

工业用地布置要考虑的基本因素有：用地条件，供水条件，供电(能源)条件，交通运输条件，环境保护条件，生产协作条件，工业区与居住区的位置条件，等等。城市工业用地布置的基本形式有：城市内工业、城市边缘工业区、远离城市或与城市保持一定距离的工业点、工业卫星城镇(开发区、高新技术园区等)。工业用地布局与城市的关系需考虑工业用地与居住用地的位置关系、工业用地布局与居住用地布局的关系。工业用地布局对城市用地形态的影响有：工业地带或产业集群(industrial cluster)、组合城市(母城+工业卫星城镇)、多功能综合区和带形城市、旧城工业布局调整，等等。

(二) 仓储用地(物流用地)的布局

仓储用地在城市中一般布置在城市的边缘，靠近对外交通便捷，便于集散运输的位置。储备仓库通常布置在郊区、远郊水陆交通条件方便、有专用线路的独立地段；转运仓库通常布置在城市边缘或郊区，与铁路、港口等对外交通设备紧密结合；收购仓库通常布置在货源来向的郊区入城道口或水运必经的入口处；供应性仓库或一般性仓库通常布置在接近其供应地区，具有方便的市内交通运输条件。

(三) 交通用地的布局

交通体系中要合理安排铁路运输场站及枢纽位置、水运港口布置、航空运输的布局、公路运输的布局。主要原则包括：合理组织城市对外交通综合运输；尽量满足各种交通运输方式自身的技术经济要求；尽量减少对城市交通、环境等方面的干扰，尽量为城市的生产与生活创造便利条件，留有发展的余地；旧城改造过程中，要充分利用原有设备，节约用地和投资。

(四) 居住用地的规划布局

城市居住用地占城市建设用地的比例 20%~32%，通常大城市偏低、小城市偏高。我国人均用地指标为 18.0~28.0m²/人，大中城市不得低于 160m²/人。居住用地指标的计算公式是：

人均居住用地面积=居住面积定额/(建筑密度×层数×平面系数)

其中，平面系数是指居住面积与建筑面积之比，通常情况下，楼房 0.5~0.6，平房 0.6~0.7。

居住用地的规划布置要考虑居住用地的选择、居住用地的分布和居住用地的组织与规模。我国城市居住用地采用分级控制规模。

二、城市建设用地的出让方式

出台较早的有关文件对土地使用权出让的具体方式也曾做了明确规定，比如《城镇国有土地使用权出让和转让暂行条例》第十三条规定土地使用权出让可以采取下列方式：协议、招标、拍卖。《城市房地产管理法》第十二条规定："土地使用权出让，可以采取拍卖、招标或者双方协议的方式。商业、旅游、娱乐和豪华住宅用地，有条件的，必须采取拍卖、招标方式；没有条件，不能采取拍卖、招标方式的，可以采取双方协议的方式。采取双方协议方式出让土地使用权的出让金不得低于按国家规定所确定的最低价。"但随着社会变革与经济发展，以上三种出让方式已经满足不了现实需求。尤其是协议出让方式的弊端日益显露，因此有了 2004 年"8·31 大限"。截至目前，我国城市土地出让方式具体包括以下几种类型：

（一）协议

国土资源部于 2003 年发布的《协议出让国有土地使用权规定》(国土资源部 21 号令)，协议出让国有土地使用权，是指国家以协议方式将国有土地使用权在一定年限内出让给土地使用者，由土地使用者向国家支付土地使用权出让金的行为。2006 年，国土资源部制定了《协议出让国有土地使用权规范(试行)》(国土资发

[2006]114 号),对协议出让国有土地使用权的定义做了微调:协议出让国有土地使用权,是指市、县国土资源管理部门以协议方式将国有土地使用权在一定年限内出让给土地使用者,由土地使用者支付土地使用权出让金的行为。

《规范》规定了可以采取协议方式出让国有土地使用权的范围。出让国有土地使用权,除依照法律、法规和规章的规定应当采用招标、拍卖或者挂牌方式外,方可采取协议方式,主要包括以下情况:

(1) 供应商业、旅游、娱乐和商品住宅等各类经营性用地以外用途的土地,其供地计划公布后同一宗地只有一个意向用地者的;

(2) 原划拨、承租土地使用权人申请办理协议出让,经依法批准,可以采取协议方式,但《国有土地划拨决定书》《国有土地租赁合同》、法律、法规、行政规定等明确应当收回土地使用权重新公开出让的除外;

(3) 划拨土地使用权转让申请办理协议出让,经依法批准,可以采取协议方式,但《国有土地划拨决定书》、法律、法规、行政规定等明确应当收回土地使用权重新公开出让的除外;

(4) 出让土地使用权人申请续期,经审查准予续期的,可以采用协议方式;

(5) 法律、法规、行政规定明确可以协议出让的其他情形。

(二) 招标

2007 年,国土资源部公布了《招标拍卖挂牌出让国有建设用地使用权规定》(国土资源部 39 号令)。根据《规定》,招标出让国有建设用地使用权,是指市、县人民政府国土资源行政主管部门(出让人)发布招标公告,邀请特定或者不特定的自然人、法人和其他组织参加国有建设用地使用权投标,根据投标结果确定国有建设用地使用权人的行为。

投标、开标依照下列程序进行:

(1) 投标人在投标截止时间前将标书投入标箱。招标公告允许邮寄标书的,投标人可以邮寄,但出让人在投标截止时间前收到的方为有效。标书投入标箱后,不可撤回。投标人应当对标书和有关书面承诺承担责任。

(2) 出让人按照招标公告规定的时间、地点开标，邀请所有投标人参加。由投标人或者其推选的代表检查标箱的密封情况，当众开启标箱，点算标书。投标人少于三人的，出让人应当终止招标活动。投标人不少于三人的，应当逐一宣布投标人名称、投标价格和投标文件的主要内容。

(3) 评标小组进行评标。评标小组由出让人代表、有关专家组成，成员人数为五人以上的单数。评标小组可以要求投标人对投标文件做出必要的澄清或者说明，但是澄清或者说明不得超出投标文件的范围或者改变投标文件的实质性内容。评标小组应当按照招标文件确定的评标标准和方法，对投标文件进行评审。

(4) 招标人根据评标结果，确定中标人。按照价高者得的原则确定中标人的，可以不成立评标小组，由招标主持人根据开标结果，确定中标人。

对能够最大限度地满足招标文件中规定的各项综合评价标准，或者能够满足招标文件的实质性要求且价格最高的投标人，应当确定为中标人。

(三) 拍卖

拍卖出让国有建设用地使用权，是指出让人发布拍卖公告，由竞买人在指定时间、地点进行公开竞价，根据出价结果确定国有建设用地使用权人的行为。

拍卖会依照下列程序进行：

(1) 主持人点算竞买人；

(2) 主持人介绍拍卖宗地的面积、界址、空间范围、现状、用途、使用年期、规划指标要求、开工和竣工时间以及其他有关事项；

(3) 主持人宣布起叫价和增价规则及增价幅度。没有底价的，应当明确提示；

(4) 主持人报出起叫价；

(5) 竞买人举牌应价或者报价：

(6) 主持人确认该应价或者报价后继续竞价；

(7) 主持人连续三次宣布同一应价或者报价而没有再应价或者报价的，主持

人落槌表示拍卖成交;

(8) 主持人宣布最高应价或者报价者为竞得人。

竞买人的最高应价或者报价未达到底价时,主持人应当终止拍卖。拍卖主持人在拍卖中可以根据竞买人竞价情况调整拍卖增价幅度。

(四) 挂牌

挂牌出让国有建设用地使用权,是指出让人发布挂牌公告,按公告规定的期限将拟出让宗地的交易条件在指定的土地交易场所挂牌公布,接受竞买人的报价申请并更新挂牌价格,根据挂牌期限截止时的出价结果或者现场竞价结果确定国有建设用地使用权人的行为。

挂牌依照以下程序进行:

(1) 在挂牌公告规定的挂牌起始日,出让人将挂牌宗地的面积、界址、空间范围、现状、用途、使用年期、规划指标要求、开工时间和竣工时间、起始价、增价规则及增价幅度等,在挂牌公告规定的土地交易场所挂牌公布;

(2) 符合条件的竞买人填写报价单报价;

(3) 挂牌主持人确认该报价后,更新显示挂牌价格;

(4) 挂牌主持人在挂牌公告规定的挂牌截止时间确定竞得人。

挂牌时间不得少于 10 日。挂牌期间可根据竞买人竞价情况调整增价幅度。

挂牌截止应当由挂牌主持人主持确定。挂牌期限届满,挂牌主持人现场宣布最高报价及其报价者,并询问竞买人是否愿意继续竞价。有竞买人表示愿意继续竞价的,挂牌出让转入现场竞价,通过现场竞价确定竞得人。挂牌主持人连续三次报出最高挂牌价格,没有竞买人表示愿意继续竞价的,按照下列规定确定是否成交:

(1) 在挂牌期限内只有一个竞买人报价,且报价不低于底价,并符合其他条件的,挂牌成交;

(2) 在挂牌期限内有两个或者两个以上的竞买人报价的,出价最高者为竞得人;报价相同的,先提交报价单者为竞得人,但报价低于底价者除外;

(3) 在挂牌期限内无应价者或者竞买人的报价均低于底价或者均不符合其他条件的，挂牌不成交。

2002 年出台的《招标拍卖挂牌出让国有土地使用权规定》(国土资源部 11 号令) 中，也有类似规定，"在挂牌期限截止时仍有两个或者两个以上的竞买人要求报价的，出让人应当对挂牌宗地进行现场竞价，出价最高者为竞得人"，并且这种说法经常在土地挂牌出让公告中明文列出。

三、城市建设用地市场建设

(一) 完善土地储备制度，建立统一、有序的土地市场体系

城市土地储备制度，是指由城市政府委托的机构通过征用、收购、换地、转制和到期回收等方式，从分散的土地使用者手中，把土地集中起来，并由政府或政府委托的机构组织进行土地开发，在完成了房屋的拆迁、土地的平整等一系列前期开发工作后，根据城市土地出让年度计划，有计划地将土地投入市场的制度。

实践表明，城市土地储备制度对政府加强建设用地宏观将起到积极的作用。首先，土地储备制度的建立，使得城市政府完全垄断了土地一级市场，只有储备机构才能通过征、购、换、转、收等方式将土地集中，直接进行储备或者经过开发后进入储备库，然后按计划从储备机构这个"口子"出让和出租土地。一级市场的垄断将根除灰色土地一级市场，为建立土地有形市场打好基础。其次，城市土地储备制度的运作将确保经营性用地通过招、拍卖方式出让、出租，这就在很大程度上减少了一级市场交易中的个人因素，避免"寻租"行为，保障交易的公平和公正性。加之，城市土地储备制度的建立，既使政府垄断一级市场，又使政府手中掌握一定量的储备土地，因而将极大地提高政府对土地市场的调控制能力。最后，负责城市土地储备制度动作的土地储备机构并非只是土地管理部门的一个下属机构，它是受由土地、房产、规划、建设等部门领导组成的土地储备管理委员会指导和监管，各行政部门之间的协调是土地储备制度成功动作的基础。

1. 公开市场信息

土地储备机构所掌握的土地市场信息包括：年度土地出租、出让计划；一级土地市场交易资料；土地储备数量；土地利用总体规划；城市规划；土地出让、出租公告；储备法规政策等。应定期公布土地出让年度计划，以供各方面参考。在土地出让、出租之前，应在媒介体上公开发布招标、拍卖通告。对于已经签订合同的项目资料，应允许公众和投资者查阅。在条件成熟时，可建立土地有形市场，设立固定场所进行土地交易。

2. 交易方式以招标、拍卖方式为主

对于经营性城市用地，都应采用招标、拍卖方式进行出让，这样可以避免政府官员在出让过程中的"寻租"行为，增加一级市场交易的透明度，防止低价出让城市土地，造成国家的损失。

3. 垄断一级市场

土地储备机构应该垄断一级土地市场，做到"统一收购、统一开发、统一规划、统一出让"，这样可以保障土地利用总体规划和城市规划的顺利实施，有利于土地整理，有利于城市土地的集中、优化利用，也有利于规范土地市场，减少炒卖地皮现象。同时政府垄断一级市场以后，就可以使城市土地在开发、规划、出让过程中的增值部分归于国家，也增加了政府的财政收入。

4. 制定科学的土地出让年度计划

计划的制定应以城市经济发展水平、市场中的土地需求量、市场地价和城市规划为依据，计划草案应征求规划、环保、交通等行政部门的科研机构的意见。科学的土地出让年度计划能够有效地调控市场，维持地价的平稳性。

5. 保持一定数量的储备土地

只有储备土地积累到一定数量，才能使政府在市场中土地供应短缺、地价暴涨时具备调控市场的能力。也只有巨大的土地储备才能使储备机构以合理的价位提供住宅用地，从而实现为居民提供可负担住房的目标。

6. 采用科学的决策程序

由于城市用地的有限性，以及它和居民生活的密切相关性，对于重大的土地决策，应确保其合理与科学性，而决策的科学性在很大程度上取决于决策程序的科学性。因此，对于重大的用地决策，储备机构应该征询有关行政部门和专家学者的意见，集思广益，以避免重大失误。

7. 严格执行土地利用总体规划和城市规划

土地利用总体规划和城市规划是城市土地利用职权的强制性文件，土地储备机构应严格按照两项规划确定土地的用途和利用方式。同时，应该在统一开发后再按照规划集中出让，以解决"散、乱、差"问题。应实行土地用途管理政策，严格控制城市郊区农地的非农化。

（二）建立适应市场经济体制要求的规划用地管理新机制

建立适应市场经济体制要求的规划用地管理新机制，需要法律的配套完善；需要计划、建设、土地等有关部门的密切配合；需要城市土地使用制度的彻底改革，城市中原划拨土地应在使用中逐步改为出让土地。为此，规划法应适当进行下列内容修改：对于指令性计划和法律中规定使用划拨土地的项目，实施指令性规划用地管理。对于实行指导性计划管理和法律规定使用出让土地的项目，实行指导性规划用地管理。

1. 出让土地的规划管理机制

在总体规划和分区规划指导下，根据市场需求预测和年度发展目标，由政府组织有关部门(计划、经济、建设、规划、土地)确定出让土地的位置、数量、用途。报经批准后，发文向社会公告，以此代替指导性计划、用地指标计划和规划选址意见书。土地管理部门对拟出让的土地进行权属变更(土地征用等)，同时规划部门组织编制控制性详细规划或修建性详细规划，依据规划要求提出土地使用条件；有关部门进行城市大配套建设，然后进行土地估价和土地出让工作。土地使用者取得土地使用权后,向规划部门申请规划条件,根据条件要求做出修建详细规划(若出让地块面积较小,修建性详细规划已确定,则此项可省略),详细规划经批准后,领取用地规划许可证,进行工程建设。单项工程建设前,根据规划法要求应办理建设工程规划许可证手续。工程完工后,由规划部门和土地部门共同对规划实施情况和土地使用情况进行验收。此规划用地管理机制可称为指导性规划用地管理机制。

2. 已划拨土地的规划管理机制

土地使用者申报建设项目时,城市规划部门应在城市规划的指导下,根据土地使用者的建设意向提出原划拨土地的规划设计条件,进行修建性详细规划。若城市规划中对原划拨用地有调整为城市公共用地的要求,则详细规划中必须予以满足,即划拨用地的修建性详细规划中必须明确要调整为公共用地的位置、数量和调整后的用途。详细规划经批准后,进行土地出让。出让前应依据详细规划进行土地估价和出让金计算,若有用地调整应从出让金中扣除,若出让金不足以补偿调整用地的价值,则政府应给土地使用者予以补偿。清算结束后,依据经批准的详细规划,对原划拨用地重新进行确权发证。

第二节　农村建设用地市场

一、农村建设用地市场发育及运作

新型城镇化需要以市场化运作为基础和支撑,这一点基本得到学界共识,市场化运作保证资源配置朝着有效率的方向发展。没有市场化运作体系下的城镇化结果,资源误置和资源浪费的现象比较严重,总是有可以进一步优化资源配置的空间。如何将建设用地市场化运作以促进城镇化发展,是需要探讨的一个重要议题。政府作为城镇化过程的一个重要参与者,培育市场至关重要。但地方政府对市场化运作机制的认识还不够准确、到位，有的甚至存在一些误区。

目前城镇化过程中出现的"形式上"的市场化和"本质上"的市场化存在质的区别。以城镇化进程中的土地指标流转市场为例，在 18 亿亩耕地红线的约束下，城镇化过程需要的建设用地指标可以通过土地"增减挂钩"政策取得，具体措施是对农村进行土地整理，然后将农村复垦土地耕地和城市建设用地指标等量置换，从而在增加建设用地的同时不减少耕地，做到"占补平衡"。从土地资产的利用效率上来看，通过改变土地的用途，土地指标的流转和使用朝着有效率的方向发展，符合市场经济关于效率的本质要求，有证据表明城镇化对耕地减少还起到一些缓解的作用。但市场有效率的前提是自由的市场交易，是适当、充分定价的交易，且不存在定价和竞争扭曲，而土地指标流转市场则不然。

在土地市场，尤其是土地指标流转市场的构造上，政府在三个方面实行了"形式上"的市场化改造：第一，培育和完善市场主体。土地整理过程中出现了土地指标富余者农户，以及土地指标间接和直接需求主体政府或企业，两者构成了土地指标流转市场上的重要参与者，所有的交易行为都是双方在面临各自约束条件下进行博弈而形成的均衡状态。目前，农民还不能直接参与土地交易，必须通过一个集体组织来完成，为了解决集体组织所有者缺位问题，必须构建真正能够从事市场交易的主体组织，即承担风险、自负盈亏的公司或企业。第二，组建和成立公司企业。农村出现富余土地指标后，有条件的农村成立了资产管理公司，经集体组织授权来对土地指标进行管理和交易。从产权交易的角度看，公司或企业的成立在一定程度上解决了所有者缺位问题，但衍生出了委托—代理问题，对公司与利益攸关方合谋行为的监管也变得十分困难。集体组织中的个人利益受损后，多人联合维权的交易费用也可能非常高，因而市场交易还需要政府的规范和监管。第三，搭建交易及监管平台。市场上的买方和卖方，需要在政府成立的各类交易中心进行土地指标交易，如"农村产权流转综合服务中心"等。在交易过程中，政府可以要求交易双方披露信息，防止合谋行为对集体利益的侵蚀。

经过这三个步骤的市场化改造，许多地方政府认为土地指标交易已经实现了市场化运作，交易行为符合市场规范，成交价格就是市场价格。这实际上是一种误读，政府构造的土地指标流转市场，在"本质上"并不具有市场交易特征，这样的市场构架是一个相对低效率、交易非对称的市场结构。因为土地指标流转市场具有双边垄断的典型特征，在一定程度上，市场定价自由和市场竞争约束也受限制。

二、农村建设用地制度的改革优化

科学发展观的第一要义是发展，核心是以人为本，基本要求是全面协调可持续，根本方法是统筹兼顾。实现农村的全面协调可持续发展，固然离不开外界的扶持，但更为关键的是激发农村内部自身发展的动力。《决定》站在科学发展观的战略高度，对我国的发展阶段做出了精确的判断，提出破解"三农"问题的关键在于城乡一体化，设计了以农村建设用地使用权改革为主旨的农村土地改革措施。

首先，《决定》对我国发展阶段做出了精确的判断："我国总体上已进入以工促农、以城带乡的发展阶段，进入加快改造传统农业、走中国特色农业现代化道路的关键时刻，进入着力破除城乡二元结构、形成城乡经济社会发展一体化新格局的重要时期。""城乡经济社会发展一体化"，简称"城乡一体化"，是十七届三中全会提出的新概念，将成为今后中国社会经济发展的主题。

其次，《决定》提出，破解"三农"问题的关键在于城乡一体化。城乡经济社会发展一体化不仅是破解农业、农村、农民工作难题的根本出路，是实现农业现代化、农村城镇化(城市化)的根本途径，而且它也是科学发展观的体现，是经济社会全面、协调和可持续发展战略的重要组成部分。《决定》在"建立促进城乡经济社会发展一体化制度"部分中提出了城乡一体化发展的"五统筹"：统筹土地利用和城乡规划；统筹城乡产业发展；统筹城乡基础设施建设和公共服务；统筹城乡劳动就业；统筹城乡社会管理，推进户籍制度改革。这"五统筹"是科学发展观的五统筹中"统筹城乡发展"的具体表现；经济发展和人口、资源、环境相协调发展，资源节约型发展也要在城乡一体化背景下才能实现。

显然，"城乡一体化"是针对目前我国城乡二元社会经济发展模式提出的。

城乡二元经济结构是中国社会经济发展过程的显著特征，是阻碍农村全面协调可持续发展的主要障碍。我国以二元土地所有制为基础，与城乡企业、居民身份相挂钩，长期依赖城乡分割管理的路径，形成了典型的城乡建设用地双轨制。现行城乡分立的土地权属制度和户籍制度将城乡资源相互分割，阻碍着农村的进一步发展。我国实行社会主义制度，土地分属于农民集体所有和全民所有(国家所有)，这两类所有权是传统计划经济体制的体现，在建设社会主义市场经济体制过程中，我们不是通过所有权而是通过使用权来实现公有财产物权化并与市场经济接轨的。在创设可流转的土地使用权制度过程中，只有国有土地可以设定自由流转的土地使用权(即可以为全社会任何主体取得)，农村土地使用权仅为农村身份的主体取得，不能实现社会化、市场化配置；同时，所有建设用地只能使用国有土地，农村土地必须先征收为国有才能用于建设的土地制度，直接剥夺了农民利用土地融通资金或进行商业开发的权利。由于农村土地使用权不能社会化流转，因而导致农村的生产性资源受到人为的阻挠，"滞留"在农村，不能实现全社会配置利用，导致农村资源利用的低效率。

再次，《决定》提出了城乡一体化的具体措施。针对我国目前二元社会经济发展现状，《决定》提出了全面的、促进城乡经济社会一体化发展的制度和措施，包括促进生产要素在城乡之间的自由流动、公共资源在城乡之间均衡配置等制度，在基础设施建设、公共服务、社会保障等方面实现一体化，实现经济社会全面的一体化。

按照科学发展观的要求，实现城乡一体化，农村建设用地使用权是关键。农村的全面协调可持续发展，不但要有外在的扶持因素，而且还要有内在的发展动力。在城乡一体化进程中，以工促农、以城带乡是重要的外部因素，内在的动力应当是给农民自主发展权。如果社会发展根本上表现为农业现代化、农村城镇化或城市化，那么这一过程的实现应当是建立在农村经济自身的发展——自主城镇化或城市化基础上，再辅之以城市的带动或促进。我国走的一直是城市扩张和吞并农村的城市化道路，不允许农村自身通过土地融资(比如出让农村建设用地使用权、抵押贷款等)或进行房地产开发来实现城市化。如果继续维持这样的城市化道路，仅仅是促进、引导城市资金、技术、人才、管理等生产要素向农村流动发展农业生产，将公共产品或福利、社会保障等扩展到农村，那么农村仅仅依赖城市"反哺"，缺失自身发展的机制，仍然可能会存在城乡差别，还会存在城乡二元经济。

需要注意的是，城乡一体的土地制度不是让农村的农业用地(其基本功能是满足农业生产)也取得城市土地(其基本功能是满足建设需要)一样的地位，更不是允许农业用地随意地转为建设用地。其根本上是赋予农村建设用地与城市建设用地具有相同的法律性质和流通能力，使农民集体与城市主体享有同样的农村土地的开发权。这种意义上的城乡建设用地的统一成为新一轮农村土地制度改革的核心。

因此，《决定》提出的逐步建立城乡统一的建设用地市场的政策举措是科学发展观的体现，是实现我国社会经济全面、协调和可持续发展的核心内容，我们必须站在科学发展观的高度认识建设用地使用权统一改革的意义。

三、农村建设用地市场建设的思路

针对我国农村建设用地使用权流转存在的障碍，笔者认为农村建设用地使用权应当去身份化，并对征收制度进行改革。

(一) 农村建设用地使用权流转去身份化

这样能够使农民集体成员的土地权益不再体现为直接利用权，而是体现在出让给他人使用、农民获取收益的权利。对于宅基地而言，这还意味着终结农村村民按照家庭人口增长(子女结婚、分户)取得宅基地的制度，转变为通过受让集体土地(从集体组织中取得)和流转(从其他宅基地使用权人)取得。

农村建设用地使用权的流转最终要斩断集体成员与集体土地之间的直接联系，确保任何人都有可能获得农村集体建设用地使用权。农民集体所有权仅体现为分享出让土地使用权的收益，也就是由过去的直接占有支配土地利益，转变为经济收益的分享。这在某种程度上意味着农民集体经济由以土地利用为联结点的实现方式转化为以土地权益(股权)为联结点的实现方式(不妨将前者称为直接实现方式，而后者称为间接实现方式)。在直接实现方式下，集体经济依赖向成员配给土地实现，在不能实现平等分配时即通过分配收益实现。在间接实现方式下，土地的利用是社会化、市场化的，农民集体成员利益要依赖所有权实现；此时，必须有代表和体现每个农民所有者利益的组织，以管理农村建设用地使用权的出让、流转和收益分配(包括再投资)。只有确保农民集体成员利益实现的情形下，农民才愿意放弃直接利用利益，也只有存在这样的组织或制度保障，才能实现农村建设用地社会化利用和流转。显然，制约农村土地流转的主要障碍恰恰在于谁能够代表农民集体、农民集体所有权意志又如何实现这样的问题。

(二) 落实农民集体对土地的开发权

公共利益的界定关系着征收适用范围的限定。只有严格区分和界定公益性和经营性建设用地，将征收限定在公益性建设用地上，才能为农民集体自主出让和流转农村建设用地留下空间。公共利益的界定曾在物权立法过程中被讨论，但终因其"太复杂"而被搁置(有学者认为，寄望于通过物权法对公共利益概念的界定，来解决征收中存在的问题，是物权法所不能承受之重)。笔者认为，公共利益在我国之所以比较困难，主要是传统计划经济时代的公有观念仍然影响着对公和私的判断，即：凡公有制，都是公共利益；凡是国家的，也都姓"公"。在市场经济体制下，国家也可以作为市场主体，为了经济利益从事各种商业行为；国家利益不再能够等同于公共利益。在法律上，不管归属于私主体，还是国家，只要某物是为了不特定公众利益或公益事业，其物即可以认为是满足公共利益。因此，我们要抛弃从主体的角度判断是否属于公共利益，而从土地(客体)的用途或目的来判断是否属于服务公共利益。《城市房地产管理法》第二十四条规定的划拨方式适用范围基本上可以作为公共利益的判定依据，但现实并没有按照这样的标准操作。我们除了加快制定《中华人民共和国征收和征用法》、完善配套制度和措施外，更要寻求过渡到未来征收制度的方法，为两类建设用地市场统一铺平道路。

2013 年 11 月，《中共中央关于全面深化改革若干重大问题的决定》发布，指出要建立城乡统一的建设用地市场。在符合规划和用途管制前提下，允许农村集体经营性建设用地出让、租赁、入股，实行与国有土地同等入市、同权同价。缩小征地范围，规范征地程序，完善对被征地农民合理、规范、多元保障机制。扩大国有土地有偿使用范围，减少非公益性用地划拨。建立兼顾国家、集体、个人的土地增值收益分配机制，合理提高个人收益，完善土地租赁、转让、抵押二级市场。

2014 年 1 号文件《关于全面深化农村改革加快推进农业现代化的若干意见》对农村土地承包与流转又做了进一步说明。要求稳定农村土地承包关系并保持长久不变，在坚持和完善最严格的耕地保护制度前提下，赋予农民对承包地占有、使用、收益、流转及承包经营权抵押、担保权能。在落实农村土地集体所有权的基础上，稳定农户承包权、放活土地经营权，允许承包土地的经营权向金融机构抵押融资。另外，《意见》还提出引导和规范农村集体经营性建设用地入市。在符合规划和用途管制的前提下，允许农村集体经营性建设用地出让、租赁、入股，实行与国有土地同等入市、同权同价，加快建立农村集体经营性建设用地产权流转和增值收益分配制度。

由此可以看出，现阶段我国允许"入市"的这部分农村土地是"集体经营性建设用地"，它仅仅是指兴办乡村(镇)企业等具有生产经营性质的农村建设用地，而不是农村集体建设用地中的宅基地、公益性公共设施用地。而且必须是在符合规划和用途管制的前提下，才可以通过出让、租赁、入股等方式进入城市的建设用地市场，享受和国有土地同等权利。

在实践层面，2015 年 2 月，全国人大常委会授权国务院在北京市大兴区等 33 个试点县(市、区)行政区域，暂时调整实施土地管理法、城市房地产管理法关于农村土地征收、集体经营性建设用地入市、宅基地管理制度的有关规定，试点农村集体经营性建设用地入市。很多试点县(市、区)已经开始了集体经营性建设用地入市的实践探索。比如，2015 年 8 月 19 日，浙江省德清县以协议出让方式完成了全国首宗农村集体经营性建设用地入市(9 月 8 日，该县又以拍卖方式成功出让了一宗农村集体经营性建设用地)。8月27日，全国首宗农村集体经营性建设用地使用权拍卖在贵州湄潭敲响了第一槌。9月，四川省郫县唐昌县镇战旗村成功拍卖出全省第一宗集体经营性建设用地。11月，甘肃省陇西县敲响全省农村集体经营建设用地使用权拍卖第一槌。在该县举行的农村集体经营性建设用地入市试点工作首次交易会上，巩昌镇农机修配站4亩集体经营性建设用地，从120万元起拍，经多轮竞标人激烈争夺，最终以214万元的价格成功出让。12月，山西省泽州县农村集体经营性建设用地入市试点工作领导小组批复了首宗地块入市，正式向用地单位——科沃商贸有限公司颁发了建设用地批准书。12月，北京市国土资源局大兴分局发布了集体经营性建设用地使用权出让公告，大兴西红门镇的绿隔产业用地挂牌出让。据国土资源部发布的《2015中国国土资源公报》，截至2015年年底，我国完成了69宗758.33亩农村集体经营性建设用地入市。

参 考 文 献

毕宝德，柴强，李玲等. 2006. 土地经济学[M]. 北京：中国人民大学出版社.

毕宝德. 2001. 土地经济学[M]. 北京：中国人民大学出版社.

蔡守秋. 2000. 环境资源法学教程[M]. 武汉：武汉大学出版社.

陈友龙，缪代文. 2002. 现代西方经济学[M]. 北京：中国人民大学出版社.

樊志全. 2005. 土地权利理论与方法[M]. 北京：中国农业出版社.

傅伯杰等. 2001. 景观生态学原理及应用[M]. 北京：科学出版社.

傅桦. 1998. 土地学导论[M]. 北京：中国环境科学出版社.

高鸿业. 2001. 西方经济学[M]. 第2版. 北京：中国人民大学出版社.

国土资源部土地估价师资格考试委员会. 2000. 土地管理基础[M]. 北京：地质出版社.

国土资源部政策法规司编. 1999. 国土资源管理体制改革[M]. 北京：地质出版社.

郝之颖. 2002. 城市规划实务[M]. 天津：天津大学出版社.

贾东力. 2007. 土地开发整理项目实务指导[M]. 哈尔滨：黑龙江人民出版社.

李龙. 1996. 法理学[M]. 武汉：武汉大学出版社.

廖永林. 2008. 土地管理制度与政策[M]. 北京：中国财政经济出版社.

林增杰，严星，谭峻. 2001. 地籍管理[M]. 北京：中国人民大学出版社.

林增杰，严星. 1993. 土地管理概论[M]. 北京：改革出版社.

林增杰. 1999. 城市地产评估[M]. 北京：中国人民大学出版社.

刘光远，王志彬. 1999. 新编土地法教程[M]. 北京：北京大学出版社.

刘黎明. 2010. 土地资源学[M]. 北京：中国农业大学出版社.

刘胜华，刘家彬．2005．土地管理概论[M]．武汉：武汉大学出版社．

陆红生．2007．土地管理学总论 [M]．北京：中国农业出版社．

马克思，恩格斯．1974．马克思恩格斯全集[M]．北京：人民出版社．

蒙吉军．2005．土地评价与管理[M]．北京：科学出版社．

钱伯海，黄良文．1992．统计学[M]．成都：四川人民出版社．

尚玉昌．2002．普通生态学[M]．北京：北京大学出版社．

谭峻，林增杰．2008．地籍管理[M]．北京：中国人民大学出版社．

王凤彬，李东绾．2000．管理学[M]．北京：中国人民大学出版社．

王焕校．2000．污染生态学[M]．北京：高等教育出版社；柏林：施普林格出版社．

杨京平，卢剑波．2002．生态安全的系统分析[M]．北京：化学工业出版社．

詹长根．2001．地籍测量学[M]．武汉：武汉大学出版社．

张永桃．2002．行政管理学[M]．南京：南京大学出版社．

张云秀．2000．法学概论[M]．北京：北京大学出版社．

周诚．1996．土地经济学研究[M]．北京：中国大地出版社．

本书系2018年度河南省软科学研究计划项目"中原文化外宣翻译质量导向研究"（编号182400410373）的研究成果。

多维视域下的外宣翻译体系构建研究

◎杨友玉 / 著

中国水利水电出版社

www.waterpub.com.cn

·北京·

本书为2018年度河南省科学技术厅软科学研究项目"中国文化'走出去'视域下外宣翻译专向规范研究"（项目号：182400410838）的阶段性成果。

内 容 提 要

外宣翻译研究具备跨学科、多维度、宽进路的特征，对其的探讨就必须具有相当的包容性、系统性与综合性。本书在对外宣翻译概念界定的基础上，分析了我国外宣翻译研究的历史及现状，从而提出了新常态下外宣翻译的原则与策略，并进一步从对外传播学、语言学、跨文化交际学的视角出发，集中阐述外宣翻译的主要特点和基本原理，最后对目前我国外宣翻译中常见的误译现象进行分析归纳，剖析了造成各类误译的内在原因，进而提出相应的翻译策略和技巧，并探讨了现代外宣翻译的新技术——机器翻译的发展与运用。

本书内容点面结合，针对性强，可供口笔译工作者、外事工作者、新闻工作者、高校师生等阅读参考。

图书在版编目（CIP）数据

多维视域下的外宣翻译体系构建研究 / 杨友玉著
. --北京：中国水利水电出版社, 2018.9 （2025.4 重印）
  ISBN 978-7-5170-6672-9

Ⅰ．①多… Ⅱ．①杨… Ⅲ．①中国对外政策－宣传工作－语言翻译－研究 Ⅳ．①H059

中国版本图书馆 CIP 数据核字（2018）第 171313 号

责任编辑：陈 洁　　封面设计：王 伟

书　　名	多维视域下的外宣翻译体系构建研究 DUOWEI SHIYU XIA DE WAIXUAN FANYI TIXI GOUJIAN YANJIU
作　　者	杨友玉 著
出版发行	中国水利水电出版社 （北京市海淀区玉渊潭南路 1 号 D 座 100038） 网址：www. waterpub. com. cn E - mail：mchannel@ 263. net （万水） sales@ waterpub. com. cn 电话：(010) 68367658 （营销中心）、82562819 （万水）
经　　售	全国各地新华书店和相关出版物销售网点
排　　版	北京万水电子信息有限公司
印　　刷	三河市元兴印务有限公司
规　　格	170mm×240mm　16 开本　16 印张　228 千字
版　　次	2018 年 10 月第 1 版　2025 年 4 月第 3 次印刷
印　　数	0001－2000 册
定　　价	64. 00 元

凡购买我社图书，如有缺页、倒页、脱页的，本社营销中心负责调换

前　言

当今世界正在发生着深刻而复杂的变化，处于大发展、大变革、大调整时期，其主要特征可以归纳为世界多极化、经济全球化和区域经济一体化、信息网络化，以及人们生活方式的多样化等方面。科学技术迅猛发展，日新月异，世界已经进入了信息时代。互联网和大众传媒的快速发展极大地改变了人们的生活方式，正像现在人们常说的那样：世界变得越来越小，我们都是地球村的村民。世界各国之间的政治、经济、文化的相互交融程度不断加深，古往今来，前所未有。世界范围内各种思想文化的交流和不同文明之间的对话日趋频繁与活跃。同时，也面临人类共同的国际热点问题，特别是越来越多的诸如环境、气候、能源等非传统安全问题，加强国际合作、共同应对挑战已经成为国际社会的普遍共识。

当今中国与世界的关系也正在发生历史性的变化。改革开放以来，中国的经济发展成就举世瞩目，经济总量跃居世界第二，综合国力大幅提升，全方位外交成绩显著，在国际上的影响力日益增大，中国的发展模式和理念也日益受到国际社会的关注。总之，作为世界人口第一大国，中国的发展同世界的发展日益紧密地联系在一起，可以说，中国的发展离不开世界，世界的发展也离不开中国。然而，中国仍然是一个发展中的大国，还不是一个强国，从大国到强国还有很长的路要走，其中不可逾越的一段路程就包括提升国家形象和文化软实力。在当代国际关系中，综合国力竞争的一个显著特点就是文化的地位和作用更加突显，因此，树立良好的国家形象、扩大中华文化的国际影响力、提高国家的文化软实力已经成为我国的重要战略任务。中国作为负责任的大国，在经济与社会发展和对外开放过程中，营造客观友善的国际舆论环境，增强中华文化的国际影响力，展示民主进步、文明开放、客观真实的国家形象，必将成为国家的重要发展战略。在这一过程中，对外宣传或国际传播任重而道远。

进入 21 世纪以来，我国的对外宣传工作取得了明显的进展。然而，应该清醒地认识到，我们现在面临的状况仍然是西强我弱，西方媒体目前仍占据主导权，控制着话语权，利用意识形态竭力丑化中国。要改变这种现状尚需时日，还需要我们做出极大的努力，这既包括重视对外宣传工作，制定外宣工作长远规划，创新对外宣传的方式方法，增强对外宣传的吸引力、亲和力和影响力。同时还要花大力气提高外宣材料的编写和翻译质量，善于用国外公众易于理解和接受的语言与形式，提高国际传播的能力和效果。但是，由于目前外宣材料的翻译质量参差不齐，存在问题较多，也在一定程度上影响了宣传效果，甚至造成国外受众的误解，产生不良影响。

本书总共分为七章，第一章主要对外宣翻译的基本概念、特点和历史现状进行阐述。第二章分析新常态下外宣翻译的新形势特点，外宣翻译工作中需要注意的原则和策略以及对翻译工作者的素质要求。第三章、第四章、第五章分别从传播视域、语言学视域、跨文化视域三个角度对外宣翻译进行深度研究，分析在这些视角下外宣翻译的相关理论、翻译策略、传播途径等方面的特点。第六章对现在出现频繁的外宣翻译误译类型进行归类，并深入解析其出现的原因。第七章阐述机器翻译技术在外宣翻译领域的应用及发展前景。

本书从发起、构思到落笔为时匆匆，加上涉及的理论、方法及内容广泛，书中难免出现疏漏及不妥之处，敬请学术界同仁和广大读者批评和指正。

作　者
2018 年 3 月

目 录

第一章 外宣工作与外宣翻译研究综述

在经济全球化和政治多极化的影响下，当今世界进入了信息快速传播化的时代。信息快速传播既包括对国际重大事件的传播，也包括对本国事务的宣传。可以说，对外宣传（以下简称外宣）成为维护国家利益、推行对外政策的有效手段，在全球化浪潮中发挥着越来越重要的作用。翻译是跨文化交流的必由之路，是沟通的桥梁，外宣翻译也就成为影响对外传播效果的关键因素之一。

第一节 外宣的目的、主体与体裁

一、外宣的目的

中国的外宣是传播而不是宣传。本书中的外宣研究主要针对的是我国，因此需要明确我国外宣的内涵。我国的对外宣传主要是通过介绍中国文化与政策来加深世界人民对中国的了解，从而增进友谊，开展互惠合作的活动。从这个意义上说，我国的对外宣传并没有改变受众对事物的观点，因此是一种传播，而不是宣传。

但是由于"外宣"是一种约定俗成的说法，因此我国的对外宣传是指一般意义上的传播。

通过对外宣传，不同国家的人民可以了解我国的国情，进而为我国的现代化建设提供更好的国际条件。但是由于国际关系的复杂性，在进行外宣的过程中会受到很多因素的影响与制约，主要包括以下几点。

（1）文化对外宣的影响。文化背景是进行交际的重要前提，因此不论是在外宣活动还是外宣翻译时，都应该认识到文化差异对外宣活动的重要影响作用。

（2）语言对外宣的影响。语言是人类交际的重要工具，但是语言的不同会直接影响交际的进行。外宣活动的受众来自世界各地，不同的语言对外宣的顺利进行造成很大的阻碍。翻译是语言之间的转换活动，但是将源语的内涵与文化含义准确地翻译为译语并为译入语读者所接受，是很困难的事情。

（3）文化偏见对外宣的影响。在历史发展的进程中，会形成一定约定俗成的印象，这些对国家的固定印象也会在一定程度上影响外宣的顺利进行。

综上所述，由于外宣并不是易事，因此用科学、审慎的态度进行外宣十分有必要。对外宣相关原则、规律、特点、理论等的研究是提高外宣科学性和有效性的重要前提。

二、外宣的主体

在进行外宣活动时，对外宣内容的设计十分有必要。我国进行外宣活动的主要工具是英文媒体，在内容上主要帮助外国受众了解中国的消息，这些都可以作为宣传的题材，主要可以包括以下几个方面：①国家大政方针，如经济、文化、政治、外交方面可以引起外国读者兴趣的消息；②能够引起人类关注与共鸣的事情；③社会知名人士的相关情况。

在进行外宣内容设计时，需要考虑外国读者的价值观、思维观、兴趣、需求、信仰、心理、文化背景等方面进行内容的选择，需要做到外宣内容有针对性、适应性和接近性，从而扩大受众人群。除此之外，外宣对参与者的语言能力要求很高，需要相关人员具备文化沟通与交流的能力，对外宣内容起到"过滤器"的作用。

外宣翻译属于翻译的范畴，是为读者服务的，但是还带有自身的特殊性。大体来说，外宣翻译的特殊性包括以下两个方面：

（1）外宣翻译是从国家的高度看待问题，因此其材料内容需要传达的是中国思想与中国文化，同时还需要维护中国国家形象，以国家利益为重。

（2）从人类的角度对外宣翻译进行研究，需要重视其对世界文化沟通与交流的重要作用，以及正视其对人类文明发展的积极推动作用。

三、外宣的体裁

具体来说，外宣翻译的体裁主要分为文学翻译和非文学翻译，两者的区别见表1-1。

表1-1　文学翻译与非文学翻译的区别

翻译类别	文学翻译	非文学翻译
文本形式	小说、诗歌、散文、戏剧、典籍、报告文学等	广告、函电、说明书、合同、契据、公式语、时政、法律、旅游、科技、商务、影视、对外宣传材料
目标读者	文学爱好者	一般读者
理论体系	框架完整、思想权威、名家辈出	未成体系、少人问津、学术性弱；多数研究停留在随感式、经验性总结，缺乏宏观理论视野和微观剖析论证
翻译方法	语义翻译为主	交际翻译为主
文本特点	多样性、灵活性、艺术性	信息性、实效性、准确性、专业性和功能性

（一）外宣翻译与文学翻译

文学翻译主要是对诗歌、小说、戏剧、散文、影视剧等语言的翻译，是一种艺术化的翻译。译者在进行文学翻译时，需要首先对原作思想、内容与风格进行把握，然后使用译语将文学语言再现，从而使译入语读者获得和源语读者大致相同的文学感受，了解原作的艺术风格与艺术形象。从本质上说，文学翻译主要对译者的文学修养与表现力有所要求。

外宣翻译与文学翻译都属于翻译的范畴，具备一般的翻译特征，都需要忠实、准确地传达原文的内容与信息。但是外宣翻译属于非文学翻译，注重知识性、逻辑性的信息。文学翻译则比较看重形象性、情感性、模糊性与不确定性。具体来说，外宣翻译与文学翻译的差异性主要表现在以下几个方面：

（1）篇章结构上，外宣翻译注重知识的可靠性与真实性，可以利用摘译、节译、编译等手法；文学翻译注重作品的艺术整体性，不能割裂作品的完整性和表达性。

（2）字句翻译上，外宣翻译的难点主要在于对概念、术语、范畴等的理解与把握，在译入语中找到对应词十分困难；文学翻译的难点是对原文民族文化信息的翻译。

（3）翻译方式上，外宣翻译对译者的科学思维、逻辑思维要求较高，需要其具备一定的专业知识，对专业术语、概念等的翻译十分熟知；文学翻译对译者的形象思维、情感思维要求较高，需要其有一定的文学素养和审美能力。

（二）外宣翻译与非文学翻译

文学翻译是指对文学作品的翻译，不仅需要将原文含义体现出来，同时还需要体现原作者的行文风格。非文学翻译，通俗来讲是指实用类、文件型翻译，注重传达原文信息，带有应用面广、实用性强的特点。从这个意义上说，外宣翻译是一种应用型翻译文本，属于非文学翻译的范畴，但是与非文学翻译的整体特点相比，外宣翻译又带有自身的特点，具体包括以下几个方面。

1. 语体形式不同

从语体形式上看，外宣翻译的特点主要体现在以下几个方面。

（1）单向翻译。非文学翻译主要是双向翻译，既可以将中文译成英文，又可以将英文译成中文，从而宣传我国的优秀作品，扩充我国的作品资源。而外宣翻译由定义就决定了其单向翻译的特征，也就是需要将中文翻译成英文。译者需要在了解外国受众信息需求的基础上，对外宣材料进行核心信息的筛选与次要信息的排除来进行翻译。

（2）文体较正式。外宣翻译文本一般都较为正式，以政治外宣为例，其代表着我国的国家形象，翻译材料主要来自政府部门、企业事业单位的重要信息，因此在文体上多较为正式。在传播途径上，外宣翻译也带有正式性的特点。

　　而非文学翻译根据不同的文体标准会有不同的翻译要求。例如，法律文书属于庄重文体、公共演讲属于正式文体等。

　　（3）应用类型翻译。外宣翻译属于一种应用型的翻译形式，强调对信息的准确传达，并不刻意追求文章的美学色彩与艺术色彩。同时外宣翻译十分强调表述的逻辑性、科学性与简洁性。针对政治文献外宣材料中的政治术语，译者需要进行详细解释，从而起到宣传我国形象、促进国际交流的作用。但是在非文学翻译中，一些同属于应用型文体的翻译并不需要对原文进行特别的解释说明，只需要客观、准确陈述原文内容即可。

　　（4）中国味道浓厚。政治文献外宣翻译主要是为了宣传我国的文化、树立我国的形象。因此，和一些非文学翻译相比，外宣翻译的中国味道浓厚，译文中经常会出现带有中国特色的表达方式。正是因为文章中中国语言文化的出现，也给译文带来了一定的难点，需要译者同时具备深厚的汉语语言能力和英语文化能力。

　　由于中国文化源远流长，因此语言中也有很多独特的表达形式，在外宣翻译中尤其需要注意一些关键文化词的翻译，从而提升译文质量。例如：

Baihuawen 白话文

Mr. Science 赛先生

Mr. Democracy 德先生

Imperial Examination 科举

People's Commune 人民公社

May Fourth Movement 五四运动

Two Hundred Policies 双百方针

Four Modernizations 四个现代化

Hanlin Imperial Academy 翰林院

　　（5）正向传达信息。外宣翻译是为了进行宣传，从而塑造鲜明的国家形象，吸引不同国家的注意，为中国的发展营造良好的国际环境。这一特殊性就要求外宣翻译在表达过程中要注意正向传达信息。

合格的外宣翻译人员需要有一定的政治敏感性，熟知我国的基本政策和对外活动原则，并具有积极维护国家形象的觉悟，时刻意识到自身的立场。在处理外宣文本时，译者也需要以正确的思想为导向，时刻关注文本的传播效果，以正向宣传我国的优秀文化和政策为根本出发点。

2. 译文标准不同

由于外宣翻译的特殊性，在对外宣文本进行检验时其译文标准也带有特殊性。

（1）外宣译文需要简洁、严谨，不用或者少用带有强烈主观性和感情色彩的表达。

（2）外宣翻译在进行过程中，需要考虑传播和宣传效果，并对不同国家的文化背景与意识形态进行考量，从而提高译文的科学性与影响性。

（3）外宣翻译要注重政治性，要注意维护国家形象和国家在政治、经济方面的利益。非文学翻译根据不同的文体要求会有不同的翻译标准，需要译者具体问题具体分析。

3. 翻译目的不同

美国著名学者哈罗德·拉斯韦尔（Harold Lassewell）是传播学的先驱，他提出了著名的"5W"传播模式，该模式存在于任何一种传播活动中，如图1-1所示。

图1-1 "5W"传播模式

外宣翻译和非文学翻译都是一种传播活动。受众对传播的接受程度体现出了不同文体的翻译质量。因此，外宣翻译成功与否的关键就在于其传播效果，译者需要从译入语读者的角度进行文章的审视与语言的选择，从而在把握文本本质目标的基础上达到翻译的目的。而非文学翻译带有实用性，其因不同的文本有着不同的翻译目的，从而调整措辞，促进译入语读者的吸收。

4. 目标受众不同

非文学翻译的受众十分广泛，并没有特定的群体。而外宣翻译的目标受众十分明确，主要是来自不同文化背景下的受众。

据此，在进行外宣翻译实践过程中，译者需要考虑译文在目标受众中的影响，并在语言上向使用外国读者能够接受的形式，根据具体的外宣材料调整语言，从而提高外宣翻译的传播性。例如，"国有企业历史遗留问题"中的"历史遗留"一词的意思是"很多年前的问题一直拖到了今天"，且该问题目前还没有解决，依然存在，虽然historic 或 historical 都可以表达"历史"这一含义，但这两个词都是指过去的事情，因而将"历史遗留"翻译成 historical problems 是不合适的，应该使用一个可以表示"常年存在"的词汇来翻译，如用 long-standing、perennial、chronic 等 来 与 problems of/with state-owned enterprises 相搭配。

第二节 外宣翻译相关概念的界定与特征分析

对外宣翻译进行研究，首先需要明确其相关概念。准确把握概念是进行理论与具体分析的钥匙。

一、翻译概述

外宣翻译属于翻译的范畴，因此首先需要了解翻译的相关知识。

翻译是关于人类语言沟通与交流的活动，是指通过借助语言符号进行文化的传播和思想的交流。在人类几千年的发展过程中，翻译扮演着文化传播的桥梁与媒介的作用。虽然翻译活动由来已久，但是对翻译下一个准确的定义却并非易事。

雅各布森（Roman Jacobson）将翻译分为符际翻译、语际翻译和语内翻译三类。符际翻译是指将一种语言翻译为另一种非语言的符号系统；语际翻译是指将一种语言翻译为另一种语言；英语教育、课程与教学的根本主导思想是要充分体现以人为本、以人的发展为本的思想。英语教学以人的发展为本的思想，根植于马克思主义哲学对人的本质，人与客观世界、社会文化的关系，人的主观意识、思维与外在世界、社会思想化的关系以及人的生命活动与语言的关系等问题的精确且深邃的论述之中。

语内翻译是指将一种语言中的符号翻译为该语言中的其他符号。美国翻译理论家尤金·奈达（Eugene A. Nida）认为"翻译"是"从语义到文体用最贴切、最自然的对等语在译语中再现原语的信息"。

英国的卡特福德（J. C. Catford）认为"翻译"是"将一种语言的话语材料与另一种语言的话语材料进行等值的替换"。

我国学者胡庚申认为翻译是译者适应性选择翻译生态环境的过程。

通过上述学者的表述可以看出翻译过程与性质的复杂性。由于不同学者对翻译的研究角度不同，其定义方式也千差万别。因此，理解翻译需要从其本质上进行研究。综合来讲，可以从广义和狭义的角度对翻译的定义进行说明。

从广义上说，翻译是指语言与语言、语言与非语言之间基本信息的传达和代码的转换。

从狭义角度来说，"翻译"是指用一种语言将另一种语言所表达的内容忠实地表达出来的语言活动。

综上所述，翻译是指通过变更语言形式和语言障碍进行思想沟通与意义传达的语言转换活动。

二、对外宣传

（一）外宣的定义

由于研究角度的不同，外宣的定义也可以有不同的表述方式。

（1）从国际政治的角度来看，外宣带有很强的政治性和思想性，主要是政府、社会等主体对受众进行宣传，从而改变受众立场。

（2）从传播学的角度来看，外宣是一种国际性的传播活动。通过不同地域、不同文化、不同地区的对外传播来提升本国的国际了解度与认同度，最终塑造本国形象，提升本国国际影响力。

（二）外宣的意义

我国进行外宣从本质上是为了提高中国在国际上的认识度，使更多的外国受众愿意认识中国、了解中国。我国历次全国对外宣传工作会议中都强调了我国外宣的任务是全面介绍中国，树立、维护中国的社会主义国家形象，为改革开放、现代化建设创造一个良好的国际舆论环境。由此可见，外宣工作对我国社会主义现代化建设有重要影响作用。

随着我国综合国力的提高，外宣工作的地位愈加凸显。有效的外宣活动不仅能够为我国的经济、文化、政治发展创造良好的环境，同时还有助于中国大国形象的树立。

三、外宣翻译

我国在进行外宣活动时，主要是利用英文进行的。这些英文材料通过中文素材进行翻译转换，从而形成外宣内容。翻译不仅是语言之间的转换，而且还涉及不同的文化、历史、思维、价值观等因素，这点在外宣翻译中也是如此，并且外宣活动的政治性和国家性对外宣材料的翻译更要严肃、认真。

（一）外宣翻译的界定

语言字面上看，外宣翻译（international publicity translation）是翻译对外宣传材料的活动，属于翻译的范畴，主要是指"将中国社会生活中各方面的情况翻译成英文介绍给外国人，其主旨是让外国人更好地了解中国"。

学者黄友义认为，"随着中国对外开放以及社会经济的全面发展，对外交流日益增多，我们需要把大量的中国信息从中文翻译成外文，通过图书、报纸、广播、网络、期刊、多媒体、国际会议等方式进行对外发表和传播，这就是外宣翻译"。

学者曾利沙认为，"外宣翻译的共性特征在于传递以客观事实为主的'信息'，注重对外宣传的社会效应，文字符号的美学意义或个性特征则处于从属地位"。

综合上述学者的表述，可以对外宣翻译的定义进行以下几点解读。

（1）外宣翻译是中国走向世界的需要，也是世界了解中国的渠道。

（2）外宣翻译的内容涵盖反映中国当下社会生活各方面的重要资料。

（3）外宣翻译的渠道多种多样。

（4）外宣翻译是对外进行宣传和传播，其受众为外国民众。

由于外宣翻译材料的广泛性，加之外宣活动的特殊性，外宣翻译在实施过程中对译者有以下几个要求。

（1）要求译者具备强烈的政治性。外宣活动带有高度的政治性，这一点要求译者应该运用正确的立场和观念来分析原文内容，在实事求是的基础上进行辩证思维，从而正确处理原文和译文的形式。

（2）要求译者要灵活处理差异。在外宣活动的重要作用的前提下，外宣翻译的进行最好不要逐字逐句进行硬性处理，而需要根据译入语国家读者的思维习惯对原文进行适当加工，从而提高译文的有效性。

（二）外宣翻译的分类

外宣翻译根据不同的翻译标准可以有不同的分类形式。我国学者段连城认为，外宣翻译可以分为一般宣传材料的翻译和正式宣传材料的翻译。

（1）一般宣传材料的翻译主要包括我国政治、经济、文化、历史、社会等方面的对外宣传材料。

（2）正式宣传材料的翻译主要是指官方文件的翻译，如首脑讲话、外事谈话、科技交流、法律文件等。

学者安新奎将外宣翻译分类为直接材料翻译和间接材料翻译两种。

（1）直接外宣材料的翻译主要是指宣传者与外国受众近距离接触时语言的翻译。

（2）间接外宣材料的翻译是指通过不同平台、媒体进行的外宣活动的翻译，如展销会、推广会、媒体宣传、报纸宣传等材料。不论学者对外宣翻译的表述如何，在对其进行把握的过程中需要注意其主要特点。大体上说，外宣翻译就是对外宣传材料的翻译，其对我国经济、政治、文化等都有着重要影响。

从字面上对"外宣翻译"进行解读，可以看出"外"主要是指外宣翻译活动的目的地，"宣"则代表着外宣翻译活动的传播方式。外宣翻译通过"外宣"的方式与手段；达到政治、经济、文化、科技相交流的目的。除了上述外宣翻译的分类之外，还可以从广义和狭义的角度进行理解。

从广义的角度上分析，外宣翻译由于其翻译活动的广泛性，因此其内容包罗万象。从这个意义上说，外宣翻译是指通过以翻译为媒介，宣传我国优秀民族成果，树立国际形象的活动方式。

从狭义的角度上分析，外宣翻译主要包括对各种媒体报道、政府文件公告、公式与等实用文体进行的翻译。从此意义上说，外宣翻译首先强调信息的准确传达，对语义信息的表达。大体上说，狭义的外宣翻译的主要文本类型有以下几种。

（1）政治文献翻译。

（2）新闻文本翻译。

（3）公示语翻译。

（4）信息资料翻译。

（5）汉语典籍翻译。

四、相关概念的界定

（一）宣传与传播

宣传（propaganda）与传播（communication）是常见的两种概念，二者在使用过程中有一定的差异性。

1. 宣传的定义

《中国大百科全书·新闻出版》（1990）对"宣传"的定义为"运用各种符号传播一定的观念以影响人们的思想和行动的社会行为"。

美国政治学者、宣传研究奠基人之一的哈罗德·拉斯韦尔对宣传下的定义为"从最广泛的含义来说，就是以操纵表述来影响人们行动的技巧"。

学者王纪平、王朋进、潘忠勇在结合时代背景和前人研究的基础上，将宣传定义为"传播者为了实现某个目的，通过传播媒介公开地传播信息符号对广大人群进行态度影响和意见控制的过程"。

2. 传播的定义

美国著名社会学家查尔斯·库利（Charles Cooley）在《社会组织》中认为，"传播是指人与人关系赖以成立和发展的机制——包括一切精神象征及其在空间中得到传递、在时间上得到保存的手段。"

我国学者张云若认为"传播是人类传递或交流信息的社会性行为"。

3. 二者的区分

"宣传"和"传播"在概念上有一定的相似性，甚至从学术的角度对二者进行分析，可以看出宣传也是传播的重要形式。对传播的研究同样有助于对宣传的研究，对宣传的研究是进行传播研究的重要组成部分。但是也需要指出，宣传带有一定的主观性，通过利用一定的方式来潜移默化地影响受众的思想、观点与态度。从这个意义上说，宣传既带有积极的色彩也包含消极的意味。

（二）内宣与外宣

从地域的角度对宣传进行分类，可以将其分为"内宣"与"外宣"两种形式。内宣，顾名思义，是指对内宣传，针对的是省、市、县、户等国内对象的宣传。

内宣和外宣有很大的差异性，主要体现在以下几点。

（1）语言的差异性。

（2）受众的差异性。受众不同，在宣传时就需要具体考虑不同的生活方式、价值观、思维方式等。

（3）反馈的差异性。内宣与外宣由于空间和时间上的不同，对于反馈也有一定的差异。

内宣存在的目的是促进社会主义现代化的建设，宣扬我国优秀的政策。而外宣是为了树立我国形象，从而为我国的改革开放与现代化建设营造良好的发展环境。

在时代的发展下，内宣与外宣的联系更加紧密。内宣成了外宣的基础，外宣是内宣的延伸。

（三）对外宣传与对外开放

对外宣传与对外开放是一组常见的表述形式，二者相互依赖、相互促进。

从历史发展进程中考虑，外宣活动是在地区、国家发展之后的活动，其目的是进行沟通，实现互通有无。同时外宣活动能介绍本国文化和政策，宣扬自己的民族文化，积极谋求与其他国家的联系。对外开放是指开放国门，提高经济开放程度，积极与外国建立经济交往。

可以说，对外宣传是进行对外开放的先导。只有外国受众了解中国国情，才能加强相互间在政治、经济、文化等方面的沟通与合作。同时，对外开放也为对外宣传带来新的机遇与条件，促进对外宣传的发展。

综上所述，对外宣传是我国对外开放的关键部分，在对外开放的总体布局中起着积极的促进作用，是对外开放的引路者和先锋者。对外宣传也是我国社会主义建设的重要环节，只有积极推进我国优秀文化与政策，才能更好地吸引外国受众的兴趣，最终提高我国经济和文化的发展与国际政治地位。

五、外宣翻译的特征

随着全球化的发展，世界各国的沟通与交流日益增多，但是这种状况的出现，也在无形中增加了外宣翻译的竞争性。如何在激烈的文化竞争中介绍中国博大精深的文化，并使外国受众了解、认识和感兴趣，成了众多外宣翻译人员的难题。同时正是由于中国文化的博大精深，很多外国受众并不能全面认识我国文化，甚至会形成一定的文化定式与文化偏见，影响我国在国际上的良好形象。外宣翻译是提升我国国际形象与地位的重要方式与桥梁。

在世界多元文化激烈竞争的今天，必须加强外宣翻译，让中国走向世界，让世界了解中国。只有这样，才能更好地宣扬我国优秀的传统文化，纠正因不了解中国而造成的文化偏见问题。

外宣翻译绝对不是两种语言单纯的转换活动，在不断发展过程中，外宣翻译形成自身的本质特点，主要包括外宣翻译作为应用翻译类型中的一种特殊形式，在发展过程中逐渐形成自身的一些特点，下面就针对对外宣传这些特点展开讨论。

（一）严肃性

严肃性是指外宣翻译的语言应该符合其文体特点。当外宣材料涉及国家主权领土完整和国家独立等问题时，在翻译过程中要十分注意措辞的严肃性。

外宣活动带有本国的政治色彩，经常会涉及西方霸权主义和反华思想，译者需要具备一定的政治思想和维护祖国的意识进行外宣翻译。

外宣翻译的严肃性特点还要求译者要注意语言的政治口吻，把握用词的政治含义和政治分寸。这个特点对译者有着较高的要求，需要译者仔细推敲措辞。

例如：

《中英关于香港问题的联合声明》中"联合王国政府声明：联合王国政府于 1997 年 7 月 1 日将香港交还给中华人民共和国。"

在上面这句话中，"交还"一词的翻译成为关键。由于香港一直属于中国的领土，对其拥有主权，在翻译时将"交还"翻译为 return，难以表现出香港一直为中国领土重要组成的事实，因此译者可以选用 restore 一词，表示出将香港主权还给其原属政府。

（二）准确性

准确性也是外宣翻译的重要本质特点之一。由于中国历史悠久，民族众多，语言在使用过程中带有很多中华民族色彩，将其进行英译时，译者需要时刻保证译文的准确性，防止译文误译现象的出现。要提高外宣翻译的准确性，需要注意以下几个问题。

（1）正确理解外宣翻译的内涵。

（2）正确理解原文含义。

（3）增加用词的规范性。

（4）考虑词汇之间的细微差别，注意词汇的口吻与分量。

例如，中国政府在推行国有企业改革时曾提出了反对"平均主义"，对于这个词的翻译不宜使用英语中的 egalitarianism。原因是英语中的 egalitarianism 为褒义词，如采用这种翻译，西方读者会认为我国政府主张两极分化，因此可以译为 leveling-out。

（三）灵活性

外宣翻译是一种传播活动，因此需要译者根据具体的翻译环境采用灵活性的翻译方式。进行灵活的外宣翻译，需要译者重视政治色彩浓厚和有鲜明中国文化特点的词语，对句子的修辞进行分析。同时通过增删信息的形式，促进文化信息的传递和交际的顺利进行。例如，对于"一场没有硝烟的战争"的翻译，需要具体了解其文化内涵，不能将其直译为 a smokeless battle，而应灵活翻译为 invisible battle。

（四）时代性

外宣翻译在本质上是为了进行国家形象宣传，促进我国国际形象的建立。翻译带有实效性，不同的时代，翻译所使用的语言和表达也不尽相同。外宣翻译，作为国家形象的重要媒介，更需要时刻关注世界动向，提升自身的时代性。

目前，中国汉译英的出版物每年只有1000多种，但英译汉的出版物却高达上万种，全国从事翻译的工作人员粗略统计有上百万人，但取得翻译职称的仅有6万人，可见翻译人才的缺口是相当高的。事实上，中国的翻译人才中最缺乏的不是英译汉，而是汉译英，因为精通中国文化的外国人凤毛麟角，如果想要将中国的真实国情传播到国外，只能依靠中国人来进行翻译工作。但国内汉译英的人才本来就少，而出类拔萃者更是屈指可数。

翻译人才的缺失在一定程度上限制了我国外宣翻译的发展与提高。

一名合格的外宣翻译工作者应该具有与时俱进的意识，保持积极进取的精神，夯实自身的翻译基本功。

同时，相关单位需要加强外宣翻译人才的培养，加大在人力、财力、物力方面的投入。增强外宣人才的本国文化素质和翻译素质，在时代的发展下培育出优秀的外宣人才。

我国的外宣翻译正处于高速发展阶段，出现了很多外宣媒体。例如：

《中国日报》（*China Daily*）

《北京周报》（*Beijing Review*）

《北京周末报》（*Beijing Weekend*）

《地球村月刊》（*Global Village Monthly*）

《国际交流》（*International Exchange*）

《中国对外贸易》（*China's Foreign Trade*）

《中国妇女》（*Women of China*）

《中国体育》（*China Sports*）

《中国银幕》（*China Screen*）

《中外文化交流》（*Sino-Forein Cultural Exchange*）

《中国与非洲》（*China and Arica*）

《今日中国》（*China Today*）

《中国画报》（*China Pictorial*）

中国国际广播电台（*China Radio International*）

中央电视台英语新闻频道（*CCTV News*）

新华网（*Xinhua net*）

国际在线（*CRI Online*）

这些优秀外宣媒体的存在，在一定程度上提升着我国外宣翻译的质量。同时，面对外国外宣行业的激烈竞争，这些外宣媒体还需要不断提升自己的国际竞争力，积极培养出更多、更优秀的外宣人才。

（五）读者性

外宣翻译读者性，是指外宣翻译应该以读者为中心，翻译的目的性明确，以译语受众为中心。

由于外宣翻译主要是进行宣传与传播，因此在翻译时需要考虑译语受众，满足其心理需求，让他们读懂并理解译文内容，进而有兴趣关注我国在相关方面的具体措施与行动。

但是，在文化背景差异的影响下，外宣翻译并非易事。译者需要以译语读者为中心，在符合原意的基础上进行语言的加工。

例如，"吃大锅饭"是具有中国特色的一个词汇，国外受众对此并不熟悉，如果将其直接翻译为 eat rice from the same big pot，必然会因为文化差异而让国外读者不知所云。因此，对这类词需要翻译出引申义：get an equal share regardless of the work done or be treated the same despite the differences in working attitude and contribution，即"不论工作好坏、贡献多少，生活待遇或报酬都一样"，这样翻译的目的就是减少原文与译文之间的文化差异，更有利于国外受众准确理解。

除了一些具有中国文化色彩的词汇之外，在进行外宣翻译时对一些似是而非的词汇也需要尤其注意，从而避免因望文生义造成的误解。例如：

political campaign 意思是"竞选活动"而不是"政治运动"。

red power 意思是"印第安人权力"而不是"红色权力"。

half-shirt 意思是"露脐装"而不是"半件衬衣"。

boomerang children 意思是"啃老族"而不是"飞镖童"。

wardrobe malfunction 意思是"露出不该露的身体隐私部分"，即"走光"而不是"衣柜失灵"。

street-walker 意思是"街头拉客的妓女"而不是"街上散步的人"。

综上所述，外宣翻译要"译有所为"，时刻考虑译语读者的中心地位，通过翻译技巧与语言表达形式的转换来提高译文的宣传作用，最终完成外宣翻译的使命。译者充当的是文化之间的桥梁，一方面需要作为读者阅读外宣的中文材料；另一方面还需要将外宣材料中的相关内容以译入语读者接受的方式进行语言转换。

译者对本国外宣材料的理解度是否能够和译入语读者对外宣翻译

的理解度大致相同，成为衡量译者能力和译文质量的重要标准。鉴于此，译者应该多多关注外文报纸、杂志上的相关外宣内容，注意其表达方式等特点，从而提高译文的可接受程度。

文化差异是外宣翻译过程中不可避免的问题之一。东西方文化之间的差异导致他们在看同一个新闻报道时会产生截然不同的理解和看法，如果外宣译者缺少文化意识，忽视材料中的文化背景知识，那么很有可能译出的文章与原作内容不符，甚至出现误解。

例如，"一个早春二月的日子"按照字面意思很有可能被翻译成 a day of February in early spring 或 an early spring day in February，然而英国的公立 2 月还处于冬季，如此翻译会让国外受众难以准确理解，为了避免文化误读，上述应翻译为 a day in early spring 或 an early spring day。①

（六）一致性

一致性也是外宣翻译的重要特点。由于外宣翻译中经常涉及党和政府制定的重大方针、政策，这些语言带有汉语文化中的庄重典雅的形式，符合汉语"以偶为佳""以四言为正"的语言特点。

在外宣翻译过程中经常出现这些言简意赅、顺口悦耳的表达形式，其使用能够有效表达出党和国家政策的准确性。在翻译这种外宣材料时，需要译者做到忠实性、严肃性、权威性和一致性。

一致性要求译者一旦确定标准的译文表达形式，便不能随意增补和变动，保证译文的前后一致。很多表达都体现出外宣翻译的一致性，例如：

三个代表 Three Represents

一国两制 one country, two systems

标本兼治、综合治理 seek both temporary and permanent solutions; make comprehensive improvement

但是需要注意的是，外宣翻译的一致性并不是要求要固守成规、

---

① 张健. 国际传播视阈下的外宣翻译特点探析 [J]. 西南政法大学学报，2016
(6).

一成不变。译者可以根据我国对外宣传的宗旨和时代背景对译文进行一定的改动。但是这种改动是以提高译文质量为根本的，同时需要提高对外翻译的效果。

除了上述提到的外宣翻译的本质特点之外，在进行具体翻译过程中，译者还需要注意以下几点。

（1）译者要注意适应性，做到双向适应，从而既准确理解外宣原文的内涵，又能准确用译语将其传达出来。

（2）译者要注意选择性，英汉两种语言都带有语义丰富的特点，由于语言的特殊性，在翻译过程中可能出现多种对应方式，译者需要有意识地选择最切合原文的表达。

（3）译者要注意社会性，外宣活动并不是孤立的、个体的语言转换活动，而是在社会中、群体中发生作用的形式。因此，在对译文进行锤炼的过程中，译者需要注意其社会性。

第三节　我国外宣翻译研究的历史及现状

一、我国对外宣传研究的历史背景

改革开放以来，从改革初期艰难地扭转和恢复国家形象和媒体公信力，到现在科学系统地发展对外报道战略和在曲折探索中创造有利于中国的良好国际舆论环境。我国的对外宣传工作可分为四个阶段：拨乱反正时期、发展探索时期、机遇挑战并存时期、蓬勃发展时期。

郭可分析了十年前的调查数据，虽然其计算结论还需在更大范围的调查中验证，但不得不承认，虽然我们的英语媒体取得了不小的成就，传播效果的问题也不容忽视。

为了进一步提高对外宣传报道的有效性，新华社特地成立课题组采取系统调研和专题研究相结合的方法对"对外宣传有效性"进行调研。调查结果认为：我国主要外宣媒体的覆盖面不断扩大；外宣观念有所创新，重大突发事件的对外报道明显改进。但当前国内外各界认为对外宣传报道迫切需要改进的问题突出表现在以下几个方面：

首先，我国各媒体之间基本上没有横向联系，缺乏沟通与交流，更谈不上协同行动，对外难以形成合力。其次，在网络外宣上，部分中文媒体为了争取国家投资和市场效益，不顾自己没有采编外文稿件的条件，贪大求全，搞起了多语种的对外发稿，稿件或是照抄新华社的各类外文稿，或是从西方通讯社和其他西方媒体网站上下载，这不仅导致国家重复投资的浪费，而且为西方媒体乘虚而入。最后，部分外宣媒体为了经济创收，在外宣人才和资金紧缺的情况下，利用外宣资源搞内宣，而且这种现象屡禁不止，甚至愈演愈烈。

二、我国外宣翻译研究现状

为了客观地反映我国外宣翻译研究现状，以"外宣翻译""对外宣传翻译""外宣材料翻译""外宣英译""对外宣传材料翻译"为主题，不设其他限定因素，分别对中国学术期刊网络出版总库、中国博士学位论文全文数据库、中国优秀硕士学位论文全文数据库与中国重要会议论文全文数据库中的"哲学与人文科学"和"社会科学Ⅰ辑""社会科学Ⅱ辑"子库进行"精确"检索，并通过人工筛选的方式剔除重复数据和无效数据。① 据不完全统计，截至2016年8月30日，共计检索到各类外宣翻译方向论文1350篇，其中学术期刊论文1052篇（含核心期刊146篇），博士学位论文16篇，优秀硕士学位论文264篇，重要会议论文18篇。各类外宣翻译研究论文比例如图1-2所示。

《中国翻译》《上海（科技）翻译》和《中国科技翻译》三大翻译期刊论文有62篇（《中国翻译》30篇、《上海（科技）翻译》23篇和《中国科技翻译》9篇），剔除核心期刊和SSCI期刊中与三大翻译期刊的重复篇目，共计有150篇重要文献，如图1-3所示。

---

① 刘甲元. 国内外宣翻译核心期刊论文发展趋势分析［J］. 海外英语，2017（22）.

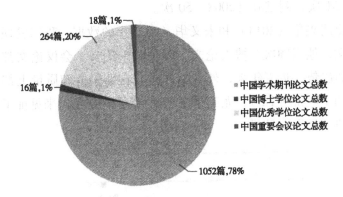

图 1-2　各类外宣翻译研究论文比例图

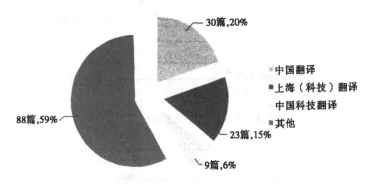

图 1-3　150 篇重要外宣翻译论文分布

　　其中他引频次逾 200 次的文献有 4 篇：黄友义（2004）的论文《坚持"外宣三贴近"原则，处理好外宣翻译中的难点问题》被引 831 次，袁晓宁（2005）的论文《外宣英译的策略及其理据》被引 327 次，张基佩（2001）的论文《外宣英译的原文要适当删减》被引 294 次，黄友（2005）的论文《从翻译工作者的权利到外宣翻译——在首届全国公示语翻译研讨会上的讲话》被引 273 次。其中他引频次逾 100 次的文献有 6 篇：陈小慰（2007）182 次，吴自选（2005）159 次，傅似逸（2001）117 次，李欣（2001）116 次，曾利沙（2005）102 次，曾利沙（2007）100 次。被引 50 次以上的文献有 13 篇：胡芳毅、贾文波（2010）93 次，周领顺（2003）88 次，金其斌（2003）84 次，卢小军（2012）76 次，牛新生（2007）72 次，周锰珍、曾利沙（2006）72 次，袁晓宁（2010）64 次，武光军（2010）59 次，贾卉（2008）59 次，陈小（2013）57 次，韩孟奇（2008）52 次，张健

（2013）51次，刘雅峰（2008）50次。

对比胡兴华（2014）和朱义华（2013）的数据，我们发现无论是期刊论文、他引频次、博士论文，还是硕士论文、会议论文都呈现明显上升的趋势。近五年来，外宣翻译研究在数量上和质量上都发展迅速（见图1-4和图1-5），尤其是博士论文从2010年以来见证了一个从无到有的"质"的飞跃。

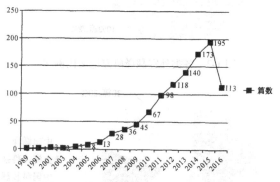

图1-4　外宣翻译类学术期刊论文统计

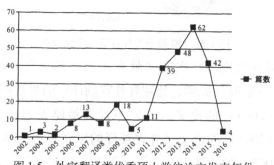

图1-5　外宣翻译类优秀硕士学位论文发表年份

与此同时，专门探讨外宣翻译研究的学术著作也先后问世，据不完全统计，已有7部。刘雅峰认为外宣翻译的过程是以译者为中心适应外宣翻译生态环境并做出合理恰当选择的过程。衡孝军对北京市出版或刊发的英语外宣翻译材料进行大量的实例剖析，并对进一步改进北京市乃至全国各地对外宣传材料的翻译质量提出了策略和建议。仇贤根在其专著《国家形象与外宣翻译策略研究》中探讨了国家形象与外宣翻译策略之间的关系，并对我国外宣翻译中常见的误译类型进行了分析。

张健教授在其专著《外宣翻译导论》中，从对外传播学、跨文化交际学的视角出发，将理论阐述与实证分析紧密结合，集中探讨了外宣翻译的主要特点、基本原理和翻译策略，是外宣翻译研究入门的一部必读书目。肖群的《红色旅游外宣资料英译研究》运用功能主义理论对红色旅游外宣资料英译的现状、特点和质量进行分析，并提出相应改进策略。曹志建的《功能主义视角下的法律外宣文本翻译》梳理了我国司法外宣翻译中存在的语用翻译问题、文化翻译问题和语言翻译问题，在德国功能学派提出的功能主义翻译理论与我国外宣翻译实践者与研究者的经验总结的基础上，提出我国司法外宣翻译工作要以客观公正地介绍我国司法工作现状、消弭国际社会的误解为目的，提出我国司法外宣翻译译文的功能主要为信息功能，兼有委婉的诉求功能，因而必须以目标受众为中心，符合目标受众所在文化中的文化规约和语言规则，采取灵活务实的工具型翻译战略。

第二章　新常态下的外宣翻译原则与策略研究

目前，在文化全球化的背景下，翻译不但需要完成对源语内容的字面解释，更应该做到有效地传达源语言中包含的文化信息，使读者在阅读译文时不仅能够读懂而且能够增加对源语文化的了解。在这种背景下，翻译不仅仅是一种单纯的语言现象，而且还是一种文化现象。

第一节　外宣翻译的新形势与新挑战

当今时代最大的特点就是变化迅速。世界和中国的变化，比如，人民币进入SDR（Special Drawing Right，特别提款权），中国决定拿出600亿美元支持非洲的建设，对翻译业有特别直接的影响。这一切变化表明，社会对翻译人员的刚性需求在增大。跨国电商、海外投资、人员交流、出境旅游，这些活动都离不开翻译，都需要翻译的帮助。这种变化对翻译能力提出了新的要求："外语水平更加标准，知识结构更加丰富，翻译层次更加充实，翻译语种更加全面。"具体来讲，随着中国参与国际事务日益频繁，至少有五点非常重要：一是外语能力强；二是跟踪和使用最新翻译技术的能力，现在没有任何一个翻译能离开翻译技术而存在；三是既然翻译通过自己的工作直接或者间接参与全球治理，那么国际、政治、经济，文化方面的知识需要不断补充；四是翻译要掌握和使用国际话语体系，这样才能讲好中国故事；五是对国内具体情况和基本政策需要了解清楚。

一、外宣翻译的新形势

从经济领域的"走出去"，到中国文化的"走出去"，再到"讲好中国故事，传播好中国声音"，表明我国政府各有关部门一直致力于切实加强对外宣传工作，致力于介绍宣传我国深厚的文化历史底蕴与经济社会和谐发展的现状。

黄友义在 2015 翻译人才发展国际论坛上还指出，媒体翻译的重要性在迅速提高。因为讲述中国故事，主要通过媒体去讲，同时还对媒体翻译提出更高的要求：第一，中国政策要搞得非常透彻，才能把中国的事情说清楚；第二，了解外国的话语体系，尤其外国的新闻话语体系跟中国差别极大。我们必须娴熟地掌握外国的话语体系，然后我们才能用人家听得懂、听得清楚、听得明白、听得进去的语言，把中国的事情介绍出去。媒体翻译的重要性在提高，应该有更多的人研究如何提高媒体翻译，包括人才的培养。

无论是保障中国文化"走出去"，还是助力"一带一路"建设，都是外宣翻译的新机遇和新挑战，更是外宣翻译工作者不能推卸的历史责任和义务。

我们不仅要向世界全面、客观、准确、生动地反映中国在各方面的成就，而且要推动中国更好地走向世界、融入世界。因此，传播中华优秀文化，宣传中国发展变化是对外传播的核心内容。

二、外宣翻译的新挑战

（一）中华文化核心概念难表达

中国文化博大精深、底蕴深厚，而外国受众对中国文化了解实在有限，尤其是对中华文化核心概念难以体会，这是对外传播工作效果有限的重要原因之一。通过对外翻译展示中国传统文化，介绍中国的现状，是中国国际化发展的当务之急，更是当下外宣翻译的机遇和挑战。

（二）中国特色政治话语难翻译

目前中国政治话语对外传播中值得思考的一些现象和问题，给我们的翻译工作加大了难度。

第一，数字化。对于我们对外传播来讲，处理这些数字其实有很大挑战，比如，翻译界对"三个代表"这种翻译依然有不同的意见，"四个全面"翻译成 Four Comprehensives，这个也有不同的意见。而对于"五位一体"，这种高度概括的术语，翻译界和对外新闻传播工作者更是无法进行数字化处理，英文版的十八大报告将其译为"整体计划"。

第二，领导语言的个性化。最近，我们的领导人越来越大量地使用生活化、接地气的语言，这些生活化的语言不仅出现在口语交流中间，甚至还出现在一些政治文件中间。比如，近些年流行于社交媒体的"任性"一词就出现在李克强总理的政府报告中。点燃"任性"翻译大讨论的其实是政协的新闻发言人吕新华，他说的"对待反腐我们可以说是非常'任性'的"，现场翻译选择的词在牛津字典中的表述是"态度、行为反复无常"，这种处理导致很大的争议。在李克强政府工作报告中，"有权不可任性"，官方提供的翻译虽然意思上没什么问题，但太绕。

（三）新媒体时代需要"互联网＋"

当下，以互联网为基础的各种新媒体、各种终端方兴未艾、后来居上，其受众数、影响力正逐步超越传统媒体。"互联网＋"以其共时性、共享性，构成复杂多变的舆论场。目前我国网民规模已超 6.8 亿，手机网民规模已超 6.2 亿。

周明伟也指出，在新媒体时代，我们需要全方位创新，做好对外传播新文章。以往我们比较擅长于通过文章的方式，即"用语言解释语言、用道理解释道理、用概念解释概念"的方法来解释那些外国人在话语体系当中不太了解，在生活实践当中不太明白，或者不太相同的一些内容，这使得对外传播的效果有限。对外传播的最好形式是习近平总书记提出的"讲中国故事"。"讲中国故事"会涉及具体的人和时空环境，会涉及别人可比较的、可对照的内容，会跟受众、用户和读者产生相关度。从故事内容当中，受众用自己的感受来体会故事的"温度"和感觉内容的感染力。这样我们就能通过具体的实例，而不是通过道理的说教来说明与外国制度、文化、传统的发展过程完全不一样的一个过程。

因此，"讲中国故事"是对外传播的最好方式。中国正在发生着天翻地覆的变化，每时每刻，无论是惊天动地的事情，还是很多微不足道的事情，都可能直接或间接地折射反映着当今中国我们的价值理念，我们的价值追求，我们对自身发展、对国际关系的理念，反映着我们的取舍、我们同别人不一样的地方、我们所面对的外国人很难想象的挑战和麻烦。用讲故事的方式，能让别人在很多数字、人物背景下来感受不同的文化，这个讲述就是具体的、生动的。我们目前已经取得很大进步，但相对来说，与国际社会的关注和他们习惯的接受方式，以及与我们应该让国际社会了解的要求还是有距离的。

另一方面，在新媒体时代，随着自媒体和社交媒体的普及，讲故事的"话筒"往往不一定只在你讲话的这一边，大家都有话筒，讲故事的过程是个信息交互的过程。如果你的故事没有一点感染力、吸引力以及竞争性，即使你讲得很努力，下了很大功夫，受众还是不选择你。因此在这个大的背景下，真是需要下大的功夫来做好这个文章，而做这个文章的最关键的思考路径就是创新。

（四）高端翻译人才流失严重

周明伟在谈到媒体翻译人才发展时也表示，媒体翻译岗位对信息敏感度和语言表达能力的要求更高。发展翻译再教育，内容除了知识及翻译技能，还要注意新技术的应用。媒体行业竞争激烈，要利用好先进的技术手段，才能在同行中占领先机。说到底，评判信息是否有价值，要看别人帮你传播的机会有多大。只有被再传播的信息才是真正意义上的信息。所以媒体翻译人员要对信息敏感，有洞察力，内容做到新颖深刻，同时还要跟上技术发展的步伐，进行再学习，才能成为有竞争力的人才。

三、新形式和新挑战下外宣翻译的特点

（一）文化性

要求文化全球化背景下的外宣翻译工作者必须做一个"真正意义

的文化人"深入研究两种语言的特点和规律，理解把握语言深层所蕴含的文化内涵，珍视中华文化的价值和精深内涵，以平等的对话处理东西方文化的相互理解，处理文化间的融和与矛盾，消除跨文化交流的障碍，提高译文的质量。

（二）历史性

"三中全会""新中国成立以来""历史新时期""抗美援朝""抗日战争"等词汇，照字面翻译，除去少数外国学者，很少有人知道我们具体是指什么。在调查中，发现外国人对于"新中国"有千奇百怪的解释，如"邓小平的中国""21世纪以来的中国"，却很少有人知道是1949年成立的中华人民共和国。对于"历史新时期"，他们更多地认为是2000年以来，而不会理解为改革开放所开辟的新时代。对于"三中全会"，他们更是一头雾水，毫无概念。如果外国受众不懂这些基本历史节点，我们的传播效果会大打折扣。与此相关的还有一些中国特点的词汇，比如，"民主党派"这个词汇在中国有其特定的历史元素，目前在介绍国家政体时一般无法回避。但是，中文和英文如此不同，如果照字面翻译，在英文语境下，外国受众得到的信息是除去八个党派之外只有中国共产党是独裁性质的政党，这是一种非常可怕的效果。

外宣翻译关乎我国国家利益和国家形象，现阶段对外传播的主要任务是增信释疑、凝心聚力。外宣翻译的过程就是一个不断增信释疑的过程，也是一个讲好自己历史的过程。

（三）习语性

中国领导人的讲话风格极具特色，富含大量生活化、接地气的生动语言。比如，20世纪60年代有邓小平的"不管白猫黑猫，抓住老鼠的就是好猫"，当下有吕新华说的"对待反腐我们可以说是非常任性的"，李克强的"有权不可任性"，以及习近平主席的"鞋子合不合脚，自己穿着才知道"。

从这些接地气的习语式表达中，还有一些内涵需要外宣译者去解读。比如"打铁还需自身硬"这一句正是反映了其作为实干者特有的成长经历和实践背景，这与有些国家领导人不同，他们是出自大学法律系，毕了业就开律师所，然后竞选国会议员，靠着讲演能力。

第二节 外宣翻译的原则与策略

一、外宣翻译的原则

（一）国家利益原则

在"中国企业走出去，文化走出去"战略背景下，外宣工作营造更加有利的国际舆论环境。因此，当国际社会对"一带一路"倡议及《推动共建丝绸之路经济带和21世纪海上丝绸之路的愿景与行动》文件，对中国的意图、政策手段、前景及影响等产生消极看法和疑虑，甚至误读和理解偏差时，相关部门必须围绕"一带一路"的几个基本问题达成共识，明确什么应"多讲"、什么应"少讲"，主动树立起"一带一路"对外传播的话语主导权。

（二）内外有别原则

首先，传播受众"内外有别"。客观上，境内、境外受众在价值观念及关注兴趣上存有差异；主观上，传播主体对两者抱有不同的效果期待。如果说国内宣传的受众是"量"上的差异，那么中外受众之间的差异则是"质"上的差异。

其次，目的与方式"内外有别"。对内宣传大多是一种"单向性的思想传达、宣传与教育"，宣传报道方式往往直截了当，甚至是直接灌输式；而对外宣传是为了增强国际上对中国的理解与支持，因而更关注信息的共享与双向流动，受众的接受与互动反馈。对外宣传不能照搬这种直接灌输式的宣传方式，否则会招致反感与拒绝。因此，对外宣传"必须通过结构与表达侧面地、间接地传播这些思想，以收潜移默化、水滴石穿之效"。

此外，境外受众本身"外外有别"。不同国家、地区的境外受众在来源背景、知识水平、宗教信仰、职业年龄、语言文字以及个人阅历等方面均不尽相同，这也是外宣工作中必须注意的一点。朱穆之就告诫说："目前我们对外宣传的一个通病就是把对内宣传的一套照搬到国外去，因而收不到实效，甚至还起反作用……对内对外宣传，两者既有共性，又有特殊性。我们常说内外有别，就是要解决这个特殊性的问题。区分对内对外，这是最大的针对性。对外还要区别各国的不同……要区分阶层、各界不同，区分外国人与华人不同。对于不同国家、不同阶层、不同领域的对象，都要根据不同的情况不同的要求，进行不同的宣传。要避免对象不清、要求不明。似乎对谁都可以，而实际对谁都不合适。"

新华社"对外宣传有效性调研"课题组调查时发现我国新闻报道对境外受众的思维共性以及不同地区受众的新闻需求特性缺乏深入研究，报道缺少针对性。不但用内宣的思路和方式去搞外宣，而且报道中往往"以领导为本"，而不是"以民众为本"，以致于引发境外人士的误解和对抗情绪。

国外有一个例子值得我们思考与借鉴。日本丰田汽车在中国的宣传口号被设计成为中国人喜闻乐见的形式——"车到山前必有路，有路必有丰田车"，而他们在美国做宣传时，则仿拟美国人耳熟能详的谚语"Where there is a will, there is a way（有志者，事竟成）"，将口号翻译成为"Where there is a way, there is Toyota。"

前不久，杭州本土包子品牌"甘其食"把分店开到了哈佛大学附近的哈佛广场，取名"Tom's BaoBao"。Tom是"甘其食"创始人童启华的英文名，使用"Tom's"一词，简洁明了，符合美国餐馆命名习惯，直接拉近顾客与中国传统食品的心理距离；而直接使用音译"BaoBao"，而不是"Baozi"，更不是"steamed stuffed bun"，则尽可能地保留了包子的"异域特色"。店内装修风格简约，感兴趣的顾客可以隔着玻璃观看包子是怎么做出来的，近距离感受历史悠久的东方传统细致手艺。因为很多老外还不太了解包子，美国店的点单台会放三份说明，顾客可以按需取阅。一份是包子的工艺，一份是菜单，一份是包子的四种感觉：视觉、触觉、味觉、嗅觉。三者图文并茂，英文为主外加中文点缀，内容详略不等，分别迎合了不同美国顾客的多种需求：或提供简单的菜单信息，或详细介绍包子制作流程，或给某些爱好中国美食的外国吃客们提供别有韵味的文化体验。实际上，"甘其食"在国内的英文推广名为"Gorgeous"，同中文谐音，意为"极好的、令人愉快的"，对于一个中国老百姓习以为常的"土包子"来说确实不失为一个"洋气、高大上"的选择。显然，该品牌国内国外采取不同的英译名，分别契合了不同顾客的心理预期和信息需求，遵循了外宣翻译"内外有别"原则。果然，"这曾经熟悉又遥不可及的味道，一下子勾起很多侨胞的回忆"，而"对于包子这个中国传统美食，哈佛大学生和附近居民表现出了极大的兴趣"。甘其食还计划效仿美国街头独特的餐车文化——food truck，把热气腾腾的包子直接送到顾客手中。童启华说："美国需要一个令他们疯狂的中国传统美食。就像星巴克代表咖啡，麦当劳代表汉堡一样，我希望 Tom's BaoBao 能代表包子。"除了哈佛广场店，Tom's BaoBao 罗德岛店也在装修进行中。在未来的三至五年时间，Tom's BaoBao 要在新英格兰地区开设 20 多家店。① Tom's BaoBao 是当下中国文化和企业"走出去"战略背景下外宣翻译的一个成功案例。

（三）"三结合"原则

对外传播主要以外国人为对象，然而外宣翻译工作中存在一个让人困扰却又暂时无法改变的事实：送到翻译手里的材料缺少对外针对性研究，中国特色突出但国际交流因素不够。外宣工作者在此基础上进行翻译，很可能在对外传播过程中造成一系列不解，甚至误会。中央有一位老翻译家曾经指出，现在很多翻译不准确，不能完全怪翻译，因为翻译不知道这简单表述一二三四五六背后的实质意思是什么，字面翻译只能翻成这样子。黄友义也指出，翻译是一个非常重要的环节，

---

① 卢红梅. 华夏文化与汉英翻译 [M]. 武汉：武汉大学出版社，2006：267.

"你光中文说得好，翻译不好也不行。中国想表达什么，应该先征求语言专家的意见，让翻译早点介入。比如，科学发展观，我们讲了十年，外国人还是不太懂。如果当时就让翻译提前介入参与，那时就建议用英文里的'可持续发展观'来命名，可能效果会好一些。这个就是不了解外国人的思维模式，也不了解语言。世界70亿人口，57亿人不会中文，你又要让他们懂，所以你就只能考虑到他们的语言习惯"。20世纪60年代曾有一个经典范例，颇为有效。当时中苏论战，周总理起草"九评"，周总理安排两个语种的翻译，一个是英文翻译一个是俄文翻译，都加入到中文起草组，要求他们从头到尾了解中文本身想说的什么意思，周总理甚至说外文翻不清楚的改中文。为什么？就是要让国际社会看得懂、看明白。只是自己很清楚很明白，别人不明白这是不行的。因此很难想象，如果没有中文起草者的支持、理解和配合，我们构建融通中外话语体系的过程将会有更多的困难，因为很多困难是我们中文起草者制造的。这个例子再一次表明：译著双方即译者与作者之间的合作态度，两者之间的"协调合作与有效沟通"会增强作者与读者之间的"互相对话力量"，而两者之间的"亲密接触"将会使"对话"变得轻松，使人际传播变得自如。贾平凹先生在谈到陕西的乡土文学及其翻译问题时，一针见血地指出，要想把它翻译给世界，必须懂得中国的传统文化。要想把十足中国乡土味道的作品介绍给外界，最好是实行三结合的翻译组合，即由原文作者、中国译者和懂得外国相应乡土味道表达方式的外国人（懂中文最好，不懂也行），三者合作进行翻译。从根本上说，要提高翻译水平，我们翻译工作者首先要提高自己的综合素质，首先是文化涵养，包括对本国文化和外国文化的理解和表达能力。不论是翻译文学作品，还是旅游介绍、新闻报道、科技文献、技术资料，它的本质是跨文化的传播，是某种意义上的再创造，而要想"跨"得好，必须"知己知彼"。

因此，要提高外宣翻译质量，提升我国对外传播的效果，进而打造对外融通话语体系，外宣工作者有必要实行"作者—译者—读者"三结合的翻译制度。外宣材料的中文稿子撰写者，尤其是重要文稿的中文起草者在贴近我国对外传播实际情况下，尽可能了解国外受众的信息需求以及外宣翻译者的工作条件等。译者，在不断提高自身专业水平和职业道德的前提下，最好能够并且积极介入中文稿的起草与撰写过程，保证文稿畅通可读，且符合受众的思维方式和阅读习惯。读者，尤其是对中国文化感兴趣的外国友人也可以积极参与进来。三者之间的合作交流与协商翻译必定大有裨益。

据悉，上海市新闻出版局已宣布设立"上海翻译出版促进计划"，诚邀外籍人士译介中国作品，以推动上海国际文化大都市建设，促进优秀作品在世界范围内的传播。这是外宣翻译工作的一大重要举措。

二、外宣翻译之策略

外宣翻译的宏观策略即为外宣译者的具体翻译实践操作提供方向性与方法论指导的翻译策略。

（一）影响外宣翻译策略的主要因素

外宣翻译是涉及不同语言、社会文化、国家利益等众多因素的信息传播行为。决定译者选择翻译策略的因素，既有主观因素，也有客观因素；既有文本内因素，又有文本外的社会文化因素。正如卢小军所说，意识形态、翻译目的、文本类型、读者意识是制约外宣翻译工作者选择翻译策略的最主要因素。

1. 意识形态与外宣翻译策略

翻译活动中的意识形态指涉复杂，既指源语文化和目的语文化的主流意识形态，又指原作者和译者的个人意识形态，也指特定读者或读者群的意识形态，还指赞助人的个人意识形态或群体意识形态等。因此意识形态涉及作者、译者、读者群、赞助人等一切与翻译过程相关的因素。

在翻译过程中，原文文本所展现的文本意识世界与译者自身所处的意识形态氛围很有可能迥异乃至对立。作为"把关人"和"斡旋者"的译者，在遭遇意识形态冲突时，可能不得不摆脱原作意识形态的约束，对其加以删改，以使译文文本符合译入语的社会文化语境，从而迎合译入语社会的主流意识形态。实际上在翻译文本的重构过程中，译者往往不可避免地受到自身意识形态的影响和约束，有意识或无意识地通过采用一定的翻译策略，通过改写、删减、选择、省略等方式将自己的价值观念、道德信仰等因素融入译文文本。

王东风进一步指出翻译是本土意识形态与异域意识形态直接交锋的平台。姜海清提到，为了迎合译入语读者的主流意识与趣味，或者为了使译作与接受国的文化、习俗相一致，或者为了迎合社会伦理道德和维护整个译语意识形态系统的稳定，译者往往受本土意识形态影响对原文文本进行改写，包括改变原有的词序、话语顺序、逻辑结构等，即用归化的手法对原文本或删或添或改。

目前我国外宣翻译的任务是让世界了解中国，向世界介绍中国特色的国情风貌、文化传统、伦理道德、政治主张、社会现状等，即我国主流的意识形态。我国的主流意识形态与西方文化不同的主流意识形态势必会产生摩擦与冲突，或遭到本土文化的抵制。胡芳毅、贾文波（2010）指出，在这种情况下，单纯靠语言层面的操作是不能化解这一矛盾的，意识形态必须介入。勒弗维尔也认为："若语言学的考虑与意识形态和/或诗学性质的考虑发生冲突时，总是意识形态和/或诗学胜出。"

因此，在外宣翻译过程中，译者应该有意识地采取适当的翻译策略来传播我国的主流意识形态，比如，采用异化策略、音译或者译释并举的手段进行翻译。同时，"外宣翻译不能不顾及译入语社会的主流意识形态和诗学观，不能不顾及目的语受众的接受心理，不顾对象强行输出、把国内盛行的那一套宣传方式强加给国外读者的做法显然是行不通的"，因而适度采用归化策略、增译或减译或编译或改译等手段以顺应译入语文化的主流意识形态，将有利于我国的经济发展营造良好的国际舆论环境。

2. 翻译目的与外宣翻译策略

翻译目的是指通过翻译活动意欲达到的效果。人类因思想和文化交流的需要产生了翻译活动，由此可见，翻译一开始就有着明确的目的性，为满足某种需要而存在。正是通过翻译活动，不同国家、不同民族、不同文化的人们才得以顺利地进行沟通和交流，并在相互沟通和交流中增进了理解和感情，促进了自身文化的发展与繁荣。外宣翻译更是一种目的性明确，政治意图很强的应用型翻译。向世界说明中国，发表中国的观点，传播中国的文化，树立良好的中国形象是新时期我国外宣翻译的根本目的。外宣译者的出发点和归宿都是为了实现译文预期的文本功能，即使译文符合译入语的交际环境和译文读者的需求，进而达到预期的传播效果。

在翻译过程中，外宣译者所采用的各种翻译策略都直接服从并服务于外宣翻译目的。因此，为实现译文的预期功能和翻译目的，译者在处理原文语篇时，可以结合特定情况采取归化或异化翻译策略，增、删、补、改等方法，强化或弱化等手段。因为，"功能目的论将原文仅当作译者使用的各类信息之一，完全推翻了把译文与原文对等作为翻译第一标准的地位。译者只能从原文中提取其认为符合译文交际功能的信息，而非对等理论所期望的，提供完全对等的信息"。

3. 文本类型与外宣翻译策略

德国功能学派凯瑟琳娜·赖斯（Katharina Reiss）借鉴了卡尔·比勒（Karl Buhler）对语言功能的三分法，将文本类型分为信息型（informative）、表情型（expressive）和操作型（operative）三种类型，并指出文本类型决定翻译策略。赖斯认为，理想的目的语文本应该是：译文的目的在概念内容、语言形式和交际功能方面与源语文本是等同的。文本的主导型功能取决于原文，它是判断译文功能的决定性因素。原文的主要功能决定了翻译的方法，换句话说，具体文本决定具体翻译方法。一篇文章可能同时具备几种功能，但总有一种处于主导地位，能否传达原文的主导功能是评判译文的重要因素。她认为目标文本的形态首先应该由目标语境中所要求的功能和目的决定，目的随接受者的不同而改变。

英国翻译理论家纽马克根据比勒的语言功能学说，在赖斯的"信息型""表达型"和"操作型"三类文本的基础上，重新将各类文本体裁划分为"表达型文本"（expressive text）、"信息型文本"（informative text）、"呼唤型文本"（vocative text）三大类。

赖斯的文本类型论和纽马克的文本功能分类说对于外宣翻译有着

重要的指导意义。外宣翻译工作者首先要确定原语文本的文本类型和主要功能，然后有针对性地选择适当的翻译策略。对于政治文献资料，比如，政府工作报告、白皮书，党和国家领导人讲话等"表达型"文本，我们建议用"语义翻译"的手法尽可能地使用贴近原语的句法、语义结构将原文语境意义准确表达出来，以彰显文本的"个性"。贾文波指出："既要突出文本的'表达型'要素特征紧扣原文、用词谨慎、中规中矩，又要吃透原文精神适时变通，使表达准确达意，通顺易懂，切忌主观臆断、望文生义，不讲分寸甚至随意篡改。"

对于旅游资料和公示语等"呼唤型"文本，以及新闻文本等"信息型"文本，我们可以采用"交际翻译"策略，即如张美芳说的：根据目标语的语言、文化和语用方式传递新闻文本等"信息型"文本的翻译信息，而不是尽量忠实地复制原文的文字。译者在交际翻译中有较多的自由度去解释原文、调整文体、排除歧义，甚至是修正原作者的错误。

必须指出，大部分文本都是以一种功能为主而兼有其他功能。在外宣翻译实践中，为了既能准确充分地传递原语信息，又能为目标语读者理解、接受甚至喜闻乐见，需要灵活地使用语义翻译和交际翻译策略，以达到最佳的传播效果。

4. 读者意识与外宣翻译策略

比如，外宣材料中经常出现套话、官话、空泛话语，为了便于西方受众理解和接受，外宣翻译时可以采取编译策略进行增删补改。如果原文语篇中的风俗习惯、文化概念等对译文受众来说难以理解，译者就应站在译文受众的立场上，通过"译＋释"并举策略为他们提供相关的背景知识，解释一种文化中独有的事物，想他们之所想，急他们之所急，扫除他们阅读和理解的障碍，提高信息传播的清晰度。如果同一意图在原作与译作语篇中的表现形式不同，译者就需把握汉英两种语言的社会、文化差异，结合考虑社交语境，顺从译文读者的文化习惯，选择语用翻译策略，不仅要准确传达原文的语义信息，同时将原作意图和交际信息准确再现于译文之中。

在现阶段外宣翻译中，要讲好中国故事，传播好中国声音，要让外国受众理解中国故事，听得懂中国的声音，必须充分激起外国受众的兴趣、满足外国受众的需求、解答外国受众心中的疑惑，才能取得良好的传播效果。

（二）归化与异化策略

例如，前面所举例子"甘其食"英文店名一半采用归化策略，直接用"Tom's"拉近顾客的心理距离；一半采用异化策略，使用"BaoBao"一词，而不是"steamed stuffed bun"，也不是"Baozi"，则尽可能地保留包子的"异域特色"，吸引顾客的关注。店里的三份英文说明也以归化策略为主，图文并茂、英文为主、中文为辅。异化和归化策略得到完美结合，达到极好的传播效果。作为文化翻译策略，归化与异化具有宏观指导意义，而在外宣翻译实际中更需要灵活的变译技巧。变译的突出特点在于"变"，即变通，变通是一种本领、一种艺术，关键在于审时度势，灵活掌握。

（三）增译策略

翻译中的增，主要是出于两种因素的考虑：一是补充有关背景知识，填补外国读者认知上的空隙；二是英语行文的语法规则需要。

王佐良先生说过："翻译最大的困难是什么呢？就是两种文化的不同。在一种文化里头有一些不言而喻的东西，在另外一种文化里却要费很大力气加以解释。对本族语读者不必解释的事，对外国读者得加以解释。"这种情况下，我们需要把原文中省略的或者压缩的含而不露的信息进行补充或解压，为读者提供所需的背景知识。而对于增的方法，很多时候我们会采用文内提供解释的方式，一方面便于读者更好地理解译文，同时又不会过多地打扰或打断读者的思路。解释的形式比较灵活，如词、短语或句子，如果解释很长，那么可以考虑放置文末。

例1：

原文：我想吴承恩老先生把孙猴子的老家安排在花果山上也多少有点关联吧。

译文：This may explain why Wu Cheng'en（1500-1582），author of the Chinese classical Journey to the West, selected the Mountain of Flower and Fruit in this city as the home of Sun Wukong, the Monkey King hero of his legendary novel.

对于不熟悉中国文学的外国友人来说，吴承恩是何许人？孙猴子又是何物？他们可能没有多少概念。吴承恩生活于1500－1582年，是中国经典名著之一《西游记》的作者，孙猴子就是孙悟空，是《西游记》中的一个主人公。译文补充了吴承恩的生卒年份和相关作品信息，方便外国读者理解。

（四）减译策略

如前文所述，汉语行文多用夸张、过度渲染的华丽词汇，尤其是在旅游语篇当中使用四字句、平行对偶结构，引用诗词曲赋，大量渲染诗情画意。中国读者认为可以在诗情画意中得到美的享受和熏陶，而西方人却认为它华而不实、矫揉造作、不知所云。段连城提到的某市举办国际龙舟会的彩色精印宣传品，便是一个非常典型的例子。因此，外宣英译时，我们需要考虑西方读者的审美心理和语言习惯，尽量用平淡朴素的语言，侧重信息的有效传达。因此，在翻译过程中，必须实行减译法。

减译法，删略那些不提供实质内容的事实性文字，不必要的解释性文字或读者已知或显而易知的信息，删略语义重复性的文字等。根据实际需要，删减的可以是一些词语、几个句子或一些段落。

在外宣翻译中，比如，我们在大型会议或活动致辞中，通常喜欢用类似"晴空万里，阳光普照""金秋时节，丹桂飘香"等套话开篇，但这样的话翻译过来在英语的语境中没有任何的意义。不少学者认为，这些宣传空话根本没必要翻译，如果直译过来，在不同的文化背景看来，传播效果反而适得其反。

杨雪莲提出：减译可以是一种弱化，是指对中文文本中通过各种修辞格如排比、反复、对仗、夸张等所做的渲染进行低调处理，对原文中的浓墨重彩以轻描淡写处之。具体到翻译中，就是要避虚就实，剥去华丽的外套，抓住实质性的内容，用具体、平实、客观的语言予以表达。

（五）编译策略

把它称为编译，指因为汉英思维方式的不同而引起汉英语言表达上的差异，在翻译时需要以语篇为单位在语言层面上进行必要的改变和"重组"。编译在翻译实践中被广泛应用，尤其在对外宣传报道的消息类新闻中，从而使得外宣报道更加符合国外受众的信息需求和阅读习惯。如例2：

原文：中国面向南海的亚热带城市——深圳，是一座充满朝阳的城市，它年轻、有活力、发展快，又有着灿烂的未来。迄今为止，深圳这座城市只有 23 岁。1979 年前，这里是个杂草丛生的地方，政府没有投资过一分钱，渔民们不知何为工业，何为城市。直到 1979 年底，一列满载着工程兵的军列隆隆南下，奏响了建设深圳特区的序曲。

译文：Before 1979, the subtropical coastline facing the South China Sea was a weed-infested wasteland. Local fishermen there had no concept of industry, or even of a city. Then, at the end of 1979 a military trainload of engineering corps arrived at this virtually unknown village and embarked upon construction of China's first Special Economic Zone.

例2中，原文的结构比较松散，短句较多，各句子之间的组合主要靠语义上的贯通，充分反映了汉语的发散性、流水式的思维。然而英语重逻辑，结构紧凑，属于形合语言。故在翻译时，需通过语法、连接词等明确表明逻辑关系。译文用了典型的主谓句结构，主干清晰，用三个句子把原文的八个短句全部串联起来了，逻辑清楚，干脆利落。

总之，编译是一种舍形取义的翻译手段。对原文进行编译时，外宣翻译者需客观地将原外宣材料的主要内容以及主要思想转述或复述出来。编译时，译者不必拘泥于原外宣材料的形式与内容细节，但也不能随意添加主观情绪和个人偏好，以服务受众、忠实原文为标杆，保证信息的有效传播。

第三节　外宣翻译对译者的素质要求

译者在跨文化对外翻译中担任着重要的历史使命，积极向世界真实地介绍中国，提高中国的国家软实力。同时，译者在对外宣传和翻译的活动中，还要时刻树立译文读者意识，满足不同层次读者的多元化需求。本节就来探讨跨文化视域下外宣翻译中译者应具备的素质和翻译读者的心理。

译者是跨文化视域下对外宣传与翻译工作的媒介和桥梁。在外宣翻译工作中，译者积极发挥主观能动性，根据译文读者的思维习惯和接受方式对原文信息进行再创造，包括改写、增添、删减或重组等，从而使译作通俗易懂，达到对外宣传与交流的目的。翻译不是一件小事，也不是一件易事，译者要具备丰富的文化涵养。

外宣工作的重要性也决定了对译者素质的高要求。在对外宣传和翻译工作中，译者是主体，具有举足轻重的地位，译者的作用非常重要，其不仅仅是原作与译文读者之间的"传声筒"，更是对原作进行再创作的"艺术家"。

素质也称为"素养"，是人在社会生活中思想与行为上的具体表现，既包括其本来特点和原有基础，也可以指在实践中增长的修养。一般来说，素质包括文化素质和政治素质，其内容既抽象又具体。具体来说，既包含哲学的思维和内涵，又有具体的方法对其翻译内容进行检验。外宣译者的素质体现在多个方面，既包括文化程度、思想水平，又包括语言能力、知识技能等。柯平将译者的素质分为三类：一类是扎实的语言功底，另一类是广博的言外知识，还有一类是敏锐的感受能力。译者在勤学苦练、博览群书的同时，还要积极思考，不断反思。

综合而言，外宣译者的素质可以分为客观素质和主观素质两种。客观因素包括良好的政治素质和职业道德素质，主观素质包括优秀的语言素质、广博的知识素质和熟练的翻译技能。译者的这些素质直接影响着对外宣传的效果。

一、政治素质

由于外宣工作的特殊性，政治素质是外宣译者的基本素质，促进世界和平的实现。因此，外宣译者要正确地传达我国的基本国情和对外政策，就必须有较高的政治素养和觉悟，认真学习马列主义、毛泽东思想、邓小平理论和"三个代表"重要思想以及科学发展观，对我国的大政方针政策、立场、国内改革开放的各项事业的发展有基本的认识和了解。维护国家主权和尊严，对涉及国家利益和安全的问题谨慎仔细，绝不疏忽。译者不仅要观点明确、立场坚定，还要用辩证的思维方式正确处理形式与内容的关系。

例如，外宣中常常提到"和平统一"一词，"统一"按照字面意思可以译为 unification，但是我国对外宣传中约定俗成的译法是在 unification 前加上 re-，用 reunification 表示"重新统一"，这样进行翻译是有事实依据的。公元前 221 年，秦始皇实现了中国的统一，台湾自古以来就是中国领土不可分割的一部分，但是由于历史上的某些原因，中国还未实现真正的统一。所以，reunification 就是指台湾重新回到祖国的怀抱，中国实现重新统一。因此，"和平统一"便可译为 peaceful reunification，既突出了我国的政治观点和立场，又方便译文读者的理解，大大提高了对外宣传的效果。对"和平统一"的准确翻译有助于其他国家对中国和平发展道路的了解，对维护中国在国际事务中的良好形象大有好处。

外宣翻译中的选词一定要以准确理解原文含义为基础。例如，"宣传"一词在过去常常被译为 propaganda，而在英语中，propaganda 是一个贬义词，多指"采用欺骗、掩盖等扭曲事实的手段在广泛范围内促使群体对某意识形态等的忠诚"，因此在对外宣传中用 propaganda 翻译本国的政府机构或官员是不合适的。一些西方国家对中国的宣传机构存在偏见，如《纽约时报》在报道涉华事件时坚持用 propaganda 来翻译"宣传"，这是一种带有意识成见的误译。将"对外宣传"翻译成 international communication，是比较合适的。又如，"改革开放"一词中的"开放"出现过三种翻译的方法，分别是 opening, open-door

和 opening up to the outside world。相比较而言，第一种译法较笼统，语义不明确。第二种译法语义问题最为突出，其是 20 世纪中国在受到帝国主义侵略时所谓的"门户开放"政策的英译，这种译法在如今的对外宣传中要避免使用。第三种译法虽然句式较长、较复杂，但它准确忠实地传达出了"开放"的含义。

此外，在涉及国家主权与领土完整等敏感话题的选词上更要仔细推敲，反复琢磨，谨慎用词。例如，在对外宣传"南沙群岛"时，就应使用英译的形式 the Nansha Islands 来表达中国的国家主权利益，而不应使用西方媒体惯用的 the Spratly Islands 或 the Spratlys。这样的例子还有"黄岩岛"，在对外宣传中要使用音译的形式 the Huangyan Island，而不应使用西方媒体惯用的 the Scarborough Shoal，更应反对菲律宾政府所谓的 the Panatag Shoal。

总结来说，外宣翻译工作者要充分了解我国的大政方针政策，在充分理解政治语境的前提下，尽量用精致而非粗疏的、活泼而非死板的、亲切而非生硬的外国语言，准确地表达出原文的应有之义。政治立场坚定，拥护和宣传党和国家的政策方针，维护国家利益。

二、职业道德素质

（一）刻苦钻研

外宣译者同样要有职业道德素质。有学者在论及外宣译者的职业道德素质时指出，译者的责任感、刻苦钻研的精神、严肃的工作态度是其能够准确翻译的重要条件，也是其基本的译德。译者是信息传播的媒介和桥梁，稍有不慎，就会造成许多不良的后果。即使是小心翼翼，也难免会留下诸多遗憾。

外宣翻译因其话题的敏感性和读者的广泛性，对译者的职业精神有着较高的要求。刻苦的精神和严肃的工作态度才能避免因小的疏忽甚至是一字之差而造成的误解。有些错误甚至是低级的错误，例如，"染发"的"染"译成英文时 dyeing 少了 e，成为 dying（死亡）；"碗"译成英文时 bowl 多了 e，成为 bowel（肠）。有些翻译如果在选词造句上更细心一些，就会有更好的表达效果。

例如：

请勿疲劳驾驶。

译文 1：Drive alert，arrive alive.

译文 2：Drowsy driving is dangerous.

译文 3：Don't drive tiredly.

很显然，按照交通法规的术语译为译文 1 和译文 2 的形式要比译文 3 好得多。有的翻译虽然语义通顺，却不能极尽原义。译者必须刻苦钻研，反复推敲，一步一步地使表达成为最佳。

例如：

领导干部要讲政治。

Cadres should talk about polities.

这种译法显然是不正确的。talk about 是"谈论""说"，而"讲政治"中的"讲"强调的是"重视""注意"，因此译为 talk about 就会显得领导人在高谈阔论，口头上大谈政治，而没有实际的行动，不符合原文的意思。那么，下面这几种译法又如何呢？

（1）Cadres must emphasize politics.

（2）Cadres must give prominence to politics.

（3）Cadres should attach the utmost importance to politics.

上述三种译法虽然都可以接受，但并没有完全准确表达出原文的意思。这里的"政治"既不是口头政治，也不是指上层建筑层面，而是指领导干部要有政治头脑、政治敏锐性。因此，可以尝试以下几种译法。

（1）Cadres should be politically aware.

（2）Cadres should be politically minded.

（3）Cadres should be political conscious.

与前面几种译法相比，上述三种译法与原文的句义更加贴近，虽貌离，神却合。"推敲"二字对于外宣译者而言十分重要，翻译家严复曾说"一名之立，旬月踟蹰"，只有刻苦钻研，谨慎对待，才能避免"硬译""死译"的现象。

（二）态度中立

外宣翻译是以汉语为信息源，以英语等外国语言为信息载体，向全世界介绍中国的交际活动，其宣传渠道是各种媒体，并以国外民众为主要的传播对象。因此，一方面译者与译文读者之间势必会存在思维方式、情趣爱好、文化观念、审美标准等方面的差异；另一方面译文读者间的这些主观因素和客观因素也是不同的。所以，译者作为原作与译文读者的沟通桥梁，必须顾及双方，不偏不倚，保持中立的立场。既要保护原文作者，又要考虑到译文读者的思维方式，使译作能够较容易地被译文读者接受。

用生态翻译学的理论来解释外宣翻译的过程即是对外宣传过程中交际意图的适应性转换，追求的就是原文与译文之间的交际生态能够最大限度地得到支持和保护。外宣译者突破时空的限制，与原作作者展开平等对话的同时，还要考虑到译文读者的接受能力和阅读需求，继而在原作与译文读者之间寻求一个平衡点，忠实、客观、公正地实现原作与译文读者在语言、文化、交际生态中的平衡与和谐，建立一个健康有序的生态循环，也使原作与译作能够和谐共存与长存。

（三）勤于实践

实践出真知，经验来源于对实践的总结，反过来又指导实践。实践是理论的基础，也是理论的归宿。因此，译者只有在实践中总结经验，多做翻译练习，才能熟能生巧。

翻译理论能起宏观指导的作用，要经历"理论—实践—再上升到理论—再实践"的过程，才能形成熟练的翻译技巧，在面对翻译中的难题时较容易地解决。因此，勤于实践也是译者职业素质的基本要求，在实践中练，在实践中学，在实践中进步。

（四）考据求证

善于考据求证是译者的基本职业素质。在信息化高速发展的今天，即使拥有渊博的知识面，也不可能解决翻译中遇到的所有困难。现代化社会政治、经济发展迅速，新词不断涌现，且数量庞大，有的被人接受，有的早已被人们遗忘，还有的纯属个人创造的，稍纵即逝。正如纽马克（Newmark）所言：In fact, neologisms cannot be accurately quantified, since so many hover between acceptance and oblivion and many are short-lived, individual creations.

工具书是译者进行翻译工作时必不可少的工具，它能够帮助译者温故、知新、求解、辨异。译者要想使译文更加贴切、达意、完善，离不开工具书的使用。多方查证才能避免望文生义。外宣资料的翻译需要译者脚踏实地地去考究、查证、讨教，利用一切可利用的资源，认真负责，一丝不苟，不能有一丝的马虎和懈怠。多思考，虚心向老前辈学习，努力使译文做到尽善尽美。

（五）与时俱进

译者有责任努力提高自身的素质，既包括专业的翻译素质，还要顺应时代的发展潮流，掌握计算机辅助翻译技术。现代技术的快速发展为翻译领域注入了新鲜活力，云技术和大数据的应用彻底改变了传统的翻译模式。翻译领域正在经历着一场数字化革命。对外宣传翻译的媒介、渠道和手段也越来越多样化。为适应形势的发展，外宣译者要积极融入其中，努力学习新技术，更新外宣翻译的方法，提升翻译效率，提高外宣效果。

此外，翻译行业逐渐呈现出规模化、信息化、市场化、技术化、全球化的特征，其快速的发展对译者自身的职业化要求也越来越高。此外，文化传播是多元的，知识也是变化发展的，译者要能够利用信息技术和多学科、多领域的知识，完成语言信息的内容生成、转换和复用，并与时俱进，提升自身素质，依据自己的专业和领域，不断拓宽翻译的范畴和领域。只有这样，才能突破外宣材料自身的制约，顺应语言的发展。例如，"精神文明"将由过去的 spiritual civilization 改为现在的 ethic and culture progress。只有这样，才能处于翻译行业的前沿，进而推动对外宣传翻译的发展，并使翻译行业融入全球化的社会经济发展大潮。

三、语言素质

翻译是不同语言和文化间的碰撞交流。有不少学者认为翻译是一项难于创作的工作。作者在创作时，不受任何语言形式的限制，依据自身的兴趣爱好选择合适的表达，即使遇到某个不容易形容的词，还可以换一种说法，甚至回避。但是，翻译却是不同的，译者要忠实于原文，译作的文体、风格，甚至是表达方式都要最大限度地贴近于原文，译者不能按照自己的喜好随意更改，在遇到不容易表达的词时，还要绞尽脑汁，想方设法将其翻译出来。

外宣翻译比起一般文本的翻译，难度更大，特色性更加显著。因其较强的社会影响力和政治性，外宣翻译在时间上要求也较高，不仅要翻译得快，还要翻译得准，一些方针政策的译法不仅反映了党和政府的立场，还对海外舆论产生导向作用。因此，外宣译者的语言能力十分重要，需要有良好的语言素质，在熟练掌握本族语的基础上，还要熟练掌握外语。熟练的语言能力是译者进行翻译的基础，从这个意义上讲，单纯地追求翻译技巧和方法就会使翻译成为无源之水。语言能力是译者赖以工作的武器，既包括外语的能力，又包括母语的能力。

外宣翻译中因为语言素质的缺失而导致的误译并不少见，常常引起笑话，出现了所谓的"只可意会，不可言传"的尴尬境地。

例如，"野蛮装卸"（rash-and-rough way of loading and unloading）常被误译为 barbarous loading and unloading。如果上述类似的"劣质"翻译是出自于某些语言功底较薄弱的译者之手，那么下面这些翻译就属于群体性素质的缺失了，这些荒谬的误译会引起非常大的误会。例如，将"拳头产品"（knockout product）误译为 fist product（用拳头制成的产品），将"教师休息室"（faculty lounge）误译为 teacher's restroom（教师专用卫生间），将"街道妇女"（housewives in the neighbourhood）误译为 street woman（在街头出卖色相的妇女）。

凡此种种，都是因为译者在两种语言进行转换的过程中，忽略了原文与译文不同的语义内涵和外延意义。译者要善于分析中外文化及语言的相同之处与不同之处，发现它们之间细微的差异和特点，掌握语言转换的规律和技巧，按照译文读者的思维习惯和接受能力去把握翻译。同时，译者要具有扎实的母语功底，否则理解原作都有困难，更谈不上"达"和"信"了。称职的译者时刻保持警惕，为了最大限度地降低自己的失误，会进行多方查究、考证，对比不同翻译形式之间的优劣。[①]

例如，"个人主义"常被译为 individualism。汉语中的"个人主义"常指一切从个人出发，将个人利益放在集体利益之上，只顾自己，不顾别人的错误思想，是贬义词。而在英语文化中，individualism 基本上算是褒义词，常常指充分发挥个人的自由、权利以及独立思考与行动的能力，其在 The New Oxford English-Chinese Dictionary 是这样被解释的：the habit or principle of being independent and self-reliant。不难看出，individualism 强调的精神与美国人的价值观和人生观是相符的。而 egoism 则与汉语中的"个人主义"意义相近，其在 The New Oxford English-Chinese Dictionary 是这样被解释的：a tendency to be concerned with ideas or issues only in so far as they affect ones as an individual。因此，在外宣翻译中，"个人主义"应译为 egoism，避免产生相反的宣传效果。

又如，"实用主义"常被译为 pragmatism。在句子"我们的改革开放不搞实用主义"中"实用主义"是贬义词，指"有用的就是真理"，而英语中的 pragmatism 则是褒义词，与汉语中的"实事求是"意义相近，其可以解释为 a method or tendency in philosophy which determines the meaning and truth of all concepts and tests their validity by their practical results，因此如果将"我们的改革开放不搞实用主义"译为"We don't advocate pragmatism in chinese reform and opening up."便会带给西方读者困惑，即"我们的改革开放不实事求是"，与事实不符。而另一种译法 expediency 恰恰能准确地反映原句的句义。expediency 可以解释为 the doing or consideration of what is of selfish use or advantage rather than what is right or just，因此将原句翻译为"We don not base our policies on

---

① 匡颖. 浅谈外宣翻译中译者素质要求与培养 [J]. 教育现代化，2016（11）.

expediency in China's reform and opening up." 则更加合乎语义。

译者的语言能力是其理解能力的基础，而理解又是正确表达和翻译的基础。只有在准确理解的基础上，才能准确翻译。例如，某地有一旅游景点"鸳鸯林"，因为盛产双生的树木而得名，如果不能正确理解此处"鸳鸯"的含义，将其译为 Wood of Mandarin ducks 就会引起非常大的误会，向译文读者传达出此地盛产鸳鸯的错误信息。正确的译法应该是 Twin-wood Forest。又如，另一风景名胜"龙潭大莱口"，其名称的由来是两处地名"龙潭"和"大莱口"合在了一起，如果采用汉语拼音的译法，即使是中国读者也会感到莫名其妙，而译为 Longtan-Dalaikou Scenic Area 就清楚多了。表达是理解的具体化。汉语和英语在词汇、句法、篇章上都存在不少差异，因此在外宣翻译中，不能对材料生搬硬套。

四、知识素质

广博的知识面是进行翻译工作的有力保证，知识面的宽窄决定了其翻译质量的高低和速度的快慢。外宣翻译更具有其本身的特殊性，其翻译的内容和题材可谓包罗万象，有时一篇外宣材料会涉及各行各业的知识，不仅包括政治、经济、军事，还有文化、天文、地理、风土人情和历史等方面的内容。各个领域的知识都要懂一些，才能胜任翻译的工作。了解越多的背景知识，对原文的理解也就越深刻，译文中的表述也就越确切。如果译者对这些方面的内容只是一知半解，翻译起来就会很吃力，甚至一头雾水，无从下手，成为英语中的 a jack of all trades, master of none, 即杂而不精的人。在对外宣材料进行翻译时，即使译者的语言水平再高，没有一定的常识也是难以保证翻译的质量的。例如，在有关国有企业改革的材料中经常会出现"关停并转"这个词，其字面意思可能比较容易理解，但真正解释起来并进行准确、到位的翻译便需要深入地了解了。又如，有关两岸关系的文章中常会出现"海基会"和"海协会"这两个机构，那么它们的全称是什么？英文名称又是什么？分别代表哪些群体？再如，一些社会新词语"裸考""裸婚""裸官"又如何准确翻译？这些问题的解决都依赖于译者的知识素养。

有人认为翻译是一门"杂"学，而译者也应该是一名"杂"家。译者须博览群书，拓宽知识面。例如，在经济新闻稿中经常会提及"积极的财税政策"这样的术语，其字面意思较容易理解，但当翻译"积极的"在经济领域具体指什么时，大多译者都会感到困惑，至于选词的准确性和翻译的质量更是有待商榷了。如果只按照字面意思将其翻译为 active financial and revenue policy，就会给西方读者造成一定的困惑：财税政策是积极的？难道还有不积极的吗？在准确理解内涵的基础上，我们选用 proactive 这个词，其与原句的含义十分贴切。

对于译者来说，外宣翻译中的最大困难往往不是翻译本身，而是各种不同的文化中所具有的内涵。译者在熟练掌握语言的基础上，还要对语言背后所蕴含的文化知识有所了解。在遇到棘手的文化问题时，译者要迎难而上，想方设法地加以解决，可以灵活地进行意译或转译。例如，"跳进黄河也洗不清"这句汉语俗语如果按照字面意思翻译就会造成误解，认为太脏连在黄河里都洗不干净了。这种情况下可以选择英语中的对等表达，即"One can't clear up his bad fame if it is put on him."

五、翻译技能

翻译技能是每个译者都应具备的素质。不同的翻译材料，其语言风格、语言形式、交际目的以及交际功能等存在差异，译者在翻译时要运用不同的翻译技巧和策略。

外宣翻译主要是汉译英的翻译，目的是准确无误地向译文读者传达原文的信息要旨，使译文读者可以进行无障碍的信息接收，从而达到良好的宣传效果。译者运用多种不同的翻译技能，如删减、增添、改写、重组等，在翻译过程中充分发挥主观能动性。

总结来说，外宣译者要在选词用语上苦下功夫，尽量使用简短、有说服力的词语。译文英文化，符合译文读者的思维方式和表达习惯。在译文中多使用一些解释性的语句，填补因价值取向、文化差异而造成的理解空白。总之，译者要运用多种翻译策略和技能，灵活地处理文本。

用国际化语言，讲述好中国故事，阐释好中国特色，传播好中国声音是外宣译者的责任和使命。随着我国对外交流活动的日益频繁，外宣译者素质的提高已成为不容忽视的问题。译者在多方面提高自身素质的同时，还要有意识地规范国内的翻译市场，只有这样才能真正提高我国外宣的效果，推动中国融入世界的发展潮流。

第三章　传播视域下的外宣翻译研究

外宣翻译在传播视域下的传播过程是一个多要素互动的动态过程，为便于人们认识和了解这个复杂的过程，众多学者提出了各种传播模式。归纳起来，对传播过程的认识经历了从单向、孤立、封闭走向双向、多元、开放的过程，从线性传播过程到控制论过程再到系统过程。

第一节　传播学与国际传播学

传播学萌芽于20世纪20年代，成型于四五十年代，到了七八十年代，在美国、加拿大、英国、德国、法国、日本等发达国家得到了快速发展，成为一门理论学派林立、学说纷呈、著作丰富的显学。

传播学的四大先驱（拉斯韦尔、卢因、拉扎斯菲尔德、霍夫兰）和传播学集大成者施拉姆通常被视为传播学的五大奠基人，以他们为代表的经验学派在传播学的形成和发展过程中做出了非常显著的贡献。政治学家拉斯韦尔（Harold Dwight Lasswell）于1948年发表的《社会传播的结构与功能》，可谓是传播学的开山之作或奠基之作，对传播学产生了两大重要意义，一是提出了著名的"5W"传播模式，即谁（who）、说什么（what）、通过什么渠道（in which channel）、对谁说（to whom）、产生什么效果（with what effect）。同时还对应这五个环节勾画出传播学的五种分析，即控制分析（control analysis）、内容分析（content analysis）、媒介分析（media analysis）、受众分析（audience analysis）和效果分析（effect analysis）。

第二节　传播视域下的外宣翻译研究

一、传播视域下的外宣翻译主体

译作的被接受度反馈一般是通过市场产品销量、读者和媒体反馈等间接实现的。一般来说，销量越大，说明受众对译作的接受程度越高，信息传达越成功；反之则说明受众可能对译作不感兴趣，或者是译者信息传达不到位、不成功。冯唐译本《飞鸟集》在全国范围内下架并召回，可以说是一个极端的例子。抛开冯唐译本的争议不说，从传播学的角度来看，译作出版后即遭下架并召回，至少在信息反馈这个环节上，说明受众是不接受"译作"这个信息媒介的，最终导致信息传达失败。

原作是作者生活圈内的产物，基于译者和作者共同的经验范围，译者与作者共享原作的信息，但这信息一般局限于原作"透明窗格"里的信息。原作之中其实还存在一些"隐蔽窗格"信息，比如，成语、典故、俗语、俚语，风土人情，风俗习惯，政治制度、经济结构、宗教信仰等许多源语文化的深厚积淀；原作之外，作者的写作动机、原作的创作背景还有作者的生活背景等都不是透明的，是隐蔽的。这就需要译者仔细推敲，为一个表述苦思冥想数日。

从这个角度来看，翻译是译者和作者之间的人际传播过程。作者向译者同时展示"透明窗格"和"隐蔽窗格"。这些都需要译者进一步深入作者的生活圈、了解作者的生活经历、理解作者的生活态度、懂得作者的宗教信仰、研究作者的创作动机。作者和译者的生活圈完全重叠，如图3-1所示。这只是一种理想境界，是一种理论模式，其实就算译者就是作者也不可能做到这一点。

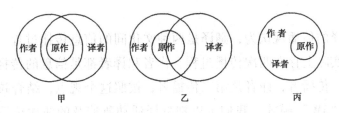

图 3-1 翻译过程中译者与作者之间的信息关系

二、传播视域下外宣翻译的内容及模式

（一）传播视域下外宣翻译的主要内容

外宣翻译的内容即我国的外宣材料或文本对象，也就是需要翻译与传播大量有关中国的各种信息。"换言之，就是把反映当下中国社会文化生活、政治经济状况、国家大政方针、自然风光、市井风情、精神面貌、意识形态、价值观等宣传资料介绍给国外读者"。

陈明明认为对外宣传可以分成两大类，一大类是外文局出版的杂志和书籍，如《北京周报》《人民画报》以及《中国日报》《环球时报》的英文版，新华社对外的新闻稿和中央电视台外语频道等。这一类基本上是英文思维，用外文写作的，用这种方式推介中国，总体上来说效果还是很好的。第二类包括中央编译局负责的任务，如党代会的文件、政府工作报告、《求是》杂志的英文版；外文出版社出版的白皮书；外交部翻译室担负的领导人对外演讲稿、有关的对外声明，以及各个政府部门涉外的表态。

（二）传播视域下的外宣翻译的模式

1. "5W" 模式

美国传播学先驱哈罗德·拉斯韦尔认为任何传播行为都包括这样一个模式。其中 who 指传播主体，是传播内容的发送者和传播者；what 指传播内容，即传播信息，传播本质上体现为信息的流通；in which channel 是传播媒介，是传播内容的必经之路，是承载、转换、传递内容的具体途径；to whom 是传播对象，是传播内容的受传者和接受者；with what effect 是传播效果，即信息到达目的地后引起的各种反应。

翻译的传播观认为，翻译是两种文化间的信息传播过程。在翻译过程中实际上存在两次传播过程，作者和译者都是信息的传播者，作者是第一传播者，译者是第二传播者，按照这个观点，结合拉斯韦尔提出的"5W"模式，我们可以把翻译活动所涉及的两次传播过程直观显示，如图3-2所示。

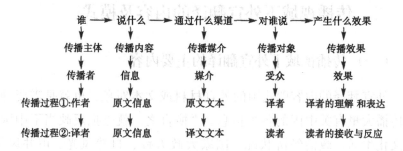

图 3-2 翻译活动的"5W"传播模式

2. 纽科姆模式

纽科姆认为"涉及第三者时，两个个体之间可能存在一致性和不一致性"。纽科姆模式是一个三角形：个体分别为 A 和 B，它们共对的事物为 X。假设 A 和 B 两个个体互有意向，并对 X 也各有意向，那么 A 和 B 的意向和对 X 的意向是互相依赖的。作为支撑传播过程的这个"△"模式图（见图3-3），揭示了传播过程中三者之间的四层有意向的联系，即①A 对 X 的意向；②A 对 B 的意向；③B 对 X 的意向；④B 对 A 的意向。这种意向既包含态度，又包含认识属性。①

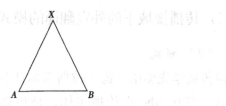

图 3-3 纽科姆的"△"传播模式

纽科姆提出了两种假设：①A 趋向于 B 和 X 的力量愈强烈，那么

① 白靖宇，文化与翻译（修订版）[M]．北京：中国社会科学出版社，2010：51.

一方面 A 对（X 的态度）愈是努力要求与 B 在对 X 的态度上保持均衡；另一方面，作为一个或一个以上传播行为的后果，增加均衡的可能性愈大。②A 与 B 之间的吸引力愈弱，趋向于均衡的努力就受到 X 对于因协调所需要的合作态度的限制。翻译过程是一种特殊的传播过程。它是由作者、译者、读者的人际传播和内向传播过程的相互联系而完成的。借用纽科姆模式，翻译过程图 3-4 所示。

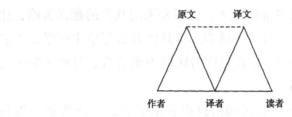

图 3-4　纽科姆的"△"的翻译模式

假如分别用两个圆圈来代表作者和读者两个不同的语言文化社会，那么译者与原文和译文将构成一个新的"△"模式。具体如图 3-5 所示。

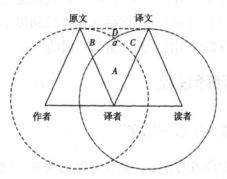

图 3-5　"△"模式下翻译关系假设

其中区域 A 是两个圆圈交合重叠部分，代表不同语言文化社会中其相通之处构成文化共核。也正因为有此重叠的相通文化共性，两种文化之间才能进行沟通交流。对于交叉点 a，我们假设是两种文化经过长久的交流交融之后，形成语言形式和内容都一致的某些表达，这些表达通常是从另一文化中借用而来，比如 toufu, taichi, T-shirt 等。

区域 B 和区域 C 是两种文化世界独有但在另外一方中缺失的文化现象，其中区域 B 是作者世界特有的语言文化现象，而区域 C 则是读者世界特有的语言文化现象。因为区域 B 和区域 C 的客观存在，造成了原文和译文的差异。不仅表现在不同语言形式上，比如措辞、句式结构、修辞手法、文风等；还表现在文化内容上的不同价值观和取向。关于区域 D，我们有一种假设。这部分信息可能是原文中译者未能掌控的相关信息，也有可能是有争议之处，也可能是译者自我发挥创造的可能性来源。表现在翻译策略上，对于区域 A，我们大可采用直译方式对两种语言文化中的文化共性进行处理；对于交叉点 a，我们可以直接借用；对于区域 B 和区域 C，就需要采用其他的翻译策略，比如改译、增译、减译等；对于区域 D，将是译者穷尽毕生所学，不遗余力想要极力缩小的差值。也正是因为区域 D 的存在，导致了翻译之"可译与不可译"之争论。

关于翻译过程中语言形式和信息内容的取舍，实现所谓"零偏差"的最佳翻译；但在很多情况下，我们不得不为了保留内容而改变形式，以此保证信息的有效传播。过于讲究形式的死译、硬译，或随意"发挥""创作"内容必然会引起信息的严重走失或走样，造成严重的翻译偏差，乃至"背叛原文"。如何最大化地达到原文和译文在内容和形式上的"均衡状态"，把翻译偏差减到最小值，让作者和读者皆大欢喜是所有翻译工作者想要努力完成的"最难的事"。

三、传播翻译过程

（一）"译者—作者—原文"

第一个界面中译者与作者、原文之间的关系。姚亮生认为译者和作者之间的"意向联系"是人际传播；作者和原文、译者和原文的"意向联系"是内向传播，如图 3-6 所示。

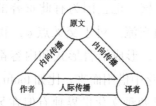

图 3-6　"译者—作者—原文"关系

（二）"译者—读者—译文"

第二界面中"译者－读者－译文"就是纽科姆"△"模式所说的："一个人能估计出另一个人的行为，就是由于均衡的作用；均衡还能促使本人对 X 的态度的改变。"因此，在翻译活动中，作者对于译者（当然包括第一受众：母语读者），译者对于读者的"预估"和"判断"势必影响他们对于原文和译文的"意向联系"和态度：思想内容，写作风格等。这就是"均衡"在起作用。同时，后者受到前者的制约，换句话说，译者对于读者、译文的"意向联系"务必受到第一个界面即"译者—原文—作者"的影响和制约。

（三）译文与原文之间的偏移

为了达到"原文"跟"译文"之间的"平衡"，译者不得不在两者之间进行"偏""移"，如图3-7所示。

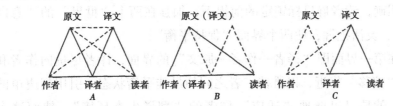

图3-7 翻译过程中译文与原文之间的偏移图

若译者采取"原文偏移"，则极限为"原文"。当"译文"译成"原文"时，读者和译者内向传播和人际传播的"距离"被加大，极限是"译者"消失。当目的语读者在"作者"的界面上理解源语的"原文"时，信息传播失败，翻译准确率为零（见图3-7）。因为译者忘记了翻译目的和译文的读者群。翻译是为译入语读者群、译入语社会服务的。失去了这个宗旨，译者也就失去了自我存在的价值。由此可见公示语中，直接用汉语拼音标注，是多么滑稽。不过，随着文化交流的加强，当一种文化的某个词语在短时期被另外一种文化快速接受时，直接以"源文"形式出现也未必不可行。比如 dama，chengguan。其实，邱懋如教授于2001年曾提出"零翻译"的概念，认为"零翻译就是不用目的语中现成的词语译出源语中的词语，这里包含两层意思：①源文中的词语故意不译；②不用目的语中现成的词语译源文的词语。通过省略、音译和移译等方法完成最精确的"不可能"的翻译。

反过来，我们再来看图 3-7C 译者反向向"读者偏移"的情况。当译者以增强译者为读者服务，为译入语社会服务的信念达到极限时，"作者"消失，"原文"不见，读者看到的只是完全"归化"后的译文。① 这时作者跟读者的联系中断，两者风马牛不相及。试想读者只见译者，不见作者，作者必然要"抗议"，要"愤怒"，要"严厉批评"，要说"不是我的小说"了。可见译文跟原文之间偏差之巨大，将导致翻译行为不存在。而从传播学的角度来看，传播者和传播内容一起缺失，也使得翻译的传播失效。图 3-7B、图 3-7C 这两种极限都是不可取的，译者也不会做到这么极端。但是这里有一个关键点：想要保持两个界面之间原文和译文的"均衡状态"，这种偏移的"度"到底该怎样把握，才能把翻译偏差控制在最小值，这就要求译者在翻译目的明确，读者群目标锁定的前提下，加强在两个"世界"的"意向联系"，灵活把握，使两个界面"保持平衡"。

在第一界面即"译者—作者—原文"的界面，译者尽量向作者和原文"偏移"靠近，以维持三者之间的最佳平衡状态，引用胡庚申的观点，就是尽可能地"适应"作者的"翻译生态环境"。然而这个"偏移"和"适应"过程并非一帆风顺，要达到最佳状态或许是译者所面临的"最难的事"。一旦出现某个环节的不到位，便会出现这样或那样的必然或偶然的偏离。出现必然的偏移是因为两种社会文化即两个独立个体间必然的不同，具有哲学、认知和文化上的必然性，这种情况属于绝对翻译偏差，它存在于任何一件翻译作品当中。比如，两者不同的人名、地名等，这些信息通常出现在区域 B。偶然的偏离通常是由于译者对源语或译语把握不准、功底不足，以及其他相关认知能力有限而造成，同时妨碍了译语读者的正常理解和接受，是不被读者接受和认可的。这类偏差就是我们经常说的误读现象。这类情况

---

① 沈军. 外宣翻译中的归化与异化策略 [J]. 信阳师范学院（哲学社会科学版），2017（2）.

可能出现在区域 A，但出现在区域 B 的可能性更大。

　　同样，在第二界面，"译者—读者—译文"界面，译者尽可能向读者和译文偏移，要在遵循作者的意愿以及符合原文主旨的前提下，不仅要满足读者的需要，更要符合译文的"规范"。如胡庚申先生所述，"译什么""怎么译"将迫使译者进行一个艰难的"选择"过程。鉴于区域 A 为两种文化共有，并通过相同、相似或相反的形式共通，译者只要遵循有限的约定俗成的规约即可完成"选择"的过程；然而对于区域 B，译者需要费心选择恰当的形式来表达。"异化"或"归化"是必然的抉择。选择"异化"，将使译文更多地向原文偏移；选择"归化"则会与原文偏离，而向译文靠近。但这偏移的过程有可能"移得错误"，有可能"一不留神"就"偏"得太远。"移得错误"会导致读者理解的偏差，出现不同程度的误译现象；而译者若偏移得太远，则会出现与原文之间的严重偏离，乃至"背叛"，可能不被作者和读者所接受。当然，恰当的选择和偏移会让读者更好地理解。

　　正如纽科姆"△"模式提示："由于力量的平衡，每个系统都有所区别：传播体系内的每个部分为 A 对 X，或 B 对 X 的态度发生的变化都会危及 A 和 B 的关系，而双方都会作平衡的努力。"在一般翻译过程中，作者对于译者，尤其是译者对于作者的"意向联系"至关重要。作者能否通过原文让译者产生足够的"翻译冲动"是翻译活动的必要前提。作者跟译者之间的"灵犀相读而通"的程度则决定了译者对作者和原文的理解度，最终决定译文的质量。因此，译者跟作者之间应该加强"协调合作和有效沟通"，以此增强"相互对话"的力量。一般情况下，译者跟作者直接沟通的可能性很小，毕竟两者可能不处于同一时代。即便是处于同一时代，也会存在许多不便"直接对话"的可能性。

　　但外宣翻译过程中，这一点切实可行，而且尤其重要。由于各种原因，中国的外宣材料一般是先中文写作，再由外宣翻译人员翻译成英文。然而，中文外宣材料的写作者不一定深谙外国受众的思维方式和阅读习惯，而外宣翻译人员也不一定熟悉我国具体的外宣政策和主张，一定程度上造成译者与作者之间的"偏离"。总的来说，作者跟译者毕竟同属于汉语文化界面，两者之间文化距离更近，两者之间对话可以更直接，可达到的意向联系更强。由此可见，外宣材料的中文写作者跟译者之间可以而且应该进行最为有效的直接对话和沟通。

与此同时，外宣翻译以受众为目标，目的性更明确。但是，译者跟读者却处于"汉语—英语"两个不同的文化界面。跟一般翻译不同，外宣翻译的目的语是不同于译者母语的英文，面对这样一个天然掣肘，译者与读者之间的距离被"拉远"。为了加强与读者之间的"意向联系"，译者必须付出更多的努力，尽可能地与目的语"它"世界以及读者"你"世界保持"亲密接触"，以提高自身认知能力和"意向"。因此，在外宣翻译过程中，外宣翻译人员应该尽可能地加强作者与译者之间的"协调合作与有效沟通"，同时要尽可能地贴近读者，拉近两者之间的距离，加强两者的"意向联系"，进而增强作者与读者之间的"互相对话力量"，讲述好中国故事，传播好中国声音，增信释疑、凝心聚力。这是纽科姆"△"模式对外宣翻译的启示。

四、传播视域下的外宣翻译受众

郭可调查结果显示，从上海的实地调查中发现，来华国际受众对我国英语媒体新闻报道的认同度较低，只有16.7%。而大多数外国受众持反对（19.7%）和谨慎的模糊态度（46.9%）。由此可见，我们对境外受众的思维共性以及不同地区受众的新闻需求特性缺乏深入研究，报道缺少针对性，结果就是不被国际受众接受，甚至会引发境外人士的误解和对抗情绪。

因此，我国对外传播和外宣翻译所面临的任务还很艰巨，有必要提升受众服务意识。要切实考虑潜在受众的情况，做到因人而异，尊重读者和受众的习惯，使用合情合理的语言，在不违背原则的前提下尽量迎合各类受众的口味、需求与兴趣。

既要尊重原文又要照顾到读者的需求和期待，是归化还是异化？关键是对这两者之间度的把握。我们也不要超越读者的普遍理解和接受能力。不被读者理解的译文当然也就毫无效果。冯唐译本《飞鸟集》便是一个很好的例子。此文在微博、微信朋友圈被疯狂转发，又一次将冯唐译本《飞鸟集》推向风口浪尖。冯唐译本《飞鸟集》虽然是外译中的个例，却给我们的外宣翻译工作敲响警钟。翻译的目的是把信息传播给受众，倘若目标受众不接受，那么又有何意义呢？

五、传播视域下的外宣翻译目的

在"中国文化走出去"的国家战略下，外宣翻译的目的是让读者明确无误地理解和获得译文所传递的信息要旨，实现信息传播和文化交流，起到对外宣传的效果，最终要让译文话语及其呈现方式对国际受众真正产生影响力、感召力和吸引力，让世界正面理解中国而不是误解中国。外宣翻译工作的有效开展，对于增进国际社会对我国的了解和合作，树立我国良好的国际形象，创建平等对话机制等方面，发挥着非常重要的作用，必将促进我国与其他各国在政治、经济、文化的一体化融合。

（一）搭建信息传播桥梁

外宣翻译是沟通中外的重要途径之一，是中国社会与国际社会进行信息传播的桥梁。没有翻译，就很难达到彼此的了解和沟通，没有外宣翻译搭建的桥梁，民族、地区和国家之间的顺利交往就难以得到保证。

国务院新闻办公室主任王晨在 2008 年第 18 届世界翻译大会上接受专访时指出："本届大会的主题体现了在经济全球化迅猛发展的今天，世界各国人民对文化多样性的共同关注。"为了搭建信息传播的桥梁，保证与其他民族之间经济和文化交流的畅通无阻，在外宣翻译过程中，译者一般采取归化策略，希望为外国读者扫清一切障碍，包括语言和文化上的障碍。例如：

（1）"鱼米之乡"：a land of milk and honey

（2）"生米煮成熟饭"：don't cry over spilt milk

在上述例子中，我们用外国读者熟悉的 milk 和 honey 替换了江南水乡盛产的 rice 和 fish；把"米"换成了"牛奶"，因为"米"是汉语文化中的主要食物，而"牛奶"才是英语文化中的主要食物。毫无疑问，外国读者的阅读障碍被清除了，但读者所获得的信息是不是足够准确呢？从信息传播这个目的来看，外宣翻译过程一味遵循归化策略，可能会"使中国博大精深的文化特色处于一种隐形或流失的状态"，这对于信息传播，对于提高中国在国际上的影响力十分不利。如何搭建外宣翻译的"桥梁"作用，更好地发挥外宣翻译的信息传播功能，值得我们认真思考。

（二）搭建文化交流舞台

外宣翻译的一个重要目的就是搭建文化交流和传播的舞台，把一个民族的语言和文化介绍给另一个民族，使读者能够欣赏到异域的语言韵味和独特的文化魅力，进而实现外宣工作的预期目标。通过这个舞台，我们不仅要进行中外之间的文化交流，更要着重把我们独具特色的中华文化瑰宝展现在国际观众面前，最终达成中西不同文化之间的相通、相容、相融。外宣翻译是一座桥，更是一个进行文化交流尤其是弘扬中国文化的大舞台。

（三）创建平等对话机制

要实现两种文化之间的对话与交流，是一个比较艰难的过程，要创建两者之间平等对话机制，将是一场持久战。

现阶段外宣翻译的任务是讲述好中国故事，传播好中国声音，增信释疑、凝心聚力，在国际上塑造本国的良好形象，维护其利益，宣扬其立场，散播其观念；其目的是进行信息传播和文化交流，创建平等对话机制。明确外宣翻译的目的有利于外宣翻译工作的进一步展开，有利于外宣译员有针对性地采取翻译策略与技巧来提升外宣效果。

（四）外宣翻译的效果

周明伟指出：就传播形式和内容来说，我们以往比较擅长的是通过文章的方式，所谓文章就是用语言解释语言、用道理解释道理、用概念解释概念。解释那些外国人在话语体系中不太了解，在生活实践中不太明白，或者不太相同的一些内容。这使得我们对外传播努力想花力气做的一些事情效果有限。因此，现阶段，我们要抓住机会呈现自己的观点，让世界听到中国的声音；要了解外国人的需求，让世界听到想听的、来自中国的声音；要了解他们接受故事的方式，要让世界听懂中国的声音；要借助融媒体，做到"中国故事、国际表达"。为此，我们有必要全方位创新，做好对外传播的文章，全方位地提高传播效果：讲述好中国故事，传播好中国声音，传播好中国特色。

第三节　外宣传播途径研究

一、广播外宣途径

现在，中国国际广播电台每天使用多种语言用同一个呼号向世界各地广播："这里是中国国际广播电台。"每年，中国国家主席都会通过中国国际广播电台向全世界的听众发表新年贺词；每天，这个国家和她的人民所经历的变革都会从这个电台传送给国际社会的听众；同时，中国政府对国际上发生的重大事件的态度和立场也会通过这个电台及时地传达出去。作为中国人民对外广播事业主力军的中国国际广播电台，已经发展成为一个拥有广泛听众群、拥有先进的技术手段、在世界上有较大影响的现代化广播传媒，成为世界各国人民了解中国的重要窗口，成为传播友谊、促进中国人民与世界人民友好交流的重要桥梁。播音语种和时间均居世界国际电台的第三位，仅次于"美国之音"广播电台（The Voice of America, VOA）和英国广播公司（British Broadcasting Corporation, BBC），是世界上影响较大的国际广播电台之一。[①]

二、电视和报刊外宣途径

电视的特征表现为：视听兼备、现场感强、寓教于乐、吸引力强、

---

① 张健. 国际传播视阈下的外宣翻译特点探析［J］. 西南政法大学学报，2016（6）.

功能多样、服务性强。主要以中央电视台为例。

用英语出版发行的新闻类报刊，目前无论报纸规模还是影响力，《中国日报》排名第一，全球期均发行 90 余万份，其中海外期均发行 60 余万份，拥有多个海外版本。排名第二的是《上海日报》，该报目前周六刊，4 开 48 版，不仅在外国人聚集的上海是首屈一指的主流英文大报，在海外也有相当的影响力，每年被境外主流媒体转载 1.3 万条以上。此外，《环球时报》英文版（*Global Times*）于 2009 年 4 月 20 日创刊。其他影响较大的英语报纸还有：《上海英文星报》（*Shanghai Star*）、《北京周末报》（*Beijing Weekend*）、《英文 21 世纪报》（*21st Century*）和《广州英文早报》（*Guangzhou Morning Post*）等。颇有影响的英语杂志主要有：《北京周报》（*Beijing Review*）、《今日中国》（*China Today*，原名《中国建设》，*China Reconstruct*）、《人民画报（英文版）》（*China Pictoriat*）、《中国妇女》（*Women of China*）、《中国体育（英文版）》（*China Sports*）、《上海画报（英文版）》（*Shanghai Pictorial*）等 10 种。

《中国日报》是中国国家英文日报，创刊于 1981 年，旗下共有 16 种纸质出版物，已实现全球覆盖、分众传播，包括《中国日报》（创刊于 1981 年 6 月 1 日，周一至周五每天 24 版，周末每天 16 版）、《中国日报香港版》（创刊于 1997 年，周一至周四每天 24 版，周五 32 版，周末每 16 版，是香港回归祖国后中央唯一批准在香港出版的中央级报纸）、《中国日报美国版》（创刊于 2009 年，周一至周四每天 16 版，周末 40 版）、《中国日报欧洲版》（创刊于 2010 年，周刊，每期 32 版）、《中国日报亚洲版》（创刊于 2010 年，周刊，每期 24 版）、《中国日报东南亚版》（创刊于 2013 年，周刊，每期 32 版）、《中国日报非洲版》（创刊于 2012 年，周刊，每期 24 版）、《中国日报加拿大版》（创刊于 2012 年，周刊，每期 20 版）、《中国日报拉美版》（创刊于 2013 年，周刊，每期 16 版）、《中国国家形象专刊》（创刊于 1992 年，月刊，随《华盛顿邮报》《纽约时报》《国际先驱论坛报》《每日电讯报》《金融时报》等欧、美、亚主流报纸夹报发行）以及"21 世纪英语教育报系"（创刊于 1993 年，是一份面向国内广大英语学习者的普及性英语周报，每周出版大、中、小学生版等共 8 个版本的报刊）等。

三、融媒体外宣途径

很多传媒公司又把融合的前沿放到了终端的融合上。亚马逊图书公司推出 Kindle 数字图书阅读器；索尼公司推出了 eReader 阅读器；苹果公司则把 iPhone 的功能进一步强化，除了可以听音乐、看视频，还能阅读电子书，希望实现电视、报纸、书籍等多媒体在同一媒介形态上的融合。从世界几大传媒集团的发展史和欧美传媒的发展现状中不难看出，国外的媒体融合大多经历了一个从单一媒介合并，到资本横向并购，再到跨媒体集团组建的过程。当报纸、广播、电视、互联网、手机、播客、IPTV 等所依赖的技术越来越趋同时，以数字为技术，使各种信息在数字化平台上充分整合的媒介形态融合正在到来，它宣告的也是媒体融合最高阶段的到来，而媒体融合也将成为世界范围内传媒集团的共同命题和方向。

显然，我国主流媒体正在努力冲破重重阻碍，希冀在西方传统媒体长期把持国际话语权的国际舆论中争得一席之地，提升其在国际上的吸引力和影响力，然而目前我们还存在许多不足之处。

第四章　语言学视域下的外宣翻译研究

随着经济全球化的推进，国际交往在政治、经济、文化、科学、教育、法律、外交等各个领域越来越频繁，各类外宣文体的翻译在翻译实践中所占比例越来越大。在这种形势下，我国翻译界日益重视外宣翻译的理论研究与批评，其中作为外宣文体翻译的外宣翻译受到前所未有的重视，如公示语翻译等。然而，现有的翻译原则主要是针对文学翻译的，难以适用于对外传播的汉英翻译，使外宣翻译经常无章可循。作为跨学科性质的外宣翻译，可以借鉴不同学科的知识和成果，从不同的视角进行研究。

外宣翻译研究可以从很多视角入手，如交际学、信息论、机器翻译、语料库、符号学、心理语言学、社会语言学等。需要指出的是，在实际的翻译研究中，人们往往以一个视角为主，同时融会贯通地借鉴、利用其他学术领域的知识和概念。例如，语言学研究视域经常借鉴功能语言学、语用学、文体学、符号学等的理论。因此，要做好外宣翻译研究，应该对各种研究视角有所了解，这样才能站得高、看得远，做到融会贯通。

第一节　外宣翻译的语篇与语用研究视角

一、语篇研究视角

语篇研究视角从语篇的角度研究翻译，侧重翻译过程的研究，分析语篇各个因素的活动关系，以及它们对翻译过程的制约作用。语篇研究视角的研究对象不是静态的语言和文本，而是从宏观和微观的角度动态地把握文本，将译者作为一个协调人，注意分析文本的话语（discourse）、文本（text）、体裁（genre）、语域（register）特点，分析文本的文本机制（textuality）、意图性（intentionality）、互文性（intertextuality）等。语篇研究视角主要借鉴功能语言学、语用学、文体学、符号学等理论。

二、语用研究视角

语用学研究的是话语在使用中的语境意义或话语在特定语境条件下的交际意义，包括意义的产生和理解，也包括交际中语言形式或策略的恰当选择与使用。语用学研究的各个方面几乎都被人们用于翻译研究中，如指示（deixis）、预设（presupposition）、礼貌原则（politeness）等。在应用翻译研究中，语用学的三大理论是最常用的研究视角：言语行为理论、会话含意和合作原则理论以及关联理论。

应用文体翻译中，语用语言失误表现在只注意了汉英词语的语义相似，而忽略了语用上的差异，违反目的语的语言习惯，误用目的语中与语境冲突的表达或套用源语的表达结构等；社交语用失误则体现在忽视文化差异的"套话"翻译，文化负载词汇的误译，混淆同义结构的不同使用场合等。在参与言语事件中，交际双方会根据语境充分利用语言的变异性、商讨性和顺应性准确地表达自己的用意。然而，由于认知、社会和文化等复杂因素的作用，语言选择必然涉及语用失误，从而带来翻译上的语用失误。

三、语篇与语用翻译理论研究

（一）韩礼德理论

1. 韩礼德的语言功能理论

系统功能语言学派认为，语言是社会活动的产物，作为人类交际的工具，它承担着各种各样的功能。韩礼德把语言的纯理功能分为三种：概念功能、人际功能和语篇功能，并具体分析这三种功能在英语中的表现形式。概念功能是指语言可以用来表达对事物的认识和感受，语言的这种功能在功能语言学中称为"经验功能"。

2. 语言学翻译观与"语篇翻译"概念

1994 年，韩礼德的《功能语法导论》出了第二版，2004 年又出了第三版，这标志着功能语法更加成熟，更加完善。他所构建的语篇分析模式为翻译者所广泛运用。

20 世纪 90 年代，语篇分析在翻译研究中占了重要的位置。韩礼德的系统功能模式是目前语篇分析中影响最大的分析模式。韩礼德在《功能语法导论》（1985/1994/2004）一书的前言中指出，他建构功能语法的目的是为语篇分析提供一个理论框架，这个框架可用来分析英语的任何口头语篇或书面语篇。韩礼德的理论框架成为很多中外学者研究语言的工具，不少学者认为，系统功能语法是一种比其他理论更适合于语篇分析的理论。

韩礼德的语言功能观启发了卡特福德、豪斯、贝尔、哈蒂姆与梅森、贝克等的翻译研究，他们从不同的视角运用韩礼德的语篇分析模式探讨翻译问题，甚至将他们的研究扩展到语用学、符号学等层面。例如，韩礼德的语域分析被以上学者广泛地运用于翻译研究中，实际上，确定文本的语域特点被认为是成功翻译的必备条件之一。在翻译之前，译者必须对文本的语场、语旨和语式等语境变量进行系统分析，才有可能在目的语中选择相应的语域或根据目的语文化背景进行调整。翻译质量的评估不仅是语义对等的问题，也是语域对等程度的问题。语义相同的词语，其语域特点可能有很大的差异。

（二）卡特福德理论

早在 1965 年，卡特福德就试图用韩礼德的阶和范畴语法思想来建立一个基于语言学的翻译理论模式，他所说的诸如"语境"（context）和"语境意义"（contextual meaning）这些概念都是源于韩礼德和卡特福德的老师即伦敦学派的奠基者弗斯（Firth）的语言学理论。卡特福德以韩礼德的系统功能语法的理论模式为其翻译理论基础，在传统翻译研究与现代翻译研究之间架起了桥梁，他的著名理论就是等值论及翻译转换论。卡特福德对翻译的定义是"把一种语言的篇章材料用另一种语言对等的篇章材料来替代"。他认为，翻译这个词本身就是把一种语言转换成另一种语言的过程，也就是指把一种语言的语音、文字、词汇和语法转换成另一种语言的相应系统。

1. **卡特福德的翻译"等值论"**

卡特福德以系统功能语言学为基础，提出了翻译对等论。他认为，翻译实践的中心问题是寻求等值成分：等值关系可以在"层面"（语法、词汇、语音、词形等）和"等级"（语法结构、句子、短语、词、词素等）的任何一个交叉点上建立。卡特福德运用韩礼德的阶和范畴语法（scale and category grammar），首次从系统功能语言学的角度探讨了翻译的性质、类型、方法、条件和限度。卡特福德指出，根据语言的阶和及词素、词、短语或意群、小句或句子，翻译可以分为逐词翻译、直译和意译。逐词翻译是建立在单词"级"上的等值关系；意译是不受限制地在上下级之间变动，总是趋向较高级变动，甚至超越句子；直译则介于逐词翻译与意译之间。卡特福德还提出翻译对等只能是话语对等和功能对等的翻译观，开辟了翻译理论研究的新途径。

2. **卡特福德的"转换"概念与翻译方法划分**

除了提出"等值论"外，卡特福德还在《翻译的语言学理论》一书中用了整整一章的篇幅描述了"转换"（shifts）问题。他认为，翻译中有两种转换：层级转换（level slufts）和范畴转换（category shifts）。基于他的转换概念，卡特福德区分了以下几种翻译方法：

（1）全部翻译与部分翻译。全部翻译是整个语篇都进行翻译，即源语中的所有成分都由目的语的成分来代替；部分翻译是语篇的部分被转化为目的语，而另一部分还仍然是源语的形式。保留源语的部分篇章的原因是：源语中的某些项目在目的语中找不到对等的成分；源语中的某些概念或表达方式不仅在目的语中没有对等的成分，而且也找不到其他的表达方式，即所谓的"不可译性"，所以只好把源语中的成分直接移植过来；源语的项目具有很强的地方色彩，而目的语中又找不到这样具有相同或相似地方色彩的表达方式，所以就把源语中的项目直接移植过来，来表达源语的地方色彩。

（2）完全翻译与受限翻译。完全翻译是对源语的语篇在各个层次上都进行翻译，即把源语的词汇和语法用目的语中对等的词汇和语法来替代，同时也把源语的音系和字系用非对等的目的语音系和字系特征来替代。事实上，由于源语和目的语文化上的差异，两种语言在意义上的完全对等是不可能的。虽然我们可以使两个语篇在概念意义上获得大致的对等，但在人际意义和语篇意义上不可能达到完全对等。受限翻译是指把源语的篇章材料用对等的目的语篇章材料在一个层次上替代。例如，音系层的翻译是把源语的音系特征用目的语的音系特征来替代，而不同是替代字系和词汇语法。同样，字系翻译是把源语的字系特征用目的语的字系特征来替代。这样的翻译是比较特殊的翻译，不可能进行整个篇章的翻译。

（3）整体翻译与方面翻译。整体翻译是指源语中的所有意义、文体特色和交际目的等都在目的语中原原本本地翻译过来。从理论上讲，这是翻译所追求的目标，但由于语言之间语法结构和语义组织方式的不同，由文化决定意义系统的不同，两种语言不可能完全的对等。方面翻译意味着，为了特殊的目的，翻译的目标可以定位在某一个方面，而把其他的对等放在次要位置上。例如，如果严格要求交际功能对等，就不要以形式上任何层次的对等为目标，而是为了在目的语的读者中产生的效应与源语在原语读者中产生的效应相同。这是一种根据翻译目的来决定翻译策略的翻译过程，属于实现翻译目的论的一种方法。

（三）豪斯以语域变量为基础的翻译评估模式

1. 豪斯的译文质量评估模式

豪斯早在1977年就应用韩礼德的语篇分析模式探讨如何评估译文质量，旨在构建一种译文质量评估模式。她把自己设计的模式命名为"功能—语用评估模式，该模式从语言/文本、语域和语篇体裁三个层面分析及比较原文与译文。她试图设计一种模式，用来描写原文语言和语境的特性，对原文与译文进行比较，从中描述两者之间的对应程度，依次评价译文的好坏。译文评价基于对语言使用者和语言使用这两组语境因素的分析。从豪斯对原文和译文的分析及比较可以看出，她基本上是沿用韩礼德的语域分析理论模式，只是对语域分析的三个变量的解释跟韩礼德有所不同。例如，她在"语场"部分增加了"社会行为"，在"语旨"部分增加了"作者的原意与立场、社会角色及其关系、社会态度"，在"语式"部分除了语言方式（口头/书面）外，还关注参与者的参与程度（简单/复杂）。

豪斯认为翻译对等是要做到功能相符，其基本标准是译文文本与原文文本不仅应该功能相符，而且要运用对等的语境维度方式去获得这些功能，两者相符程度越高，翻译质量越好。由于豪斯模式的基本概念就是"对等"，因此对译文和原文的"非对称"和"误译"非常重视，而忽视了文本意义的重要性。

豪斯的翻译观结合了语域分析与语用分析的方法，对语言、语域、语篇体裁、文本功能等因素进行综合考虑。

2. 显性翻译与隐性翻译

在以上译文评价理论的基础上，豪斯提出了两种翻译策略：显性翻译（overt translation）和隐性翻译（covert translation）。显性翻译又称为标记翻译（marked translation），适用于那些原文与源语文化相关或依赖源语文化背景的翻译，力求完整地保持原文功能，并使译文看似目的语文化的原作品一样。在这类翻译中，原文与译文在语篇语言、体裁和语域等方面是对等的，能够使读者激活原文的结构，但由于译文处于一个新的话语世界，因此无法实现文本的功能对等，也就是说，译者是在解释性地使用语言，译者不是作为一个原创作者直接面对译文读者，而是让读者意识到他们在读翻译，意识到原文的存在。文学作品更适合使用显性翻译。

在隐性翻译中，译者在目的语语言文化背景下再创造一个同等的交际事件，以便在译文文本中实现源语文本在其语言文化架构中的功能。在这类翻译中，译者并不试图在译文中激活原文的话语世界。由于翻译的目的是功能对等，译者需要使用"文化过滤"的手段来处理社会、文化规约的差异。在语言和语域层面，译者在必要的时候要做一定的调整，进而使原文和译文在这两个层面可能出现比较大的差异。隐性翻译侧重于目的语读者，使他们没有意识到是在读译文。这类翻译隐藏了译文的翻译性质，豪斯认为这是唯一能达到功能对等目的的翻译。外宣翻译适合于使用隐性翻译策略。

（四）贝尔的话语参数分析理论

贝尔试图将功能语言学的三大语言纯理功能与语言的逻辑、语法和修辞三大系统有机地对接起来。因此，贝尔探索翻译问题、建构翻译理论的认识论和方法论主要体现在重视语境、语用和功能等理念上。贝尔带给翻译界的是一种反思，一种启示。在贝尔看来，语言既是一种代码，也是一种交际系统。

（五）哈蒂姆与梅森的语境分析模式

哈蒂姆和梅森把翻译看作是在一定社会情境下发生的交际性过程，而不仅是一种单纯的语际转换活动。他们比较重视研究概念功能和人际功能在翻译中如何实现，同时，他们还把研究扩展到语用分析和话语的符号学层面。哈蒂姆和梅森所著的《语篇与译者》和《译者即交际者》两本著作以韩礼德的功能语言学理论模式为基础，被曼迪称为"对90年代的翻译研究影响特别大"。

1. 语境的三个层面

哈蒂姆和梅森认为，单纯分析语域成分还不够，因此，他们建议应从三个层面对语境进行分析，即语境的交际层面、语用层面和符号层面。在他们看来，交际过程、语用行为和符号交际是交际的一组程序，译者在其中处于中心的位置，扮演着跨文化媒介的角色。他们所说的交际过程实际上就是韩礼德分析模式中的语域部分，即通过分析话语主题、参与者及其关系、话语方式等因素来考量讲话者或译者的语言使用是否合适。符号交际涉及了韩礼德模式中从下到上的各个部分，即词、语篇、话语、语篇体裁。语用部分，他们引进了由奥斯丁提出、后来由瑟尔加以发展的言语行为理论；他们在《语篇与译者》一书中，还引入了格莱斯的会话含意与合作原则理论。对语用行为部分的分析是哈蒂姆与梅森的语篇分析模式中的特别之处。

2. 言语行为理论

言语行为理论源于语言哲学家奥斯丁关于语言具有行事功能这一

哲学思想。奥斯丁和瑟尔的言语行为理论包括三个方面：表述性言语行为（locutionary act）；施为性言语行为（illocutionary act）；成事性言语行为（perlocutionary force）。

就言语行为研究的实用意义而言，一个直接目的就在于了解不同言语行为在不同语言文化中的实际模式、手段、语言资源及其实现机制，了解实施不同言语行为所需采用的不同言语手段，对比它们在语言学习和跨文化交际中的表现差异及导致差异的原因，最终为语言学习、语言教学、跨文化交际及翻译实践服务。哈蒂姆和梅森认为，用言语行为分类来分析语篇，可以使译者更清楚语篇的目的功能以便译出合适的译文。例如，有时一个句子在不同的语境下可能属于不同的言语行为，这就需要译者对语境有足够的认识和把握才能准确理解。他们还指出，言语行为理论对翻译过程中的语篇分析具有解释性和指导性意义。例如，在法律语境中，参与者的言语受到其身份的约束，因此，译者必须对参与者的角色及其言语进行分析，才能恰如其分地进行翻译。

3. 会话含意与合作原则理论

哈蒂姆与梅森在其代表作《语篇与译者》中，还引入了格莱斯的会话原则与含意理论来说明交际的意图。"含意"（implicature）是语用学文献中出现频率最高的术语之一，这个词是由格莱斯在"Logic and Conversation"一文中衍生而来的，表示"隐含之义"（what is implicated），与"所说内容"（what is said）相对。根据格莱斯的分类，含意首先可以区分为两大类，即常规含义（conventional implicature）和会话含意（conversational implicature）。常规含意由话语中特定词语的意义所决定，推导这类含意只需要解读话语意义本身而无须考虑说话人发出此话的语境，因而可以把这种含义看作是使用特定词语的话语所常规带有的特征。格莱斯的会话含意与合作原则理论对译者具有指导意义。

（六）贝克的语篇与语用分析途径

贝克在《换言之：翻译教程》一书中，系统地探讨了系统功能语言学、语用学等现代语言学理论中一些重要概念及其对翻译的指导意义。

贝克在引用韩礼德理论模式时比较重视语言的语篇功能，在其教程的第五章和第七章涉及语篇翻译，引用了韩礼德的信息分布理论和布拉格学派的功能句法观，讨论了主位、述位与信息结构、语篇篇章内部的衔接与连贯等问题，探讨语篇在实际应用中的各种因素，包括作者、读者和文化语境。她认为主位理论对译者在构建目的语文本时有启发意义，她的研究让我们看到了引用主位与信息结构理论来研究翻译的潜在价值和重要意义。

贝克在她的语用分析中还讨论了语篇分析的另一要素"连贯"。她认为，在很多情况下，译者的难题并不在原文本身，而是能否让目的语读者明白原文的蕴含意义。读者的背景知识、阅读经验及对体裁的熟悉程度，都有可能是确定语篇连贯的因素。于是，她引进了格莱斯的合作原则以及有关会话含意的论说。她的研究使我们认识到，如何翻译出语言的蕴含意义是译者的任务，而描述不同译者对此类问题的处理手法，并利用相关的理论去解释这些处理手法及原则则是翻译研究者的任务。

（七）国内学者的语篇翻译研究趋势

国内比较系统地运用系统功能语言学探索翻译问题的学者是黄国文，他的探讨既有理论论述，也有实证研究。他的研究主要是运用语篇分析模式探讨唐诗翻译问题。

张德禄运用功能语言学的语篇分析模式探讨了语篇衔接和连贯理论在英汉翻译中的应用。他根据卡特福德的观点对翻译的类型进行了阐述，重点是探讨译者应寻求哪个层次和哪个方面的对等。他通过对连贯对等实现的条件、衔接手段的对等问题的探讨论述了语篇连贯与翻译的关系。

总的来说，20 世纪 90 年代的语篇分析学派已经把眼光从微观的语篇分析扩展到宏观的翻译目的与翻译功能，这跟德国翻译研究中的功能主义有相似之处。

第二节　外宣文本的语用翻译策略

一、卡特福德的翻译理论与"变译"策略

卡特福德以韩礼德的系统功能语言学理论模式为其翻译理论基础，在传统翻译研究与现代翻译研究之间架起了桥梁，他的著名理论就是等值论及翻译转换论。在翻译的定义中最关键的概念是"对等"，这也是翻译界争论不休的问题，其根源在于无法实现完全的对等。鉴于此，卡特福德区分了以下几种翻译方法：①全部翻译与部分翻译；②完全翻译与受限翻译；③整体翻译与方面翻译。卡特福德对翻译的分类给后来的翻译研究与实践带来了很大启示。

目前国内翻译界所关注的"全译"与"变译"实际上就是卡特福德所区分的"整体翻译"与"部分翻译"，讨论的焦点集中在"全译"与"变译"的重要性和实用性以及这两种翻译方法所适用的文本类型等。"全译"是将原文没有遗漏地翻译成另一种语言，主要应用于文学作品的翻译，其目的是把原作或原文全面地展现给目的语读者。国内主流的翻译理论关注的主要是"全译"，认为翻译要绝对尊重源语文本至高无上的地位，原文的形式和意义都必须保全，不能有任何删减，这是由翻译的本质决定的。由于任何删减和增加都是对原文的背叛，译者背负着"忠实"的重担，对原文顶礼膜拜，不敢越雷池半步。

从卡特福德的翻译理论我们可以看出，"全译"与"变译"并不是新的翻译范畴，也不是划分翻译的新标准，只是"整体翻译"与"部分翻译"的另一种表达方式。从理论上讲，"变译"是相对于"全译"提出来的，区分标准是对原文内容与形式完整性的保留程度。力求保全原文的属于"全译"范畴，对原文有所取舍和改造的属于"变译"范畴。具体来讲，"变译"是对原文信息采用扩充、取舍、浓缩、补充等方法以传达信息的中心内容或部分内容的翻译方法，包括编译、

改译、摘译、译述、缩译、译评和译写等，"全译"中也有"变"，但"全译"中的"变"是微调，是为了极力减少内容的损失和形式的变化而作的调整，也就是说，"全译"之"变"是译者为了更完整地传达原文信息而采取的一种翻译策略；而变译中的"变"是大调，不仅有微观变化，也有宏观变化，译者有意识地根据特定条件下特定读者的需求改变原文的内容和形式，乃至风格。

例如，在介绍北京久负盛名的老字号"戴月轩"店铺时，译文中添加了 and its products have been granted the honour of "China Top Ten Pen"等文字，把原文的"闻名中外"具体化，给英语读者更具体、更明晰的印象。调整原文的结构并没有改变原文的内容。这样既取得了类似原文的语篇效果，也保证了内容上忠实原文。

旅游翻译中，文化因素的处理是一项十分困难而又十分重要的任务。数千年的中国文化与历史悠久的汉语言文字有着千丝万缕的联系。[①] 这就给文化词语的翻译带来一定的难度。一般来说，文化词语的翻译可以采取音译、意译和两者结合的翻译策略。但有时这三种翻译方法都不能满足翻译需要，尤其是对一些文化含量较高的文化词语，这时，译者就需要诉诸于变译策略，如释义、增译、转译等方法。

审美干涉是指语言使用群体的审美标准和规范以及个人的审美偏好，中国人欣赏的语言美，若不考虑英美等西方人的审美标准和规范而直接移植到英语中，审美效果可能完全相反。这类情况在旅游外宣材料中屡见不鲜，例如，一段国际龙舟节的宣传材料及英译文中充满了极度夸张的词语，给读者不知所云的感觉。类似的辞藻华丽的行文方式在汉语旅游文本中并不少见。英译这类文本，必须努力使译文符合目的语文化的审美标准和规范，否则就会造成语用失效。

政治干涉是指意识形态对翻译的影响。例如，"宣传机关"和"宣传工作者"不应译为 propaganda bureau 和 propagandists，而应译为 publicity bureau 和 publicity staff，因为 propaganda 在英美文化中具有贬义。再如，"形象工程"一词经常出现在旅游外宣资料中，该词语在

---

① 李丽丽. 浅析地方旅游文化外宣翻译［J］. 英语广场, 2018（3）.

汉语中是贬义词，指地方官员修建的豪华气派但不实际且浪费人力物力的工程。因此，译为 prestige projects 是不正确的，尽管字面意思比较吻合，但它只反映了"豪华"的含义，源语文化中的附加意义完全未译出。我国报纸将其译为 vanity projects 更为贴切，该译文形象地译出了"形象工程"在汉语文化中的意义。像这样的政治文化词语需根据汉语和英语语境，反复推敲词义，采用适当的变译策略妥帖表达，才能避免可能产生的语用失效，取得好的交际效果。

　　旅游文本的翻译过程中，译者不仅要考虑两种文化之间的差异、旅游文本的读者需求和思维习惯、审美习惯以及旅游文本本身所具有的独特文体风格，还要小心谨慎地选择合适的编译手段，以满足所编内容的要求。旅游文本的编译过程就是追求和谐的过程，翻译是其中最重要的一"变"，其巨大的魔力还有待于我们进一步的探讨。汉语旅游文本在语言上讲求音韵和谐、四言八句、形式对称、辞藻华丽，对景物的描写往往体现出一种虚实不定的朦胧美。例如，宣武园艺以主路为轴线，东部以静雅园为代表，内有文静榭、鸣蝉亭等景致，并有山石、云墙、清池、榭轩亭桥点缀其间。池旁土山，松柏交翠，清漪秀色，池光山影，一派江南情趣。

　　很显然，上面的原文如果采取"全译"，译文会给国外读者以重复、华丽等感觉，并没有突出景点的特色，达不到吸引海外游客的宣传效果。

　　例如，汉语语篇在介绍旅游景点时，语篇结构呈现出"先分后总"，而英文则常常是"先总后分"，等等。这就要求译者考虑汉英语篇结构的差异，在宏观结构上做出必要的调整，以取得良好的读者反应效果。同时，在大多数情况下汉英语篇的纲要式结构是基本一样的，即语篇的宏观结构是一样的，但是在体现样式方面却存在明显的差异。

　　基于汉英旅游语篇的上述差异不难发现，上面提供的旅游文本的译文虽然在表达原文的概念意义方面几乎没有缺损，但是，由于较缺乏人际意义的表达手段，如没有一处使用第二人称代词，只是一味地以第三人称的角度陈述信息，这对于"以人为本"的旅游服务行业来说，该介绍文本让人有一种置身其外的感受，从而难以达到吸引外国客人、留住外国客人的交际目的。

在企业的对外宣传中，译者可以考虑采取变译手段，根据英语文本的特点，增加或删减内容。

编译的目的是为了切合特定的接受者，并且受到接受者所在的文化语境、意识形态的影响。一般来说，原文内容的改变主要是改动或删除某些内容，代之更适合目的语读者心理需求的内容。例如，进行城市宣传和树立企业形象时，中西表达方式有很大差异。中国的城市和企业宣传比较注重所得的奖项，国优、部优、省优之类的称号多多益善；而英语文本则比较注重宣传城市和企业的特色形象和产品，通常是反映城市和企业自身特色的宣传语。例如：

原文：

We Have Tools To Help You Develop

The Most Important Resource of all the resource is people. The tools are education and training. We offer our partners these tools in many disciplines, from oil exploration to finance. We have even provided technical and academic courses at universities. These tools are offered to our employees in the countries where we operate. But, in the end, they benefit us all. Because by helping build a country's work force, we're also developing an industry's next generation of leaders.

Chevron

The symbol of partnership

这是一则企业宣传文本，在语言上，都是非常简单的小句，有很强的节奏感；在语篇结构上，开头和结尾都是树立企业形象的口号，用以传递企业的经营观念和服务范围。

另外，由于中西文化差异，这些奖项和称号很难译成地道的英语，即使勉强译成英语，英语读者既无法很好地理解，也没有兴趣理解和接受，因此很难实现对外宣传的目的。因此，翻译时译者必须按照英语文本的宣传方式对原文进行加工整理，然后再翻译。

介绍中国企业或机构的宣传材料，固然必须有中国特色才能吸引国外的读者，可是另一方面，译文同时也是商品，向国外推荐时也必须考虑到国外读者的阅读心理和接受能力。应用型文本，特别是新闻、旅游、企业或机构介绍等文本的英译，常常更需要编译。编译的文本应以简明的结构再现原文的主要意义，保持语义的连贯。例如：

原文：

北京教育学院简介

北京教育学院是北京市政府所属的成人高等师范院校，始建于1956年。学院主要承担大学本科和专科学历教育以及北京市中小学教师和校长的在职进修培训任务。学院设有中文、外语、历史、艺术、心理、数学、物理、化学、生物、地理、体育、教育技术、教育管理和职业教育、留学生部等18个系58个专业。学院现有教授、副教授107人，讲师近150人，还聘任客座及兼职教授92人，其中中科院院士2名，国家学部委员2名，博士生导师32名。在校学生有6000余人。

北京教育学院位于北京市西城区，地理位置优越，教学设备先进。学院拥有校园计算机网络（已联入Internet）、多媒体技术应用、微机教学、心理咨询服务、音像阅览、图书资料信息交流、中学教学法实验、基础教育研究等现代化教学管理与服务系统。

北京教育学院是联合国教科文组织亚太地区教育革新为社会发展服务机构（APEID）的联合中心之一，是联合国教科文俱乐部北京市协会成员、联合国人口活动基金会中国人口教育研究中心和世界银行贷款项目学校。学院十分重视国际交流，近年来，先后与美国、法国、英国、加拿大、澳大利亚、新西兰、日本、马来西亚、泰国、新加坡、韩国、俄罗斯等国的教育机构建立了学术交流与合作关系；聘请外籍教师从事教学和科研活动；接待了来自20多个国家的专家、学者的访问或专业进修；接待了许多国家的留学生来院学习汉语、研修中国文化。

北京教育学院留学生部位于北京教育学院西郊分院，在新建的北京平安大道北侧，交通十分便利。北京教育学院留学生部是经北京市政府批准、国家教育部备案的专门接受外国人及海外华人学习汉语的机构，现有专兼职教授、副教授6人，讲师15人；有现代化教学和体育保健设施，以及学生公寓、餐厅、医务室等生活服务设施，可接受长期、短期团体和个人外国留学生的培训任务。

译文1：

Beijing Institute of Education

A Brief Introduction of Beijing Institute of Education Founded in 1956, Beijing Institute of Education (BIE) is a teacher-training institute of higher learning under the administration of Beijing municipal govemment. BIE offers undergraduate degree and junior college programs as well as in-service training for primary and middle school teachers and administrators in Beijing City. Eighteen departments encompass 58 specialities covering Chinese, Foreign Languages, History, Art, Psychology, Mathematics, Physics, Chemistry, Biology, Geography, Physical Culture, Educational Technology, Educational Administration, Vocational Education and Chinese Language Learning for International Students. BIE's faculty includes 107 full and associate professors; nearly 150 lecturers; 92 guest and part-time professors, among whom there are 2 academicians and 2 academic committee members of the Chinese Academy of Sciences; and 32 supervisors of Ph. D. candidates. The institute has an enrollment of some 6000 students.

BIE is well situated in Western District of Beijing City. It has first-rate teaching facilities and is linked by a campus intranet with Internet access. Its modern administrative system and academic services also feature multimedia applications, micro-teaching, psychology counseling, information exchange of library resources, experiments in secondary school teaching methodology and studies in basic education.

BIE is an associated center of the UN's Asia and Pacific Programs of Educational Innovation for Development (APEID), a member club of Beijing Association for UNESCO Affairs, a research center for Chinese population education sponsored by the United Nations Fund for Population Activities, and a loan project school of the World Bank. In recent years BIE has developed academic exchange programs and cooperative relationships with educational institutions in the USA, the UK, France, Canada, Australia, New Zealand, Japan, Malaysia, Thailand, Singapore, Korea, Russia, etc. Foreign professors have been invited to the institute to engage in teaching and research activities. It has also hosted visits and provided professionalenrichment programs for experts and scholars from more than 20 countries and received a Iarge number of international students from other parts of the world to study Chinese language and culture.

On the north side of newly-built Ping'an Avenue, the International Students Department (ISD) is conveniently located on the Westem Campus of BIE. Approved by the Beijing Municipal Government and registered with the Ministry of Education, ISD was established by BIE to teach Chinese as a second language to foreigners and overseas Chinese. Currently, ISD has 6 full-time and part-time professors and associate professors as well as 15 lecturers. It offers modem teaching facilities, a sports and fitness center, student dormitories, dining halls, a clinic, and other services. ISD provides long-term and short-term language training programs for both groups and individuals.

译文 2：

Beijing Institute of Education

History and Campuses

Founded in 1956, Beijing Institute of Education (BIE) is a teacher-trauunginstitute of higher learning under the administration of Beijing municipal government. The University has two campuses: The Main Campus is well situated in Western District of Beijing City, while the Western Campus is conveniently located on the north side of newly-built Ping'an Avenue.

Departments

BIE is a multi-disciplinary university with 18 departments encompassing 58 specialities, namely, Chinese, Foreign Languages, History, Art, Psychology, Mathematics, Physics, Chemistry, Biology, Geography, Physical Culture, Educational Technology, Educational Administration, Vocational Education and Chinese Language Learning for Intemationl Students.

Approved by the Beijing Municipal Government and registered with the Ministry of Education, the International Students Department (ISD) was established to teach Chinese as a second language to foreigners and overseas Chinese.

Currently, ISD has 6 full-time and part-time professors and associate professors as well as 15 lecturers. It offers modern teaching facilities, a sports and fitness center, student dormitories, dining halls, a clinic, and other services. It provides long-term and short term language training programs for both groups and individuals.

Facilities

BIE has first-rate teaching facilities and is linked by a campus intranet with Internet access. Its modern administrative system and academic services also feature multimedia appliances, micro-teaching, psychology counseling, information exchange of library resources, experiments in secondary school teaching methodology and studies in basic education.

Programs

BIE offers undergraduate degree and junior college programs as well as in-service training for primary and middle school teachers and administrators in Beijing City. It is an associated center of the UN's Asia and Pacific Programs of Educational Innovation for Development (APEID), a member club of Beijing Association for UNESCO Affairs, a research center for Chinese population education sponsored by the United Nations Fund for Population Activities, and a loan project school of the World Bank.

Academic Staff

BIE's faculty includes 107 full and associate professors; nearly 150 lecturers; 92 guest and part-time professors, among whom there are 2 academicians and 2 academic committee members of the Chinese Academy of Sciences; and 32 supervisors of Ph. D. candidates.

Students

The institute has an enrollment of some 6000 students.

International Exchanges

In recent years BIE has developed academic exchange programes and cooperative relationships with educational institutions in the USA, the UK, France, Canada, Australia, New Zealand, Japan, Malaysia, Thailand, Singapore, Korea, Russia, etc. Foreign professors have been invited to the institute to engage in teaching and research activities. It has also hosted visits and provided professional enrichment programs for experts and scholars from more than 20 countries and received a large number of intemational students from other parts of the world to study Chinese language and culture.

原文是描述加评论的介绍性文本，信息组织比较杂乱，不少地方字句重复，文字粗糙。如译文 1 所示，如果采取"全译"策略，译文效果显然不佳。从译文 2 的效果可以看出，译者采取了编译策略，对上面的英译文本进行了改译，其原则是保证目的语文本在思想内容和逻辑上与原文一致。

从宏观的篇章结构到微观的词语分析，都可以看出编译的目的语文本重点更醒目，主题更突出，信息更清楚，言语更简洁，符合英语行为习惯和目的语读者的审美期待，可以达到预设的交际目的。通过译者的改写，目的语文本充分体现了编译的原则和效果。

对外宣传材料的英译应当努力追求这样的效果：让外国读者不仅看得懂，而且看了觉得舒服，产生吸引力，想继续看下去。要达到这样的效果，对外宣传材料的英译就一定要有一个重新加工的过程。由于中英行文与遣词方面存在巨大的差异，这其中必然会涉及对原文的重组、重写及由此而引起的文字与内容的增删，即编译过程。在具体的操作过程中，需要根据实际情况选用一些妥当的翻译策略。需要指出的是，每个译者面对的宣传材料的特点各不相同，所采取的策略或方法应以适用为前提。在这种情况下，译者有必要依据宣传材料的上下文，通俗地编译这类经典名句。

由于英汉两种语言的行文习惯不一样，句式的排列完全是不同的模式，因此变换句式、调整次序在翻译操作中是常见的事。为了取得良好的翻译效果，译者需要对原文实行"另起炉灶"的整合策略，这种整合策略在对外宣传材料的英译中非常普遍。"另起炉灶"不仅体现在译文结构的重组上，而且还体现在英文遣词搭配的讲究上。这种策略也是一种挑战性极强的翻译操作，译者虽说是在依原文内容进行翻译，实际上是一个编译的过程，即对原文的信息进行改写。

中文外宣材料中有些词语，隐含着只有生活在中国社会与文化语境中的人才能理解体会到的全部信息与内容，这类带有中国社会特色的词语在英译的过程中往往需要进行阐释，不然外国读者面对译文会不知所云。例如，在外宣材料中经常会遇到诸如"政治体制改革""发展是硬道理"等带有社会文化背景的词语。"政治体制改革"这个概念在中国有其特殊的含义，翻译时应该谨慎地处理，而不是按照字面意思直译。我国官方比较正式的对外英文翻译一般都是 political restructuring。很明显，这个英文表述的含义是，中国的"政治体制改革"并非是根本的政治制度的变革，而是其内部运行组织或结构上的改革。"发展是硬道理"被译为 Development is the bottom line 也是在对原文深层文化含义的理解基础上的恰当翻译。总之，这些词语在英译时必须经过一道解释或诠释的工序。

大部分语篇都同时具有几种功能，是多种交际功能的集合，即大部分语篇应该是复合语篇。"在许多语篇中我们都会发现描写、叙述和论说功能混合的现象"。因此，对语篇功能的判断，主要是看在众多的功能中，哪一种功能起主导作用，哪些知识起辅助作用。据此，判定语篇的交际意图和类型。译者翻译策略的选择必须根据语篇的交际意图而定。同样，对译文质量的评估也必须以译文语篇是否实现了原文的主要功能做出判断。这样，在语篇翻译过程中，译者就必须始终把视点投射到整个语篇的宏观题旨上，而非一词一句的形式对应上。为此，译者就必须对译文语篇中难以传达的、原文中承载的非重要信息的词语、结构等进行删减、分合、重组等调整，以凸显语篇的主要功能。

布勒的语言功能观，即信息功能（representational）、呼唤功能（appellative）和表达功能（expressive），启发了赖斯、纽马克和诺德等学者的文本功能类型与翻译策略的研究，而韩礼德的语言功能观和对语言变体的论述则更多地启发了卡特福德、豪斯、哈蒂姆、贝尔和贝克等学者的翻译研究。

韩礼德的语域分析模式被广泛地运用于翻译研究中。实际上，确定文本的语域特点被认为是成功翻译的必备条件之一。在翻译之前，译者必须对原文的语场、语旨和语式等语境变量进行系统分析，才有可能在目的语中选择相应的语域或根据目的语文化背景进行调整。对译文翻译质量的评估不仅是语义对等的问题，也是语域对等程度的问题。语义相同的词语，其语域特点可能有很大的差异。在不同的语场、语旨、语式中，说话者所选用的语言及其风格是不同的。这就要求译者不仅要能从原文中捕捉到这种风格的差异，而且也要能在译文的表达中，尽量根据原文的风格在译语中选择语言。

综上所述，语类是有目的的语言活动，它所代表的是人们在日常社会活动中一种抽象化的形式。用马林诺夫斯基（Malinowski）的话来说，语类产生于一定的文化语境中，其本身也构成一种文化语境。例如，外宣文本通常可分为以下几种：旅游手册/指南，企业/机构介绍，政府政策宣传材料，等等。

这些语类是对外宣传交际中的抽象化形式，每一种形式内又包含着不同的语域变量。具体来说，按照语场变量，外宣文本可分为政治类、经济类、文化旅游类等；按照语旨变量，外宣文本包含政府外宣、民间外宣等；按照语式可分为书刊、宣传折页、宣传册、网站等。

语类和语域都是由语言来体现的。通过分析特定的语境中使用的语篇，我们可以确定某一语篇是属于哪一类型的语类或属于哪一种语域。例如：

原文：

陶然亭公园

"更待菊黄家酿熟，供君一醉一陶然。"唐朝著名诗人白居易的诗句成为 1695 年（康熙三十四年）修建的"陶然亭"名字的出处。在清代 200 余年间，此亭颇受文人墨客的青睐，被全国各地来京的文人视为必游之地，与湖南长沙的爱晚亭、浙江杭州的湖心亭、安徽滁州的醉翁亭并称为中国"四大名亭"。

以陶然亭为中心规划修建的陶然亭公园坐落在北京市宣武区右安

门的东北，占地56.56公顷，其中水面面积16.15公顷，是一座融古代建筑与现代造园艺术于一体的现代城市园林，园内树木葱茏，花草繁茂，楼阁参差，亭台掩映，景色宜人。陶然亭公园以独特的"亭文化"著称，园内西南部的华夏名亭园仿建有全国六省九地的知名历史名亭10余座，其中包括安徽的醉翁亭、浙江的兰亭、湖南的独醒亭等（足不出园便让游客一睹大江南北名亭之风采）。

陶然亭公园内古迹众多，最著名的当数建于元代的慈悲庵、清朝乾隆年间的云绘楼、清音阁以及南城名胜——窑台。此外，还曾有过许多历史胜迹，如陶然亭西北的龙树寺，东南的黑龙潭、龙王亭、哪吒庙、刺梅园、祖园；西南的风氏园；东北的香冢、鹦鹉冢，以及近代的醉郭墓、赛金花墓等。这些历史胜迹产生的年代多早于陶然亭（有的甚至早于慈悲庵）。（文中括号均为作者所标—笔者注）

原文的语域分析：

语场：旅游（话题），吸引旅客观光旅游（交际目的）。

语旨：旅游公司或有关旅游管理部门对国内游客。

语式：旅游宣传（渠道），书面语（媒介）。语言看似客观描述，实则诉诸主观手段，可接受程度适中，语体较正式（个人语旨），劝说（功能语旨）。

这是一个比较典型的旅游景点介绍，结构合理、清晰，语言比较客观、朴实，涉及内容基本上是围绕"亭文化"的亭子名称和历史胜迹名称。文中提到大量的亭子名称和古迹名称，这样可以改变受众的认知语境，起到吸引观众的宣传效果。所以，原文是一篇较为成功的旅游文本。上面的分析只是对一种语言（原文）的语类和语域变量进行了简单的分析。如果对英汉两种语言的平行语篇进行语域分析，情况就会复杂得多，因为这个源语文本的翻译涉及更为复杂和综合性的因素。一般来说，在参与者及其关系方面（即语旨），译文跟原文是不一样的。分析纲要如下：

语场：

发生什么事情？

原文与译文在这方面有没有变化？为什么？

语旨：

谁是参与者？

他们之间的关系如何？

原文与译文在参与者及其关系方面有没有变化？

如果有变化，在语篇内如何体现出来？

语式：

使用什么语言形式？口语还是书面语？

原文与译文在这方面有没有变化？为什么？

在实际翻译中，译者既是原文的接受者又是译文的生产者。译者在接受原文的过程中要进行语篇分析，在生产译文时同样要进行语篇分析，而且要将两次分析的结果进行比较，才能较好地完成翻译任务。在大多数时候，虽然译文与原文的"语场"相同，但是"语旨"却不一样，"语旨"发生了变化，"语式"也就随之变化。译文分析如下：

译文：

Taoranting Park

The characters taoran means "cozy mood". They come from a poem written by the famous poet Bai Juyi of the Tang Dynasty (AD 618-907). Built in 1695, Taoranting Park has long enjoyed tremendous polularity among the Chinese literati and poets, and was treated as an indispensable place for visiting by the literati who came to Beijing during the Qing Dynasty (1644-1911). It was considered one of the "Four Great Pavilions" together with "Aiwanting" (Changsha, Hunan Province); "Huxinting" (Hangzhou, Zhejiang Province); "Zuiwengting" (Chuxian, Anhui Province).

Taoranting prak based on Taoranting, is located to the northeast of You, anmen (Xuanwu District). With an area of 56.56 hectares, it includes 16.15 hectares of water. The park is famous for its unique "culture of pavilions". There are more than 10 pavilions which copy the look of many historic pavilions in China in the park, southwest. Among them there are "Zuiwengting", Anhui; "Lanting", Zhejiang; and "Duxingting", Hunan.

There are many historic sites in the park, of which the most famous are

Cibei Temple (Ming Dynasty), Yunhuilou (Qing Dynasty), and Yaotai. Moreover, lots of other historic sites existed here in ancient times, including the Longshu Temple in the park's northwest; Heilongtan, Longwanting, Nezha Temple, Cimei Garden, Zu Garden in its southeast; Fengshi Garden in its southwest; Xiangzhong, Yingwuzhong in the northeast; and Zuiguo and Saijinhua graves. Most of them existed even earlier than Taoranting.

译文的语域分析：

语场：与原文相同。

语旨：译者对不懂汉语的国外游客。

语式：旅游宣传（渠道），书面语（媒介）。语言描述客观，较少使用主观描述，可接受程度适中，语体较正式（个人语旨），劝说（功能语旨）。为外国人提供信息，让他们了解该景点。

从以上描述可以看出，译文的语境因素发生了一些变化。首先是语旨，即译文语篇交际中的参与者身份及其关系跟原文已不相同。原文的参与者是中国的一般游客，而译语语篇的读者是不懂中文的外国人，他们中的绝大多数人可能都不知道白居易是谁，更不懂他的诗句。读者的背景不同，他们的经验视野也不一样。对中国游客来说，白居易可谓家喻户晓，人们对他的诗句也十分欣赏，而西方读者很难有中国人一样的感受。读者的经验视野构成期待视野，而期待视野又会影响读者对译文的接受。原文的读者，在读旅游景点的介绍时，大概都会期待着读到一些优美的诗句、典故等。但外国读者就不会有这样的期待，他们的阅读动机大多是为了了解语篇的信息，而不会太重视其风格。

翻译目的是弘扬中国文化，吸引海外游客。在语篇的开头部分，作者引用了一首与该景点相关的古诗，这种汉语式的写作方式对中国读者来说很容易接受，用在这里也算是恰当。但在翻译中，如果依照原文译成英语，国外读者则很难欣赏到其优美意境，因为他们毕竟不熟悉汉语"写景抒情"的诗文风格，这里，译者采用了变译策略，用一个简洁的陈述句替代了原文中的诗句：The characters taoran means "cozy mood"，在第二句里也只提到"陶然亭"来自著名诗人白居易的一首诗。这种处理方法在旅游宣传文本的翻译中可算是一种变译策略，没有影响原文的交际功能。

语篇的第二段中，作者运用了较为夸张的描述方法，意图在于说明园内的景色优美宜人：园内树木葱茏，花草繁茂，楼阁参差，亭台掩映，景色宜人。这些词语有文字重复、辞藻堆砌之嫌，如果全部译成英语，不免使国外读者有偏离主题之感。译者采取删去不译的策略，很明显，译者是有意识避开了汉语的惯用形式，着眼于译文的预期功能，在译文中采用符合读者习惯的方式突出表达与原文交际意图相关的内容。

除此之外，译者还省略了第二段的最后一句（"足不出园便让游客一睹大江南北名亭之风采"）和第三段的最后一句（"有的甚至早于慈悲庵"），前者的内容已经隐含在文中，后者的内容则超出了读者的认知语境，国外读者不具有有关"慈悲庵"的知识，"这些历史胜迹产生年代多早于陶然亭"一句就足够了。该译文的一个可贵之处在于，译者采用拼音方式和拼音与英语混合的方式翻译了所有亭子的名称和古迹名称，而不是像有些旅游译文一样删去不译，在译文中很好地保存了中国文化信息。总的来说，该译文是一个成功的变译文本，它虽然没有完全忠实于原文，但其功能却是等效的。从韩礼德的功能语言学中的语境来分析，该译文已经实现了传递信息的功能，它与原文的功能是对等的。

由此可见，在翻译过程中，语域是要移植到目的语文本中，以求语域对等，还是应进行调整，则要看翻译目的、文本类型、文化背景差异等。在旅游与企业宣传文本中，由于源语和目的语交际环境中对实现同一交际意图的语域要求有所不同，如读者不同，译者需要以实现交际意图和文本功能为目的，对语域进行相应的调整。这时，就是豪斯所区分的隐形翻译策略，更有助于实现目的语文本的交际功能。

对前文中关于北京教育学院的介绍文本分析如下：

源语文本语境分析：

语场：北京教育学院概况，由学校相关人员或机构编写。

语旨：向中国读者（主要是学者和学生）介绍该学院情况。

语式：语篇结构与文字较正式的书面语。

目的语文本语境分析：

语场：基本同源语文本。

语旨：向不懂汉语的海外学者和学生介绍该学院的情况。

源语文本和目的语文本在语旨上的差异，导致两个文本在语式上的差异，以下着重对比分析源语和目的语的语式。源语和目的语文本的语式分析：原文是描述加评论的介绍性文本，读者是中国的学者和学生。译文考虑到目的语读者的文化背景与阅读心理，从语篇结构、信息加工以及措辞等方面对原文做了适当调整，即在语式上有了较大的变化。从译文的效果可以看出，译者采取了编译策略对上面的英译文本进行了改译：

（1）改编结构。介绍文字加小标题是这类介绍文本宏观结构的优选，小标题既能画龙点睛，还能有效地把信息分类，其醒目的位置便于读者以最快的速度各取所需。源语文本在第一段、第二段和第四段分别提到了校园的情况，信息分布分散，不方便读者阅读。译者将这几处有关校园的信息进行整合，集中放在第一段与学校历史一并介绍。译者把介绍各系和专业的信息集中放在第二部分，分两个段落介绍，并加上标题，以突出这部分重点信息。源语文本的第三段和第四段内容比较混乱，既有学校一般项目的介绍，又有学校的国际交流项目的介绍，译者将信息进行加工，并加了标题，使原有信息更加清晰。

（2）适当增减信息。源语文本中有几处中国文化特色的词语和信息，这些内容超出了国外读者的认知语境，对西方读者来说，这些内容不仅无法起到介绍该校的作用，还让读者有内容重复、信息冗余之感，例如，微机教学、音像阅览、图书资料信息交流、中学教学法实验、基础教育研究等，译者采取了要么省略不译、要么合并翻译的策略。虽然作为语篇作者的译者与源语语篇的作者具有类似的环境，但他们对源语语篇的使用者和目的语语篇的使用者的认知语境差异往往会有不同的假定。奈达认为，诸如此类的过程是给一个语篇修补"文化羡余"（cultural redundancy）。从量的准则看，省略和羡余都被认为是语用变项，完全有赖于源语语篇使用者和目的语语篇使用者相互认知环境的各种假定。

　　总之，从宏观的篇章结构到微观的词语分析，都可以看出编译的目的语文本重点醒目，主题突出，信息清楚，言语简洁，符合英语行为习惯和目的语读者的审美期待，可以达到预设的交际目的。语篇是人们交际的一种形式，交际是在一定的情景中进行的，当语篇的读者群发生变化时，交际的参与者、交际的媒介等因素都会发生变化，也是译者在翻译过程中应该充分考虑的。

　　语域分析的研究是与一切类型的书面语译者相关的。格雷戈里认为："语域对等的确立可以被看作是翻译过程的主要因素；确定这类对等的各种问题可以被看作是对可译性限度的重要检验。"从以上分析可以看到，将一个汉语语篇译成英语所涉及的各种困难包括：在适当的语场确定对应的词语表达，在语旨和语式方面在目标语中寻找适当的表达方式。然而，译者在处理语境和在寻求语境在实际的语篇中得到实现的各种手段时，所使用的手段远不止于此。对于书面语译者来说，语篇的解读绝不只是停留在完全的表面化，还涉及作者的潜在的交际意图。可是这无法单单凭借语域分析得到说明，这需要将话语描述为一个实体，这一实体实施着某种行为。

　　对于译者来说，他们的困难并不是因为他们不能理解话语的书面意义，而是因为在某些情况下话语意义的表达容易受到源语规范与目的语规范之间微妙差异的影响，从而使得对等更加难以达成。从外延意义上看，一个语篇的翻译也许是忠实的，但是却没有体现出原文所隐含的思想。

　　在很多情况下，译者的难题并不在原文本身，因为他可以照字面意思翻译，而是能否让目的语读者明白原文的蕴含意义。如何翻译出语言的"蕴含意义"是译者在翻译活动中所面临的主要任务。格莱斯在其著名的"Logic and Conversation"中提出了"会话含意"的概念，会话含意是指为了维持会话的合作性，会话者话语中未明确陈述的附加意义。为了使会话顺利进行，交际的双方都必须遵守一条原则，即所谓的"合作原则"。有了这条原则，交际双方所说的话语就不至于不连贯，因而双方就可以互相配合，达到成功交际的目的。

二、会话含意理论及策略

在实际的语言交际中，人们违反合作准则的情况比比皆是，也就是说，人们在交际中故意不遵守合作原则。对于故意违反合作原则的话语，在翻译中是比较容易处理的。而有的说话者并没有违反合作原则，只是话语不连贯，这时就需要译者遵循合作原则中的关系准则，对不连贯的话语做出连贯的解释。如果要对说话者故意说出的不连贯话语的语义关系进行解释，一方面依靠语境；另一方面依靠话语之间可能存在的"蕴含意义"。

如第四章中所述，对语用行为的分析是哈蒂姆与梅森的语篇分析模式中的特别之处。他们在其代表作《语篇与译者》一书中引入了格莱斯的会话含意理论来说明交际的意图。他们指出，译者在分析复杂语篇时，应当问自己几个问题：目的语读者可以像原文读者那样明白原文中所隐含的意义吗？译者应采取什么补偿性措施让目的语读者明白言语的含意？译者的成事性言语效果是否受到译者的控制？等等。

格莱斯的观点在翻译界广为接受，他认为，理解一个言语并不仅仅是对已编码的信息进行解码，而是力图解读"说话人意义"。这种观点对译者具有重要的启示意义。在大多情况下，译者是源语语篇的接收者，而不是一个受话人；他是源语语篇世界的观察者。因此，作为读者的译者的作用就是构建源语语篇的意义模式，并对源语语篇所期待的接收者可能产生的影响做出各种判断。作为语篇的产出者，译者是在某种不同的社会文化环境中发挥作用，力求再现自己对"说话人意义"的理解，借此获得在目的语语篇读者身上产生预期的效果。

以汉语四字词组的英译为例。四字词组是汉语使用频率最高的一种词组，在修辞学中称为四字格，由四个汉字组成，结构工整，音韵和谐，是中国人对偶性思维的一种表现形式，是中国人看待世界的方式。西方人也具有平衡对仗的审美思维方式，但远远不如我们讲究，使用频率也不及我们。所以，英译四字词组时，译者需要特别注意思维方式的差异，充分考虑词语的"蕴含意义"，选择恰当的翻译技巧。例如：

原文：

住在北京

（节选）

恭王府的格局有些像缩小简约了的故宫，有中轴线而左右严格对称。从最前面那扇现代的铁门进去，里面还有两道王府原先留下的朱漆二门三门，都配得有门厅，门厅两边各有一排厢房，大约以前住卫兵。两门离地面有相当高度，之间有一条石砌的甬道相连，走在上面是有些身份的。从三门进去，便是一个正院，迎面一个大大的正殿——如今成了中国艺术研究院的会议室。正殿的两边有配殿，长年空关着，里面不知堆了什么东西。正院之中有两棵很大的银杏树，到了秋天，一树金黄，惶惶然有富贵气象。在正院的两旁有四个侧院。左边的两套高敞肃穆；右边的两套极为雅致精巧，里面栽桃植李，修竹摇碧。在正院和侧院之间有窄窄长长的甬道，通到后面的大院里。最后的这个院子有一栋极长的两层凹字型楼房，相当于一堵围墙的长度，把整个王府拦腰断开，作为整个前院的结束。这栋楼有一个奇怪的名字叫"九十九间半"，因为中国人忌满数。果然的，这栋楼上下合计共有九十九间半房间。在"九十九间半"之后便是花园的开始。

译文：

Living in Beijing

（abstract）

The Palace of Prince Gong is a scaled-down version of the Forbidden City. The whole complex is symmetrically arranged along an axis. Past the modern irongate are the original second and third red gates - each with a portal. On each side of the gate is a row of rooms, which, in the past, perhaps accommodated guards.

The gates are high and connected by a stone path, which only people of elevated status were allowed to tread. Behind the third gate is the main courtyard, and, once you are inside, commanding your attention is its main hall-the meeting room of the Academy of Arts of China. The main hallis flanked by rows of chambers, which are locked year round and stored with various items. Two gingko trees grow high in the courtyard, turn golden and are lively and dazzling in the fall. The main courtyardis flanked by two smaller courtyards on each side. The two yards on the left side have tall walls, imparting a sense of solemanity; the two on the right are exquisitely laid out, with peach and plum trees and bamboo swaying gracefully. Dividing the main courtyard and the side ones are narrow and long alleys that lead to the big rear courtyard, which comprises a long, two-stored building in the shape of "凹". The building serves as a wall, neatly closing the front part of the Palace of Prince of Gong and introducing the rear garden. It has a strange, eponymous name, Ninety-nine and Half Rooms; this is because a round number is considered inauspicious by the Chinese.

从中可以看出，四字词组的英译，既要理解词组成分之间的关系（言内意义），又要考虑作者自由组合词组的"说话人意义"（语用意义），结合目的语语境和目的语读者的接受心理，用贴切自然的英语表达出来。

听话人/读者的任务就是要构建说话人/作者交际意图的一种模式。这种模式需要与语篇的各种线索相一致，也需要与自己对整个世界的了解相一致。也就是说，听话人/读者要对共有的认知语境作出假定。从翻译的角度来看，对源语语篇读者来说可以推理的实体，对目的语语篇的读者来说可能并不是如此。由于是在不同的认知语境中操作，源语语篇的读者与目的语语篇的读者并不具备同样的推理条件。因此，译者在翻译过程中需要对谋篇机制进行调整。

在考虑言外之力的翻译时，范围已扩展到包括对源语和目的语社团成员的信念、感知和态度的考虑。从更高的视野来看，不仅包括直接的言语情景，还包括语言交际发生的各种社会建制。各种社会建制中的语言使用者的相对性权力和地位，不仅对所使用的语言形式，而且还对言语所产生的言外之力起决定性作用。处于两种社会结构之间的译者，必须对源语语篇中约定俗成的规范及对这些规范的偏离具有敏感性。

三、言语行为理论及策略

哈蒂姆和梅森还引进了由奥斯丁提出、后来由瑟尔加以发展的言语行为理论作为分析译文的要素。他们认为，用言语行为分类来分析语篇，可以使译者更清楚语篇的目的，以便译出合适的译文。

奥斯丁区分了三种不同的行为，他认为，任何语言使用者发出一个言语时，就实施了以下三种行为：①言内行为（locutionary act）：通过说出一句合格的有意义的句子而实施的行为；②言外行为（illocutionary act）：伴随诸如承诺、警告、让步、否认等言语的交际力；③言后行为（perlocutionary act）：言语对听者/读者所产生的作用，即言语接收者的思想、知识、态度因此而受到改变的程度。这三种行为结合在一起，组成人们所称的言语行为（speech act），这便是奥斯丁的言语行为理论。

研究者试图对言语行为进行分类，并取得许多成果。Traugott and Pratt 根据塞尔的观点，对言语行为进行了分类：

阐述类（Representatives）：指力求阐述时态的行为（陈述、告知、强调等）；

表达类（Expressives）：指表达说话人对事态的心理态度和情感态度的行为（如悲叹、羡慕等）；

裁决类（Verdictives）：指评价和传递判断的行为（如评估、估计等）；

指示类（Directives）：指力求影响语篇接收者行为的行为（如命令、要求等）；

承诺类（Commissives）：指使说话人实施行动方式的行为（如承诺、发誓、保证等）；

宣告类（Declarations）：指通过其言语行为实施相关的行为（如祝福、命名等）。

借助于言语行为概念，我们实际上是在调整翻译对等判断的标准。获得对等并不仅仅是在命题的内容方面，而且还在言外之力方面。许多翻译交际的失败原因恰恰是译者没有恰当地表现言语行为。例如，在翻译公函时，言外之力的对等常常取决于各种文化标准的差异，译者从一种习惯于直截了当地表达语言翻译商务信函，可能根本预料不到会因为对言语行为的处理不当而冒犯他人。

言语行为和会话含意所涉及的问题主要是口头话语，具体涉及说话人、听话人以及言语情景。很显然，这些理论很适宜于口译，对于口译人员来说，他们能有效地翻译一个言语中所涉及的言内行为，即为源语语篇中的词语找到合适的对应词语并在目的语中正确而适当地表述这些对应词语，而他们有可能无法领悟或错误地表述语境中言语的言外之力，这类语用错误在口译活动中比比皆是。尽管会话含意理论和言语行为理论所探讨的对象是口头话语，但大量研究成果表明这些理论同样适用于书面语语篇。在言语层次上，源语语篇中的词语是作者意图和风格的产物，常常被赋予附加意义，译者要根据中西文化差异，以恰当的方式处理，使目的语语篇读者易于接受。例如，人名、地名、机构名称等是人们用语言符号对客观事物的命名，在一定的社会文化中通常是约定俗成的，而且具有特定的文化含义。在一定的社会文化中通常是约定俗成的专名，在另一种文化中也许是完全陌生的一种符号。在外宣翻译中，旅游景点中地名的英译既要采用社会普遍接受的名称，又要考虑地名所附有的文化内涵。如译者为体现清朝末年慈禧太后修建颐和园的意图，将"颐和园"译为 Summer Palace，它已成为固定词汇沿用，不宜更改。下面的旅游景点介绍中地名的英译反映了译者对源语文本意图和词语文化内涵的考虑。

原文：

紫禁城就在这条中轴线上。紫禁城按外朝和内廷来构造，前为皇权机构中心，后为皇室起居区。在外朝部分，先是有紫禁城最重要的主体建筑三大殿：太和殿、中和殿和保和殿，太和殿的顶端是这座宫殿的中心。在三大殿的东侧有文华殿，西侧有武英殿，一文一武，显示文治武功的治国思想。内廷部分沿中轴线上建有乾清、交泰和坤宁三宫。在这三宫两侧，则分别是东六宫和西六宫。紫禁城的近万间建筑，就是这样以一条中轴线统领，虽体量巨大，但井然有序。

译文：

The Forbidden City, covering an area of 720,000 square meters, consists of the Outer Court (southern part) and the Inner Court (northern part). The Outer Court is where the emperor ran state affairs, and the Inner Court is where the imperial family lived. The main structures of the Outer Court are the Hall of the Supreme Harmony, the Hall of the Central Harmony and the Hall for Preserving Harmony. The Hall of Supreme Harmony is located in the very center of the Forbidden City. To the east of the three main halls is the Hall of Literary Glory and to their west stands the Hall of Military Eminence, for civil and military administration respectively. The main structures of the Inner Court are the Hall of Heavenly Purity, the Hall of Union and Peace, and the Hall of Earthly Tranquility. On either side of these halls are the Eastern Six Palaces and the Western Six Palaces, living quarters for the imperial concubines. There are over 8,000 halls and rooms in the Forbidden City, all laid out in a precise manner along the central axis or to its sides.

原文简要地勾勒出紫禁城的建筑概貌，其宗旨是在介绍知识的同时，力求描述中国文化的精神，中国文化的内在意味，中国文化的核心价值，表现中国人的心灵世界、文化性格、生活态度和审美情趣，展示中国自古以来尊重自然、热爱生命、祈求和平、盼望富足、优雅大度、开放包容、生生不息、美善相乐的人文形象。译者既遵循了地名翻译惯例，将"殿"译为"Hall"，"宫"译为"Hall"或"Palace"，同时又将主要宫殿名称的附加意义，即蕴含的人文精神也翻译出来了。由此可见，译者除了应该有能力处理任何源语语篇中的意图，还必须有能力对译文有可能产生于目的语读者身上的影响做出判断。

哈蒂姆和梅森把翻译看作是在一定的社会情境下发生的交际性过程，而不仅仅是一种单纯的语际转换活动。他们比较重视研究概念功能和人际功能在翻译中如何实现，同时，他们还把研究扩展到语用分析和话语的符号学层面。虽然他们也运用了韩礼德的语境分析模式，但是他们认为，单纯分析语域成分还不够，因此，他们建议从三个层面对语境进行分析，即语境的交际层面、语用层面和符号层面。在他们看来，交际过程、语用行为和符号交际是交际的一组程序，译者在其中处于中心的位置，扮演着跨文化媒介的角色。他们所说的交际过程实际上就是韩礼德分析模式中的语域部分，即通过分析话语主题、参与者及其关系、话语方式等因素来考量说话者或译者的语言使用是否合适。

第三节　外宣文本的语篇连贯翻译策略

语篇连贯（coherence）与衔接（cohesion）在语篇特征和语篇分析中扮演着重要的角色。韩礼德和哈桑对英语的衔接问题有详尽的论述。比尔格兰和德雷斯勒也提出，语篇特征有七个标准：衔接性、连贯性、意图性、可接受性、信息性、情境性和互文性。在这七个标准中，以衔接性与连贯性最为重要，因为一个语篇如果没有衔接性与连贯性，其他几个标准也就会在某种程度上难以达到。

一、外宣文本的语篇连贯条件

语篇连贯的外部条件可以归纳为两个方面：社会文化和情景语境条件；心理认知条件。前者体现在语类与语域上，后者体现在读者的心理认知因素上。

从社会文化的角度讲，控制语篇连贯的因素包括社会文化背景和语类。社会文化因素包括人类生活的各个方面，如物质文明程度、政治制度和宗教信仰、历史文化、本言语社团所特有的交际特点等，这些因素直接影响一个言语社团的成员所交流的意义。语类则决定一个言语社团的成员所交流意义的出现顺序和交流模式，如可以简单地归纳为"纲要式结构"等。情景语境实际上是社会文化的具体表现，是其现实化。韩礼德把情景语境看作一个由三个变量组成的概念框架：语场、语旨和语式。语域概念就是用以解释语篇的情景语境与语篇的关系。

从心理认知的角度讲，语篇连贯是一种心理现象。讲话者/作者一般要把语篇组织成为一个听话者/读者能够理解的语篇，但听话者/读者是否能够理解还要取决于听话者/读者的实际情况。听话者/读者把语篇理解为连贯的语篇可以从两个角度来进行：一是看语篇的部分之间是否有语义联系；二是看语篇的部分之间是否都对语篇整体具有建设性作用。前者被称为线性连贯，后者被称为整体连贯。线性连贯通常是由事件发生的顺序形成；整体连贯一般是通过语篇模式来实现，一个语篇通常有一个总主题，这个主题可以看作扩展为一个语篇的因素。

由此可见，衔接与连贯在语篇翻译中的重要作用。无论遵循什么样的翻译原则，采用什么样的翻译策略，涉及什么样的翻译目的，对译文最基本的要求是"连贯"，否则就无法很好地达到交际目的，无法实现语篇功能。就原文来说，任何语篇都必须是连贯的，我们不会去翻译不连贯的语篇，但"连贯"表现在什么地方，我们在翻译中需要采取什么样的手段实现语篇连贯等却值得探讨。

二、外宣文本的语篇连贯的衔接手段分析

（一）非结构衔接

非结构性衔接包括韩礼德和哈桑在其《英语衔接》中总结出来的五种衔接机制：指称（reference）、替代（substitution）、省略（ellipsis）、连词（conjunction）和词汇衔接（lexical cohesion），其中指代和词汇衔接是组成衔接链的主要手段，而且是主要的非结构性衔接机制。例如：

原文：

科学发展观是坚持以人为本，全面、协调、可持续的发展观。以人为本，就是要把人民的利益作为一切工作的出发点和落脚点，不断满足人们的多方面需求和促进人的全面发展；全面，就是要在不断完善社会主义市场经济体制，保持经济持续快速协调健康发展的同时，加快政治文明、精神文明的建设，形成物质文明、政治文明、精神文明相互促进、共同发展的格局；协调，就是要统筹城乡协调发展、区域协调发展、经济社会协调发展、国内发展和对外开放；可持续，就

是要统筹人与自然和谐发展，处理好经济建设、人口增长与资源利用、生态环境保护的关系，推动整个社会走上生产发展、生活富裕、生态良好的文明发展道路。

译文：

A Scientific Outlook on Development addresses development in a people-oriented, comprehensive, balanced and sustainable way.

By people-oriented, we mean that people's interests must be made both the starting point and the end point in all our work, through which we keep meeting the variouts need of the people, and promoting the overall development of the people.

By comprehensive development, we mean we must speed up the construction of political and spiritual civilization while continuing to improve our socialist market economy and maintain its momentum of a sustained, rapid and sound economic development, through which we will realize a joint and coordinated development of the material, political and spiritual civilizations.

By balanced development, we mean we must coordinate development between urban and rural areas, between different regions, between social and economic sectors, and between domestic development and opening up to the outside world.

And by sustainable development, we mean we must achieve a harmonious development between man and nature, and properly handle relations among economic construction, population growth, uses of natural resources, and environmental protection. By way of that we will bring our society onto a path of a civilized development featuring a thriving economy, affluent lives and a sound eco-system.

原文是一篇介绍政府政策的外宣材料。在语篇中，其主衔接链构成的主题意义是：科学发展观是坚持以人为本，全面、协调、可持续的发展观。"以人为本，全面、协调、可持续的发展观"是语篇的主要信息，作者用了三个分句分别阐述了这几个方面的含义。"科学发展观"一直以隐性的形式出现在衔接链中，即隐含在整个衔接链中，除了在第一句中出现外，其他地方都没有再出现这个中心词。

汉语在衔接手段上与英语有较大区别。例如，汉语中没有英语中的限定词 the，所以汉语中缺乏这一具有衔接功能的手段。同时，汉语中当一个项目多次出现时，通常不以代词的形式占据句法空位，而是运用词汇重复形式或省略形式，所以代词这一衔接手段在英语中使用的频率要比汉语高得多。例如，上面的原文中没有出现一个代词，在译文中却多达 14 处，其中人称指代 13 处（we，our，its），指示指代 1处（that）。人称指代和指示指代也是最能体现指代意义的语言手段，通过使用这些指代手段，译者既考虑了英语的语篇组织规范，从而成功地实现英语语篇的衔接，又策略地表明文中所讨论的问题或概念，只是我国政府的观点，而非普遍性定义，这对于国外读者来说更容易接受。

从英汉语篇对比的角度看，汉语是意合型语言，使用零式指代远比英语多，汉语的零式指代不受句法限制。在多数情况下，零式指代的所指在句子或语篇的语境中很清楚，以汉语为母语者习惯这种表达方式。然而，英语是形合语言，零式指代的所指在英译时需要补出，以便表意更清楚。

上面的原文如果采用完全直译的方式，译文就会带有很重的"宣传味"，由于原文的表达方式具有我国政府与民族的深刻文化内涵，"科学发展观"这一理论的提出本身就是针对我国的实际情况，把这一概念及相关理论完全"移植"到目的语中可能会歪曲原文的意义，不符合国外读者的阅读心理，从而达不到宣传国家政策的交际效果。译者调整和增加了衔接手段，使得译文的语篇衔接机制更丰富，在主题意义的表达上效果更突出。

译者对其他非结构性衔接机制也相应地根据目的语的语言特点做了处理。例如，在源语语篇中省略的成分，在目的语语篇中需要明确化，如原文中大量省略的主语在英语中用代词明确地表达出来。连词成分也如此。对比上面的原文和译文不难发现，汉语原文中较少使用连接手段，这是由于汉语的句法特征是意合，有时逻辑关系呈隐性连接，需要译者运用推理发现语篇深层的逻辑关系并显现出来，以符合英语句法的形合特征，在汉语中依靠意义或语序隐性地表达的衔接，在英语中往往使用明确化的连词或其他连接成分表示，译文中使用了大量的连接成分（and, both…and, through which, while, between… and），这些逻辑衔接手段使得译文比原文的连接成分和替代成分明显增多，这也符合英汉两种语言的特点。

（二）结构衔接

结构衔接包括主位结构衔接、语气结构衔接和及物性结构衔接，分别涉及语篇的三种意义模式：谋篇意义、人际意义和概念意义。

主位结构之间的关系是由语篇中小句的主位之间的关系，以及主位与述位之间的交替和意义交互形成的，其中主要是主位与主位之间的关系。所以，首先从下面的译文中考察主位与主位之间的关系及其翻译策略。

译文：

The worship of Heaven among the Chinese dates back to over 3,000 years ago. Our ancestors believed that Heaven, also known as the "Heavenly Deity" or "Heavenly Emperor". was the mysterious force that directed all things on Earth, such as natural harvests and personal fate. Heaven stood for righteousness. Natural disasters on Earth were regarded as warmings to people for wrongdoings of one kind or another. 1n the face of a calamity, people would say, "This is punishment from Heaven." In the second year of the reign of Emperor Guangxu（r. 1875-1908）, the Hall of Prayer for Good Harvests was burned down in a big fire. The emperor lost his composure at the news and all the ministers turned ashen gray, believing the disaster to be a bad omen from Heaven. To the ancient Chinese. However, Heaven was more inclined toward love and tolerance. Punishing people only occasionally. Thus, our forebears were always grateful to Heaven.

原文：

早在3000多年前，中国人就有对天的崇拜。在古代中国人看来，天，或者说是天神、天帝，是控制着大地上一切事物的主宰力量。个人的命运，自然的收成等，都受到这种神秘力量的控制。天只崇尚善行，如果大地上出现了自然灾害，往往被看成是天对人间做错事的一种警示，提醒世人要修正。古代中国人遇到祸害的时候，往往说："这是老天的惩罚。"清朝光绪皇帝登基的第二年，天坛大火，祈年殿被完全烧掉，光绪皇帝大惊失色，宫中的大臣面如死灰，普遍认为这昭示着某种天象，是不祥之兆。但对古代中国人来说，天并不常常是惩罚，它更多地表现为宽容和爱怜，人类在它温暖的怀抱中幸福地生存。所以古代中国人对天又有一种感恩的心理。

在上面的汉语原文中，所有的小句都是陈述句，表示整个语篇都是提供信息的。但是，语篇的小句大多以时间或地点或其他方式来组织信息，有多处标记主位，这体现了汉语语篇的组织特点，与英语相比，汉语以主语作为主位的使用频率要低得多。因此，在汉译英过程中，译者更多地选择主语作为主位，即根据语篇意义的发展组织信息，这更符合英语语篇的行文规范。

外宣语篇的一个突出特征是其情景依赖性。这主要通过两个方面体现出来：一方面是语篇的外指项目比较多，把语篇直接与语境中的人或事物相联系；另一个方面是语篇的意义空缺较多，主要表现为对背景信息没有交代，参与者的某些非语言行为没有通过语言表述出来等。例如，原文中的"清朝光绪皇帝登基的第二年""天坛大火""祈年殿""宫中的大臣"等都属于外指项目或意义空缺项目，译者在处理这些项目时需要慎重，例如，译者在翻译"清朝光绪皇帝登基的第二年"一句时，在括号里做了年代注释，弥补了原文的意义空缺，易于国外读者的理解：In the second year of the reign of Emperor Guangxu（r. 1875—1908）。在翻译"天坛"这一名称时，译者采用了语用策略，将该名称的文化含义解释出来，在意义上与全篇的主题联系起来，或者选用西方读者熟悉的表达方式，迎合了国外读者的阅读心理：the Hall of Prayer of Good Harvests（天坛）；all the ministers（宫中的大臣）。如上所示，在汉语语篇中，作者往往使大量文化背景信息成为共享信息或者说是预设的信息，这些信息使语篇极其依赖于文化背景。

所以，从这个角度讲，很多汉语外宣语篇的情景依赖性很强，这对于译文读者构成理解上的困难，因为只有在了解语篇的背景信息时才能正确地理解译文。

英语和汉语在语篇上既有内在思维的差异，也有外在衔接和连贯方面的差异。对源语语篇连贯和衔接手段的认识以及努力实现目的语语篇的连贯性，是翻译中的两个重要环节。从上面的分析可以看到，英语的衔接必须明白地体现在词汇或语法结构上，也就是从语言形式上把词语、句子结合成语篇整体；而汉语对词汇的衔接要求不那么严格，更多地依赖于句子的内涵意义和逻辑联系以及语境和语用因素达到连贯的效果。通过分析可以看出，语篇的衔接特征是在一定层次上的整体意义的组织形式，它把某个层次上的具体意义组织成为语篇的整体意义。由此可见，在翻译过程中，把源语语篇的衔接机制和衔接模式在目的语中重现，是保留原文的整体意义的有效策略。在某种程度上说，语篇的意义对等翻译可以由语篇的衔接模式的对等来实现。

根据以上论述，设计语篇分析步骤如下：①对源语语篇影响连贯的因素进行分析。对源语语篇的衔接机制进行大致的分析，即对源语语篇所涉及的语篇内部和语篇外部的控制语篇连贯的因素进行分析。②对目的语语篇进行先行研究，包括其翻译的目的和用途，目的语的社会文化背景和情景语境。③根据以上分析，大致确定翻译策略，如直译、意译、编译等，使其适合目的语的语言特点，适合目标语读者的接受心理。④确定连贯对等实现的条件。衔接机制是连贯实现的主要条件，译者需要根据语篇的原文和译文的特点来确定每一种衔接手段的翻译方式，以便在译文中尽量保留其意义表达模式和意义特点。具体分析步骤如下。

1. 对原文语篇连贯的分析

首先，分析以上汉语原文的衔接机制，考察各个层次和各个方面的语篇衔接机制和方式；其次，分析这些衔接方式实现什么样的意义模式，即其及物性结构呈现什么概念意义模式，其语气结构呈现什么言语功能模式和语篇的总体交际功能，词汇和指称组成的衔接链之间是什么关系，语篇的主题意义是什么，语篇的发展模式是什么，主要是依靠隐性还是显性衔接机制，省略和替代的意义成分是否较多，等等。通过以上意义模式，我们可以推测语篇的情景语境因素，即语篇所涉及的主要事件和活动，什么人参与了事件或活动以及他们之间的关系，语篇的交际媒介，等等。语篇的情景语境是文化语境的具体体现，所以在描述本言语社团的语篇特征时，我们一般不必再去描述语篇的文化语境。但在翻译过程中，两种语言的语篇主要差异，主要表现在文化语境上，所以还要描述原文语篇产生的文化语境。

2. 对目的语语篇连贯的先行分析

在翻译之前，我们还要对目的语语篇进行先行分析，首先涉及翻译目的，也就是为什么要翻译这个语篇；其次需要把目的语语篇连贯所涉及的各种因素进行细致的考察，其分析程序一般是：①分析所涉及的文化语境，对两种语言的文化语境进行比较，发现其不同的方面。②分析以上文化语境差异在情景语境中的表现。一般来说，在话语范围上，目的语语篇与源语语篇没有什么区别，但它在读者心里产生的效应会有不同。在话语基调上可能与源语语篇有所区别。从话语方式上来说，虽然交际的渠道和媒介是相同的，但交际的方式，特别是信息传递的方式、隐性与显性衔接的取舍等可能有所不同。③分析意义模式的特点。④分析语言形式与意义模式的关系。

3. 确定翻译策略

通过以上分析，参照本语篇的翻译目的，译者需要确定语篇的翻译策略。在外宣翻译中，译者常常面临是否原原本本地表达原文的所有意义的选择，从外宣的目的来说，显然不能。在这种情况下，译者必须做出选择，以哪种意义模式作为主要保留的意义，然后兼顾其他类型的意义。

语篇构成的一个必要条件是衔接性。不同的语言有不同的语法体系和表达方式，英汉语思维方式和表达习惯不同，其衔接方式也就会有许多不同之处，所以在翻译时，要根据目的语的习惯调整衔接手段，否则译文就无法达到语篇的另一个标准——可接受性。也就是说，源语中的衔接方式有时必须做必要的调整，否则便会造成译文表达不准确或不自然。因此，在翻译过程中，如何恰当地处理好译文中的衔接方式尤为重要。外宣翻译也不例外，外宣文本的汉译英过程中必须注意运用语法衔接、词汇衔接等手段，以使译语语篇连贯，符合英语表达习惯，易于被英语读者接受。

第五章　跨文化视域下的外宣翻译研究

20 世纪对于翻译研究来说是一个多元化的时代。随着这一时代的产生与发展，传统的语言学派翻译研究已经逐渐被文化学派研究取代。也就是说，翻译中逐渐融入了文化的内容。当然，外宣翻译作为翻译的一种表现形式，也需要从文化角度来阐释外宣翻译。因此，在进行外宣翻译时，译者不仅仅需要将两种语言间的壁垒打破，还需要跨越两种文化的鸿沟。这就需要对外宣翻译进行文化阐释。

第一节　文化、语言与翻译研究

既然要研究外宣翻译中的文化问题，首先就需要对文化这一概念有一个基本的认知，即弄清楚什么是文化，才能探究文化如何影响外宣翻译。同时，翻译属于一种语言问题，语言不仅是一种社会现象，还是一种文化现象，因此语言与文化有着密不可分的关系。

一、文化的界定

在当今社会，文化已经渗透到了社会生活的每一个角落。文化的内涵极其丰富，它不仅仅是一种特有的现象，也是人们思考、言语、行为、感觉的总和。由此可见，文化现象无处不在。对于"文化"这一术语，下面主要从国内外学者的定义中进行分析，进而深层次挖掘文化的属性。

（一）文化的定义

culture 一词源自于拉丁文 colere，德语是 kulture，这一词的本义为

"开化、开发",后来常用于指代一些与物质意义相对应的精神层面的意义。随着社会的发展,很多学者对"文化"一词进行研究,并给予多个层面的定义。

"文化"这一词古已有之,但是在古汉语中,这两个词是分开使用的。"文"的本义是指"各色交错的纹理",有纹饰、文章的意思;"化"本义是"改易、生成、造化"等含义。而"文"与"化"合并成一个词语使用是在西汉时期。西汉刘向的《说苑·指武》中记载:"圣人之治天下也,先文德而后武力。凡武之兴,为不服也;文化不改,然后加诛。"在这里,文化是指与野蛮相对的一种教化。之后,"文化"一词被广泛使用,并引申出很多其他的意义,如"质朴""人文""人伦"等。

在现代,对"文化"一词的界定,我国学者主要是从广义和狭义两个层面来说的。我国20世纪70年代出版的《辞海》一书对"文化"一词做了广义与狭义的界定。从广义上说,文化是人们在不断的实践过程中,创造的所有物质财富及所有精神财富的集合;从狭义上说,文化就是一种意识形态,以及与之相适应的制度和组织机构。

著名学者萧俊朗指出,"文化的构成和蕴含决定了它不能被任何一门学科所独有,它具有明显的跨学科性,这已经成为人们认识文化和研究文化的趋向。因此,应该从语境角度来定义'文化'一词"。除了国内学者,国外学者也对文化这一定义进行分析和探讨。下面列举几个常见的国外学者的定义。美国著名的学者阿尔弗雷德·路易·克罗伯与克莱德·克拉克洪在《文化:关于概念和定义的评述》一书中,归结了文化的164种定义,他们对这些定义进行概括和辨析,具体包含三点。第一,文化由两层行为模式构成:一种是内隐行为模式,另一种是外显行为模式。这两种模式传递的途径是象征符号。第二,传统观念是文化的核心部分,其中最突出的就是由传统观念带来的价值。第三,文化体系有两方面的意义:可以被认为是行为活动的产物,可以决定下一步的行为活动。

人类学家泰勒(Edward Tylor,1990)认为,"文化是一个复合体,可以称之为'文明'或'文化',从其广泛的民族意义上说,其主要包含知识、信仰、艺术、道德、法律、风俗，以及人类在社会里所获得、接受和掌握的一切习惯与才能"。

美国著名学者萨莫瓦人也对文化进行界定，他们认为"文化是一些人通过个人或者集体的努力，获取的包含知识、意义、态度、信仰、价值观、时间观、物质等在内的财富"。

语言学家莉奈尔·戴维斯（Linell Davis，2004）指出，"文化是一个集合体，它集风俗、信仰、行为、价值、文化构式等为一体，在这一集合体中，人们可以进行相互学习和分享"。

总之，国内外学者对文化的界定虽有不同，但都体现出文化是一个包容性很广的概念。不同的民族在不同的生态环境下，创造独特文化的同时也被自己的文化所塑造。综合以上观点，我们认为文化是人类有意识地创造的一切物质财富和精神财富的总和。

（二）文化的属性

文化是由人创造并发展的，与人类本身和人类的活动有着直接、密切的关系。从哲学上来说，文化具有共同属性与个别属性。其中的共同属性是人们的认识都是来源于一个客观的自然环境，因此是基本相同的，主要包含地域属性、民族属性、历史属性等。而个别属性是指受各民族所处环境的影响，因此产生不同的语言文化。下面主要从文化的这几个共有属性进行具体论述。

1. 地域属性

文化的地域属性是指受不同民族所生活的地域、地理环境的影响，与之相关的生产与生活方式、气候与地形、风俗习惯与社会结构等也存在明显的差异。例如，有些国家或民族濒临海域，其物产往往会以鱼、虾等水产品为主，因此就产生"开鱼节"等节日；我国藏族地区有着丰富的马匹，因此6月举行"当吉仁"等活动。这就是文化地域属性的体现。

2. 民族属性

任何一个民族的文化都与该民族的生产与生活有着密切的关系，但是由于每一个民族的发展历程、生活习惯等存在明显的差异，其民族文化也有独自的特色。

斯大林曾经指出，"一个民族，一定要有共同的经济、共同的地域、共同的语言以及体现共同的心理的文化"。具体来说，文化的民族属性主要体现在习俗的民族化、物产的民族化以及观念的民族化这三个层面。

（1）习俗的民族化。习俗的民族化是指受不同民族的发展历史的影响，形成各自不同的特色的习俗文化。例如，汉族的丧葬往往是以白色为主；而西方的婚礼往往是以白色为主，丧葬往往是以黑色为主。

（2）物产的民族化。物产的民族化往往是受不同地域、不同气候等客观因素影响的。例如，"茶"在中国是非常著名的，尤其是"普洱茶""高山云雾茶"等，这些在西方文化中是找不到与之相对应的表达的。

（3）观念的民族化。观念实际属于意识心态的一部分，是在教育影响下形成的一种价值观或人生观。例如，阿拉伯国家的妇女往往要穿能够遮挡住脚的长裙，一些地位比较高的妇女往往要求带上面纱等。

3. 历史属性

时代不同，文化也不同，这是任何文化发展演变的结果。也就是说，随着时代的发展，一些演变和积累形成的人文文化、自然文化等构成人类文化的生态结构。例如，古代社会、现代社会、当代社会三个不同的阶段，其所展现的人文文化、自然文化等就明显不同。这就是文化的历史属性的体现。

此外，文化的历史属性还反映在人类的价值观念和社会生活的变化中。并且，随着历史的前进，文化发展的基本趋势也是不断进步的，虽然在某个时期可能会出现有所倒退的情况，但是整体上还是向前发展的。

二、文化与语言的关系

文化是一个复杂的现象，其与语言相互依存、相互影响。很多学者对文化与语言的关系进行阐释，出现"一元论""交叉论""包含论""双向交叉论""无关论"等论调。但是笔者更倾向于文化与语言是双向交叉的关系。首先，语言是文化的载体和交流工具，是文化的一种记录和反映。其次，文化是语言发生的环境。下面就具体阐述文化与语言的关系。

（一）文化与语言的关系研究

文化与语言之间有着非常复杂的关系。因此，在对二者关系进行探讨之前，有必要对国内外学者的言论展开探讨。文化与语言的关系问题，一直是国内外学者备受瞩目的问题，其中主要集中在以下几种说法上。

（1）"一元论"，即文化与语言是一体的，文化就是语言。持有"一元论"观点的学者认为，语言将整个世界观、思维模式包含在内，因此语言是整个民族文化的核心。19 世纪著名学者洪堡特（Humboldt）曾经指出，"一个民族的语言实际上是一个民族精神的代表"。从洪堡特的观点中可以明显看出，文化与语言是重叠、一体的关系。

（2）"交叉论"，即文化与语言中有些是交叉的，即部分内容是重叠的关系。这一观点实际上对文化持有狭义的态度，著名学者哈德逊（Hudson）就持有这一观点。他认为"实际上，文化就是对他人的行为和知识进行观察和学习"。同时，他还认为语言也是从他人的行为中获得的，因此这就总结出文化中涉及了语言的一部分内容，而从他人那获得知识就是文化与语言交叉的部分，各自的特色是二者不交叉的部分。

（3）"包含论"，字面意思理解就是文化与语言是包含与被包含的关系，这一观点得到了国内外很多学者的认同，但是在看法上也存在一定的差异性。文化有广义文化与狭义文化的区分，一些持有广义文化观的学者认为文化包含物质文化、制度文化以及观念文化三个层面的内容，分别位于表面阶段、中级阶段以及深层阶段，而语言就位于中级阶段。由此可见，从这些人的观点中可以明显得出语言是包含在文化中的。

（4）"双向交叉论"，即文化与语言是双向交叉的。这一论调是在"交叉论"的基础上提出的。著名学者陈建民指出，"如果将文化与语言比喻成一张皮的话，那么这两者就位于这张皮的两面，但是二者也是存在于一张皮之上，而不是两张皮，对于这两面，你可以从任意一面去看"。由此可见，陈教授就明确提出二者是双向交叉的。

（5）"无关论"，即文化与语言是无关的、排斥的。这一论调可以从沃德霍的《社会语言学引论》（*An Introduction to Sociolin-guistics*，2000）这一书中体现出来。沃德霍指出，"文化与语言几乎没有任何关系"。

从上面五种观点可以看出，"一元论"过分夸大了语言在文化中的地位，是将文化与语言的关系走向一个极端；"排斥论"否定了文化与语言的关系，是将二者的关系走向另外一个极端。由此可见，这两种观点都违背了科学与现实。而"交叉论"的观点就显得非常直观和科学，可以将二者密不可分的关系清晰地揭示出来。下面就来系统地分析二者的关系。

（二）语言对文化的影响

本质来讲，语言是文化的一种重要而独特的成分，是文化发展的重要产物。因此，语言实际上承担着文化的功能。其具体体现在如下两个层面：语言是文化的载体和交流工具；语言是文化的一种记录和反映。

1. 语言是文化的载体和交流工具

语言是社会文明进步的反映，并且对传承文化有着重要的作用。说语言是文化的载体，是与其他载体相比较来说的。这是因为，其他载体只能将文化的某个部分或者某几个部分展现出来，意味着只能展现出文化的某一个角落，但是语言可以将文化的整体信息清晰地展现在人们的面前。

语言往往包含三大要素，即语音、词汇、语法。一般来说，承担文化的任务往往是由词汇来担任的，尤其是词汇中的实词。也就是说，词汇是文化体系、文化内容变迁的基础。文化的信息主要凝聚到词汇之中。新词是语言对社会变迁表现得最为敏感的部分，它们是语言动态变化的凸显，是语言检测的一项重要的内容。当今社会日益发展，很多新词蜂拥而出。根据历年教育部《中国语言生活状况报告》，我们可以发现很多新词语出现。

新词的出现反映了文化动态的一面，而一些已经逐渐融入人们的生活中，反映了文化稳固、静态的一面。由此可见，语言是文化的载体与交流工具。

2. 语言是文化的一种记录和反映

语言是一种表达和记录的符号，它可以表达人们的思维、态度、认识、信念等。语言对文化的反映主要体现在以下几个层面。

（1）反映民族心理。之前已经提到，语言是文化的载体，当然也是一个民族文化的载体。因此，语言可以反映民族心理，其主要涉及价值观、伦理道德等层面。自古以来，中国人民对于亲属关系是非常看重的，如"嫂子"一词是为了表达对兄长妻子的尊重，往往很多时候将"长嫂"比作母亲。相比之下，英语中的 sister-in-law 其实与"嫂子"一词并不对等，因为英语中的 sister-in-law 有"嫂子"和"弟媳"两层含义，这足以看出英语国家是从法律程度上看待亲属关系的民族心理。

（2）反映风俗习惯。风俗习惯是特定民族、特定群体在特定文化中共同创造和遵守的行为规范，是一种社会文化现象。其主要涉及风俗礼仪、信仰、婚姻传统、生活方式等层面。例如，中国人很注重面子，并且对自己在别人心目中的形象是非常在意的；英国人很注重穿着的场合和礼节；美国人并不注重面子、穿着、礼节等，他们注重的是能够直率地表达自己的看法和观点。

（3）反映生存环境。文化的形成往往会受到生存环境的影响，生存环境不同，地域文化也就会不一样。在语言上的表现就是：会产生不同的表达方式，但是这些表达方式会逐渐固定下来。从宏观层面上来讲，生存环境主要涉及船舶、天气、海洋、气候、物产资源、动物、植物等。例如：in the same boat 在同样的船上（比喻：处境相同，同舟共济）poor fish 可怜的鱼（比喻：可怜虫）any port in a storm 船舶遇到风暴时，一个港口的存在就可以避开危险（比喻：危机时任何可以解脱的办法）chip off the old block 大块里面出来的小块（比喻：酷似双亲）。

（4）反映宗教文化。在文化领域中，宗教是非常特殊的，但是文化价值体系的核心。从宗教层面上来说，不同的语言能够对所在文化的宗教观念进行表达，而且宗教不同，其表达的文化也不一样，是一个民族文化特点与背景的反映。例如，中国人信奉佛教，因此出现很多相关的表达，如"放下屠刀，立地成佛""佛是金装，人是衣装"等。而欧美国家主要信奉基督教，也出现很多相关的表达，如"Thank God！""Good/great God！"等。

（三）文化对语言的作用

从上述的论述中不难看出，语言对文化有着重大的影响，而反过来，文化对语言也有着重大作用。具体来说，主要体现在以下三个层面：文化是语言词汇象征意义的来源；文化是语言形成和发展的基础；文化是制约语言运用的决定性因素。

1. 文化是语言词汇象征意义的来源

之前已经提到，语言的基本结构就是词汇，每一个词汇都有其自身的独特概念。因此，一种语言中的词汇会是这个民族文化环境的反映。可以说，词汇对于人们对客观世界的认识有着重大意义。一般来说，词汇除了有概念意义之外，还有其自身的引申意义或者比喻意义。前者是客观事物特征的反映；而后者是其文化存在的象征。

各个民族的文化有其自身的特色，这就导致不同民族看待同一事物往往会有不同的认识。例如，中国的龙是有着威严、尊贵的象征，因此产生"龙的传人""龙凤呈祥"等比喻意义。但是在西方国家，与龙对应的 dragon 一词却有着相反的意思，他们认为 dragon 是邪恶的化身，是罪恶的来源。由此可见，不同文化导致了人们对同一事物的认知明显不同。

2. 文化是语言形成和发展的基础

文化是语言形成和发展的基础。如果没有文化的存在，语言也就无从谈起了。著名人类学家、语言学家萨丕尔（Sapir）在他的《语言论》（Language，1985）一书中指出，语言是不能脱离文化而独自存在的，也不能脱离整个社会延续下来的观念和做法。如前所述，语言在很多层面上都可以体现出文化因素，如词汇、句法、篇章等。可以说，语言其实是文化的行为，正是文化的存在，语言才得以形成。

3. 文化是制约语言运用的决定性因素

语言的运用往往会受很多因素的制约，而在这些制约因素中，文化是其决定性作用。众所周知，语境对语言的运用有重大影响，是语言生成和理解的先决条件，而文化就是语境的核心。

文化的这一决定性作用可以减少语言中出现误解、冒犯或者无礼的情况。具体来讲，体现在两个层面。首先，语言会受到相同文化的影响。中国人虽然有着相同的汉语文化背景，但是往往也会对语言产生影响，即使语言存在差异。例如，"嫦娥"一词原名"恒娥"，为了避汉文帝的名讳而做的更改。其次，语言会受到不同文化的影响。这可以从英汉两种语言的差异中明显体现出来。例如，中国人见面往往会问"你去哪里了？"，这是一种简单的问候或者也可以算作一种打招呼的方式，但是在西方人看来，这是过问对方的私事。

（四）文化与语言的相互影响

从上述分析中不难看出，文化与语言是相辅相成、相互影响的。语言是用来记录、传承、反映、建构文化的。如果某一个民族在不断的发展中丧失了自己的语言，那么文化中的很多内容由于不能用语言来记录而丧失其意义。由此可见，语言是文化的重要组成部分。

反之，文化对语言的发展也有重要影响，文化的动态性会引起词汇、语法、语篇发生改变。文化可以创造词汇、语法、语篇，但是同时这些词汇、语法、语篇也是文化的记录，是对当时文化特征的反映。总之，文化对语言的结构、语言的意义有着重要影响。

三、翻译的文化性透析

随着翻译研究的不断深入和发展，翻译与文化的关系也越来越突出。翻译的文化性是从德意志民族的翻译历史开始的，尤其马丁·路德对《圣经》的翻译为我国翻译的发展开启了道路。1970年之后，由于语言学派的影响逐渐减弱，翻译界开始向文化的方向转变。因此，对翻译进行文化性透析对于研究外宣翻译的文化性有重要意义。本节就通过翻译的发展历程来研究翻译的文化性问题。

从中西方的翻译历史中不难看出，中国历史上出现了三次翻译高潮，这三次翻译高潮是以东汉到宋代年间的佛经翻译作为开端的；西方出现了六次翻译高潮，这六次翻译高潮是以罗马对古希腊作品的翻译作为开端的。从这一点可以看出，翻译与文学典籍有着密切的关系。众所周知，文学典籍是一个民族、一个社会文化的见证和汇集。如果说翻译对语言有直接的作用，那么翻译与文化之间的关系就是间接的，但是这种间接的关系也是相互联系的。这是因为语言本身就属于文化，因此翻译与文化的关系就显得更加紧密，那么对翻译进行研究，就不可能不涉及文化的内容。

对中西翻译的历史进行研究不难发现，翻译的文化性视角的开端在于德意志民族的翻译历史。而对这一民族的翻译历史进行研究，就不得不说马丁·路德对《圣经》的翻译以及德国浪漫主义理论派的观点。其中马丁·路德对《圣经》的翻译可以说是基督教义的一种有记载性的创新改革，同时对德意志民族的语言与文化有着不可小觑的影响作用。

在马丁·路德进行宗教改革之前，基督教在欧洲已经占有重要的地位，社会大众无论是知识渊博，还是知识贫乏；无论是地位高贵，还是地位卑贱，他们都将基督教视为一种精神支柱，罗马教廷也拥有着至高无上的权利，作为基督教的一种文字记录，《圣经》只能通过一些神职人员运用口头的形式让大众知晓。久而久之，罗马教廷内部更加荒淫，并且极度地剥削广大民众，因此这就导致了马丁·路德更加坚定地进行宗教改革。他认为，神职人员对《圣经》的任意宣讲是出于维护统治，这种行为一定程度上是对基督教的侮辱和对信众的欺骗。因此，他开始引导人们来对《圣经》进行解读，并且指出人人在上帝面前是平等的，个人可以通过宗教来得到拯救，不需要经过这些神职人员来进行拯救或救赎。可以看出，马丁·路德的思想是让《圣经》融入平常百姓的生活，这是对罗马教廷统治的一种颠覆，也是与传统教廷的一种对立。但是需要指出的是,在当时的社会条件下,德国并没有一个标准的、完整的、能够供所有阶层民众阅读的版本,这也是令马丁·路德头疼的问题。因此,他还是摸索《圣经》的翻译。但是这一工程并不简单,因为当时的德国的语言并不统一,各个地区都有自己的语言,因此马丁·路德在选词上往往会选择一些通俗易懂的词语,并且他通过与普通百姓交流,将一些地区的方言与圣经语言进行比较,选择一些相对较为接近的词语,这一过程是非常漫长的,但是却成为德语统一的一个重要标志,也是德意志民族语言形成的一个象征。

对于文化中的各要素而言,语言是其最活跃的成分,当然也最容易受到外界因素的影响。如前所述,马丁·路德运用最通俗的语言对《圣经》进行翻译,即将一些难懂的宗教术语改成通俗的、日常的用语或俗语,这样就使得这些宗教教义更容易与各阶层民众的生活相接近,也最容易得到他们的认可。总之,马丁·路德的这种翻译方法便于《圣经》在民众中的推广和普及。也正是在这样的推广和普及下,语言中也逐渐纳入了新的内容,并得到了一定程度的发展。马丁·路德对《圣经》的翻译实际上代表了德意志人们的性格及其精神,也就是要遵循秩序、追求尽善尽美,而这些恰恰是德意志文化的标志。

从上面论述可以得出,在德国,翻译对译入语文化有着重要的影响。在马丁·路德理论的指导下,德国浪漫学派的思想家对翻译的研究也有其独特的观点。德国的浪漫主义文学是建立在对传统欧洲文学的整理,以及对本民族的挖掘上,在整理和挖掘的过程中是免不了翻译这一过程的。因此,很多浪漫主义学派的思想家也融入了对翻译的研究。若瓦利斯就是其中的一位代表,他在给施莱格尔的信中这样写道:"我们应该使得翻译逐渐成为文化的一种扩充手段。"两位学者对翻译的研究涉及了翻译的原则等方面的问题。并且,若瓦利斯还认为"对本民族文学的厚爱以及对美的追求才能使得翻译更具真实性"。这一理论的提出为以后翻译理论家的研究提供了基础,即提出了翻译的标准。

进入 20 世纪之后,法国著名的翻译理论家乔治·穆南对我国的语言学研究产生重要影响，也使得语言翻译观在我国逐渐建立了统治地位。从 20 世纪初期到 1970 年左右，很多学者对语言进行了深入的研究和探讨，因为翻译活动的主体就是语言，并且在研究的基础上也产生了很多的译论，如奈达学派、洪堡学派等。但是这造成一个问题，即将翻译限定在语言的范畴之中，后期的发展就逐渐缓慢下来，很难在此基础上进行突破。

1980 年后期，西方学术界兴起了文化研究和文学批评的思潮，即将文化纳入翻译研究的世界，并形成很多的流派。其中，苏珊·巴斯奈特和安德雷·勒弗维尔就是其中的代表，他们合著的《翻译、历史与文化》一书中就明确了"翻译的文化转向"这一理念。从此，翻译研究进入了一个新的阶段，并逐渐拓展开来。

相比较之前的将翻译局限在语言的角度来说，翻译的文化转向打破了文学、历史、政治等多因素的限制，并且对翻译的影响也更加深远。我国著名学者郭建中教授指出："翻译并不是两种语言的真空转换，而是两种文化传统语境下的转换。译者的作用主要在于对特定时间的特定文化的翻译。而他们对自己及自己文化的理解是影响翻译的因素之一。"因此，从文化视角研究翻译不仅为翻译提供了一个新视角，更重要的是将译者纳入了一个新的研究领域，而他们的研究对象也增加了对源语语言及译语文化的了解和把握。

"文化转向"的出现打开了翻译研究的新维度、新视点，将传统语言与文学的界限也打破，将传统只关注作品转入关注影响翻译的因素上。加拿大著名的翻译学者西蒙也指出，"文化转向"这一翻译视角的提出是令人兴奋的，它的出现意味着翻译研究增添了一个新的维度，也使人们意识到翻译不仅仅是语言的交流，更与其他交流方式有着重要的联系，这一联系将翻译看作写作实践，且贯穿于文化表现的各种张力之中。除此之外，从文化视角研究翻译还扩充了对翻译的性质、标准以及原则的研究。

总体上说，翻译的"文化转向"对翻译学的发展有着极大的意义，但是进入 21 世纪，我们应该保持辩证的态度来正视这一问题，即其有利也有弊。本节就从翻译文化性的益处和弊端两个层面来透析翻译的文化性。

（一）翻译文化性的益处

文化与语言相互依存、相互影响的关系也决定了翻译与文化密不可分。翻译不仅仅是在英汉两种语言之间进行转换，更主要的是英汉两种文化和思维方式的转换。而英汉文化背景、传统习惯、思维方式的差异也使语言深深打上了时代文化的烙印。再加上所属语言体系的人们已经习惯于其独特的表达方式，因此译者为了能够使译语容易被理解和接受，就需要转换表达方式，尽量符合其民族语言的表达习惯。可见，翻译文化性有着不可磨灭的意义。具体来说，可以从对翻译过程和翻译形式两个层面的意义着手进行分析。

1. 对翻译过程而言

如前所述，翻译不仅仅是文本与文本语言的转换，更是一种文化的传递。因此，翻译过程除了会受到语言因素的影响，还受到心理因素与社会因素的影响。也就是说，翻译什么样的作品，如何进行翻译，往往需要考虑该作品本身及译入语的文化背景及特定的文化环境。

从某种程度上说，不同的文化往往具有相似性，但是由于受价值观念、风俗习惯、地域环境等因素的影响，各种文化有着各自不同的寓意，这也是翻译的难点。翻译的过程往往包含对源语内容的理解、运用译入语语言进行表达、对翻译的文稿进行校改这三个过程。而对前面两个阶段进行比较不难发现，虽然对源语的理解也是十分必要的，但是能否用译入语语言真实地传达出来才是最终的目的。

例如，在对某一重要人物景点的介绍中，往往会夹杂着一些社会文化因素，如生活态度、个人习惯等。而译者的任务就是运用一种语言所存在的生活模式对另一种语言所存在的生活模式进行阐述。换句话说，就是要求译者通过分析源语文化及源语文化的意义，并运用另一种语言表达出来，从而实现良好的交流。但是，由于受自身文化取向以及其所存在的社会背景的影响，在翻译的过程中，译者会不自觉地将自身的文化主观性地带入译入语文化中，这在一定程度上会造成译文存在局限性，并且会让译文带上译者自身文化的烙印。

2. 对翻译形式而言

在翻译形式方面，文化也起着十分重要的作用。具体来说，其主要体现在以下几个层面。

（1）在很大程度上，翻译形式会受民族心理是否开放的影响。如果民族的心理是比较开放的，那么其翻译活动是比较容易开展的，也容易吸收他民族的文化，使本民族的文化得到发展；但是如果民族的心理是比较狭隘的、封闭的，那么其翻译活动就很难进行，对待他民族的文化也是持有排斥态度的。

（2）文化是强势还是弱势也会影响翻译形式。这里所说的强势与弱势指的是该文化整体或者文化领域是强还是弱。例如，晚清时期的西学东渐就是西方来华的传教士表现出要拯救落后和衰败的中国晚清社会的思想，目的是从文化和政治上进行西学的渗透。

（3）文化的需求程度也会对翻译形式产生影响。如果文化的需求程度比较高，那么其翻译活动就会更强、更加活跃；如果文化的需求程度比较低，那么其翻译活动就会显得更弱、更加单调。

（4）政治制度属于制度文化的一部分，这对翻译形式也会造成一定的影响。例如，在苏联时期，很多翻译家从事翻译工作，其目的主要是服务于苏联人民以及苏联的社会主义建设。从翻译过程和翻译形式上说，翻译的文化性有着重大意义。但是，从马克思主义哲学角度来说，还需要用辩证的思维来看待问题。也就是说，除了要看到其益处，还需要看到其存在的弊端。

（二）翻译文化性的弊端

之前已经提到，当语言学派出现困难的时候，以巴斯奈特、勒弗维尔等为代表的一些文化翻译派应运而生，他们主张从文化的视角来进行翻译研究。目的是缩小语言学研究与文化的距离。但是，这一研究实际上是对翻译研究初衷的一种偏离，一定程度上走向另外一个极端，即对语言学派观点的完全否定。这就造成一定的局限性和弊端。

1. 对翻译的语言属性而言

翻译文化转向在很大程度上忽视了翻译的语言属性。到目前为止，很多国内外学者对翻译现象、翻译活动进行各种各样的认识，但是却形成一个基本相同的观点：翻译的基本手段就是语言与语言的转换，基本任务就是实现语言意义的再生，这是一种有着双重属性的交际活动，既跨语言又跨文化。从严格意义上讲，翻译的基本手段应该是符号与符号的转换，但是由于符号的最重要形式是语言，因此上述观点将翻译的基本手段解释为两种语言间的转换。可以说，翻译的语言属性对于翻译而言有着重要作用。

在翻译文化性形成的初期，翻译研究学者对翻译的语言属性还是有所注重的。例如，霍姆斯在对诗歌的翻译进行探索的时候，常常用三个维度来比较，语言维度就是其中的一种，而文学维度、社会文化维度是建立在语言维度之上的。但是，随着翻译文化性研究的不断深入，翻译的语言属性逐渐被削弱和淡忘，而翻译的文化属性开始膨胀开来。霍恩比在他的论文《语言换码还是文化转化：德国翻译理论批评》中指出："到目前为止，传统语言学中将翻译界定为换码或者替代的时代已经过去了，这一定义对特殊语言的翻译并不适用。相反，以文化作为取向的翻译理论有着无限的开发潜力。"从这一点来说，霍恩比认为将翻译作为一种代码与代码之间的转换或替代是片面的，是狭隘的，必须对其进行修正。但是也可以看出，这一观点实际上引导人们从一个极端走向另一个极端，即对翻译文化属性的过分夸大，对翻译语言属性的彻底忽视。

进入翻译文化性的衍生阶段，翻译文化属性几乎占据了绝对的位置。女性主义者更加强调翻译的文化性，因为他们认为这是他们争夺地位的一种工具；后殖民主义者也同样如此，将其视为抵制西方霸权主义的武器，总之，翻译的文化性的过分夸大是对翻译语言属性的忽视和抹杀。

2. 对翻译学内部研究而言

翻译的文化性夸大了翻译学的外部研究，而取消了翻译学的内部研究，这是翻译文化性的另一个弊端。所谓翻译的内部研究，是指对翻译中源语与译语、源语文本与译语文本关系的研究，这一研究强调的是翻译过程中的语际转换。就目前而言，语言学派的研究主要重心在于翻译的内部研究，但是其大多数只是对比分析源语与译语、源语文本与译语文本，而并没有将翻译过程中的语际转换作为强调的重心。

之前已经提到，翻译文化学派之所以进行翻译文化性的研究，主要是因为这些学者对语言学派的不满，但是这种不满不能成为他们取消翻译内部研究的原因。此外，翻译文化性还倾向于对翻译产品的考查或者对译语文化的功能和作用的凸显，这属于翻译的外部研究。不得不说，翻译的外部研究一定程度上是对翻译内部研究不足的弥补，但是这种对翻译外部研究的过分夸大也必然会导致很多问题的出现。

总之，翻译的文化性对翻译来说不仅有益处也有弊端，因此必须要处理翻译文化性的问题。首先，翻译是无法回避文化这一因素的，如果离开了文化，那么翻译也就毫无意义。但是，翻译文化性也不能抛弃语言学翻译研究的内容，不能将二者对立起来。另外，翻译研究还应该始终以自己的立场为基点，将翻译这种行为作为研究的中心，守住自己的阵地，将语言学与社会文化看成影响翻译的一个方面，即搞清楚主体与客体，以免翻译失去自己原有的立场。

第二节　跨文化交际学

一、跨文化交际的内涵阐释

关于跨文化交际的概念，可以这样来描述：在一个特定的交际场合里，来自两种或两种以上文化背景的人以同样的一种语言（可以是母语也可以是目的语）来展开口语交际的活动。这样的描述和常见的跨文化交际的概念描述相比较为明确，因为它是针对对外汉语专业的需要来进行描述的，主要包含以下几个要点。

（一）交际者的文化背景必须是不同的

文化背景的差异是指各文化圈之间的不同之处，这个概念范围很广，也可以指相同的文化圈内部的亚文化之间的不同之处。针对于对外汉语专业来说，其主要是指两个文化圈之间的不同之处，尤以中国文化圈和西方文化圈之间的不同之处为代表。这是由于对跨文化交际的实际情况而言，因为文化背景不同而容易引起的交际中的误会，甚至是发生冲突的情况多见于中国与西方国家人们的交往中。与之相比，中国与同属亚洲地区的另一些国家的人际交往，例如，日本、东南亚国家等，尽管同样存在着一定程度上的文化差异，但是显然这个差异的影响要小得多。原因是这些文化背景都是东方文化圈的一部分，所以有许多相同之处。

（二）交际的参与者所使用的语言必须是一致的

这一点显然是必要的。因为参与交际的双方如果各自使用不一致的语言，那么交际便无从谈起。这种情况下，通常双方使用的交际语言会是其中一方的母语，自然对于另一方便是"目的语"。举例来说，中国人与美国人展开交际时可以使用英语或汉语，这就不需要进行翻译，而是用一致的语言展开。

（三）交际的形式是实时口语交际

跨文化交际的形式可以有很多种，例如，使用媒介进行的单向交际，或是现场的双向交际；或者可以通过物化形式的符号，例如，画报、演出、商品等来展开，另外也可以是用语言文字来进行的交际；它可以是书面形式的，例如，信件来往等，又可以是口头进行的。这里重点说的是交际的双方以口语进行交际。此外，可包含与口语交际伴随发生的文字交际，也就是通过书面语进行的交际。

（四）交际的两方使用语言进行直接交际

现在中国对于跨文化交际方面的研究以英语教学界为主。在英语教学当中，跨文化交际是一项重要的内容，但在研究中翻译是一个至关重要的方面，包括口译和笔译。因为英语专业毕业的学生中将有很多是从事对外交流工作，这项工作的要求之一就是能通晓两种语言，能在跨语言交际中充当翻译角色。这也就是说，"翻译"是解决双方文化背景差异的重要桥梁。但是对对外汉语专业来说，由于本专业的首要任务是教外国人中文，在这当中也包括向外传播中国文化，因此其着眼点放在交际中两方的直接交际上，而不是通过"翻译"这个中介来完成交际任务。因此基本上不涉及翻译问题，而更为重视的是语用规范，通过从对方的文化背景进行了解，来协调交际中遇到的文化因素，从而使交际更具有效性。

二、跨文化交际中英汉文化方面的差异

翻译人员在对颜色进行翻译时，要尽可能多的考虑到译入语的表达习惯，切忌望文生义。英语中的"红茶"不是 red tea 而是 black tea。"红眼病"在汉语中表示嫉妒，但翻译成英语则是 green eyed。而当"红眼病"是指眼科疾病时，则用 pink eye 来表示。对于同一词，不同语境会产生不同的对应词。如青山（green mountain）、青天（blue sky）、青布（black cloth）、青翠（fresh green）、青苗（young crop）、青碧（dark green）。所以，我们在考虑颜色词的文化内涵的同时，也要注意使用准确恰当英语单词，避免让读者产生误解。

（一）人际关系及称谓的差异

人际关系和称谓也是中西方的文化差异体现。谦虚是中华民族的传统美德，由于长期遭受封建思想的禁锢，家族观念在中国人心目中的地位比较重，不管是在社会还是在家庭中，男女、长幼、主仆之间都有约定俗成的称谓。中国的称谓系统讲究尊卑、亲疏，所以在汉语中不乏有贬低自己而褒扬他人的自谦词：鄙人（my humble self）、贱内（my humble wife）拙见（my humble opinion）等；而对别人的称呼则往往含有恭敬之礼贵姓（your family name）等。对于这些具有中国文化特色的词语，译者在翻译时往往会造成译入语文本的文化缺省现象。而西方文化中，亲属关系则略显松散，亲属之间甚至可以直接互称，称谓与中国相比显得较简单和笼统，当然这与西方文化所倡导的平等和个人独立有关，所以，对于汉语中的"长辈""晚辈"等词语在英语中甚至找不到对应的词语。汉语中的叔、伯、舅、姑父、姨夫

等词语对应于英文中 uncle。西方文化倡导个性平等的价值观念，如individualism 译成中文是"个人主义"。但是在中国这样的奉行集体主义的大国，个人主义要不得，集体成员相互平等，和谐共处，与世无争。相反，西方国家则崇尚竞争意识，鼓励个人的潜能发展。

汉语中一些独特的文化特征在，《论语》所代表的孔子思想是中国文化的根基，受佛教、道教的思想洗礼。如佛教来生说，强调四大皆空，业缘；俗语中常见到"佛要金装，人要衣装"："泥菩萨过河，自身难保"等；道教主张今生，注重阴阳八卦；英文中的根本找不到对应的单词。

在英语文化中有一些汉语是与英语找不到交叉点。如"这断子绝孙的阿 Q！""不孝有三，无后为大"这些都是中国传统的子嗣观念，而在西方文化则没有这一观念。由于中国封建传统文化观念的根深蒂固，译者在翻译时可以在译文中加上注释：a curse intolerable to ear in China，这样更有利于西方读者来了解中国的传统文化内涵。

在异域文化风俗习惯和宗教文化中，对于一个民族来说是习以为常的，但是对其他民族来说确是无法理解的。英语和汉语中都有蕴含历史文化的典故，这对理解和翻译来说有一定的困难，所以，在翻译之前要熟悉其译入语的文化背景。希腊罗马文化及圣经文化对西方文化有着深远的影响，英语中的一些典故就是自其中。宗教信仰是一个民族文化占据着重要地位，如果对西方文化背景了解甚少，那么对一些附有特定文化意义的词语就不能理解了。good Friday 如果译成"好星期五"则让人不知所云，事实上是指耶稣的受难日。Pandora's box（潘多拉的盒子）源自古希腊神话。潘多拉是希腊神话中的人物，由于不顾宙斯的忠告打开盒子，放出了邪恶之神，而发生战争、瘟疫等。因此，在西方文化中，潘多拉的盒子寓意着灾难和不幸。译者在翻译时要对其做出注释才有利于读者的理解。

（二）民族方面的差异

不同的种族对动物，植物有着不同的态度和情感，产生丰富的联想，给中文和英文中的某些词语赋予了赞美，好恶和悲伤等的其他丰富的感情色彩。同一动物在不同文化中具有不同的象征意义，语用的意义也是不同的。猫（cat）在西方文化中是"包藏祸心的女人"的意思，而中国人经常用"像蛇蝎子的心"形容坏人。在西方，龙是死亡与黑暗的化身，在中国，龙有着鲜明的内涵。龙可以做任何他们想要的东西，龙是皇帝的象征，中国人称为"龙的后代"。但是，如果"望子成龙"是 to hope one's son will become a dragon，就会使西方读者误会，就是希望自己的孩子变成凶猛的人（希望自己的孩子成为邪恶的人）。在翻译目标语言时要考虑读者的文化背景，转化为 to hope that one's son will become somebody 这样才容易被西方读者接受。

西方人心目中狗（dog）是忠实的象征，有着非常重要的地位，如 love me, love my dog（爱屋及乌），every dog has its day（人人都有得意时）。但在中文当中"狗"却代表的是不怎么好的词语，如狗眼看人低（act like a snob），痛打落水狗（beat soundly the bad person who is down），走狗（flunky）"等。乌龟一词在中西方文化当中也有其不同认识，在西方文化中仅仅表示行动缓慢没有其他含义。但是在中国文化里，乌龟（turtle）的含义却是有褒有贬。一方面，乌龟象征长寿（long life），海龟是人们工人的寿命最长的动物，在我国民间流传着"千年龟"的说法。另一方面，龟孙、缩头乌龟这些贬低的字眼又时常和这些不好事物联系在一起。

在看似平淡无奇的植物中，中国文化却赋予的丰富的象征意义。中国传统文化中的"岁寒三友"分别赋予寓意：梅（傲霜斗雪）、竹（虚怀若谷）、松（坚强高洁）。此外，"兰"代表品质高贵，"红豆"意味相思，这些都蕴含了丰富的中国传统文化。

英语中也有以植物做比喻的成语，如：用 under the rose（玫瑰丛下）比喻私下或偷偷摸摸的行为或勾当，用 sour grapes（酸葡萄）比喻因得不到而故意贬低的事物，用 forbidden fruit（禁果）喻指非分的欢乐或因禁止而更想得到的东西，这些词语可谓是联想意义非常丰富。

异化是基于源语言文化的，归化是基于译语文化的，异化和归化是互补的二元对立面。在翻译的过程中，不能与两者分离开来。中西文化的差异不可避免地导致了读者的理解偏差。盲目地融入文化语言，会造成原始文化的丧失；如果以源语言文化为归宿，来进行文化移植，有时会影响交流，翻译时可能不会做到全面性。因此，根据不同的翻译目的和读者群体来进行衡量，在文化移植的异化过程中，在创造性叛逆组合过程中，忠实、生动地再现了原作。如果不能使用异化和归化策略，可以使用文化调解，但是这种缺陷容易造成文化损失。如"休妻"英文，相应的词是 divorce（离婚），表面意思表达出来了，但离婚反映了男女平等的概念，从而失去了中国传统文化"男尊女卑"的文化内涵。东西方文化的不同之处在于"谋事在人，成事在天"的翻译策略。

归化原则就是以译入语为归宿的策略，英国翻译家霍克斯用 God（上帝）来表示"天"，这一方法对于西方读者来说更易于理解和接受，西方信奉基督教，在西方人的精神世界里，上帝起着尤为重要的作用。同时，对于《红楼梦》里的"菩萨保佑"译成 God bless my souls，这一译法则显得有点牵强，这样虽然便于西方读者和接受，但却会让人产生误解认为上帝也是中国的信仰。在我国"天"的思想是属于道家的，如果我们用 God 来翻译"天诛地灭"，这样做势必会造成中国语言文化信息的丧失。用 heaven 来表达"天"则是多中国文化底蕴的最好阐释，是目的语文化的归宿的异化策略。

在文化翻译的过程中，面对不同的文化背景，思维习惯和文化传统相矛盾的表达时，可以奉行"名从主人"和"约定俗成"的原则。翻译人员应根据文字中的文化信息中，注重文化底蕴的形象，保留文化色彩。翻译者必须依靠自己的知识和学术技能来翻译，而不是凭借想象力。如旧上海"百乐门"不能翻译成 Baffle Gate，"兰心剧院"不能翻译成 Lanxin Theatre，按照"名从主人"的原则，两个翻译是 Paramount 和 Lyceum Theatre，因为对其历史文化背景进行分析，这些都是由西方文化事物的殖民者带来的。古希腊的亚里士多德主持了 lyceum 这个学校，既讲演讲，又有音乐舞蹈表演，"兰"包含中国文化的底蕴，被翻译成"兰心剧院"，可以说是实至名归的。

对于一些已经被接受了的地名和人名，如果刻意地去修改势必会引起读者的误解。如 Hong Kong（香港）以及 Peking University（北京大学)。每一个民族都有其特有的民族文化,都有特定语言来表示和反映,但是一些文化底蕴深厚的意象却在译语中找不到相对应的词语。随着中国的不断发展壮大,中国在国际舞台占据着重要的地位,中国提倡的中西方文化交流不断深入,西方人士对中国文化的逐渐了解和接受,一些词汇渐渐进入英语文化中。如 daguofan(大锅饭)、paper tiger(纸老虎)、tofu(豆腐)等。相反,英语中的一些词汇也潜移默化地进入了中国人的视野,如 e-mail、Internet、disco 这些词语对中国人来讲已经是耳熟能详。

今天的社会文化交流比较频繁,更加细致,给翻译者提了更高的要求,除了具有扎实的语言能力外,翻译人员还必须具备双语文化背景和文化意识。"翻译必须是一个真正的文化人",只有充分认识中西文化差异,消除给读者带来的障碍,才能忠实地完成语言间沟通,更好地服务于文化传播。

第三节　外宣翻译中的文化因素解析

之前已经提到,语言与文化密切相关。因此,外宣翻译也会受到文化因素的影响,而由于中西文化差异的存在,源语作者与外宣接受人群之间会由于文化背景知识的缺乏而产生鸿沟,很难达成共识,这也就造成了翻译的困难。因此,有必要对外宣翻译中的文化因素进行分析,主要体现在社会文化因素、政治文化因素、地域文化因素上。

一、社会文化因素

社会文化是包罗万象、错综复杂的。而与其他文化因素相比,社会文化因素对于外宣翻译有着极大的影响,主要包括观念文化与思维方式两大层面。观念文化与思维方式是一种主观的意识,它会随着客观环境的变化而发生改变,因此不同的文化承载着不同的观念文化与思维方式。观念文化与思维方式的差异是造成中西方沟通困难,甚至造成冲突和误解的主要因素之一。因此,译者必须了解英汉文化价值观的差异，这是能够确保外宣翻译准确的前提条件。下面就具体探讨中西观念文化与思维方式的差异。

（一）观念文化

中国有着悠久的历史文化传统，从原始社会开始，就处于群体这一文化网络之中。在氏族社会，人们就指出，血缘关系是维系在一起的，因此形成一种长幼尊卑的关系，这一关系在现代社会仍旧存在。

受群体环境的影响，中国人民形成一种集体主义价值观念。首先，集体主义价值观念要求人们注意长幼尊卑，即无论是对于国家而言，还是对家庭而言，都要尊重长者。古代有"君叫臣死，臣不得不死；父叫子亡，子不得不亡"的先例；现代有"大爷""大娘"的例子。其次，集体主义价值观念要求人们以集体为重，即当个人利益和集体利益发生矛盾时，应该以集体利益为重。"小家服从大家，个人服从集体"就是这一观念的最好体现。最后，集体主义价值观念要求人们处理好人际关系，即彼此之间应该相互体谅、关心、包容。对待亲人和朋友时，都应该以真诚的态度，只有对他们真诚，你才能收获同样的真心。

与中国的集体主义观念文化相比，西方倡导的是个人主义观念。在意识和权利上，西方人追求的是平等、自由、民主。在个人主义观念的引导下，他们更加注重个人权利是不能侵犯的，因此在进行交际的时候也更加注重个体的权利，尤其不容别人侵犯个人的隐私问题，如个人的收入、个人的年龄等。

之前已经明确，中西观念文化的差异性主要体现在集体主义与个人主义上。受这一差异性的影响，必然会对外宣翻译产生影响。例如：

You have to blow your own horn.

应吹自己的号角（自吹自擂）。

Where there is a will, there is a way.

有志者，事竟成。

在对上述两个句子进行翻译时，如果按照西方人的观念文化来翻译的话，就需要将个人化的特征体现出来。

此外，在时间观念上，中国人注重"过去"时间观念，而西方人注重"将来"时间观念。这是因为，中国人以自己灿烂的历史文化为傲，因此非常看重历史，他们做事往往是不紧不慢的；而西方人认为时不我待，因此珍惜每时每刻。这样的时间观念在进行外宣翻译时也应该予以注意。例如：

the latest news

the latest discovery of sth.

在翻译上面两句话的 lastest 时，不应该将其直译成"最后的"，而应该根据中国的观念将其翻译成"最近的""最新的"等。

（二）思维方式

在各自的环境中，中西形成各自独特的文化，而文化所形成的思维意识也出现了千差万别的情况。中国人往往会运用形象思维方式来描述和表达某个事物和现象。而相比之下，西方人则习惯使用抽象的思维来表达和描述。这体现在用词上就是，汉语中多为具体的词语，而英语中多为笼统、概括的词语。对外宣文本中的这些词语进行翻译时，如果仅仅是生硬地直译，那么必然会造成晦涩难懂。例如：

Is this emigration of intelligence to become an issue as ab-sorbing as the immigration of strong muscle?

知识分子移居国外是不是会和体力劳动者迁居国外同样构成问题呢？在该例中，原文中的 intelligence 一词本义为"智力，理解力"，muscle 本义为"肌肉，体力"。但是如果直译成这两个意思，显然不合逻辑，因此就需要将这些抽象名词做具体化的处理，符合汉语的表达习惯，这样汉语读者就容易理解了。

此外，中国人注重整体思维，而西方人注重个体思维。这也是受价值观念的影响而产生的。在中国人的观念中，整体性是最主要的思维特征，尤其体现在哲学层面，如人与自然的统一、主体与客体的统一。但是与之相比，西方人认为人与自然、主观与客观都是分离的，西方人更加突出从部分到整体、从小的层面到大的层面的过渡，他们只有了解了部分或者小的层面，才能更深层次地了解整体或者大的层面。例如：

现代的管理体制要求抓大放小。

译文 1：The modern management system requires manage large enterprises well easing control over small ones.

译文 2：The modern management system requires focus on he restructuring of major enterprises and leave minor ones to end for themselves。

上述两种翻译都是可以的。但是对比中英文，可以明显看出英文的行文较为严谨，将原文中的"抓大放小"的整体思维方式进行淡化，明显突出了个体的作用。由此可见，这就需要译者对原文作者的思维方式有清晰的了解和把握。

二、政治文化因素

政治文化因素也是影响外宣翻译的一个主要因素。这是因为，外宣无小事，译者必须有正确的政治立场、政治观点来分析和深入原文，用实事求是、辩证的思维方法来处理形式与内容的关系。① 在传播过程中，译者也起着纽带的作用，需要对对方的政治文化有一个清晰的了解和把握，否则稍有懈怠，就可能带来不良的后果。具体来说，外宣翻译中的政治文化因素主要涉及政治思维、政治制度和政治人格三个层面。

（一）政治思维

中国传统的政治思维是尚一趋同的，西方的政治思维是多元发散的。春秋战国时期是中国传统政治思维奠基的时期，也是最为活跃的时期，出现了百家争鸣的局面。儒家的思想主要内容是"德治主义"，即以人伦关系为基础的德治和仁政。他们认为，政治问题能够得以解决，完全是依靠人格和道德的力量，从而实现内圣外王的统一、政治和伦理的统一、政权与教化的统一。如果要想实现好的政治，就必须处理好人伦关系，如果君臣、父子都能够按照自己的责任和义务做事，

---

① 邓英凤. 外宣翻译的政治性和灵活性 ［J］. 青年记者，2016（35）.

那么清明的时代也就不远了。墨家的思想主要内容是尚贤与尚同。他们以小生产者的利益为重，反对世袭制度，主张人人平等。只要人有才能，那么就可以任职。道家的思想主要内容是无政府主义，他们彻底否定了当时的礼义道德与社会现实。他的思想与儒家的思想相反，认为圣人的存在导致了社会的病态，只有打倒圣人，才能使大乱变成至治。

中国传统的政治思维是从"分"开始的，然而各家都并没有体现出思维宽容的意识，他们都相信自己的思想是正确的，想用自己的思想来达到对天下的统治。但是，他们追求思想统一，这也是他们的共同目标。在各家看来，百家争鸣的现象是不正常的，这只是因为他们没有能力来将其他的思想吃掉。因此，"禁心"是最有效的方法。这样，在百家争鸣的底层，也孕育着一种综合的力量，最终催生了统一的局面。

与中国传统的政治思维相比，西方的政治思维是发散多元的。这呈现了四种景观，这四种景观与人现实政治融合在一起，对人们的政治思维产生了影响。第一，伦理学景观。这对古典古代有着主导的作用，伦理学的原则和目标主要是对政治的参透，各种组织、体制的制定主要是为了实现这一目标。第二，神学景观。这一景观在中世纪比较流行。其实际上是一个主观的前提，始终坚守上帝创造世界、上帝安排世间秩序这样的信条。而这些对于政治思维来讲，成为各个思想家各抒己见的主观性的前提。第三，法学景观。这在资产阶级革命前后到今天都非常的流行。文艺复兴运动提倡人性的力量，政治思维也从重神转移到重人，注重人性的自由、人的权利。不论其理论形态是如何的，各个思想家都表现出统一的倾向。第四，社会学景观。这在19世纪上半期到今天都存在的，其与上面的法学景观对现代的政治思维有重要的主导作用。19世纪以来，资产阶级革命的猛烈冲击，西方社会守旧思想与变革思想的交战，社会出现了不稳定局面。因此，一些人开始怀疑法学景观的效力，形成了实证性与批判性两大派，而后者催生了马克思主义政治学说，该学说认为超越把政治思想限于形式政治的理念，以对形成这种观念的社会进行超越，从而获得自由。

（二）政治制度

从政治制度上来说，中西方存在着明显的差异。中国传统的政治制度是集权专制，而西方的政治制度是分权制衡。

在古代，中国人从未设想过权力关系和结构的多元与横向，他们共同的目标就是将权力关系变成纵向的关系，最终集中于一人的身上，这样的权力关系和结构就是单向化、简单化的。这种一元化的政治体制是当时思想家的共同理想，也是他们的政治心态。一体化的政治体制主要体现在：君主的至尊地位，即君主的至高无上、独一无二的权力；中央集权，即中央与地方的关系是绝对集权的关系；权力关系的单向化，即臣民应绝对服从君主，他们没有任何权力来反对或者制约君主。在这种一元化的体制下，出现了忠君的思想，臣民的情感直接指向和奉献给君主，必要时还会成为君主的殉葬品。这一理念从先秦时代开始一直延续到个古代社会，并且从未发生改变，虽然王朝在不断更替，但是这一理念却从未得到突破，反而在不断强化，甚至每一次失败都使得这一理念更加强化，中国古人就是顺着这一思想直至整个古代社会的尽头。因此，中国传统的政治制度是集权专制的，是单一的。

与中国传统的政治制度相比，西方的政治制度是多元主义的，这当然和思想家的政治思维有着关系。同时，这种多元主义政治体制表现在，在最高权力体系的层面上还存在着与之平行的掌权者或者权力机构。古希腊城邦的典型体制是多元化的。其主要体现在对平行机构和某一机构内平行职位的设定上。罗马城邦的政治体制也是多元化的，尤其体现在三足鼎立的局面上，即人民大会、高级官吏及元老院。到了中世纪，西欧君主制的盛行使得君权成为一元化的格局，但是在大部分的时间里，君主会受到其他权利的制约，这实际上也是存在着两个并列的权力体系。到了近代，西方人普遍认同分权学说，三权分立的局面是多元化最好的体现，即将国家权力分成三个部分，三部分在三大机构的带领下相互制约和抗衡。

（三）政治人格

在政治角色和人格认知上，中国传统政治思想和西方思想是存在明显差异的。中国传统政治人格是家国臣民，而西方的政治人格是城邦公民。

在我国先秦时代，宗法制是国家的主要制度，是一个家族扩大和血缘关系政治化的体现。这种体制是从家族间的征服战争开始的，哪个家族获胜，那么他就理所当然地成为该地的主人。而天子是处于宗主的地位，是政治上的最高统帅，也是被征服土地的所有者。这就是所谓的"家天下"的理念。在这一家国同一体制的影响下，人们逐渐形成了国家和臣民的观念。

相比之下，西方的政治人格是城邦公民。在古希腊时期，公民是由特权的少数自由民，他们拥有平等的政治权利。城邦是属于公民集体所有的，所有人都可以成为城邦的主人。这明显可以体现出希腊的民主特色。同样，中世纪末期的西欧城市自治制度也是公民意识的觉醒，城市的出现也体现了公民的地位，到了现代社会，这一理念更加深入人心。

上面对比的是中国的传统政治文化与西方政治文化，但是随着时代的发展，中国近现代的政治文化也发生了变迁，从器物技能转向政治制度，再到政治文化，最终实现了马克思主义中国化。这里主要强调的是五四运动之后，中国在马克思主义先进知识分子的带领下，加强了马克思主义的宣传和学习，从而走向了一条从新民主主义向社会主义过渡的道路。改革开放之后，中国的政治文化也发生了重大改变，呈现出从专制走向民主、从人治走向法治、从臣民走向公民的格局。

虽然在当代社会，受西方的影响，中国的政治体制发生了翻天覆地的变化。但是从整体上讲，中西方的政治体制仍旧存在着明显的差异，这也就导致了很多带有中国特色的词汇对外宣翻译造成了影响。例如：

我们要坚持四项基本原则。

译文1：We need to stick to four cardinal principles.

译文 2：We need to stick to adhere to the socialist road，to the people's democratic dictatorship，to the leadership of the Communist Party of China，and to Marxism-Leninism and Mao Zedong Thought.

"四项基本原则"是中国在粉碎"四人帮"之后为了肃清思想层面的叛乱而提出的。这是一个政治层面的词汇，其主要内容包含坚持社会主义道路、坚持无产阶级专政、坚持共产党的领导、坚持马列主义与毛泽东思想。如果翻译成译文 1，就会让人觉得太过简单，很难理解；如果翻译成译文 2，会显得特别繁杂。因此，在对其进行翻译时，应该采用译文加注释的办法，这不仅不会影响读者的整体阅读，还能使他们理解其更深刻的含义。

此外，地域文化因素也是影响翻译的一个重要因素，当然也会影响到外宣文本的翻译。也就是说，受地域本源、自然现象、地理方位等地域文化的影响，外宣文本也呈现不同的特色，翻译时也需要多加注意。

三、地域因素

（一）地域本源

中国是依靠农业为生，从古至今，中国人始终坚持以农为本，对农业生产、水利建设是非常注重的，而汉语中有很多都与农业有着密切的关系，如"小试牛刀""对牛弹琴""斩草除根"等。

在西方，以英国为例，主要是以海洋业、渔业为主，这是因为英国本身就是一个岛国，其四面环海洋，人们为了生存，不得不依靠海洋中的生物资源。因此，在英语中也产生了很多与海洋或者渔业相关的词语，如 big fish，poor fish，another kettle of fish 等。

从上面的例子中可以看出，地域不同，其文化也不一样，任何文化都离不开其所处的地域环境，因此在进行外宣翻译时应予以注意。

（二）自然现象

在表达自然现象中，中国有 24 节气，即立春、惊蛰、清明、立夏、芒种、小暑、立秋、白露、寒露、立冬、大雪、小寒、雨水、春分、谷雨、小满、夏至、大暑、处暑、秋分、霜降、小雪、冬至和大寒。这24节气在西方文化中是不存在的。例如，将雨水翻译成 Rain Water，将惊蛰翻译成 Waking of Insects，这两个采用直译技巧进行的翻译是很难让西方读者理解的，因此需要在直译的基础上对其进行解释。

（三）地理方位

方位也就是方向的意思，有东、西、南、北四个方向。中西文化中都有对应的词语。例如，东为 east，南为 south，西为 west，北为 north。但是，由于中西民族所处的地理位置存在差异，因此对方位的认识也存在着明显的差异。

在中国文化中，自古就有"南方为尊，北方为卑"的传统说法，因此中国人很注重"南"这一方位。例如，房屋在建设初期往往会选择南面；皇帝的座椅也往往会朝向南方放置等。与之相比，西方人则是恰恰相反的，他们认为"北"的位置绝佳，因此表达上也多倾向于北部。因此，这必然会对外宣的翻译产生影响。例如：

南北朝 the Northern and Southern Dynasties

从南到北 from north to south

在上述两个例子中，译者并没有直接进行翻译，而是从相反的方向进行的翻译。由此可见，译者很好地把握了中西地理方位的差异性，以便于译语读者理解。

综上所述，由于中西在社会文化、政治文化以及地域文化等层面的差异，致使源语作者与外宣受众因为缺乏共同文化背景的支撑，在源语与目的语之间形成一条文化鸿沟，很难达成共识，从而造成翻译的困难。因此，在进行外宣翻译时，译者需要对这些文化差异有一个清晰的把握，使源语信息得到有效传递，站在跨文化的高度来对待外宣翻译，实现对外宣传中国文化、引进外国优秀文化的目的。

第四节 跨文化视域中外宣翻译的策略

外宣翻译作为翻译的一种形式，也应遵循翻译的普遍原则。由于外宣翻译有其自身的特点，是一种目的性较强、追求实效与时效的翻译活动，因此除了遵守翻译普遍原则之外，还应坚持一些特殊的原则，具体包括内外有别、外外有别；凸显核心、译有所为；经济达意、形神兼备；含而不露、把握政治等原则。在跨文化视域下，一名优秀的外宣译者在外宣翻译过程中不能逐字逐句、机械地进行翻译，而应遵循外宣翻译的基本原则，将考虑国外受众的思维习惯与接收心理考虑在内，使译文易于国外受众的理解，并使他们最大限度地接受。

一、跨文化视域中的外宣翻译原则

（一）内外有别、外外有别原则

由于外宣翻译的目标受众主要是不熟悉汉语文化的西方人，再加上英汉两种语言之间在语言与文化方面上存在鸿沟，因此译者应对西方文化与西方人的心理思维模式进行潜心研究，对中西文化各自的特点与差异进行分析与总结，对两种文化与语言内在逻辑以及表达差别进行把握，依据西方人的思维习惯与语言习惯进行翻译，从而达到传播目的。简而言之，译者在外宣翻译过程中应做到内外有别。虽然外宣翻译的目标受众是西方人，但是他们之间在文化上也存在很大的不同，即使所讲的英语也有一定的差异，因此外宣翻译还要求译者做到外外有别。

1. 内外有别原则

英汉语言与文化存在的诸多差异要求外宣翻译工作应遵循内外有别原则。英汉两种语言在文字系统、词汇、语法、表达等方面有很多差异；英汉两种文化在地域环境、历史条件、价值取向、社会习俗、生活方式等方面也不尽相同。因此，对于汉语读者熟悉并欣赏的语言形式与表达对英语读者可能是另一种感受与体验体验，反过来也是如此。这就为内外有别的外宣翻译原则提供了理论基础。

沈苏儒先生最早提出了"内外有别"的概念。根据他的描述，这一原则是在经历过几次反复与分歧之后最终于 20 世纪 80 年代得以恢复与确立。他指出，根据内外有别原则，有别之处通常涉及五个方面：①读者对象；②宣传目的；③宣传内容；④宣传方法；⑤语言文字。

内外有别原则的主要内容是针对不同的传播对象，通过设置功能相异的内宣与外宣机构，经不同的信息文本发送出去，希望获得不同的传播效果。

此外，就外宣翻译中的"内外有别"原则，我国的一些专家学者以及党和国家的领导人都进行过论述。赵浩生（2001）指出，美国的普通民众，包括很多国会议员以及政府官员对中国所知十分有限。段连城曾说："我们不可低估外国读者或听众的智力，但也切勿高估一般外国人对我国的了解水平。"

在外宣翻译中，目标受众主要是国外读者，他们的政治信仰、价值观念、意识形态、宗教观等都与汉语读者存在很多的不同，有时甚至可能出现不兼容的现象，因此应使译文的内容与形式最大限度地与译入语读者的文化规范与惯例相适应，实现译文的信息功能。因此，译者应把握好外国文化与外国人的心理思维模式，对中西文化的特点以及二者之间的差异进行分析，根据目标受众的思维习惯和语言习惯来进行必要的变通或处理，从而实现较好的传播效果，也就是要做到"内外有别"。

在汉语中常用的词汇，对于不了解中国文化的英语读者而言，可能难以理解，这就要求译者在翻译时应考虑语言背后的文化内涵。

翻译不仅是一项跨语言的活动，也是跨文化的活动，这就要求译者应时刻保持高度的跨文化意识，了解目标语读者的价值观念、心理特点、审美习惯以及文化背景知识等，将原文的信息用最适合的手法传递出来，从而提高译文的被接受程度。

2. 外外有别原则

对于外宣翻译而言，除了要做到内外有别之外，还应做到外外有别。这是因为我国的外宣翻译的目标受众虽然同是外国读者，但是他们的文化甚至他们讲的英语也存在一定的差异，如美式英语与英式英语的差异。就风俗文化角度而言，我国的出口企业在对其产品进行宣传时，应注意国与国之间的不同，翻译时应考虑文化差异，避免文化误读，带来不必要的麻烦或损失。

例如，不同的国家，商标法存在一些差异。在出口商品进行品牌商标设计时，要注意符合各地的社会文化传统。例如，熊猫是一种让中国人引以为傲的动物，在欧美、东南亚也颇受欢迎，但是伊斯兰国家的人厌恶它；东方人认为孔雀是美丽的象征，但是在法国，却是淫妇的别称；中国出口的白象牌电池在东南亚国家受到了广泛的欢迎，这是因为东南亚人认为白象代表吉祥，但是在欧美市场却无人问津，因为 white elephant 被视为累赘、无用的东西。各个国家都存在一些禁忌，因此我们在设计出口商品品牌商标名和英译的时候，应注意避开这些特殊的禁忌。

综合上述分析，在外宣翻译工作中，不能采取一刀切的政策，而应对各个国家、各个地域的经济、政治、文化、伦理等方面存在的差异加以分析与把握，提高外宣翻译的针对性。

（二）凸显核心、译有所为原则

由于外宣翻译具有特定的目的、特殊的目标受众，因此它在翻译原则、翻译方法等很多方面都有一定的特殊性。不同社会活动领域对外宣传的目的不同，因此外宣翻译所采取的方式与策略原则都应具有一定的侧重性。这就是说译者应做到凸显核心信息。

在外宣翻译中，译者还应注重发挥其主体性。如果译者对自己所从事的翻译任务的目的没有敏感的意识，就容易靠自己的直觉进行翻译，这样译者往往只追求原文与译文在表面的对等，从而背离翻译的目的。由此可见，译者主体性在外宣翻译中的重要性。因此，译者应做到译有所为。

1. 凸显核心原则

在跨文化视域下，凸显核心原则也是外宣翻译应遵循的一条重要原则。这里的凸显核心是凸显核心的信息，具体是根据国外民众特定的接受心理、兴趣以及需求，对同一类型宣传材料中的一些关联性信息适当进行调节，以突出相关的信息，取得最佳效果。关联性信息价值的提高则意味着非关联性信息的弱化或虚化。

在翻译时，语言转换的过程中，最有价值的信息得以保留。信息主要包括三种类型：核心信息、次要信息、冗余信息。

（1）核心信息。核心信息既可以是明示或暗含的概念意义，也可以是潜在的美学、文化、风格等信息。在外宣翻译中，只有很好地传达了核心信息，才被认为是合格的翻译。

（2）次要信息。次要信息通常是具有一定价值、处于从属地位的信息。在外宣翻译中，次要信息如果不对核心信息与译文的通顺造成影响，就可以进行最大程度的传达，如果次要信息与核心信息以及译文的流畅发生矛盾，则可以考虑放弃传达。

（3）冗余信息。原文中那些错误的、混乱的或多余的信息就是冗余信息。我国的外宣材料大多是国内作者所写，有很多表达在汉语中都是必要的，但是译为外文之后，由于改变了表达的方式，所以有些表达可能就成为冗余信息。在翻译过程中，译者应对这类信息予以删除。

总体而言，在翻译的过程中，译者应首先保证核心信息的传达，其次注意删除冗余信息，最后在保证译文流畅的前提下来传达次要信息。由此可见，对外宣翻译而言，信息并非保存得越多越好，在具体的翻译实践中，译者应首先对核心信息、冗余信息、次要信息这三类信息加以区分，根据自己对原文的理解，给出恰当的译文，既做到对原文的重视，还应确保译文的通顺。

应用翻译的总原则是信息突出，重视传递信息，而对感情色彩的传递并不太关注。外宣翻译被视为是应用翻译中的一种，也应遵循应用翻译的这一原则。就外宣翻译而言，其在翻译原则、翻译方法等方面存在很大的特殊性，这主要是其特殊的翻译目的与特殊的翻译受众所决定的。不同社会领域对外宣传的目的也不同，这决定外宣翻译使用的方式与策略原则具有一定的侧重性。具体而言，在外宣翻译过程中，要做到对核心信息的凸显，译者应在对原文主旨与原文精神进行准确把握的基础上，对原材料的内容加以适当的调整与处理，注意语言转换的灵活性，减少语言与文化方面的障碍，实现宣传的效果。例如：

我们 56 个民族同呼吸、共命运、心连心。

The 56 ethnic groups share the same lot.

在本例中，汉语原文所表达的核心意思是"共命运"，为了增强表达的勇气，使用了三个同义结构："同呼吸""共命运""心连心"，在汉语中这是十分常见的表达方式。在译为英语时，译文对原文的同义结构做了删减，将其译为 share the same lot。由此可见，外宣翻译并不是单纯、机械的英汉两种语言之间的转换，如果一味地追求形式上的一致与对等，就可能会使译文逻辑混乱、结构臃肿，甚至可能使信息丢失或走样，宣传效果更是无从谈起。再如：

6 月 15 - 16 日，由天津市人民政府、全球信息基础设施委员会和赛伯世纪论坛共同举办的"第三届电子商务国际论坛（中国·天津）"在天宇大酒店举行。信息产业部副部长吕新奎、外经贸部副部长陈新华、中国机电产品商会会长李慧芬、中国社会科学院高级顾问刘国光、国务院发展研究中心副主任鲁志强及天津市领导出席论坛。

On June 15-16, the Third China International E-commerce Forum (Tianjin, China) was held at Tianyu Hotel. The forum was jointly sponsored by Tianjin Municipal Government, Global In-formation Infrastructure Commission and the Cyber Century Fo-rum. Present at the forum were officials and researchers from China's central government and Tianjin Municipality.

通过阅读汉语原文报道不难发现，其主要信息是与"电子商务论坛"相关的信息。此外，报道中的政府官员的罗列符合中国新闻的习惯，但是这些信息对于西方人而言则是冗余信息，因此在译为英语时，应在对核心信息进行保留的前提下，考虑译文读者的阅读习惯，对次要信息或冗余信息进行适当的删除，确保译文的流畅。上面的译文则是通过合理处理，突出了主题信息，同时迎合了目标受众的阅读习惯，使他们更容易接受。

对于外宣译者而言，对翻译目的的准确把握有利于其对核心信息、次要信息以及冗余信息的筛选。我国的外宣材料的阅读对象是国外读者，在翻译时难以对这些中文材料的内容进行逐字逐句翻译。这是因为我国外宣材料原稿的撰写的目的是对鼓舞人心或对实际工作加以指导，其中所采用的语言和写作风格都普遍被中国读者接受，但是有些中国读者习以为常的套话在外宣翻译中可能被视为冗余信息，译者可进行删除，对材料中蕴含的国外读者可能不了解的文化背景信息，译者可以进行适当的补充。

除此之外，凸显核心信息还要求译者在外宣翻译过程中明确翻译任务的具体目的，以采取恰当的翻译策略。例如，某一单位的介绍材料译为一个英文小册子或译为影音字幕就需要采取不同的策略，译为小册子时，译者可以采取主从句式，做到严谨；译为影音字幕时，应采用瞬间可辨清意思的表达。例如，首都机场边境管理处有这样的中文提示：请出示登机牌、护照、出境登记表；相应的英文提示是："Please Show Your Boarding Pass and Passport." 由于外国人不需要填出境登记表，因此译文中则予以删除。

由此可见，原文读者与译文读者的需求不同，相应的语言表达也就有所不同。"翻译的目的不一定是生成一个和原文对等的文本，而是根据情况生成包含读者需要的信息且剔除冗余信息的文本。"

2. 译有所为原则

一直以来，翻译都以忠实于原文为首要标准，在翻译理论与实践中，都以原作与作者为中心，译者则处于从属地位，对原文亦步亦趋，忽视了译者的主体性。但是，就外宣翻译而言，在翻译实践中，译者为了取得预期的效果，迎合译者受众的心理和与文化传统等，通常需要"背叛"原文，对原文进行调整，或删减，或增补，或改写，有时还需要重组。再加上随着经济社会的迅速发展，大量的新词开始涌现，要想准确地翻译新词，译者就应发挥创造力。由此可见，译者的主体性对外宣翻译具有重要作用。

所谓译者的主体性，是指译者为了实现翻译目的，在尊重翻译对象的基础上，在翻译的实践中所体现的主观能动性。翻译主体自觉的文化意识与人文品格是译者主体性的本质特征。与源语适应度最高的翻译即为最佳翻译。译者的主体性的体现主要包括以下几个方面。

（1）翻译过程。翻译过程作为翻译活动的一个重要环节，是译者主体性最显著的体现。

（2）能动的表达。译者的主体性还体现为能动的表达。能动的表达可以使译者最大限度地发挥其主体性，同时还是外宣翻译中的核心环节，对译文的优劣起着决定性的作用。

（3）文化转换过程。我国外宣翻译主要是为了使目标受众明确无误且顺畅地获取材料中的核心信息，译者的主体性在文化转换过程中有十分明显的体现。例如，在拿到原文材料之后，译者应考虑如下一些问题：哪些内容应传递给目标受众；哪些地方需要对中国特有事物的背景信息加以补充；如何正确传译一些政治敏感词汇；结构是否需要调整。

虽然译者受到了一定束缚，但是与此同时，这些束缚为他们提供了发挥主体性的依据，对上述因素的考虑与处理也恰好体现了译者主体性的发挥。

在外宣翻译过程中，译者首先应对翻译委托人的意愿加以了解，以原文读者的身份来理解原文，然后还应考虑译文读者的需求与心理，从而改造或重构原文的信息。

译者在外宣翻译中发挥其自主性主要是基于以下几个方面因素的考虑。

（1）英语是形合语言，主要通过介词、关联词等来体现各个分句之间的关系。汉语是意合语言，各个分句之间从表面上看是并列关系，但是其实可能存在因果、递进、包含等关系，在译为英语时，应将原文隐含的逻辑关系体现出来。

（2）文化差异要求译者在翻译过程中发挥主体性。由于每种语言背后的文化有诸多差异，译者需要根据具体情况灵活进行处理，避免翻译中的文化障碍。例如，中国的"爱国卫生运动委员会"主要对环境卫生进行关注，并不是医疗卫生机构，因此如果译为 Patriotic Health Movement Commission 则就曲解了原文的意思，因此可以译为 Sanitation Commission。

（3）上文已提到，我国的很多外宣材料都是中国作者写的，作者在撰写的过程中通常可以不用考虑英汉英文风格的差异，但是译者如果不分内外，可能会造成译文读者的不理解。这时，译者就应充分发挥其主动性，对原稿语言进行"译前处理"，也就是在对原文主旨与原文精神进行领会与把握的基础上，对原文语言进行增删、重组、编辑或加工。例如：

烟台发展（股票）违规操作，最后赔了夫人又折兵。

The irregular manipulation of the Yantai Fazhan（stock）led to a double loss at last.

汉语原文中的"赔了夫人又折兵"是一个成语，蕴含着独特的文化，在翻译时，译者应发挥其主体意识，对这一文化负载词进行适当的改写，从而达到传递信息的目的，对于译者而言，就是"译有所为"。

（4）在外宣翻译中，为了更好地应对翻译中的挑战，译者应积极主动地进行调查研究，懂得利用多种工具，尤其是网络工具。随着中国不断发展与壮大，对于中国出现的变化与特有的事物，外国媒体开始予以关注，汉语中出现的新词可能已经被译为英语，因此译者应在日常工作中不断积累这些译文作为参考。

在外宣材料中，越来越多的新词开始出现，作为一名合格的外宣译者应对外国文化与外国人的心理思维模式进行认真研究与分析，尽可能正确、达意地将其译为合适的英语，使译文读者乐于接受。

综上所述，在跨文化视域中，外宣翻译的实质是"译有所为"，并不是将外宣材料的内容进行简单的语言转换。只有译者适度地发挥其主体性，外宣翻译才能获得预期的效果。在外宣翻译过程中，译者应客观地对待原文，摒弃盲信，挖掘原文的真正意义，同时考虑国外受众的接受心理与思维习惯，对文本进行合适的处理，提高外宣效果。

值得提及的是，在外宣翻译过程中，译者的主体意识一方面可以使译者更为轻松地创译，从而有利于获得跨语言与文化的佳译，给外宣翻译增添生机与活力；另一方面对译者主体意识的强调并不意味着译者在翻译的过程中以自我为中心进行随意的翻译。译者是源语文化与译入语文化的中介，其决策与选择都应在一定的框架中进行。一名优秀的译者应在翻译原则的指导下，灵活发挥主体意识，根据具体情况灵活选用翻译策略，深潜语境，给出流畅的译文。

（三）经济达意、形神兼备原则

在语言学中，言简意赅、经济达意是一条非常重要的原则。经济达意是指用尽可能少的字词将相应的信息准确地传递出来，使受众以最少的时间与精力获得流畅的信息。译文的经济达意既可以使读者感觉清新、明快，同时还为读者提供了认知能力的发挥空间。虽然英汉读者对信息的关注点不同，但是他们在接受书面文字信息的心理上存在着共同的特征，即都喜欢言简意赅的表达，不喜欢冗长、烦琐的文字表达。对于外宣翻译而言，经济达意原则同样重要。

外宣翻译注重对原作语义信息的传递，这并不是否定艺术性的传递，而应在传递语义信息的基础上，尽可能传递出原作美学信息或艺术性，做到形神兼备。

1. 经济达意原则

外宣翻译注重反映客观事实，传递时效信息，在这一过程中需要遵循准确、简明、实用等原则，译文的表达应该遵循经济达意的原则。这主要是由英汉两种语言在行文表达上存在一些差异，主要体现在以下两点。

（1）在汉语中，原词重复十分常见，英语则忌讳重复。

（2）在对外宣传翻译中，译者应对一些与英语表达习惯不符的表述进行适当的删减，也可以适当转换用词，从而达到经济简明的效果。

例如：

坚持科学发展、和谐发展、和平发展。

pursue development based on the scientific approach, harmony and peace.

在该例中，原文是出自温总理的政府工作报告，文中出现了三次"发展"，是平行结构的重复，如果将其译为"pursue development according to scientific principles, maintain harmony during development and ensure peaceful development."虽然也用了三次 development，但是却分

别在并不平行的三个结构中出现，难以令英语读者接受，且难以把握其中心意思。为了使英语读者更好地接受，应采取交际译法来处理，译为 pursue development based on the scientific approach, harmony and peace，使译文更为简洁，否则会显得冗余，影响表达的效果。汉语中的"外商投资"一词如果被译为 investment by foreign business people/business people's investment，读者读起来觉得别扭，不通顺，译文将"商"与"投资"合并为一个单词 investors，十分简洁。

贫富差距不断扩大。

The gap between the rich and the poor countries is wide-ning.

在本例中，汉语原文中的"不断扩大"一词被译为 is widening，简洁明了，符合英语的表达习惯。

2. 形神兼备原则

外宣翻译是应用翻译的一种，应用翻译注重语义信息的传递，同时也不能忽视对原作美学信息或艺术性的传递。对应用翻译语义信息传递的注重并不意味着不需要传递美学信息或艺术性，只是相对而言，艺术性传递处于次要地位。例如：

虽然火箭复杂而令人难忘，但它是一种比较简单的装置，早在800多年前，中国人就发明了。

Although it may appear impressive and complex, the rocket which was invented in China 800 years ago, is a relatively simple device.

本例中，译文的表达除了将原文的意思准确地传达出来之外，还遵循了英语主次信息的一般分布原则，体现了有序之美。这种美也是一种艺术审美原则。再如：

1999 年，以美国为首的北约置国际法准则于不顾，打着"避免人道主义灾难"的旗号，绕过联合国安理会，对主权国家南联盟进行长达 78 天的狂轰滥炸，酿成第二次世界大战后欧洲最大的人道主义灾难。

Ignoring the international norms and bypassing the UN Se-curity Council and under the pretext of" avoiding the humanitari-an disaster" , NATO headed by the United States launched 78 days' wanton bombing against a sovereign state Yugoslavia in 1999, causing the biggest humanitarian disaster in Europe since the end of World War Ⅱ.

在本例中，汉语原文中的"置国际法准则于不顾"与"绕过联合国安理会"虽然是分开表述的，但是从语义上来看则很接近，因此译文中的 bypassing the UN Security Council 前移，与 Ignoring the international norms 放在一起，从而提高了英语的表现力，体现了语言形式的有序美。

纽马克（Newmark，2001）对文本分类进行了研究，将其分为呼唤型文本、信息型文本以及表达型文本三类在纽马克看来，文本类型对翻译方法起着决定性的作用。其中，呼唤型文本与信息型文本适用交际翻译，表达型文本则适用语义翻译。例如，高层政治人物的演讲属于表达型文本，在对其进行翻译时，除了忠实地再现原作的思想内容之外，还应注意保留原作中具有作者的特色的语义信息和美学信息，保留原作的异域特色。

例如，原文是 2001 年 7 月 19 日，时任国家副主席的胡锦涛同志在庆祝西藏自治区和平解放 50 周年大会上的演讲的开篇，译文是官方英译。通过阅读不难发现，译文与原文高度一致，原文中每个词的意思在译文中几乎都有体现。原文是政治性研究，属于表达型文本，翻译注重形式与内容的统一，译文开篇的称呼为 comrades and friends，使原文的意识形态特色得以保留，原文的第一句包括"雅鲁藏布江纵情歌唱"等方式也是几乎照搬进了译文当中。需要注意的是，语义翻译并不意味着硬译、死译，而是既要保留原文的特色，还应确保符合译文的语言习惯，调整结构，借助语法使语义逻辑化、紧凑。就语义选择而言，应根据目的语表达习惯进行适当的调整，如"雅鲁藏布江纵情歌唱"汉语意思可以理解为表达心中的喜悦之情，对节日气氛进行的描述，在译文中，为了再现原文的美学信息，体现其文采的艺术性，将"纵情歌唱"译为 gurgling delightfully，英语中有 gurgling river 这一搭配，因此译文取得了预期的交际效果。这样的翻译就体现了形神兼备原则，不仅传递了主要信息，表达简明，原文的美学形式也得到了保留。

根据上述分析可知，外宣话语的认同问题成为外宣翻译所面临的一个很大的挑战。外宣翻译质量的改善不仅仅局限于对诸如拼写、词汇、语法等层面的问题的解决，这些问题并不是唯一的症结，解决起来也相对容易。除此之外，还应该了解外宣材料的文本类型、英汉民族的语用修辞习惯以及差异等深层次问题，根据特定的语境来进行适当的调整，通过对语言的有效利用，从而实现预期的目的。只有采取这一途径，此类语篇翻译质量的问题才能从根本上得到解决。

（四）含而不露、把握政治原则

在对外宣传翻译时，译者应注意宣传的技巧，注意将观点与宣传意图隐藏于看起来客观、公正、中立的新闻事实中，从而获取目标受众的信任，同时符合他们接受新闻的习惯。也就是说，译者应做到含而不露，这既是一条外宣翻译的原则，也是外宣翻译的艺术。

外宣翻译一般具有较强的输出性，这主要是由其特定的受众与目的不同所决定的。我国的外宣翻译是中国主流意识、文化价值观的集中体现，可以有效反映中国的政治与文化，宣传目的较强，官方色彩浓厚。这就要求外宣译者应具有较高的政治敏感性，在进行外宣翻译时遵循把握政治立场原则。

1. 含而不露原则

我国的很多外宣工作存在这样一个问题，即强加于人，想方设法将自己的想法灌输给外国受众，认为只有这样才能实现预期的宣传效果。我国对外宣传的目的是使所传播的内容被国外受众理解并接受。根据社会心理学的调查，"当受众意识到宣传者是为了自己的利益而进行宣传，而且一旦成功将会获得好处，那么他们就会产生逆反心理，宣传的效果将大打折扣"。由此可见，对于外宣工作而言，在报道内容与报道方式上做到"含而不露"尤为重要。

例如，在我国，很多旅游景区的警示语往往以"Don't"打头英译为相应的英文，外国游客看了通常难以接受，他们游览的心情也可能受到影响。因此，这些领域的外宣工作者应转变传统的思维方式，对外宣工作的内在规律加以研究，提高策划意识，提高宣传艺术，既要传播中国文化，同时又要做到隐藏宣传的目的，采取受众易于接受的简洁方式，在生动的事实中呈现宣传主题。

为了提高外宣工作的效率，译者应学习并掌握含而不露原则，实现外宣预期的效果。我国学者张振华（2007）曾指出，对外传播要"讲究含而不露、引而不发，讲究软包装、硬内核，软着陆，硬效果，讲究润物细无声、潜移默化。切忌耳提面命、穿靴戴帽，切忌硬、直、透、露，切忌拔高、溢美，堆砌形容词、大话、空话、套话"。因此，就外宣翻译工作而言，译者应注意有明确目的的宣传与完美之间的结合；注意将结论寓于报道中，使国外受众在事物的内在逻辑中获得与宣传者相同的结论。

总体而言，在跨文化视域下，外宣翻译应注意迎合外国受众的接受心理，适应国际政治环境，确保客观地进行报道，恰当地将自己的观点融入事实的客观叙述中，做到"含而不露"，淡化"翻译腔"，以此达到宣传中国的目的。

2. 把握政治原则

外宣材料中有关政治方面的文章的特殊性及其预期功能要求译者在进行翻译时应有高度的政治敏感性，坚定的政治立场，做到用语准确。对文章中带有政治含义的词句，更应谨慎处理，理解其中的政治立场，把握好政治分寸，确保翻译的有效性。这也体现了翻译与政治之间关系紧密，二者相互作用、相互影响。具体体现为以下两点。

（1）政治一直都对翻译具有统治与制约作用，中国始终将翻译视为为政治服务的一种有效手段。

（2）翻译在服务于政治的同时，还对政治产生反作用。有时，这种反作用在外宣材料汉译英翻译中体现得更为明显。由此可见，外宣译者时刻保持清醒的政治头脑十分必要。

下面举例加以说明。

在中国，共产党是执政党，但我们非常欢迎民主党派以及无党派人士对政府工作加以监督。

In China, the Communist Party is the party in power, but other political parties or groups and personages with no party af-filiation are welcome to supervise the government.

在本例中，原文中出现的"民主党派"被译为 other political partners or groups，是把握政治分寸原则的体现。西方受众由于长期受西方不正确宣传的影响，误以为在中国，共产党是专政党，民主党派与共产党是对立关系，这样他们就会将共产党和民主党派这两个词当作反义词来理解。对于中国读者而言，他们当然清楚"民主党派"一词是专有名词，具有特定的历史含义，如果将其译为 democratic parties 完全可以被中国读者接受，但是考虑到外宣翻译目标受众的特殊性，这里应将其译为 other political part-ners or groups，以使国外受众更好地理解。

不论外宣翻译的传播内容是什么，传播者是谁，一切的对外传播都通常被认为代表中国，在一定程度上影响中国形象的树立。因此，所有的外宣工作都代表了我国的国情、政治立场、原则等，对此，外宣译者应予以重视，避免语言上的错误。

对于那些会给中国形象带来负面影响的词语或表达，译者在翻译时可予以省略或进行弱化，消除国外受众的错误印象。例如，"中国的和平崛起"之前被译为 peaceful rise，容易使国外受众理解为"中国威胁论"，有损中国的形象，之后改译为 peaceful de-velopment，使国外受众正确理解。

根据上面的论述可知，外宣翻译对翻译内容的政治性要求较高，但是这并不意味着硬译，在保证译文忠实于原文的前提下，提高译文表达的灵活性，才能保证翻译的质量。一旦忠实绝对化，或灵活绝对化，翻译就会成为死译、硬译或乱译。目的论认为，目的决定手段，这就要求对外宣传的材料与翻译方法应注意选择性，根据不同的场合，或选译，或省译，甚至可以改译。

外宣翻译可以说是一份神圣的职业；外宣翻译人既可以被视为一位学者，也可以被视为一位政治家。外宣翻译质量的高低对外宣的效果具有直接的影响。为了提高外宣翻译质量，译者在翻译过程中应注意遵循上述提到的原则，依据这些原则制订相应的翻译策略、运用合适的翻译技巧，采取符合国外受众接受习惯的方式，努力构建对外宣传信息与目标受众之间的"认同"，最终提升我国的国际形象。

随着全球化进程的逐步加快，我国同世界其他各国的联系日益密切。在此背景下，我国国际地位也得到了很大的提升，国际影响力也显著提高。民族文化凭借其博大精深的文化内涵和丰富多彩的文化独特性吸引了大量国外游客。而外宣文本作为不同文化背景下人们交流思想文化和增进相互理解的媒介，对文化的推介和宣传起到了非常重要的作用。这些文本的翻译甚至还关乎我国的国际形象的展示、立场和政治主张的传播等。因而，要想实现好的翻译效果，就应兼顾到语言和文化等多个层面，以实现最佳传译。本章就围绕跨文化视域中的外宣翻译的策略进行研究和分析，具体包括语言层面的翻译策略和文化层面的翻译策略。

外宣资料文本的翻译旨在实现不同文化间人们基于某项文化内容的沟通和理解。在翻译过程中，不仅应力求语言准确以忠实地传达这些文化内容，还应力求实现语言表达的最优效果。因此，作为翻译工作者，就应该对翻译策略有足够的认识和把握，并采取恰当的翻译策略进行翻译。

二、词汇层面的翻译策略

语言中的词汇可以说是一个信息单元或信息载体，并且往往承载着丰富的语义。外宣文本中的词汇亦是如此，那么，在对这些词汇进行翻译时，最基本的就是要进行全面、完整的信息传递，使这些文化信息能等量、顺利地传递给目标语读者。下面就结合一些常见的切实可行的翻译策略对外宣文本的翻译进行分析。

（一）信息对等类外宣翻译策略

1. 信息对等翻译的内涵

信息对等翻译是以信息对等理论为指导的一种翻译策略。通常，文体类型不同，其对应的翻译理论也存在着诸多的不同。根据美国著名的翻译家尤金·奈达（Eugene A. Nida）的观点，翻译的重点不应是语言的表现形式，而应当是读者对译文的反应。尤金·奈达的功能对等翻译原则要求在具体的翻译过程中，应做到译文同原文间的信息对等。

在具体的翻译实践中，信息完全对等只是一种理想的状态，要想实现译文同原文间的信息对等这一理想状态，并非易事。而应根据具体情况采用多元化的方法进行翻译。下面就结合信息完全等义策略和信息部分等义策略进行具体分析。

2. 信息完全等义策略

信息完全等义策略主要适用于那些外宣材料中词义上基本上等同的外宣文化词汇的翻译，甚至其中的相当一部分词汇就是外来的互借词汇。针对这类外宣词汇，在进行翻译时，无须做进一步的解释，只需在译入语中找到已经存在的对等词，直接拿来用就行。例如：

物业信托 property trust

财务报表 financial statement

英国巴克利银行 Barclay Bank

欧洲联盟，即欧盟 European Union（EU）

双赢 win-win

表面文章 surface formality

小康社会 a well-to-do society

希望工程 Project Hope

观光隧道 tourist tunnel

第三者 the other man or woman

交钥匙工程 turnkey project

菜篮子工程 Vegetable Basket Project

三个代表 the Three Represents

双手勾 hook hands

金铰剪 gold scissor's winding

虚步 empty step

盘腿跌 sideway falling on a twisted leg

弓步 bow step

和平崛起 peaceful rising

与时俱进 keep pace with the times

四项基本原则 the Four Cardinal Principles

科学发展观 the Scientific Outlook on Development

和谐社会 harmonious society

邓小平理论 Deng Xiaoping Theory

无产阶级专政 dictatorship of the proletariat

3. 信息部分等义翻译策略

信息部分等义的词汇具体是指源语和目的语仅在词汇意义方面对等，但在语义、语法、语体等方面的意义不一致的情况。针对这一情况，在翻译时不仅要注意词性、感情色彩方面的词传译，在翻译过程中还要注重传达词汇的使用场合。口语化的语言在翻译过程中就不能翻译得很正式，而应根据具体情况进行翻译。例如，应将"宰客"译为 rip off 而非 overcharge the customer。类似的例子还有很多。

卧槽族 job hugging clan

帅哥 cute guy

哄抬物价 jack up price

扒分 moonlighting

这样的翻译不仅更加口语化，而且达到了生动、传神的效果。

（二）采用最贴近的对等词的翻译策略

1. 对等翻译理论

采用最贴近的对等词进行翻译在很大程度上是借鉴美国翻译理论家诺伊贝特（Neuburt）的对等翻译理论。根据其观点，翻译中的对等成分可以被看成一个符号范畴。该范畴涉及符组成分、语义成分以及语用成分这三大模块的内容。这一理论对跨文化视域中的外宣词汇的翻译具有很强的指导意义。

2. 对等翻译在外宣翻译中的运用

有一些汉语文化下的特殊词汇在英语中没有完全相同的对等词，为了使译入语读者对译语的反应同源语读者对源语的反应尽可能地保持一致，在翻译的过程中，翻译工作者就要尽力寻找与译入语中最贴切的对等词进行翻译。例如，在对中国特色词汇"中国梦"进行翻译时，首先可以对该词进行分析，将其译成英语时，可先仔细寻找在英美国家的政治文化中有没有与该词汇在思想内涵表达层面类似的词汇。通过思考不难发现，美国有名的民权运动领袖马丁·路德·金（Martin Luther King）在其演讲 I Have a Dream 中，提出了 American dream（美国梦）这一说法，那么在翻译过程中，就可以借鉴这一说法，将"中国梦"译为 Chinese dream 这一最贴切的对等语。

（三）词义信息冗余的翻译策略

1. 信息冗余的内涵

冗余信息是信息论中一个具有重要作用和意义的术语和概念。众所周知，在信息具体进行传递的过程中，受到噪声等诸多因素的干扰，可能会导致一部分信息失真，为了使信息能得到有效地传递，人们在进行交际的过程中，总是有意识或无意识地扩大信息量，这样一来，就无形中产生了大量的冗余信息。

尤金·奈达等认为，通常情况下，信息冗余度所占的比例大约为百分之五十，这些信息冗余有时会给人们的信息传递者和接收者带来很大的负担，但是，在一些情况下，只要能对这些信息冗余进行恰当的处理，冗余信息更为方便对文本的理解。甚至信息冗余还有利于使可能出现的语义过载或形式过载的现象得以缓解，具体如图 5-1 所示。

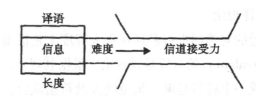

图 5-1　信息冗余因素对语义过载、形式过载的缓解作用

2. 基于词义冗余的外宣翻译

在对跨文化视域下的外宣文本进行翻译时，也经常会遇到针对词义信息冗余情况的翻译。具体而言，在对外宣词汇进行翻译时，应对英汉两种语言的特点进行具体分析。通常，汉语的语法没有英语那么精密，汉语词汇的词性变化也没有分明，词形变化也没有英语那样富于变化。那么，在将汉语词汇翻译成英语时，应避免生搬硬套和望文

生义，而应对译入语读者的思维习惯给予充分考虑，并对原词汇进行适当的加工和删减，来规避所译内容冗余这一情况。例如：

要牢牢抓住经济建设这个中心，坚持聚精会神搞建设、一心一意谋发展，不断解放和发展社会生产力。

We must firmly commit ourselves to the central task of economic development, concentrate on construction and development, and keep releasing and developing the productive forces.

在对本例进行翻译时，汉语中的表达"聚精会神""一心一意"意思相近，汉语运用这样的语言表述旨在起对仗和强调作用，在翻译成英语时，仅将其译为 concentrate on，没有必要在译文中再次重复，类似的例子还有很多。再如：

将"收银台"译为 cashier 而非 cash desk

将"保护伞"译为 umbrella 而非 protective umbrella

将"开胃菜"译为 appetizer 而非 appetizer course

（四）解释性释义策略

1. 释义理论的内涵

解释性释义策略是以释义理论为基础而提出来的翻译策略。释义理论是在19世纪60年代由塞莱思科维奇提出来的，这一理论后来得到了广泛发展。

根据释义学派的观点，语言可以被进一步分为词义、句子与语篇这几大层次。词和句层面进行的翻译仅仅是以语法为基础而进行的表层翻译。这种翻译方式实际上是摆脱了语境而进行的逐字对应的翻译。该理论将意思作为其核心，并将正确理解可区分语言意义和非语言意义作为关键点。外宣翻译旨在实现将中国的国情、历史、文化等介绍、传播到国外，其工作开展的前提是要认真研究、解读外宣材料的文本内容，重点是在理解中西方文化传统的基础上来解释、说明中国。

2. 解释性释义策略的运用

在具体的外宣翻译过程中，通过解释性释义进行翻译时可以适当增加一些时间、概念、背景方面的知识，表达出原文中的隐含信息，帮助国外读者理解材料内容。例如：

将"砸三铁"解释翻译成 to break Iron Rice Bowl, Guaranteed Wages and Permanent Position

将"坚持老虎苍蝇一起打"解释翻译成 crack down on tigers sand flies

将"西施"解释翻译成 a famous beauty in the late Spring and Autumn period in ancient China

将"炎黄子孙"解释翻译成 The descent of Yan Di and Huang Di (All the Chinese people are supposed to be descents of Huang Di and Yan Di, two chiefs of famous ancient tribes in the Huanghe River Valley.)

将"旗袍"解释翻译成 a close-fitting woman's dress with high neck and slit skirt

将"五讲四美三热爱"解释翻译成 the movement of "five stresses, four points of beauty and three aspects of love" (stresses on decorum, manners, hygiene, disciplines and morals beauty of mind, language, behaviour and the enviroment; love of the motherland, socialism and the Communist Party)

类似的例子还有很多。再如：

中国共产党第十七次全国代表大会，……为夺取全面建设小康社会新胜利而奋斗。

The Seventeenth Congress is one of vital importance being held at a crucial stage of China's reform and development…and strive for new victories in building a moderately prosperous society in all respects.

在对本例中的"小康"这一中国特色的文化词汇进行翻译时，要想更利于目的语读者理解，应对其文化渊源有更好的理解，在理解的基础上进行解释。"小康"有着比较久远的文化渊源，它源自我国《诗经·大雅·民劳》，其中记载有"民亦劳止，汔可小康"，意思是"百姓忧劳，祈求安康"。译文中将"小康"译为 moderately prosperous，表达出"殷实、富裕的中等水平生活"，这种翻译就采取了解释性翻译的方法。同样的，"绿色奥运、人文奥运、科技奥运"

是我国申办 2008 年夏季奥运会的口号，有人将其译为 Green Olympics，Human ism Olympics and Technology Olympics，但这样的翻译对于国外的目标受众而言则是典型的中式英语，会令他们感到可笑。因此，有学者通过解释性翻译将这一口号译为 Environment friendly，Culture-enriched and Technology-propelled Olympics，不仅在形式上对应原文，而且体现了这一口号的真正内涵。

（五）音译策略

1. 音译策略的内涵

音译策略是指运用译语中同原词发音相同或近似的词语来翻译原词的策略。音译策略是一种译音代义的翻译策略。这种翻译策略在跨文化视域下的外宣翻译实践中得到了广泛、具体的应用，并发挥着举足轻重的作用。

我国学者熊欣也认为，音译是"原语中的某些文化词或意象在译语中空缺，而翻译时难以用简洁的译语加以表述时，常把这些特定词汇的发音转换成译语中相同或相近的语音或汉语拼音形式"。

在外宣翻译中，针对只在一种语言中独有而另外一种语言中存在空缺的词汇，同样也可以采取音译策略进行翻译。

2. 音译策略在外宣翻译中的运用

将音译策略运用于跨文化视域下的外宣中也有很多优势，译者可以将一些具有特殊文化特色的词语"移植"到译语文化中去，从而使其逐步为译语读者所了解及接受，促进跨文化语言交际活动的有效进行，例如：

胡同 hutong

衙门 yamen

荔枝 litchi

人参 ginseng

风水 fengshui

磕头 kowtow

八卦 bagua

秀才 xiucai

蹦极 bungee

炕 kang

茅台 maotai

琵琶 pipa

二胡 erhu

锅贴 guotie

不折腾 buzheteng

（六）音译加解释策略

1. 音译加解释策略的内涵

在外宣翻译过程中，音译加解释也是一种比较常见的翻译词汇的策略。具体而言，这种翻译方法是先将汉语中的词汇按照其发音并以恰当的方式翻译成英语词汇，然后再做进一步的说明和阐释。

2. 音译加解释策略在外宣翻译中的运用

音译加解释翻译策略适合于翻译文化负载词和一些富有民族特色的词汇。运用这一策略进行翻译，不仅能最大限度地接近原词汇所具有的指称意义，而且对传播源语文化也非常有利。

例如：

将"法显"翻译成 Faxian（an eminent monk in Lengend of An Eminent Monk）

将"海南"翻译成 Hainan，China's second largest island，next to Taiwan

将"济公"翻译成 Ji Gong，Robin Hood in China

将"深圳"翻译成 Shenzhen，China's first special economic zone

将"伏羲氏"翻译成 Fuxi（a lengendary king in ancient China）

将"张生"翻译成 Zhang Sheng（a poor schoar in Romance of the West Chamber）

将"雷"翻译成 lei Literally thunder/lightning，used to express shock or being shocked

（七）按照国际惯例翻译

长期以来，不同民族的语言受到其历史文化等各个层面的影响，已经形成与其民族文化相匹配的、根深蒂固的话语习惯和体系。在外宣翻译过程中，应对这些国际上通用的惯例有一定的了解和认识，尽量使译语同国际惯例并轨。例如：

应将"保税区"译为 free-trade zone 或 bonded zone 而非 tax protected zone

应将"外向型企业"译为 exportorited enterprise 而非 external directed industries

应将"入境事由"译为 Purpose of visit 而非 Your main reason of coming to China

（八）译借策略

1. 译借策略的内涵

译借策略就是将汉语词汇借助于翻译手段逐词借用英语的表述形式。恰当地运用译借策略对于丰富目的语词汇和加强文化间的交流大有裨益。

根据我国学者欧阳笃耘的观点，由于各民族间多渠道、多层次的交流以及不同文化间的相互碰撞，语言作为文化间相互沟通和交流的载体，其在被用来学习并吸收外国文化的同时，其本身也作为一种文化现象被借用。同时，根据我国学者廖开洪、李锦的观点，被译借的外来语所代表的都是汉语固有词汇中所缺乏的概念，虽然关于外来词的译借一直以来都存在着所谓的有关"音译"和"意译"之间的争论，但是，不管是音译还是意译，译借来的外来词，它们的使用环境和使用者都切切实实地存在于汉民族文化语境中，译借法的唯一宗旨就是与中华民族的文化心理相符，并且与中国人的思维方式也是相顺应的，并借此来满足中国人对外来语的认识与使用。

跨文化视域下的外宣翻译亦是如此，要想更好地实现汉语中独具特色的文化的传播，不仅应最大限度地传译汉英语词汇的文化内涵，还应符合目的语文化人们的认可并便于其使用。如果翻译不当，可能还会导致误解甚至遭到外语文化下人们不同程度地排斥，以致会因为缺乏生命力而销声匿迹。因此，在翻译过程中，应务必保持汉语本族语言、文化因素等能被精确、有效、贴切地译为目的语。

2. **译借策略的运用**

译借策略在跨文化视域下的外宣翻译中得到更为广泛的应用。一些体现改革开放时代特色的词汇以及一些用来表达传统文化的词汇经常采用这种翻译策略来翻译。例如：

三角债 chain debts

铁饭碗 iron rice bowl

流动人口 floating population

经济发展特区 special economic（development）zone

中草药 Chinese herbal medicine

五经 Five Classics

四书 Four books

高考状元 the champion 或 the best examinee

应试教育 Test-oriented Education

（九）对旧词语义进行拓展

在中国英语中，还存在着一些词汇或短语。这类词汇是将汉语意思翻译成英语后而生成新的英语意思，表现出明显的民族色彩和区域色彩，通常能使英语的目标读者有种回味无穷、耳目一新的感觉。同时，这种对旧词语义进行拓展的翻译策略还有利于中国文化或区域文化包括中原文化的对外传播。例如：

人山人海 people mountains and people seas

燕窝 birds nest

赤脚医生 barefoot doctor

（十）"化"字新词的活译

很多外宣文本中还存在着诸多带有后缀的"化"字新词。例如，企业化管理、知识社会化、领导核心年轻化等。在对这类词汇进行翻译时，也应采用灵活多样的翻译策略，否则很容易造成词不达意的情况。对这类词汇进行翻译，比较常见的策略有以下几种。

（1）使用英语后缀-driven，-based 或-oriented 来构词。例如：

教育产业化（to build）a knowledge-driven society

国民经济信息化（to build）an information-based national economy

（2）运用英语中的比较级的形式来翻译有后缀的"化"字新词。例如：保证决策的科学化、民主化。

To ensure the decision-making more scientific and democratic.

（3）根据语境进行灵活翻译。例如：

科研成果产业化 apply scientific research results to industrial production

领导核心年轻化 make the ranks of cadres younger in average age

（十一）借用英语中的对应词缀

对于很多外宣材料中出现的传媒新词，还可以借用英语中的对应词缀进行灵活翻译。例如：

追星族 star-cashier

防伪标志 fake-proof mark

无核区 nuclear-free zone

刷卡族 card-user

免提电话 hand-free phone

环保型汽车 eco-friendly car

（十二）用词多元化

汉语文化在表述中经常会使用重复的词语，但英语中却很少重复，为了使翻译出的英文更加地道，因此在面对汉语的重复词语时要变化用词，从而符合英语的表达习惯。例如：

……国防工业实行军民结合、平战结合。

…combining production of wartime products with peace time products and integrating military with civilian purposes. 该例中，原句中出现了两

次"结合",译文分别译作了 combining 和 integrating,体现出了译文的灵活性。

英汉两种文化中都存在着很多与"假"相关的含义表达,但是在翻译时所用词汇却存在着诸多不同。例如:

假钞 counterfeit money

假新闻 pseudo-event

假钞辨别仪 currency detector

三、句子层面的翻译策略

(一)调整原句结构改译

1. 改译策略的内涵

改译是指译者充分发挥主观能动性,根据外宣的特定目的,权衡、考量原文的方方面面,从而进行适当的筛选、调整和取舍。有时,甚至要抛开原文的字面意思进行重写。

2. 改译策略的优势和运用

使用改译策略进行翻译具有以下几方面的优势:其一,有些原文词不达意,或逻辑混乱,需要重新进行调整;其二,即使原文条理清晰,语义明确,但是因为文化的不同,不符合译文读者的阅读习惯和表达习惯,也要按"中国人写给中国人看"的原文进行改写,不可按照字面意思进行直译,否则会使译文语言重复、累赘、拖沓。

这种翻译策略在跨文化视域下的外宣翻译中得到很好的运用。下面就结合典型的例子进行分析。例如:

尊敬的领导,各位朋友,各位来宾:

在湖南省委、省政府的领导下,在怀化市委、市政府的亲切关怀和具体指导下,在全球反法西斯战争胜利六十周年纪念活动的推动下,在各界爱国人士及兄弟单位的支持下,我们今天在这里隆重举行中华民族抗日战争胜利六十周年纪念活动暨芷江第二届国际和平文化节。

(怀化市委宣传部原稿)

上述材料是典型的"中国特色"的宣传稿,文章套话连篇,"官味"十足，如果按照字面意思翻译，既冗杂拖沓，又达不到对外宣传的效果。因此，译者可对原文大胆进行压缩整合，按照符合译文读者的阅读习惯进行改写，试翻译如下：

Respected Leaders, Distinguished Guests, Ladies and Gentlemen：

I have the honor to declare the second Zhijiang International Peace Culture Festival open. I'd like, if I may, to take this opportunity to convey our gratitude to those whose support and assistance have made the festival possible. Our particular thanks should go to…

改写后的译文虽然在结构和表达方式上与原文存在差异，但是语义明确，思路清晰，符合译文读者的思维习惯和表达方式。再如：

举世闻名的大熊猫的故乡——坐落在四川南坪、松潘等县交界处一片纵深约 30 余公里的风景区。

Junction of Sichuan Nanping, Songpan County, there is a depth of about 30 kilometers of scenic areas, which is the world famous giant panda homeland.

（二）将原文逻辑显化翻译

汉语语言属于显性逻辑，其衔接手段没有英语语言丰富，汉语在行文时有时甚至会缺少部分语法结构。例如，在汉语中存在大量的无主语的句子。汉语中有些情况下还会将不同性质的短语词汇、不同范畴的信息糅合为一体，上述的这些情况都会导致汉语语言在行文方面呈现出信息关联性不强、信息冗余甚至逻辑不是特别明显等情况，在对这些情况的汉语文本进行翻译时，就需要进行逻辑转换的过程。需要译者应对原文有充分的理解和认识，并在透彻理解的基础上梳理出各个部分间的逻辑关系。并按照英语文化下人们的思维习惯对原文的隐性逻辑进行合理显化，以更为清晰、简单的方式传达实质信息。例如：

据考证，"China"大写是指中国，"china"小写是指瓷器，它的读音系来自汉语"昌南"一词的谐音译。而"昌南"指昌南镇，为景德镇的旧称之一。

It is believed that the country name"China"comes from" china" , a term for porcelain,which is pronounced similarly to" Changnan" , a former name for Jingde Town.

在本例原文中的该句分为两个短句，在两句之间没有添加任何连接词，而仅仅是用逗号分隔开了，有其各自的主语。在将其翻译成英语时，如果不深入挖掘两者之间隐含的逻辑关系，仅仅按照字面的意思将其简单地处理为两句陈述句，这样就很难将原文作者所传达的真正含义传译给译入语读者。就本例来看，原文意指中国国民的大写China 来自于陶瓷小写 China，因而，在对其逻辑关系进行梳理后将其译为 the country name" China" comes from" china"。

（三）调整原句结构组合译

英汉两种语言在语言结构上存着很大的差异，几乎很少存在完全对应的情况。那么，在翻译过程中，就应对原句结构进行结构调整。通常情况下，在将汉语句子译成英语时，大多运用"组合"的方式进行翻译。具体而言，就是通过认真分析汉语多个分句的逻辑结构，找出各分句间的主次关系，然后用英语相应的手段在文中按逻辑主次分门别类，进行"空间搭架"式的有机组合。

例如：

该市地界巴山楚水，湖光山色秀丽，名胜古迹、自然风光融为一体，遍布其间，是理想的旅游胜地。

The city,bordering Sichuan and Hubei provinces,is a good place for tourism with its panoramic news dotted with beautiful mountains lakes and historical sites.

在对本例进行翻译之前，译者需要首先分析原文的结构，找出逻辑语义重心。原文共有五个分句，是汉语中常见的平行铺排结构。经过分析可知，"该市……是理想的旅游胜地"为全句语义重心，可定为译文的主干，"地界"表位置做地点状语，其他表伴随状态，分别用英语相应的语法和词汇手段逐一译出。洞庭湖"衔远山，吞长江，浩浩汤汤，横无际涯。朝辉夕阴，气象万千"。

Carrying distant mountains in the mouth and swallowing the Yangtze

River, the vast and mighty Dongting Lake stretches endlessly. It turns brilliant in the morning and gloomy at dusk. The scenery abounds in changes.

　　该段文字是汉语中常见的四字句铺叙，气势连贯，意境深远。但是在将其翻译成英语时不能逐句进行，因为这样会造成译文逻辑的混乱、臃肿。译者在翻译时首先应该分析原文内在逻辑语义关系，然后按照一定的结构关系将各部分连接起来，这样就能够有机地组成逻辑主次分明的译文的句式结构。

　　下面是一则摘自《人民日报》的短篇材料：

非法闯入我军事演习区域采访三名香港记者被遣送出境

　　新华社福州3月10日电，三名香港记者擅自闯入我军事演习区域进行非法采访活动，在福建省平潭县东澳码头被当地公安机关扣留。经审查，香港女记者孙蕴、邓德慧、刘玉梅三人受香港东方报业集团周刊部主管指派，于3月6日晚上飞抵福州，在3月8日凌晨潜入我军事演习区域窃取我军事演习情况。她们的行为违反了《中华人民共和国国家安全法》和港澳记者来内地采访的有关规定。福建省公安机关已在责令其书面承认错误并没收其非法获得的有关资料后，于今日下午将她们遣送出境。（《人民日报》1996年3月11日）

　　上述报道条理清晰，内容精练，主要表达了四层意思。

　　（1）三名香港记者被当地公安机关扣留的原因。

　　（2）三名香港记者此行的背景、目的和日程。

　　（3）三名香港记者违反了《中华人民共和国国家安全法》及其他有关规定。

　　（4）三名香港记者被遣送出境。

　　从新闻标题中可以看出，这则消息的主要内容是第一条和第四条，因此在英译时要按照事实内容的重要性顺序，将原文进行重组，突出重点，省略一些不必要的信息，如三名香港记者的姓名及公安机关令其书面承认错误并没收其非法所得等，保证译文与原文的意义相符、功能相似。《中国日报》如下进行翻译。

Mainland expels HK journalists

FUZHOU (Xinhua) -Three journalists from Hong Kong were expelled from the mainland on Sunday afternoon by public security officers of South China's Fujian Province, for violating the State Security Law.

The journalists were detained after they were found to be conducting illegal interviews inside an area where the People's Liberation Army was holding exercises on March 8.

They admitted that they had flown to Fuzhou, the provincial capital, on March 66, and got into the exercises area early on the morning of March 8, in order to obtain information about the exercise.

(China Daily, Tuesday, March 11, 1996)

（四）变译编译策略

1. 变译编译策略的内涵

在翻译外宣文本时，翻译行为以及翻译所采取的策略在很大程度上还受到翻译目的的制约。以目的功能论为指导，以能否实现有效的外宣翻译为其最为根本的原则。那么，对所翻译的译文进行分析，如果这些译文具有赏心悦目、通俗易懂的特点并且与目的语受众的思维习惯相符合，并且能确保所译外宣文本的原文和译文功能对等，这样的翻译就可以被称为高信息量、比较成功的翻译。外宣翻译的文本也具有类型多样化的特点，文本类型不同，其功能和目的也往往存在很大的差异。基于此，译者在进行翻译时，就应该根据不同文本的类型特点采取恰当的翻译策略进行翻译，以最终实现外宣翻译的预期目的。

在我国著名语言学家黄忠廉所著的《变译理论》一书中，他提出了"变译"这一概念，其变译理论和变译概念的提出给我国的外宣翻译提供了崭新的实践视角。"变译"其实是一种宏观的翻译手法，这种翻译方法经常采用多种多样的变通手段，如扩充、浓缩、改造、阐释等，借助这些多元化的手段来摄取原作的中心内容，或对部分内容进行翻译。

2. 变译编译策略在外宣翻译中的运用

"变译"翻译策略旨在摄取一些特殊条件下特定读者对象对特定

信息的需求。这种翻译策略具有针对性很强的特点。与之类似，编译策略也具有以原作的使用价值为导向的特点，这一翻译策略也是在特定的情境下为满足受众的特殊需求而产生的。比较常见的编译策略有措辞、类比、改写、删减、增补等。为了对上述翻译策略有更清楚的理解，下面就结合具体例子进行分析。

已经说过，记名支票必须经过付款人或背书人后才能转让给第三者。

It has already been stated that a cheque papable to order must be endorsed by the payee or endorsee before it can be transferred to another person.

忠信笃敬（暨南大学校训）

Loyalty，Credibility，Sincerity，Piety

红专并进，理实交融（中国科技大学校训）

Red and Expert，Truth and Fact

自强不息，厚德载物（清华大学校训）

Self-discipline and Social Commitment

柳眉倒竖，杏眼圆睁。

Her beautiful eyes blazed with anger.

博学、审问、慎思、明辨、笃行。（中山大学校训）

Study Extensively，Enquire Accurately，Reflect Carefully，Discriminate Clearly，Practise Earnestly.

四、篇章层面的翻译策略

（一）实现篇章连贯的翻译策略

在对语篇特征和语篇进行分析时，经常将语篇的衔接与连贯视为关键点。韩礼德和哈桑（Halliday&Hasan）也对英语语篇的衔接问题进行了详尽的论述。他们认为语篇具有以下七个具体标准：①衔接性；②连贯性；③意图性；④信息性；⑤可接受性；⑥互文性；⑦情境性。在这七大标准中，衔接性与连贯性是最重要的标准，如果一则语篇缺失衔接和连贯，其他几个标准更无从谈及。而要实现语篇的连贯，还要具备最基本的以下两个外部条件：①社会文化和情景语境条件；②心理认知条件。其中社会文化和情景语境条件主要体现在语类和语域方面，心理认知条件主要体现在读者的心理认知因素层面。

从社会文化的角度进行分析，对语篇连贯起控制作用的因素主要包括社会文化背景因素和语类，社会文化因素涉及人类社会生活的诸多方面。例如，宗教信仰、物质文明程度、本语言社团所具有的独特的交际特点以及历史文化等，这些方面的因素对言语社团成员的交流意义起着直接的影响作用。语类则对一个言语社团成员所交流意义的出现顺序与交流模式等起着直接的影响作用。实际上，情景语境具体体现着社会文化，并且是社会文化的现实化。韩礼德将情景语境视为一个由语场、语旨和语式这三个变量所组成的概念框架。语域的概念就是用来对语篇的情景语境和语篇间的关系进行解释的。

从心理认知的角度进行分析，语篇连贯可以被看成是一种心理现象。篇章作者通常将语篇组织成一个能够被读者或听话者所理解的语篇单位，但是，读者或听话者是否能够真正理解还要完全取决于其自身的实际情况。读者或听话者将语篇理解成连贯的意义单位可从以下两个角度进行：其一是分析语篇各个部分之间是否存在语义联系；其二是分析语篇各个部分间是否都对语篇的整体建构起着积极的建设性作用。第一种角度的理解可以被看成是线性连贯，这一层面的连贯往往是按照事件发生的顺序形成的；第二种角度的理解可以被看成是整体意义的连贯，这一层面的连贯往往是借助于语篇模式实现的。通常，一个语篇都具有一个总主题，这一主题可以看作扩展为一个语篇的因素。

基于以上分析不难发现，衔接与连贯在对语篇进行翻译时起着非常关键的作用。不管遵循何种翻译原则或采取哪种翻译策略，或者要达成何种翻译目的。对语篇进行翻译时所译译文都应实现"连贯"这一目的，要不然，不仅不能较好地达成翻译目的，更无从谈及语篇功能的实现。

（二）语篇衔接手段的对等

语篇衔接手段的对等具体是指在源语语篇中所出现的对整个语篇

起贯穿作用的衔接链中的所有衔接项目能在目的语语篇中很好地体现，从而能够在目的语中形成相似或相同的衔接链。假如每个衔接链都能在目的语语篇中出现，也就是说组织并反映语篇的"概念""人际"和"谋篇意义"这三种意义的衔接模式都应在译文中重现。由于语篇的谋篇意义和语篇的组织意义等同，因而下面我们就对谋篇衔接机制的翻译进行探讨，具体包括非结构衔接以及结构衔接这两大具体类型。

1. **对非结构衔接进行解读分析**

非结构衔接具体是指韩礼德和哈桑在其所著述的《英语衔接》一书中对五种衔接机制的总结：①指称；②替代；③省略；④连词；⑤词汇衔接。指代和词汇衔接这两大衔接机制是组成衔接链最重要的手段，并且是主要的非结构性衔接机制。因此，在探讨与语篇衔接手段对等方面的问题时，通常应先对衔接链的翻译进行探讨。贯穿整个语篇的衔接链以及衔接链之间的关系构成语篇的主题意义。那么，在对反映主题的衔接链进行翻译时，翻译工作者应对翻译所采取的策略慎重考虑，以目的语的组织方式允许为前提，应尽可能地保留源语语篇的主题衔接链。例如：

科学发展观是坚持以人为本，全面、协调、可持续的发展观。以人为本，就是要把人民的利益作为一些工作的出发点和落脚点，不断满足人们的多方面需求和促进人的全面发展；全面，就是要在不断完善社会主义市场经济体制，保持经济持续快速协调健康发展的同时，加快政治文明、精神文明的建设，形成物质文明、政治文明、精神文明相互促进、共同发展的格局；协调，就是要统筹城乡协调发展、区域协调发展、经济社会协调发展、国内发展和对外开放；可持续，就是要统筹人与自然和谐发展，处理好经济建设、人口增长与资源利用、生态环境保护的关系，推动整个社会走上生产发展、生活富裕、生态良好的文明发展道路。

As Scientific outlook on Development addresses developmentin a people-oriented, comprehensive, balanced and sustainable way.

By people oriented, we mean that people's interests must be made both the starting point and the end point in all our work, through which we keep meeting the various need of the people, and promoting the overall development of people.

By comprehensive development, we mean we must speed up the construction of political and spiritual civilization while continuing to improve our socialist market economy and maintain its momentum of a sustained, rapid and sound economic development, through which we will realize a joint and coordinated development of the material, political and spiritual civilizations.

By balanced development, we mean we must coordinate development between urban and rural areas, between different regions, between social and economic sectors, and between domestic development, we mean we must achieve a harmonious development between man and nature, and properly handle relations among economic construction, population growth, uses of natural resources, and environmental protection. By ways of that we will bring our society onto a path of a civilized development featurings thriving economy, affluent lives and a sound ecosystem.

这则语篇是介绍政府政策的外宣材料。语篇中的主衔接链构成的主题意义为："科学的发展观是坚持以人为本，全面、协调、可持续的发展观"，以人为本，全面、协调、可持续的发展观为语篇最主要的信息。作者在行文中分别运用了三个分句对这几方面的含义进行了具体的阐述。"科学的发展观"这一表述一直以隐性的形式出现在衔接链之中，除了在第一句中出现了外，其他很多地方都没有再出现这一中心词。

2. 对结构衔接的解读分析

结构衔接主要包括以下三个方面的衔接，即主位结构衔接、语气结构衔接以及物性结构衔接。具体而言，又分别涉及语篇的三大类型的意义模式，即谋篇意义、人际意义以及概念意义。主位结构间的关系也是由语篇中的小句中的主位间的关系和主位与述位间的交替和意义交互形成的。其中最主要的还是主位与主位间的关系。那么，在翻译时，也应从考察主位同主位间的关系着手。

例如，通常习惯将"譬如"翻译成 For instance，这属于添加的逻辑连接，属于概括词，起到同位意义的作用。然后用第一人称复数 we 来引导人称照应链贯穿了整个语篇，we-our-us，while 属于词汇连接，boss 属于人称指称，在 knowing 之前省略了"we"，at this moment 这是时空连接表时间的先后，handy cell phone 属于词汇复现，用来指 call、device 和 tool，这是词汇衔接，是 cell phone 和 call 的上义词，The subsequent leisure 属于词汇衔接，与 vacation 相照应，as 是连接词用来表原因，call 与 leisure tour 属于词汇连接。综合上述分析，该译文在词汇运用方面符合英语表达简洁这一特征，并且在逻辑连接词的使用方面技高一筹。

（三）其他篇章翻译策略

1. 适当重组或调整翻译

对旅游篇章进行翻译时，为了中西方游客更好地了解语篇信息，有必要对原文的句子结构和表达方式进行适当的重组和调整。

中国人的思维方式是先对景点进行具体的描述，最后对这一美景进行概括总结，然而与之相反的英语思维方式是首先开门见山，点题介绍，再进行细节描述。在进行翻译的时候，按照西方人的思维方式进行必要的重组，例如把"It is a comprehensive park with hills and waters, centuries of ancient and modern times concentrated." 放在句子的前面，开篇点题，适合英语旅游语篇的思维模式，然后再进行细节描述，最后引用诗句，做到主次分明，表述清晰流畅。

2. 抓住实质内容进行省译

在对景物进行描写时，汉语语篇在用词方面体现出辞藻华丽、主观色彩极为浓烈等特点。那么，在进行翻译时，如果将汉语原文逐字译出，不仅与英语直观理性的欣赏习惯不相符合，而且也会使外国游客感到语言华而不实。所以在翻译这类外宣文本时，出于英语译文的表达习惯，译者需要透过原文华丽语言的外表，抓住具体的实质内容，适当省去不符合英语表达习惯的内容，努力做到使译文读者获得与原文读者相同或相近的审美反应。

有些汉语中的文学典故对理解原文信息没有帮助，在进行英文翻译的时候，可以考虑省去不译。例如：

"烟水苍茫月色迷，渔舟晚泊栈桥西。乘凉每至黄昏后，人依栏杆水拍堤。"这是古人赞美青岛海滨的诗句。青岛是一座风光秀丽的海滨城市，夏无酷暑，冬无严寒。西起胶州湾入海处的团岛，东至崂山风景区的下清官，绵延 80 多华里的海滨组成一幅绚烂多彩的长轴画卷。

Qingdao is a beautiful coastal city. It is not hot in summer or cold in winter. The 40-km-long scenic line begins from Tuan island at the west end to Xiaqinggong of Mount Laoshan at the east end.

中国人善于运用诗词歌赋表达情意，而英语讲究的是直接、简明，所以该译文中省去了对原文诗句的翻译，不但不影响游客对原文信息的理解，反而使信息传递的更加直接，清晰易懂。

五、文化层面的翻译策略

外宣翻译旨在实现文化的传播为主要目的，因而，其文本的翻译必然涉及诸多文化层面的内容，对这些文化因素进行翻译时，就应从文化的角度，采取灵活多样的文化翻译策略。

（一）应对文化空缺的策略

1. 文化空缺的置换

（1）文化空缺置换的内涵。文化空缺的置换具体是指一种比较常见的应对文化空缺的策略，这一策略具体是指在对文化信息进行转换或翻译时，如果能够通过转化后被译入语读者认同，或在置换后不影响理解，就应对源语和译入语规范进行综合考虑，对原文的文化空缺部分采用空缺置换的翻译策略进行翻译。

（2）文化空缺置换在外宣翻译中的运用。空缺置换的翻译策略具有直观、达意，并且与译入语规范相符合的特点。通常情况下，这种策略适用于源语和译入语存在差距，通过保留、调整"空缺"达意比较困难的情况。例如：

每次我要发言时，我心里打鼓。

Whenever I have to make a speech, l get butterflies in my stomach.

本例中，"心里打鼓"一词是一个汉语文化下独有的词汇，表示"忐忑不安、心里没底"之意，译文中将"打鼓"这一形象用butterflies进行替换。再如：

她考试前开夜车。

She always burns the midnight oil before the examination.

本例中的"开夜车"是指"在夜间工作"。译文在翻译时用 the midnight oil 将其进行形象的替换。又如：

假使有钱，他便去押牌宝。

If he had money, he went gambling.

在汉民族古代的民间文化中，"押牌宝"是一种比较常见的赌博方式，这种方式是汉民族文化所独有的。但是，现在社会这种现象已经不存在了。因此，在很多译本中直接用 gambling 一词来替代。

2. 文化空缺的移植

对文化空缺进行移植具体是指将一个民族特有的文化现象以其本来面目移植到另一个民族的文化空缺里。这种翻译策略对增强两个不同民族文化间的相容性大有裨益。例如，在翻译"亚洲四小龙"时，为了有意规避 Dragon 一词在西方文化中的"怪物""罪孽"之意，通常将其译为 Four Tigers of Asia，避讳使用 Dragon 一词。

3. 文化空缺的释义

（1）文化空缺释义的内涵。空缺释义策略也是一种比较常见的应对文化空缺的策略，这一策略就是在两种文化能够通过调整、变通后认同，或调整、变通后至少不至于影响理解的情况下，综合考虑源语、译入语规范，对原文空缺进行翻译适度调整、变通的翻译方法。

（2）文化空缺释义在外宣翻译中的运用。空缺释义策略具有直观、达意并且与译入语规范相符的特点。通常情况下，这种翻译策略运用于源语和译入语规范存在差距，如果保留空缺也不能完全达意的情况。例如：

一个唱红脸，一个唱白脸。

One coaxes, the other coerces,

本例中的"唱红脸""唱白脸"都是同我国传统戏剧文化京剧相关的内容。其中"唱红脸"在汉语中表示"以好人的面目出现"之义,"唱白脸"则表示"以坏人的面目出现"之义。基于这一深层的文化内涵,不能将其直接译为 wear the red makeup of the stage hero,上述译文在翻译时,采用空缺释义策略,将其译成"One coaxes, the other coerces."

4. 类似文化现象的对应

针对外宣翻译中的文化空缺进行翻译时,还可以采用对译入语中类似文化现象对应的情况进行翻译。例如,针对西方文化中比较知名的人物、事件等来诠释汉语文化中所特有的文化内容。例如,将汉语文化中的"梁山伯与祝英台"比作"罗密欧与朱丽叶",将中国的江南水乡"苏州"比作东方的威尼斯。将"济公"比作"罗宾汉"等。其中浙江兰溪的济公纪念馆中有这样一句话:

济公劫富济贫,深受穷苦人民爱戴。

在对本句中的"济公"进行翻译时,将其译为 Ji Gong, Robin Hood in China robbed the rich and helped the poor. 这一翻译就很好地采用了文化对应策略。这样一来,更加有利于迎合译入语国家人们的理解。再如:

空中楼阁 castle in the air

隔墙有耳 walls have ears

趁热打铁 strike while the iron is hot

火上加油 pour oil on the flames

拍马屁 lick sb's boots polish apples curry favors with

本末倒置 put the cart before the horse

对牛弹琴 cast pearls before the swine

水中捞月 fish in the air

说曹操,曹操到 talk of the devil and he will appear

江山易改,本性难移。

A leopard never changes its spots.

5. 对文化元素进行义素分析

对文化元素进行分析就是针对一种文化中独有的文化元素，对原文中的文化关键词进行拆分、转移、合成。拆分具体是指对源语中的关键词汇进行的义素分析；转移具体是指将源语中的义素向译语中的义素进行转换的这一过程。合成具体是指对义素进行重新组合成为一个新的词汇，并且在合成的过程中应充分考虑译语读者是否能接受这一因素。例如：

那是赵太爷的儿子进了秀才的时候……

That was the day Old Master Zhao's son passed the Budding Talent exam.

在对本例进行翻译时，源语中的"太爷"这一词汇具有文化内涵非常丰富的特点。"太爷"一词在词典中就具有多个含义。具体如下：①对别人父亲的尊称；②对祖父或祖辈尊长的称呼；③古代对知县、知府等官吏的尊敬称呼；④古时候家仆对男主人的尊敬称呼；⑤倨傲的自称。结合上述对"太爷"这一词汇的义素分析和原文语境，不难发现，第四个含义"古时候家仆对男主人的尊敬称呼"更为符合原文的语境，文中主人公阿Q常年依靠给别人特别是给有钱的大户打零工来维持生计，阿Q的地位和作用类似于雇佣的家仆，因而在进行翻译时就用 master 比较合适，进而将原文中的"赵太爷"翻译成 Old Master Zhao。采用这种对文化元素进行义素分析的策略进行翻译，最大优势就在于力求确保词汇的概念意义能够准确、全面地传递到译入语的语言中。

6. 异化翻译策略

（1）异化策略的内涵。异化策略的代表人物劳伦斯·韦努提（Lawrence Venuti）从解构主义的翻译思想出发，提出了"反翻译"的概念，他强调译文在风格上应与原文风格保持一致，并突出原文之异，主张要发展一种翻译与实践，以抵御目标语文化占指导地位的趋势，从而突出文本在语言和文化这两方面的差异。

具体而言，异化翻译策略是指迁就外来文化的语言特点，吸收外来语言的表达方式。

（2）异化策略在外宣翻译中的运用。异化翻译策略在处理文化空缺时也得到很好的运用。它要求译者在翻译时尽量向作者靠拢，采取与作者相同的源语表达方式来传达原文的内容。例如：

丢面子 lose face

保全面子 keep face

宝玉笑道："古人云，'千金难买一笑'，几把扇子，能值几何？"

"You know the ancient saying," put in Baoyu, "A thousand pieces of gold can hardly purchase a smile of a beautiful woman, and what are a few fans worth?"

在对本例中的"风云""祸福""凤辣子""盛筵必散""千金难买一笑"等进行翻译时都进行了异化处理，保留了中国文化特色，有利于在目的语读者中导入中国的"异域风情"。再如：

不入洞穴，焉得虎子。

How can you catch a tiger cub without entering the tiger's lair?

三个臭皮匠，合成一个诸葛亮。

Three cobblers with their wits combined equal Zhuge Liang.

（二）应对文化差异的策略

中西文化间所存在的诸多方面的差异也会对翻译过程产生诸多影响。例如，认知思维差异、生活方式差异以及历史文化差异等，要想使翻译实践取得最优化的效果，就应对两种文化间的差异有足够的认识和理解，对两种文化有充分的理解和认识，也只有这样，才能更好地克服由文化差异而带来的障碍。下面就对比较常见的应对文化差异的翻译策略进行探讨和分析。

1. 图片文字翻译策略

（1）图片文字翻译策略的内涵及理论基础。图片文字翻译策略是以卡特琳娜·赖斯（Katharina Reiss）、汉斯·弗米尔（Hans Vermeer）、加斯特·赫尔兹·曼塔里（Justa-Holtz Manttari）和克里斯蒂安·诺德（Christine Nord）这四位杰出的功能翻译理论的代表人物所提出、阐释并发展的文本类型理论、目的论、行为论以及功能加忠诚理论为基础而提出的翻译策略。

　　基于图片在外宣翻译中所占的比例比较大、宣传效果明朗甚至还被当作文本的主体构成部分这一特点，很多学者开始致力于研究如何更有效地对图片进行翻译。国内有很多学者也展开了对这方面的研究。我国学者赵玉闪探讨了图片说明的翻译技巧，他将翻译技巧归纳如下：其一，应删除烦冗、重复、复杂的语言；其二，可对文本中的人名、地名、中国文化中所特有的机制、历史事件、典故、流行语等进行解释性翻译等。总之，在运用图片文字翻译策略进行翻译时，应遵循目的性、连贯性、忠实性这几大法则，对文化差异进行有效阐释。

　　（2）图片文字翻译策略在外宣翻译中的运用。在外宣翻译中，还存在一些图片文字，这类内容具有占用空间有限、语言简明扼要等特点，同时，这些文字还辅助于点题，来说明并衬托画面的内容。从语篇类型进行分析，这类图片文字属于具有实用性特点的鼓动宣传型和信息型的语篇。但是，英汉文化下的图片文字也存在着诸多不同，汉语文化下的图片文字类外宣文本具有注重写意的特点，并且经常借助于抽象、铺张的比喻等手段；英语文化下的图片文字侧重于写实，语言方面具有朴实、平易等特点。此外，汉语文化下的图片文字类外宣文本讲究文采，并经常使用并列结构的动词短语以及成语等，英语文化下的图片文字类外宣文本注重信息性、新颖性以及娱乐性。为了对这类文本的翻译有更清楚的认识，下面就结合典型例子进行分析。

　　例如：

　　饮茶强身传佳话

　　清热解毒助消化

　　防癌饮食细思考

　　柴米油盐酱醋茶

　　久恋茶文化，清热助消化

　　在翻译时只翻译为：Healthy Life with Tea

　　本例在翻译时采用删译策略，原图片是一位头发斑白、留着白须的年长者在品茶，并对所品茶的感悟进行赞美，通过分析原文也不难发现，源语中的文字主要是讲述饮茶的功效，即清热解毒、强身健体、延年益寿，汉语文字内容相对比较多，如果直接翻译会让目的语读者感觉很烦冗，并且也很难将这种文化韵味很好地传达，因而就对其进行了删译处理。

再如，"乐在其中"被译为 present your most beautiful self。原图片是笑脸的集锦，图片下面所附加的文字为"乐在其中"，但是图片中并没有向外界显示任何与快乐的原因和来源相关的信息，仅仅能看到一张美丽的笑脸。从另外一层角度进行分析，微笑其实是最美的语言，不仅能感化人，而且能拉近彼此间的距离。微笑的同时还能让外界感受并分享彼此的快乐，展示自己本人最美好的一面。例中在翻译时就采用了改译策略。

2. 改写翻译策略

改写翻译策略具体是指借助于某种方式对源语文本进行重新解释，操纵或改变，并在翻译过程中受到译者意识形态和目的语文化占主导的诗学的制约，因而会在某种程度上改变源语文本的思想内容甚至意识形态。例如：

（贾雨村）虽才干优长，未免有些贪酷之弊；且有恃才侮上，那些官员皆侧目而视。

But although his intelligence and ability were outstanding, these qualities were unfortunately offset by a certain cupidity and harshness and a tendency to use his intelligence in order to outwit his superiors; all of which caused his fellow-officials to cast envious glances in his direction. （霍克斯译）

在对本例进行翻译时，充分考虑了中西民族文化性格间的差异。自古以来，汉民族文化下的人们崇尚内敛的个性，西方文化下的人们则崇尚张扬的个性。霍克斯在翻译时，将"恃才侮上"改写翻译成 intelligence 和 outwit，将"侧目而视"改写翻译成 cast envious glances，使中西方文化道德取向的差异得以很好地呈现。再如：

满树金花，芳香四溢的金桂；花白如雪，香气扑鼻的银桂；红里透黄，花朵味浓紫砂桂；花色似银、季季有花的四季桂竞相开放、争妍媲美，进入桂林阵阵桂香扑鼻而来。

The Park of Sweet Osmanthus is noted for its profusion of Osmanthus trees. Flowers from these trees in different colors are in full bloom which pervade the whole garden with the frag rance of their blossoms.

本例原文中存在很多花卉名称，在进行翻译时，作者就进行了大胆的改写，有效地规避了辞藻的堆砌，又简单明了地传达了原文的文化内涵。

3. 谙熟文化差异

文化包含语言，同时又对语言起着影响作用，而语言又是文化的重要构成部分，并且是使文化得以保存、交流文化并保存文化的必要工具。那么，在跨文化视域下的外宣翻译实践中，应对这些文化差异酌情处理，要想很好地处理这些外宣翻译中的文化信息，应对这些文化差异有足够的理解和认识，同时还应充分考虑目标语读者的接受能力。

例如，"国家二级企业"正确的翻译是 the state second-best enterprise。这是一个经常在传媒上出现的词汇，这里的"二级"在汉语文化中表示"数一数二"之意，也有人将其译为 second-grade（次等的）或 second-class（二流的），但是如果对这一词的文化功能进行分析，"次等的"和"二流的"都很难精确地传达其文化内涵，故应将其译为 second-best 为最佳。

4. 增译策略

（1）增译策略的内涵。由于中西文化差异的存在，一般的译文读者对中国及其文化的了解是有限的，有的甚至一无所知。我国著名学者段连成先生曾说：我们不可低估外国读者或听众的能力，但也切勿高估一般外国人对我国的了解水平。外宣译者一方面要实现两种语言的转换；另一方面还要做文化沟通的使者，通过能动地调整信息，增加相应的文化背景解释或注释，从而跨越中英文化间的巨大差异，达到沟通原文与译者的关系。

（2）增译策略在外宣翻译中的运用。运用增译策略翻译外宣文本时，译者要根据具体情况，对原文进行适当的调整。例如：

Draft and invoice are different instruments.

汇票和发票是两种不同的票据。

本例中，翻译时采用增译策略，在译文中增加"两种"，表示强调。大的"川"字在汉语文化里有着丰富的文化内涵，其字形酷似"河流"，因此，我们很容易将二者联系到一起。但是，在对外宣传中就要添加相应的文化背景 meaning river，以便于译文读者的理解，可以进行如下翻译。

When the boat passing through the long chary Gorge，we seethe huge Chinese character"chuan"，meaning river. 再以 1992 年 1 月至 2 月间邓小平《在武昌、深圳、珠海、上海等地的谈话要点》为例进行英译。这篇具有鲜明"中国特色"的谈话在进行英译时，有不少的难点，很容易出现因中西文化差异而造成的误译，下面以某些语段为例。

帝国主义搞和平演变……回来后妥善安排。"和平演变"这一政治术语是针对于我国社会主义制度而言的，不能简简单单地译为 peaceful evolution，可以进一步解释并翻译为 the imperialism are pushing for peaceful evolution towards capitalism in China. "回来后妥善安排"的背景是我国的很多人才因为当时国内的生活和工作条件差而选择出国深造，要吸引他们回国发展，就要对他们的生活和工作做好妥善的安排。因此，为了方便译文读者的理解，正确掌握原文的含义，可以进行一些增添，翻译为…all overseas students may return and enjoy proper arrangements for their life and work.

六、应对文化冲突的策略

在跨文化视域下的外宣翻译中，由于所涉及的公众形形色色，他们在对文化理解时，往往会存在一些不一致的情况。面对这类的文化冲突的现象，翻译工作者就应具备跨文化的视角，采取恰当的翻译策略来处理文化冲突现象。下面就结合几种比较常见的应对文化冲突的策略进行分析。

（一）删减策略

根据奈达的观点，如果译者不向读者调整信息负荷量，接受者就可能失去信息中的一些关键因素，或觉得太难而停止阅读。依据该理论，在对存在文化冲突或不一致的现象进行翻译或理解时，可采用删减策略进行翻译。下面结合中西文化中有关旅游外宣文本的翻译和认识进行具体说明。

中国文化下的人们在对景物进行描写时，往往喜欢引经据典，并借助这种方式来使人产生人文底蕴深厚、历史悠久等效果，如果对这些华丽的辞藻进行逐词逐句翻译，就会给目标读者带来很大的理解困难，甚至会让他们感到华而不实，拖沓冗长。此时，可采用删减策略进行翻译。例如：

金鞭岩是武陵源著名景点，每当夕阳晚照，鞭身涂金、熠熠闪光、瑰丽夺目，构成一幅奇特壮美的"夕阳金鞭图"。

Golden Whip Rock is a well known scene of Wulingyuan area. In the late afternoon sunshine, it glitters with brilliance as if gilded with gold, creating a miracuious and grand scene of" Golden Whip in Sunset". 本例原文中连续使用了五个四字结构的成语，借助于这些成语的使用来向读者展现金鞭溪美景图的美丽壮观。但是这些浓缩的成语表达往往会令国外读者很费解，产生不知所云的感觉。译文在翻译时，删减了一些浮华的辞藻，使译文更加通俗易懂。再如：

乐山水光山色独特，地理环境优越，素有"绿杨夹岸水平铺"之称，举行龙舟竞渡得天独厚。

Famous for its" tranquil river fringed with rich vegetation", the Leshan Mountain in Sichuan Province has the ideal setting for its Dragon-boat Festival.

在对本例进行翻译时，为了力求简洁，省掉了"乐山水光山色独特，地理环境优越"，并且还对"绿杨夹岸水平铺"这一诗句进行了省略，对其所表达的意思进行了直述：tranquil river fringed with rich vegetation. 这样的翻译方法不仅没有影响原文信息，而且还使译文更加传神、精练。

这里三千座奇峰拔地而起，形态各异，有的似玉柱神鞭，立地顶天；有的像铜墙铁壁，巍然屹立；有的如晃板垒卵，摇摇欲坠；有的如盆景古董，玲珑剔透。神奇而真实，迷离而又实在，不是艺术创造胜似艺术创造，令人叹为观止。

上述是武陵源景区的宣传材料，语句优美，行文对仗，富有文采，四言八式的结构符合汉语行文的特点，意境美和朦胧美体现在字里行间。在英译时如果照抄照搬，就会不得要领，使译文冗长拖拉，这时有必要采用删减的手法，去掉原文中多余的形容词，直接传达原文的意思即可。可以尝试如下翻译。

3000 crags rise in various shapes-pillars, columns, walls, shaky egg stacks and potted landscapes... conjuring up fantastic and unforgettable images.

（二）严肃用词

根据我国学者刘禾的观点，翻译并非一种中性的、远离政治及意识形态斗争和利益冲突的行为。恰恰相反，翻译有时是这类冲突的场所，在一些文本中，被译的语言还要与译体语言对面遭逢。尤其是一些带有政治敏感性的字眼，翻译时应斟字酌句。从翻译的选择到翻译的策略，从宏观的翻译策略到微观的翻译技巧等，都应严肃。

具体到外宣文本的翻译，由于涉及本国文化的对外传播，因而难免会涉及一些与国家主权、国家独立、领土完整等与政治文化相关的问题，这类文化的翻译通常具有强烈的政治敏感性。在对这些内容进行翻译时，就应端正立场严肃用词，不能使用任何违背国家统一，损害民族利益的字眼。例如：

外交部处理日本遗弃在华化学武器办公室。

原译：Office of the Ministry of Foreign Affairs for Abandoned Chemical Weapons of Japan in China.

改译：Office of the Ministry of Foreign Affairs for Chemical Weapons Abandoned by Japan in China.

在对本例进行翻译时，原译是日本政府的翻译版本，通过对原译进行分析，其在翻译时将"遗弃在华化学武器办公室"翻译成abandoned chemical weapons of Japan in China，这样的译法显然有意识地模糊了施动者，并且掩盖了日本人在华遗弃化学武器这一事实，从政治的高度进行分析，掩盖了日本侵华的事实。显然，这样的翻译是有损我国的军事利益的。也是他们对这一历史文化认识不清所导致的。

为了将日本侵华这一历史事实在国际上向世人明示，并对其试图掩盖的事实以反击，我国外交部对其进行了订正，将其翻译成 Chemical Weapons Abandoned by Japan in China，这样的翻译，不仅端正了政治立场，表明了我方的态度，并在翻译过程中，恰当地处理了翻译中的文化冲突现象，客观真实地再现了这一历史事实。

类似的例子还有很多。再如，应将"国家统一"翻译成 National Reunification，而非西方媒体所用的 National Unification。

（三）文化对比翻译策略

1. 文化对比翻译策略的内涵

文化对比翻译策略也是一种处理文化冲突的比较常见的策略。具体而言，文化对比翻译策略是针对汉民族文化和目标语文化在社会习俗、审美观念以及价值观念等层面的文化冲突进行翻译时，针对这些客观存在的文化差异进行理性的对比分析，来跨越这些文化冲突和障碍。

2. 文化对比翻译策略在外宣翻译中的运用

在跨文化下的外宣翻译中，运用文化对比翻译策略进行翻译，不仅应对两种文化有比较透彻的理解和认识，还须时刻具有文化对比的思想意识。例如，在汉民族文化中，"松、竹、梅"被喻为"岁寒三友"。汉民族文化下的人们在游览黄山时，看到千奇百怪的松树，就会产生对松树高贵品质的赞赏，进而联想到人的毅力，甚至还会想到"大雪压青松，青松挺且直，要知松高洁，待到雪化时"等诗句。此时，可以立足汉民族文化，对汉英文化中"松"和 oak 进行对比，不难发现，在英语中也存在 as strong as an oak 这一习语表达，这样就能加深外国文化下的人们对"松"的理解和认识。

第五节　跨文化视域中的外宣翻译实践

经济全球化的推进使不同民族之间的跨文化交流逐渐深入，其领域从原来的经济、政治、军事等领域拓展至饮食、建筑、服饰、宗教、民俗、礼仪等多个方面。因此，在进行这些领域的外宣翻译时应始终坚持跨文化的视角，这不仅可使来自不同文化背景的交际者增强理解，也对我国国际形象的树立、巩固大有裨益。因篇幅所限，本章仅对跨文化视域中的旅游、典籍以及特色饮食方面的外宣翻译进行论述。

一、跨文化视域中的旅游外宣翻译

所谓旅游外宣翻译，是指一种"跨社会、跨语言、跨心理、跨文化、跨时空的交际活动"。需要特别指出的是，旅游的过程往往也是来自不同文化背景的人们感受强大文化冲突的过程，因此如何处理旅游外宣翻译中的文化因素就成为非常关键的环节。

（一）旅游外宣的文化内涵

1. 景点解说词中的文化

景点解说词是以说明文体对景点基本情况进行简单介绍，且适用于旅游景点的一种外宣材料，既可传递信息，又间接具有教育功能。一般来说，景点解说词中的文化主要包括历史文化与修辞文化两个部分。

（1）历史文化。旅游景点往往包含着丰富的历史文化内涵，涉及地理、文学、建筑、宗教、艺术等各个方面。因此，为增进旅游者对景点的了解，景点解说词常常为旅游者提供适量的相关知识信息。例如：

白马寺，坐落于河南省洛阳市东十二公里处，北依邙山，南望洛水。始建于东汉永平十一年（公元 68 年），是佛教传入中国后建造的第一座寺院。它对中国佛教的传播和发展，对于中外文化交流，有着重要的意义，在中国佛教史上具有特殊的地位，被尊为"释源"和"祖庭"，有"中国第一古刹"之称。

本例是白马寺的景点解说词。虽然只有一百多字的篇幅，但却向游客介绍了白马寺的地理位置、建造历史、特殊意义与地位等信息，从而使该景点在游客心中留下深刻的印象。

（2）修辞文化。旅游者往往希望在旅游过程中得到美的享受和陶冶，因此景点解说词常使用丰富的修辞手法，以达到营造美好意境、提升语句美感的效果。例如，正中位置是一座典型的土家吊脚楼，一架梯子搭在屋边，屋角挂着成串的玉米和辣椒，楼的左边是小桥流水，楼的后边是良田美池，一个农夫正在扶犁耕田。真是好一幅"小桥流水人家"的童话世界。

本例引用了元朝马致远的《天净沙·秋思》中的"小桥流水人家"这一名句，有效提升了原文的意境。

上甘棠村古色古香、风景如画，是湖南省发现的年代最为久远的千年古村落之一。这里的龙舟赛演历史于古今，生传说于纷纭，珠联爱国情操、悲壮色彩、璧合神秘气氛、拼搏精神，动如摧枯拉朽、轰轰烈烈，势若排山倒海，可歌可泣。

本例采取夸张的修辞手法，阐述了上甘棠村的历史渊源与龙舟赛的文化内涵。

2. 地名中的文化

地名通常包含专名与通名等两个部分，不仅是对某一个具体地理区域的命名，还是对社会发展与变迁过程的记录，具有丰富的历史文化内涵，集中体现在以下几个方面。

（1）体现美好愿望。中华民族的伦理道德精神和传统价值观念常通过地名来体现，主要包括以下几种情况：

1）表达人们对太平、安宁生活的向往。例如，太平桥、永宁河、长安镇、永安市、吉安县、安定门、东安市场等。

2）反映人们对幸福长寿的美好追求。例如，万寿山、康寿泉等。

3）体现人们对富强昌盛的愿望。例如，吉祥村、昌水河、福州市等。

（2）体现移民历史。在中国历史上出现过若干次大规模的人口迁徙，这些新移民为了寄托对故乡的思念，常常用自己故乡的地名来给新的居住地命名。

例如，明朝政府从山西向北京迁移了大批人口，于是北京出现了很多来自山西的县名，如大兴区东南风河两岸的长子营、河津营以及顺义西北的夏县营、东降州营等。

（3）体现地理环境。地理环境对地名的影响主要体现在以下三个方面。

1）一些地名体现了地理位置与方位。例如，河南、河北、湖南、湖北、山东、山西、广东、广西等。

2）汉字的某些偏旁体现了地理环境。例如，与山有关的岗、岩、峦、峰、岭等，与水有关的沙、江、海、津、港、湖等。

3）一些地名是当地地理特征的鲜明体现。例如，海南岛的五指山是因其形状像五指而得名，齐齐哈尔是因该城市拥有天然的牧场而得名。

（4）体现神话故事。汉语中的许多山川、河流的名字都来源于神话故事或者传说。例如，《山海经》中出现的很多山的名称就来自神话传说，如招摇山、浮玉山、会稽山、羽山、柢山、成山等。再如，根据西藏传说，珠穆朗玛峰是由后妃女神变成的。

（5）体现历史人物。中国历史上出现的一些人物在人们心中具有持久的影响力，于是他们的出生地或者重要事件的发生地常以这些人物的名字来命名。例如：

太白山（与李白有关）

子龙滩（与赵云有关）

左权县（与左权有关）

关帝庙（与关羽有关）

卧龙岗（与诸葛亮有关）

中山市（与孙中山有关）

黄盖桥（与黄盖有关）

木兰溪（与花木兰有关）

3. 典故中的文化

在邓炎昌与刘润清（1989）看来，"几乎所有的人在说话和写作时都引用历史、传说、文学或宗教中的人物或事件。这些人物或事件就是典故。"可见，典故与特定的历史文化语境密切相关，蕴含着浓厚的民族色彩与丰富的文化内涵。

旅游文本在对景点进行直观描绘的同时，还经常会借助典故来创造意境、烘托气氛并提升旅游的知识性与趣味性。概括来说，旅游文本中的典故具有以下两个特点。

（1）单用与博用。从使用方式来看，旅游文本中的典故主要有单用与博用两种形式。

1）单用。单用指的是在一句或者一段相对比较完整的行文中融入一个典故。例如：关中平原素有"八百里米粮川"的美称。①

2）博用。博用通常指的是出现两个及其以上成语、诗词的混合使用。例如，"周幽王烽火戏诸侯"、"春寒赐浴华清池，温泉水滑洗凝脂；渔阳鼙鼓动地来，惊破霓裳羽衣曲"以及"张杨兵谏双十二"等三个典故相继出现在华清宫陈列馆的介绍文本中。

（2）文化异质。在同景点中，相关典故通常产生在特定的历史文化背景中。例如，"八百里米粮川"沿用了古代人民对关中平原富庶的赞美。需要注意的是，类似的文化信息在很多外国游客眼中很可能是非常陌生的，这也就成为翻译的难点。

4. 楹联中的文化

楹联又称"对联""联语""对子""对句""楹帖"，它不仅是有着悠久历史的一种文学形式，还是我国园林景观的重要组成部分。楹联将精深的文化浓缩于短小精悍的文字中，实现了文字信息与书法艺术的完美统一。对于旅游文本中的楹联而言，主要针对的是胜迹联。

所谓胜迹联，是指镌刻、题写在历史遗迹、名山胜水之地或革命纪念地的对联，主要包括陵墓祠庙联、山水园林联、宫院寺观联等。胜迹联常由名人撰写，且常常意旨深远，具有很高的艺术性。

例如：

代表公称一日主人，风月江山，与此老平分千古；

---

① 冉玉体. 旅游外宣翻译中观理论建构研究［J］. 英语广场，2017（6）.

到石上问三生旧迹，宰官仙佛，想当年定许重来。

（益阳裴公亭联）

概括来说，胜迹联的文化内涵主要体现在以下两个方面。

（1）对仗。对仗是胜迹联的重要结构特征与内在要求，也是其意境美、哲理美、形式美、韵律美的主要表现方式。胜迹联的对仗主要包括以下几种。

正对是指出句与对句在内容、主题上互为关联、互为补充，分别从不同的角度来表现主题。例如：

楼观沧海日，

门对浙江潮。（杭州灵隐寺观海亭联）

反对是指出句与对句表达正好相反或相对的内容，并通过鲜明的对比来互相映衬，以给读者留下深刻印象。例如：

青山有幸埋忠骨，

白铁无辜铸佞臣。（岳飞墓联）

宽对的要求不如工对严格，只要出句与对句在词性、句法结构等方面基本对仗就可以。例如：

石为迎宾开口笑，

山能做主乐天成。（厦门太平岩联）

本例中，"石"与"山"、"迎宾"与"做主"属于非常工整的对仗，但"开口笑"与"乐天成"则不够严谨，不仅"笑"与"成"具有不同的词性，二者的结构也不相同。

单句对是指出句与对句并不相对，但出句与对句在本句中可以自对。例如：

志在高山，志在流水；

一客荷樵，一客听琴。（武汉伯牙台联）

本例中，"志在高山，志在流水"与"一客荷樵，一客听琴"并不相对，但出句中的"志在高山"对"志在流水"，对句中的"一客荷樵"对"一客听琴"。

（2）修辞。作为一种特殊的语言文字艺术，楹联非常讲究修辞的运用。概括来说，楹联中使用的修辞手法主要包括以下几种。

顶真是指将前面分句的最后一个字用作后面分句的第一个字，从而使两个相邻分句实现首尾相连。例如：

烟水亭，吸水烟，烟从水起；

风浪井，搏浪风，风自浪兴。（江西九江甘棠湖烟水亭联）

迭字又称"叠字"，是指在楹联中将某些字重叠起来使用，以此来达到重叠、反复的语言效果。例如：

重重迭迭山，弯弯曲曲路；

高高低低树，叮叮咚咚泉。（杭州九溪十八涧对联）

谐音就是对汉字所具有的同音、多义等特点进行充分利用，从而使上下句语带双关，达到"言在此而意在彼"的效果。例如：

海水朝，朝朝朝，朝朝朝落；

浮云长，长长长，长长长消。（山海关孟姜女庙殿门前廊柱对联）

本例属于同字异读对。作者南宋状元王十朋巧妙利用了"朝"与"长"形同音异、由音生义的特点，描绘出潮涨潮落、浮云长消的美丽画卷。

（二）旅游文本的翻译

1．景点解说词的翻译

景点解说词旨在向旅游者传递与景点相关的信息，因此其译文应体现出准确性、可读性的特点，在语言上则应明白易懂、客观准确。一般来说，进行景点解说词的翻译时可采取以下几种方法。

（1）增译法。当原文中的信息具有特定的文化内涵时需要进行必要的增加解释。

（2）减译法。中国人在写事状物时喜欢引用名人名言或古诗词加以验证，但如果直译为英语，就会显得啰唆。在这样的情况下，译者可将这些引用的名人名言或古诗词删去不译，即采取减译法。例如：

这些山峰，连同山上绿竹翠柳，岸边的村民农舍，时而化入水中，时而化入天际，真是"果然佳胜在兴平"。

The hills, the green bamboo, willows and farm houses merge with their reflection in the river and lead visitors to a dreamy world.

本例对"果然佳胜在兴平"进行了引用,译者在翻译时对其予以舍弃,从而使游客的注意力更多地集中在山峰、绿竹、翠柳、农舍等美景上,达到了很好的宣传效果。

(3)类比法。当原文中的一些文化形象太复杂或对译入语读者来说过于陌生时,译者可采取类比法,即用目的语中的文化形象去取代原语中的文化形象。例如:

银川与麦加在特点、地位、作用等方面具有相似性,译者将银川比作麦加,加入类比翻译:Honored as a smaller Mecca,可大大降低译入语读者的理解难度。

(4)调整法。英汉语言常常采取不同的表述顺序与方式,其体现的思维方式、文化传统、审美情趣等也存在较大差异。因此,译者应依据具体语境对"形象"与"意象"进行适当的调整和转换。

需要译文将原文中的信息和内容按照西方人的思维模式加以重组,使之符合英语的表达习惯,也使译文结构清晰、信息流畅。

2. 地名的翻译

在旅游文本中,地名的翻译通常遵循"音译为主、适当意译"和"约定俗成"的原则以及音译、意译、音意双译等翻译方法。具体来说,旅游文本中的地名翻译通常涉及以下几种情况。

(1)在对一些来源于人名的景点地名进行翻译时,通常遵循"姓前名后、姓名连写"的原则。对于非自然地理实名的翻译,一般将姓和名分开写,人名可在前也可在后。例如:

姓+名+通名 黄继光纪念馆 Huang Jiguang Memorial

姓+名's+通名 中山陵 Sun Yat-sen's Mausoleum

the+通名+of+姓+名 昭君墓 the Tomb of Wang Zhaojun

(2)若地名的专名为单音节词,翻译时通常先音译放在专名后组成双音节词。双音节词就应按照汉语拼音进行翻译。例如:

礼县 Lixian County

阳城县 Yangcheng County

如果遇到专有名词相同的情况,为有效区别,译者应加注省、市、自治区通名。例如:

长治市 Changzhi City

长治县 Changzhi County

（3）若地名是简称，译者应按照其全称进行翻译，从而利于外国游客对我国的行政区域的理解，提高旅游宣传效果。例如：

京沪铁路 Beijing-Shanghai Railway

晋察冀边区 Shanxi-Chahar-Hebei Border Area

（4）由于历史原因，一些地名已有约定俗成的译名，译者可直接套用，以避免引起不必要的理解错误。例如：

澳门 Macao

南海 South China Sea

西藏 Tibet

厦门 Amoy

香港 Hong Kong

3. 典故的翻译

在对旅游文本中的典故进行翻译时，为了便于读者用最少的认知，努力获得最佳的语境效果，译者应充分发挥其主观能动性，对各种翻译方法进行灵活运用，主要包括以下几种。

（1）解释法。为了便于英语游客了解中国文化的魅力，译者应对一些具有特定含义的典故进行解释性的说明，借以增强英语游客对中国文化的了解。例如：

秦始皇 Qin Shi-huang, the first emperor who united China in 221 B. C.

泼水节 Water Sprinkling Festival, a big festival for the Dai nationality to wish every one happiness by sprinkling water to one another

春节 Spring Festival, a celebration of the traditional Chinese New Year which falls in January or February according to cycles in the Chinese lunar calendar

（2）淡化法。当旅游文本中出现诗词等文学性特别强的典故时，译者可对其语言形式加以淡化，即采取淡化法，并根据当时的语境提炼出诗的主旨大意。例如：

春寒赐浴华清池，温泉水滑洗凝脂；

渔阳鼙鼓动地来，惊破霓裳羽衣曲。(唐·白居易《长恨歌》)

The romance between Tang Emperor Xuanzong and his favorite lady Yang&the rebellion of An Lushan in Tang Dynasty.

本例是华清宫简介中所引的部分，译者并未将诗文一一译出，而是在翻译时加以淡化。

(3) 增译法。根据旅游文本翻译中的增译法，译者可加入源语文本所没有的信息成分，从而使原文的意义更加明确。例如：

周幽王烽火戏诸侯

King You fooled the vassals with the beacon fire to please his concubine in Zhou Dynasty (1100 B. C. – 770 B. C.).

本典故在翻译时对时间信息进行补充。

(4) 套用法。当原文中的典故可以在译入语中找到对应项时，译者可直接套用该对应项进行翻译。例如：

在桂林山水王国中，在离都市最近的地方，有一个"世外桃源"。

Among the mountains and waters of Guilin, near the busy city, lies your dreaming Arcadia.

本例译文中的 Arcadia 是古希腊一个民风淳朴的山区的名称，已成为西方文学作品田园牧歌生活的象征，与汉语中的"世外桃源"有异曲同工之妙。因此，译者直接进行套用。

4. 楹联的翻译

要想将楹联中的文化信息准确、自然地翻译出来，译者不仅要具备开阔的眼界、丰富的知识以及扎实的语言功底，还应掌握娴熟的翻译技巧和策略。一般来说，在进行楹联的翻译时，可采取以下两种方法。

(1) 形意兼备法。所谓"形意兼备法"，就是指在进行汉语楹联的英译时，一方面要尽力保留汉语楹联的特点；另一方面又要使其含义准确、完整地传递出来，从而实现"以偶对偶，以工对工"的效果。例如：

风声、雨声、读书声，声声入耳；

家事、国事、天下事，事事关心。(无锡东林书院联)

The sounds of wind, of rain, and of reading aloud all fall upon my ears;

The affairs of the state, of the family, and of the world are all my concerns.

（2）"得意忘形"法。在翻译一些在内容上具有特殊性的楹联或者楹联具有深厚文化内涵时，译者不必将其译为对联形式的英文，也不必对原文形式进行全盘复制，而是可以对英语译文进行灵活处理，以便最大限度地传神达意。例如：

朝朝朝朝朝朝朝；

长长长长长长长。（故宫太和殿对联）

In the morning there is a court,

In the morning there is a court,

Every morning there is a court;

It is permanently growing,

Permanently growing,

Always and eternally growing. （赖恬昌译）

（三）河南外宣翻译实践

1. 大相国寺外宣翻译实践

开封大相国寺

Xiangguo Temple

千古名刹——开封大相国寺，坐落于"七朝古都"开封市中心。开封是"富丽甲天下""自古帝王都"的历史文化古城，民间向有"一苏二杭三汴州"之说。其气宇非凡的大相国寺，更是一座在中国佛教史上有着卓越地位和广泛影响的著名寺院。传说中，此寺原为战国魏公子无忌——信陵君的宅院，后寺院毁于战火，唐景云二年（公元711年）重建。延和元年（公元712年），唐睿宗下诏改寺名为大相国寺，御书"大相国寺"寺名，以纪念自己从相王当上皇帝。

The time-honored Xiangguo Temple lies in the down town are of Kaifeng, the Capital of Seven Dynasties, which was once the most prosperous city in the world and is a historical and cultural ancient city now. There is an old folk saying,"The first beauty is Suzhou(a garden city in Jiangsu province in southeast of China), the second Hangzhou (the capital city of Zhejiang province in southeast of China) and the third Kaifeng". The magnificent Grand Xiangguo Temple plays an important role in Chinese Buddhism. The Temple is said to have been the residence of Prince Wuji (also called Xin Lin Jun) in the Wei State of the Warring Period. Unfortunately, it was destroyed in the war and never rebuilt until the 2nd year of Jingyun in the Period of the Tang Dynasty (711A. D.). The Emperor Ruizong of the Tang Dynasty renamed the Temple "Xiangguo" and inscribed the name himself in A. D. 712 in order to celebrate his ascension to the throne.

　　唐宋两代是相国寺的鼎盛时期。尤其是北宋时期，相国寺屡有增修，成为全国最大的佛教寺院，全寺占地500余亩，辖64个禅院、律院，养僧1000余人，其建筑之辉煌瑰丽，有"金碧辉映，云霞失容"之称。同时，相国寺的主持由皇帝赐封。皇帝平日巡幸、祈祷、恭谢，以至进士题名也多在此举行。所以相国寺又称"皇家寺"。北宋灭亡后，相国寺遭到了严重破坏，以后各代屡加重修，时盛时衰。现在相国寺的主要建筑都是清代遗物，布局严谨，殿宇崇丽，高大宽敞，巍峨壮观，确不愧为久负盛名的古寺宝刹。

The Peak period of the Xiangguo Temple was during the Tang and Song Dynasty, especially in the Northern Song Dynasty when it became the top Temple in China, in terms of its scale and magnificent constructions: it covers an area of 33 hectares including 64 Zen courtyards and other branches under its administration housing more than one thousand monks. Its complex buildings were recorded as the most splendid ones in the world, with its abbots given titles by emperors. As the imperial Temple then, Xiangguo Temple also served as a place for imperial activities, such as, the celebrations of the emperor's birthday, blessings, or burning incense for worship, even the ceremony to sanction successful candidates for the imperial examination. As the Northern Song Dynasty came to an end, the Temple was destroyed by the Jin troops. And the flourishing Temple was doomed to bad luck in the succeeding dynasties, in spite of being repaired and renovated several times.

All main buildings in the Temple today were built in the Qing Dynasty, and appear compact in the pattern of its spacious and grand halls. It is really worthy of the reputation as one of the top ancient Temples in China.

香烟缭绕，彩幡飘舞；梵钟之音，远播千里。大相国寺成为中外佛教交流的重要场所。唐代，日本高僧空海赴长安学习佛法，曾寄居大相国寺。回日后，他在弘扬佛法的同时，创造了日本文字"片假名"。宋代，每逢海外僧侣来华，皇帝多诏令大相国寺接待；四方使节抵汴，必定入寺巡礼观光。宋神宗时，日僧成寻曾率弟子前来巡拜。日本佛教界出于对大相国寺的钦慕，在京都也设立了相国寺，并承中土佛教之风，将禅寺中高等级者列为"五山十刹"。

Surrounded by burning incense and colorful flags, with its elegant bell ringing, Xiangguo Temple is a key place in exchanging Buddhist culture between China and foreign countries. In the Tang Dynasty, the Japanese monk Konghai, who came to China to learn Buddhism in Chang'an (today's Xi'an), once stayed and studied in the Xiangguo Temple. After his return to Japan, he not only preached Buddhism, but also created the Japanese characters for the written words. In the Song Dynasty, Xiangguo Temple was the imperial reception center for foreign monks, and a place often visited by ambassadors from other countries. During the period of Emperor Shenzong of the Song Dynasty, a group of Japanese monks worshipped there; and then built a Temple in Kyoto, which was also titled "Xiangguo Temple", out of the respect to the Great Xiangguo Temple in China.

千年古寺，再现旧貌；名城名刹，清香远播。1992 年 11 月 6 日，海内外 4000 余位高僧大德参加大相国寺举行的"佛像开光、迎奉藏经和方丈升座"等庆典活动，原中国佛教协会会长赵朴初出席，并赠送大相国寺《乾隆版大藏经》一部、共 7000 余册。日本相国寺尾谷宗忍长老一行 19 人，也参加此次庆典，并与大相国寺签署了缔结友好寺院的协议书。

The ancient Temple is preserved quite well and this makes it famous in the world. On Nov. 6th, 1992, 4,000 abbots, both from home and abroad, attended the celebration activities of the opening of the Buddha figure, the welcoming and worshipping ceremony of the Buddhist sutra, and the succession ceremony of the abbot of the Xiangguo Temple. Zhao Puchu, the previous chairman of China's Buddhist Association, attended the ceremony and presented the Great Buddhist Sutra from the Emperor Qianlong Period, which includes more than 7,000 books. Moreover, a Japanese delegation of 19 monks had signed the agreement of friendly temples.

现在的大相国寺，占地 30 亩，保存有天王殿、大雄宝殿、八角琉璃殿、藏经楼等殿宇古迹。由新加坡灵山寺赠送的释迦牟尼真身舍利，于 1993 年安奉于寺内。各殿安奉的佛像金碧辉煌、制作精良，均为佛教雕塑艺术的珍品。八角琉璃殿中心亭的一尊银杏木雕千手千眼观音像，更是蜚声海内外。这尊雕像高达 7 米，像分四面，每面分四层，各雕手臂千只，精美至极，雕琢于乾隆年间（1736—1785），历时 50 多年，工艺之精，造型之美，举世无双，极为珍贵。

Now, the Xiangguo Temple covers an area of two hectares, with ancient relics including the Tianwang Hall, the Daxiong Hall, the Octagonal Glazed Hall, and the scripture-keeping tower. In 1993, the Sakyamuni's sari-putta (remains of the burned bones) given by the Linshan Temple, Singapore, was enshrined here. And all of the blazing Arhats in the halls are considered treasures of Buddhism. In the Octagonal Glazed Hall, the restands a large four-faced wooden statue of Kwan-yin with one thousand delicate arms. It was carved out of one gingko tree trunk, with a height of 7 meters. It took over 50 years to complete the carving. Its divine workmanship and magnificent shape are unparalleled and are culturally valuable to the world, thus the statue holds a great reputation both at home and abroad.

每逢新年伊始，瑞气旋升，大相国寺都要举行元宵灯会。鼓响灯炽，火树银花，古老的寺院在灿烂的灯火辉映下，充盈着国泰民安的祥和之光。文娱活动，异彩纷呈；人流涌动，摩肩接踵；红男绿女，扶老携少，或欣赏巧夺天工的灯饰，或参加丰富多彩的游艺活动，尽情享受着节日的欢欣。每逢金秋十月，寺满黄花，城满芬芳，随着开封市菊花花会的开幕，一年一度的水陆法会，又在对世界和平、人民安乐的真诚祈祷声中拉开序幕。梵音雄浑，祈祝五谷丰登、百业兴旺、国家强盛、万世太平；霜钟叩击，声震八方，法轮常转，佛日增辉，千年古刹，再获新生。

At the beginning of the lunar New Year, the annual Lantern Festival is held here. With the shining lanterns, fireworks, and sweet sound of songs and drums, the beautiful Temple foresees the peace and prosperity of the country and the happiness of people. Whenever there are cultural activities, people of all ages rush out to this ancient Temple where they can enjoy themselves through either appreciating beautiful lanterns or participating invarious traditional performances. In October, the Temple is fragrant with chrysanthemums. After the opening of the Kaifeng chrysanthemum exhibition, the annual prayer ceremony opens with praying for the peace of the world and the health of the people. The resounding recitation prays for a good harvest, prosperity and peace for the country; the resounding bell ring blesses the prosperity of Buddhism and this ancient Temple.

2. 龙门石窟外宣翻译实践

整个奉先寺的雕塑群是一个完美的艺术整体。卢舍那大佛侧旁还有其弟子阿难、迦叶、胁侍菩萨和力士、天王的雕像。这些雕像，有的慈祥，有的虔诚，再看边上的天王、力士像，则是面目狰狞、咄咄逼人，把主像烘托得更突出。

The sculpture complex of the Fengxian Temple Grotto is a perfect artistic integration. Disciples, Bodhisattvas standing beside the great statue of Buddha, Vairocana are either kind or devout while the warriors and heaven lords are either ferocious or aggressive, serving as perfect foils to the grace of the major statue.

吉阳洞是龙门石窟中开凿最早、内容最丰富的一座，也是北魏时期的另一代表洞窟。古阳洞中有很多佛龛造像，这些佛龛造像多有题记，记录了当时造像者的姓名，造像年月及缘由，这些都是研究北魏书法和雕刻艺术的珍贵资料。中国书法史上的里程碑"龙门二十品"，大部分集中在这里。"龙门二十品"代表了魏碑体，字体端正大方，气势刚健有力，是龙门石窟碑刻书法艺术的精华，历来为世人所推崇。

Guyang Grotto, the earliest and the most substantial one, is another representative grotto built in the North Wei Dynasty. The epigraphs of the large amount of statue niches in the Guyang Grotto recording the date, the reason of building the statue and the name of the builder are very valuable for the study on calligraphy and sculpture of the Northern Wei Dynasty. Most of the 20 Longmen Statue Epigraphs, the prominent landmark in the history of Chinese calligraphy, can be found here. Representing the calligraphy of the Weibei (Steles of the Wei Dynasty) Style, these graceful Chinese characters carrying a vigorous air hold the essence of the inscription calligraphy of the Longmen Grottoes, highly praised by people of all generations.

还有一个药方洞，刻有140个药方，反映了我国古代医学的成就。把一些药方刻在石碑上或洞窟中，在别的地方也有发现，这是古代医学成就传之后世的一个重要方法。

The Yaofang Grotto (Prescriptions Grotto) with 140 inscriptions of medical prescriptions reflected the ancient glory of Chinese medicine. Carving medical prescriptions into stones is an important way to hand down medical achievements to later generations, as similar cases were found in other places.

龙门石窟还保留有大量的宗教、美术、书法、音乐、服饰、医药、建筑和中外交通等方面的实物史料。因此，它又是一座大型的石刻艺术博物馆。

The Longmen Grottoes, a large museum built with stone carvings, house lots of substantial materials in religion, art, calligraphy, music, clothing and accessories, medicine, architecture, transportation and exchanges between China and other countries.

二、跨文化视域中的典籍外宣翻译

所谓"典籍"，是指经过历史的淘汰选择，被人们所公认的、代

表一个民族的文化水平所达到的高度、深度和广度的著作。

（一）《论语》外宣翻译

《论语》是对孔子言与行的记录，是儒家思想的集中反映，它的翻译一直是宣传中国传统文化的重要途径和手段。

1.《论语》的文化内涵

在奈达（Nida，2001）看来，翻译中涉及的文化因素主要包括概念文化、语言文化、物质文化、生态文化和社会文化等五个类别。《论语》是中国儒家文化的优秀代表著作，蕴含大量文化成分，具有丰富的文化内涵，对中国社会的历史、政治以及人民生活具有深远的影响。下面进行具体分析。

（1）《论语》中的概念文化。《论语》中的概念文化主要包括一些概念与术语，涉及民族精神、思维方式、价值观、世界观、宗教信仰等层面。例如：

子曰："君子坦荡荡，小人长戚戚。"（《论语·述而》）

"君子"在西周典籍中是贵族男子的通称。"君子"在《论语》中出现多次，除个别地方继承原意外，已由身份贵贱的称号演变为道德修养水平高低的称号。

（2）《论语》中的语言文化。每种语言都有它自己所独具的性格、习性、脾气、癖好、气质，也即是说有它自己的语言个性（高健，1999）。汉语有四种声调，多使用多音字、象声词以及四字成语。此外，汉语还常常使用排比、对偶等修辞手法。这些语言个性在《论语》中得到了淋漓尽致的体现。例如：

子曰："君子周而不比，小人比而不周。"《论语·为政》

对偶是用结构形式相同、字数相等、意义对称的一对短语或句子来表达两个相对或相近意思的修辞方式。对偶修辞的使用不仅赋予语句音韵美，还实现了表意凝练、便于吟诵的效果。

（3）《论语》中的物质文化。一般来说，物质文化包括器皿、食物、服装、住处、交通工具等。一个民族的物质文化往往为本民族所特有，其物质实体也难以向其他民族进行解释与说明。

（4）《论语》中的生态文化。生态文化是含义很广的概念，山河、动植的名字和地名以及它们的联想意义等都属于生态文化的范畴。例如：

子曰："凤鸟不至，河不出图，吾已矣夫！"（《论语·子罕》）

"凤鸟"指凤凰，传说帝舜时和周文王时都曾出现，预示着时代的兴盛、事业的成功。"图"指河图。据记载，伏羲氏时代曾在黄河中出现一条龙马，背上有一张图，就是后来伏羲氏画八卦时所根据的"河图"，古代人们把这样的事看作是圣明君王出现的一种征兆。因此，黄河不出河图则不是圣明之世，指时当乱世。

（5）《论语》中的社会文化。《论语》中的社会文化包括礼仪、称谓、风俗习惯、生活方式、行为习惯以及文学和艺术成就等。

2.《论语》外宣的翻译方法

（1）归化法。归化是指源语的语言形式、文化传统和习惯的处理以目的语为归宿，换言之，用符合目的语的文化传统和语言习惯的"最贴近自然对等"概念进行翻译，以实现功能对等或动态对等。为减少西方对中国和中国人的曲解，在对《论语》进行英译时，应以归化策略为主。

（2）替代法。所谓替代法，就是用蕴含目标语文化的表达方式取代蕴含源语文化的表达方式。需要注意的是，使用替代法时应以不引起错误理解为前提。

（3）文内明示法。文内明示法即文内意译法，有时也可将直译与意译有机结合在一起。文内明示法不会对读者的阅读造成影响，但因其介绍语篇外文化的空间有限，不可避免会削弱原文含蓄的审美效果。

（4）文外作注法。文外作注法就是文内直译法，即先对原文进行直译，然后在注释或脚注之中对有关文化专有项进行说明。文外作注法会中断读者的思路，但其优点在于保留原文特点，并对中国传统文化

进行详细介绍。例如：

孰谓鄹人之子知礼乎？（《论语·八佾》）

Do not tell me that this son of a villager from Tsou is expert in matters of ritual.

Footnote：A village with which Confucius's family had been connected.（韦利译）

根据《史记》的记载，孔子生鲁昌平乡陬邑是也。陬，一作鄹，一作耶。这里的"鄹人之子"指孔子，暗含不敬之意。韦利（Arthur Waley）在译文中直译，通过脚注对"鄹"进行补充说明。

（二）《成都志》外宣翻译

方志是中国典籍的重要组成部分，对于了解地方的政治、经济、军事、地理、历史、文化、方物以社会发展状况等都具有重要意义。《成都志》具有深厚的文化价值，是我国文化外宣的重要载体，因此《成都志》的外宣翻译就成为世界了解中国、了解成都的重要窗口。一般来说，《成都志》的外宣翻译主要采取归化法与异化法。

（1）归化法。采取归化法，将"麻辣鲜香"译为 palsy, spicy, fresh and savory food，使得文本更加生动且易于读者理解。需要特别指出的是，译文在框架结构与语篇形式方面也与英语读者的表达习惯十分吻合，这对于提高译文的外宣效果大有裨益。

例如，在场镇文化的翻译介绍中，译文没有将场镇音译为 Chang Zhen，而是采取归化的策略，将其译为 market 一词，十分利于译入语读者的理解。此外，在对"乾隆时期""嘉庆时期"等特定历史名词进行翻译时，译者在归化法的基础上进行时间注释，这不仅能让译入语读者读懂中国的历史，还能引导他们去探究这一时期的人文历史。

（2）异化法。异化法（alienation 或 foreignization）是指译者在翻译时忽略目的语读者的接受水平，使译作在风格和形式上完全保留源语的语言特点、文化思想和艺术特色。异化法的使用有利于保留原文的异国情调，从而提升文化软实力。例如：

"边塞诗人"是古代以戍边生活和边疆风景为题材写作的诗人，他们常通过对塞外生活、边疆风光的描写来表达自己的远大抱负与高尚节操。在翻译过程中，人名、地名、官名的翻译是最为考究的部分。不难发现，译者采取异化法，具体表现在以下两个方面。

1) 人名、地名的翻译采取音译法。例如：

高适 Gao Shi

岑参 Cen Shen

杜甫 Du Fu

剑南西川 Jian Nan Xi Chuan

2) 官名的翻译采取音译加注法。例如：

节度使 Jie Du Shi（a military governor in Tang Dynasty）

需要特别说明的是，归化法与异化法各有特色，译者应根据具体语境的需要来灵活取舍。换句话说，只有将归化与异化有机结合在一起，才能最大限度地实现外宣翻译的效果。

三、跨文化视域中的特色饮食外宣翻译

农业文明时期的生产力水平较低，人们常常吃不饱饭，所以"民以食为天"的观念深入人心，并由此形成博大精深的特色饮食。本节就以河南、新疆、四川、山西、安徽、海南等地的特色饮食为例来对其外宣翻译进行探讨。

（一）河南特色饮食外宣翻译

1. 河南特色饮食概述

自古以来，河南就是人口大省与农业大省，河南人民在长期的农业实践中逐渐创造出独具特色的饮食文化。总体来看，河南饮食既兼收其他菜系的精华，又很好地保留了传统技艺与地方风味，具有以下几个方面的特点。

（1）选材用料讲究。河南饮食在选料上广泛而严谨，往往具有独特的要求。例如，"鞭杆鳝鱼马蹄鳖，每年吃在三四月""鸡吃谷熟，鱼吃十""鲤吃一尺，鲫吃八寸"等。

（2）制汤水平高超。河南饮食中的汤有丰富的种类，如清汤、毛汤、白汤、头汤等。此外，汤的种类不同，制作要求也不同。例如，汤清则见底，味道清醇；汤浓则乳白，浓厚挂唇。因此，河南有"唱戏的腔、做菜的汤"的说法。

（3）烹调方法丰富。河南饮食的烹调方法有烧、扒、熘、炸、炒、爆、焓等50多种，刀工精细，配菜恰当，做出的美食口味不重、种类繁多，在中国饮食文化中具有极高的地位。

（4）口味以咸为主。河南饮食的总体口味是以咸为主，五味调和，酸甜适中，酸而不苦，鲜嫩爽口，酥烂不浓。此外，菜品还具有纯朴大方、色形典雅的特点。

2. 河南特色饮食的翻译

（1）主食的翻译。一些特色主食常以其来源命名，如"博望""固始""潢川""开封"等。此外，一些主食名称是对该种饮食的特指，如"锅盔""桩馍"等。在对这类主食进行翻译时，通常采用音译加意译法。

例如：

博望锅盔 Bowang guokui

蔡记蒸饺 steamed jiaozi in Cai Family style

固始县雷家烧饼 shaobing in Lei Family style in Gushi county

潢川县高桩馍 gaozhuangmo in Huangchuanxian style

鸡蛋灌饼 egg-coated bing

开封灌汤包 Kaifeng steamed baozi stuffed with juicy meat

双麻火烧 huoshao with sesames on both sides

（2）菜品的翻译。在对菜品进行翻译时，应在译文中体现菜的产地或主料。必要时，可采取"主料 in…style"的结构。例如：

汴京烤鸭 roast duck in Kaifeng style

道口烧鸡 Daokou roast chicken

怀庆府驴肉 Huaiqingfu donkey meat

焦作柿饼 Jiaozuo dries persimmon

开封套四宝 Kaifeng set meal of four treasures

开封桶子鸡 Kaifeng bucket-shaped chicken

罗山县烤鹅掌 roast goose's in Luoshanxian style

萧记三鲜烩面 Noodles cooked with triple delight in Xiao Family style

郑州烩面 Zhengzhou stewed noodles

（3）汤类的翻译。对汤类进行翻译时，通常采取"主料十汤"的结构。例如：

不翻汤（洛阳酸汤）Luoyang sour soup

豆腐汤 tofu soup

牛肉汤 beef soup

三狠汤 three-strong-flavor soup

山楂汤 haw soup

丸子汤 meatball soup

新乡甜汤 Xinxiang sweet soup

（二）新疆特色饮食外宣翻译

1. 新疆特色饮食概述

新疆位于中国西部边陲。这里生活着 40 多个民族，汇聚了基督教、伊斯兰教和佛教，容纳了阿拉伯文化、希腊罗马文化、印度文化以及中原文化。从地理环境来看，新疆南部以绿洲农耕文化为主，新疆北部则以草原游牧文化为主。因此，草原牧猎、绿洲农耕和高原半农半牧等形成新疆的三大主要生产方式，并由此使新疆的饮食具有多样、包容的特点。具体来说，新疆既有汉、回等非游牧民族饮食又有塔吉克、哈萨克、蒙古等的草原游牧民族饮食，既有锡伯、汉、蒙古等的非穆斯林饮食文化又有信仰伊斯兰教的回、维吾尔、哈萨克等的清真饮食文化。

揪片子 piece hand noodle

羊汤 lamb soup

羊饺 lamb dumpling

牛饺 beef dumpling

葱爆羊肉 sauteed sliced lamb with green onion

2. 新疆特色饮食的翻译

一般来说，在对新疆特色饮食进行翻译时，可采取以下几种方法。

（1）意译法。新疆饮食在用料、做法、食用场合等方面常常有独特的要求。为了深化译入语读者的理解，译者可采取意译法。

（2）音译意译结合法。大部分新疆饮食的名称都难以在英语中找到对应语，为避免出现译入语的语义真空，译者可采取音译加意译的方法。例如：

新疆大盘鸡 dapanji（large-place fried chicken and potato）

本例译文不仅向译入语读者介绍菜品的主料与制作方法，还有利于大盘鸡"这一名称的宣传推广，可谓一举两得。

（3）借用法。新疆的一些民族信仰伊斯兰教，他们的饮食与阿拉伯人非常相似。阿拉伯语影响面广、使用人数多，是世界六大语言之一，其中的一部分饮食词汇已为西方游客所熟知。因此，译者可采取借用法，即直接借用阿拉伯语的名称。例如：

烤肉 shish kebab

抓饭 pilaf

（三）四川特色饮食外宣翻译

1. 四川特色饮食概述

很多少数民族都在四川生活，这些少数民族由于经济水平、生活习惯、地理条件的不同而形成各具特色的饮食。总体来说，四川饮食具有风味各异、品种繁多、制作精细、选料讲究的特点，是四川各少数民族的价值观念、人文情怀、风俗习惯的综合体现。

值得一提的是，四川饮食的命名具有浓郁的地域性文化特色，其构成方式主要包括以下几种。

（1）富含民族韵味。很多四川饮食名称都带有地方或民族的语音特征。例如：糌粑。糌粑由炒熟的青稞制成，是藏族人的重要主食。糌粑的发音就源于原汁原味的藏语，生动地体现出该食物的民族特色。

此外，苗族的血灌肠，土家族的血豆腐，回族的八宝饭，羌族的金裹银、面蒸蒸以及彝族的砣砣肉、转转酒等名称都饱含着强烈的民族地域特色。

（2）力求简洁明了。为了方便记忆与传播，很多四川饮食的名称都具有朗朗上口、言简意赅的特点。具体来说，大多数饮食名称的字数都在四字以下。例如，布依族的鸡肉稀饭、五色花饭，苗族的辣椒骨、血灌肠、酸汤鱼，纳西族的吹猪肝、饵块，藏族的奶茶、糌粑，回族的馓子、油香、炸糕、干粮馍、八宝饭等。

（3）秉承写实原则。为突出饮食的制作材料、制作工具、制作方法、口味口感等基本信息，很多四川饮食的命名都采取写实方法。例如，苗族的辣椒骨、酸汤鱼，纳西族的鸡炖豆腐、鸡豆凉粉，回族的炸糕、烤羊肉串，羌族的羌香老腊、洋芋糍粑、玉米搅团、竹筒腊肉饭，藏族的青稞酒、手抓肉以及彝族的燕麦面、荞麦饼等。

2. 四川特色饮食的翻译

四川特色饮食的翻译既要使译文符合译入语的表达习惯，又要传递饮食所蕴含的文化信息，通常可采取以下几种方法。

（1）音译加注法。音译法可增强译入语读者对四川饮食的直观感受，但却难以传递用料、做法等信息。因此，译者可先进行音译，然后适当添加注解，即采取音译加注法。例如：

八宝饭 Babaofan（rice pudding with eight-delicious ingredients）

馓子 Sanzi（fried dough twist）

油茶 Youcha（fried-flour porridge with almonds and peanuts）

糌粑 Tsamba（a snack made of highland barley flour）

（2）直译法。直译法的使用有利于增进译入语读者对菜品原料、烹饪方法、外形、色彩的理解，具体包括以下几个类别。

1）主料＋配料。例如：

辣椒骨 chili bone

荞麦饼 buckwheat pancake

青稞酒 barley wine

酸汤鱼 fish in sour soup

燕麦面 oat noodles

2）烹饪方式＋原料。例如：

炒饵块 stir-fried rice pancake

吹猪肝 dried preserved liver

燔乳猪 roast suckling pig

烤羊肉串 roasted mutton cubes

面蒸蒸 steamed corn rice

3）产地＋原料。例如：

羌家扣香碗 Qiang style steamed meat dumpling slice

羌香老腊 Qiang flavor preserved pork

4）原料＋器皿。例如：

竹筒腊肉饭 steamed preserved pork in bamboo tube

（3）意译法。四川饮食中的一些菜名很难体现烹饪技法与主要材料。在对这类饮食进行翻译时，译者可采取意译法，从而将菜品的实质信息展现出来。例如：

金裹银 rice covered corn pudding

银裹金 corn covered rice pudding

上述两例中的"金"指玉米，"银"指大米，因此用玉米粉夹裹大米就称为"金裹银"，反之则称为"银裹金"。需要特别说明的是，"金"与"银"不仅是食材的代表，还是富贵、吉祥的象征，这就使这道饮食具有了美好的寓意。若将"金"与"银"分别直译为 gold 与 silver，则很难体现其文化内涵。因此，译者在此采取了意译法，将菜点的真正原料明确无误地传译给了译入语读者。

（4）意译加注法。某些四川民族小吃的名称过于简练，仅采取意译法仍有信息传译不完整的缺欠。此时，为使西方食客看得明白、吃得放心，译者可采取意译加注法，即在意译的基础上补充一些必要信息。

例如：

炸糕 fried flour cake with filling 本例将原文中没有明确体现出来的原料传译出来，对外国食客的选择大有裨益。

酥油茶 Tibetan yak buttered tea 酥油茶是藏族的特色饮料，以牦牛黄油和茶叶为主要原料。其具体的制作方法是：将茶水与牦牛黄油混合并通过击打使二者溶合，加入食盐后即做成奶香馥郁的酥油茶。本例译文既突出了该饮料的民族风味，又向译入语读者展示了"油"的真实内涵。

采取意译加注法的例子还有很多。例如：

苗族血豆腐 blood tofu（blood in tofu shape, Miao style）

布依族血豆腐 blood tofu（baked tofu with lard，Buyi style）

琵琶肉 salt-preserved pork in pipa shape（shaped like a pipa，a Chinese traditional musical instrument）

（5）对等法。某些四川饮食与西方饮食在原料、制作工艺等方面有一定的相似性。在对这些饮食进行翻译时，译者可借用西方饮食的名称，并在此基础上进行适当的说明，即采取对等法。例如：

洋芋糍粑 Chinese mashed potatoes

酸菜玉米搅团 mashed corn soup with sour prickled vegetable

土豆泥是一种十分常见的西方食品，上述两例中的糍粑与搅团的前期制作方法与土豆泥非常相似，其区别在于后期制作时所使用的汤料与作料有所不同。译者借用了西方的 mashed potatoes，并突出了四川饮食的特色，既有利于西方读者的接受，又起到推荐饮食的积极作用。

（四）山西特色饮食外宣翻译

1. 山西特色饮食概述

山西素有"小杂粮王国"之称，是中国面食文化的发祥地，因此有"世界面食在中国，中国面食在山西，山西面食看晋中"的说法。晋中盆地的自然条件得天独厚，非常适合五谷杂粮的生长，再加上山西人的勤劳与智慧，就形成具有浓郁黄土高原气息的面食文化。概括来说，山西的面食文化具有以下几个特点。

（1）制作工具丰富。山西面食的制作工具多种多样，如石子（pebble）、剪刀（scissors）、抿面床（squeezer）、河漏床（presser）、漏勺（colander）、削面刀（paring knife）、擀面杖（rolling pin）等。

（2）选用食材繁多。山西面食遵循"粗粮细作、细粮精作"的原则，经常食用的材料就有五六十种，如荞麦面（buckwheat flour）、莜面（oat flour）、豆面（soybean flour）、高粱面（sorghum flour）、玉米面（corn flour）、小麦面（wheat flour）等。

（3）制作方法多样。山西面食以白面及其他作物为基本原料，却能变换出刀削面、包皮面、猫耳朵、拉面、剔尖、剥面、切面、饸饹、揪片等几十种花样，充分体现出中国人丰富的想象力。

（4）食用方式灵活。面食在食用时常常依个人习惯来搭配小料（seasonings）、浇头（topping）和菜码（shredded or sliced vegetables）等。此外，搭配的食材还常依据季节的改变而改变，这样的方式既提色增味，又体现出当地的饮食养生理念。

2. **山西特色饮食的翻译**

山西具有特殊的地理环境与独特的人文历史，这就使山西饮食的地域特征更加鲜明。因此，在对山西饮食进行翻译时通常采取深描法，从而更加充分地展现其文化内涵。例如：

刀削面

The Sliced Noodles are a typical food for the people in the middle of Shanxi Province. Kneading the dough until it is even and smooth, people carry the dough with their left hands and use the right hands to slice the dough into the boiling water by using a special curved knife. There is a variety of spices to go with the noodles, such as ketchup and minced meat (usually pork or mutton). People also add some fresh vegetables and a little vinegar to improve the natural fiavor of the noodles.

刀削面出现于元朝，当时刀具受到严格的管制。一个很偶然的机会，人们发现用薄铁片来代替菜刀可以制作出柳叶形状的面片。更让人惊喜的是，这样的面片外滑内筋，别有一番风味。后来，这种面食制作方法随着人口的流动与经济的发展而逐渐传播开来。需要特别说明的是，刀削面的口感与外形不仅值得称赞，其制作过程本身就是一场赏心悦目的表演。上述译文将刀削面的制作过程生动传译了出来，实现了文化传播的功能。

剪刀面

Noodles Cut with Scissors are made not by the knife but bythe famous local scissors. It has been popular with both the ordinary people and royal court since 1,000 years ago. The noodles are usually matched with a topping of different choices, including meat(diced or minced pork, lamb, etc.) and vegetables (different kinds of diced or shredded vegetables by means of starch). Vinegar, soy sauce, sesame oil and other seasonings are added toenhance the flavor. There was a local tradition that women ate Noodles Cut with Scissors to express their love while their husbands were not at home.

剪刀面因使用剪刀制作而得名，是山西的金牌面食之一。剪刀面出现于隋朝末年的晋中地区，距今已有1000多年的历史。在晋中当地还有这样的传说：如果丈夫走西口，常年独自生活的妻子便每日中午都吃剪刀面，以表达对丈夫的思念之情。上述译文较好地体现出了剪刀面的文化内涵。

包皮面

Baopi Noodles (Noodles Made of Wheat Flour and SorghumFlour) appeared when people suffered from food shortage. Atthat time, wheat flour was in short supply while less refined grains were sticky and coarse. People began to wrap sorghumflour with a layer of wheat flour, so that is became unsticky, smooth, and easy to swallow, and it tasted tough and chewy. Baopi Noodles are usually served with ketchup, minced meat, sliced cucumber and coriander. In the old times, mothers inlaw used to test their daughters inlaw in managing household ability by doing this kind of noodles. It was Baopi Noodles that reminded people of their difficult times.

"包皮面"（Baopi Noodles）又称"夹心面"，是在特殊情况下出现的面食。具体来说，在生活困难时期，白面等细粮数量有限，玉米面、高粱面等粗粮又口感太差，于是人们想出一个办法，即将面条做成三层，中间一层是粗粮，上下两层是白面，既解决了吃不饱饭的问题，又解决了粗粮的口感问题。食用时，可搭配肉末卤或西红柿酱以及香菜、黄瓜等时令蔬菜，外观鲜艳、筋道清香。此外，能否做出包皮面还是婆婆检验媳妇持家本领的重要内容。本例译文充分展示了包皮面的文化渊源与制作方法。

（五）安徽特色饮食外宣翻译

1. 安徽特色饮食概述

徽菜发源于皖、浙、赣三省交界处，在唐宋时期逐渐形成。后来，随着徽商的脚步，徽菜在明清时期达到鼎盛，成为我国传统八大菜系之一。徽菜不仅具有历史的烙印，还是当地审美情趣、伦理道德、文化传统的集中体现。

概括来说，徽菜的菜名主要包括写实型与写意型两个类别：

（1）写实型菜名。写实型菜名主要根据菜品的烹饪方法与实际用料来命名，有利于展示菜品的原料与特点。例如，黄山炖鸽、石耳炖鸡等。

（2）写意型菜名。写意型菜名一般不体现烹饪方法与实际用料，而更多地运用典故或修辞手法来传递历史文化信息、展现美好寓意。例如：一品锅。

明朝时，石台县"四部尚书"毕锵的夫人余氏被封为一品诰命夫人。她发明的这道菜被皇帝大加赞赏，并赐名为"一品锅"，于是这个名称便传承至今。

凤炖牡丹

本例中的凤为整鸡，牡丹为猪肚。采取"凤"与"牡丹"的名称巧妙地掩盖了真正的食材，凭借"凤凰于飞，琴瑟和鸣"的诗句及牡丹的雍容华贵来表达金玉满堂的含义。

2. 安徽特色饮食的翻译

在对安徽饮食进行翻译时，应依据菜品的不同命名方式来采取相应的翻译方法。

（1）写实型菜名的翻译。写实型菜名的翻译通常采取直译的方法，具体可采取以下几种结构。

1）主料＋（配料/汤汁）。例如：

什锦虾球 shrimp balls with assorted vegetables

白汁鳜鱼 mandarin fish with creamy sauce

酱汁虾 shrimp in brown sauce

2）地名＋style。例如：

徽式坛子肉 diced pork in pot，Huizhou style

3）造型/口感十原料。例如：

五香兔脯 spiced rabbit meat

4）烹调方法＋主料＋（配料/汤汁）。例如：

红烧划水 braised black carp tails in brown sauce

（2）写意型菜名的翻译。

1）音译法。例如：

炒饭 chow fan

炒面 chow main

馄饨 wonton

一品锅 yi pin pot

2）直译加注法。例如：

方腊鱼 Fangla Mandarin Fish（General Fangla defeated the enemy by misleading them with Mandarin Fish）

北宋末年，方腊巧妙利用鱼群制造假象，带领起义军打败敌人。这道菜就是为了纪念方腊而做。直译加注的方法较好地体现了这道菜品的历史文化内涵。

百花朝凤 All Flowers Paying Homage to the Phoenix（Steamed Chicken with Stuffing）

若不加括号内的注解，译入语读者很可能如坠云里雾里，增加注解后则有利于他们的理解。

3）意译法。例如：

菊花鸡丝 shredded chicken with scallion

本例的主料为鸡丝，大葱及其他配料被摆放成菊花的形状。直译出的译文会令译入语读者误以为菊花是主料。译者采取意译法，向译入语读者还原了菜品的真实材料。

鱼咬羊 stewed fish stuffed with lamb

这道菜品的做法是将羊肉填充到鱼肚子里，因此被形象地称为"鱼咬羊"。如果直译出来，则不可避免会产生误解，意译后的译文可以有效避免这种情况的发生。

（六）海南特色饮食外宣翻译

1. 海南特色饮食概述

海南是中国的第一大岛，是名副其实的"陆产千名、海产万类"

的海洋大省，有水果 29 科、蔬菜 120 余种以及海洋鱼类 600 多种，形成独特的岛屿饮食文化。

海南地处热带地区，在饮食上严格遵循"不鲜不活不入席"的原则。在制作工艺上，海南饮食以"清"为主要特色，常使用炖盅、原汁、汤烟、清蒸、清炖、白切等手法，食材的选择则优先考虑自然、健康、生态、环保等因素。此外，海南饮食不仅色香味俱佳，还具有极强的养生作用。

需要特别说明的是，海南是著名的侨乡，有 300 多万华人华侨旅居世界 50 多个国家和地区。同时，海南除汉族外，还有黎、苗、回等多个少数民族，这就使海南饮食既有异域风情又有独特的民族风格。

2. *海南特色饮食的翻译*

在对海南饮食进行翻译时，通常采取直译法，以更好地体现饮食的材料、工艺、口感等特色。具体来说，译者可遵循以下几种结构。

（1）主料 + 动词适当形式 + （介词）+ （汁/汤料/配料）。例如：

海南椰丝/蓉包 Hainan steamed bun stuffed with shredded oconut

琼州椰子盅/煲 Qiongzhou coconut pot

椰奶鸡 chicken stewed with milk and coconut juice

椰奶咖喱蚵 coconut milk，curry oil

椰丝糯米粑 coconut sticky rice cake

椰丝糯米卷 shredded coconut sticky rice roll

椰香高粱粑 sorghum and rice steamed with coconut

椰香果 steamed coconut

椰香木薯糕 coconut cassava cake

椰汁板兰糕 steamed cake with coconut juice and Pandan

椰汁糕 coconut pudding

椰子水炖鸡汤/椰子水煲鸡 chicken stewed with coconut juice

（2）动词过去分词 + 主料 + （介词）+ （汁/配料/汤料）。例如：

白灼对虾 scalded prawns with sauce

干煸东山羊 dry-fried Dongshan mutton

海南煎棕 fried Zongzi in Hainan style

海南全家福 stewed assorted delicacies

胡椒猪肚煲 braised pork tripe with bitter melon and pepper

烤东山羊腿 Dongshan Gigot in Hainan style

临高（烤）乳猪 Lin'gao roast pigling

清蒸大龙虾 steamed lobster in clear soup

清蒸河乐蟹 steamed hele crabs

石山扣羊肉 boiled Shishan mutton

水晶文昌鸡 sliced boiled Wenchang chicken

万泉（河）鲤 steamed Wanquan river carp

小炒东山羊 fried Dongshan mutton

椰汁南瓜煲 stewed pumpkin with coconut juice

（3）地名或人名音译＋主（配）料。例如：

抱罗粉 Baoluo rice noodles

博鳌鸡绿藤 Boao local special dessert

博鳌天使之吻（鸡尾酒）Boao Angle's kiss（cocktail）

海的故事特调奶茶 sea story milk tea

海南粉 Hainan rice noodles

海南绿茶 Hainan green tea

海南萝卜糕 Hainan radish cake

海南水满茶 Shuiman tea

南杀（黎家酸菜）Nansha（Li minority pickles）

曲口血蚶 Qukou blood clam

山兰酒 Shanlan wine

温泉鹅 Wenquan goose

（4）动词过去分词＋主料＋（介词）＋（汁/汤料/配料）。其中，
动词过去分词与主料的顺序可以调换。例如：

琼海农家笠饭 rice cooked in coconut leaves

昌江白斩乳羊 Changjiang boiled lamb

竹筒饭 rice cooked in bamboo tubes

（5）（动词过去分词）＋主（配）料，地名、人名、特产、职业、行业＋style。例如：

海南红鱼粽 salted snapper，Hainan style

海南腌粉 rice noodles，Hainan style

海南芋头饭 rice cooked with taros，Hainan style

后安粉 rice noodles with haslet，Hou'an style

黎族甜糟 sweet ale，Li minority style

陵水酸粉 sour rice noodles，Lingshui style

第六章 外宣翻译的误译现象研究

随着我国社会经济的快速发展与进步，以及跨文化交流的日益频繁和加深，我国需要通过外宣工作将各种信息译成外文通过不同的方式向外发表和传播，以便让中国走向世界，让世界更好地了解中国。而作为脸面的外宣翻译是给外国人士留下第一印象的名片，直接影响我国的国际形象。正确简洁的译文会促进我国国际化建设，帮助塑造我国良好形象；反之不合格的译文不仅达不到对外宣传的目的，还容易带来误导混乱，外宣翻译的质量堪忧，会直接影响我国的对外形象，进而也可能产生负面影响。由此可见，在外宣工作中，外宣翻译发挥着重要的作用。某种程度上而言，我国的外宣翻译还没有发挥最理想的作用，仍然存在翻译质量不尽如人意的缺点。因此，有必要对外宣翻译中普遍存在的误译现象以及产生误译现象的原因进行梳理。

第一节 误译的内涵分析

外宣翻译误译主要存在以下四个根本问题：

第一，内宣和外宣不分。内宣的东西直接用来对外会带来很多的麻烦。从主观上讲，内宣和外宣必须分开，外宣要有自己独立的宣传途径和做法，但实际上两者很难分开。尤其是新媒体的产生以及中国对外开放以后，外国获取中国信息的渠道越来越多，比如，外国记者、网络等。你在这儿宣传某个政策怎样好，可某一个村里面出了一件大事，处理得好，可以得分，处理不好，马上失分。政府讲了很多，外宣部门做了很多宣传，一下子全没有了。汶川大地震就是很好的例子。政府并没有刻意地做很多的宣传，但国内国外媒体引导得好，起了正面的作用。

第二，缺少外宣研究。要做好对外宣传，就必须研究受众，研究自己。我们做外宣翻译、外宣出版离不开研究。我们的外宣编辑、翻译必须加强研究，而且研究要跟实践相结合。外文局有个研究中心，但如何将他们的研究成果与日常的对外编辑、翻译工作结合起来，需要做进一步的讨论和研究。

第三，文风不平和。我们的对外政治文件，可以说每句话都像是口号，大多连主语都没有。有的东西是要心平气和地叙述的。西方主张讲故事，我们主张讲道理，故事容易听得进去，道理就有些教训人的感觉。所以，对外宣传要学会讲故事。其实，对内宣传采用讲故事的办法也一定十分有效。另外，外宣要实事求是，要用事实说明问题。夸大其词、侃侃而谈，只能适得其反。失去了受众的信任比不宣传还要坏。因此，平和的文风是外宣必需的。

第四，特色词汇翻译难懂。最头疼的就是中国特色的词汇，即我们自己创造的、不通用的词汇。中国译协每年组织两次中译英研讨会讨论如何翻译这些中国特色的词汇，真是煞费苦心，也是没办法的办法，没有词也要造一个词出来。这些词也许很接近中文原文，但对于外国人来讲，往往很难看得懂，看着别扭。比如，推进、加强、加快、取得、重视、坚持、发挥、贯彻、企图、解放、抓住、部署，这些词在国外的媒体上或文章里就很少见到，老百姓是不会用这些词的，他们的语料库中根本就没有这些词，我们如此翻译过去，他们又怎能看得懂呢？

第二节　我国外宣翻译常见的误译类型

不少学者对外宣翻译中的误译进行了探讨，并提出了许多建议。段连城撰文呼吁译界同仁都来关心对外宣传。他指出一般对外宣传中的两大问题，一是"甲型病状"，表现为"白字"连篇，语法错误和用词不当；二是"乙型病状"，主要表现为拼写无误、语法不错，但外国读者感到难懂甚至不懂，更谈不上喜闻乐见的译文。他还诊断其"病因"，并提出相应的"处方"：一般对外宣传工作中可以采用"解释性翻译"。丁衡祁针对大城市的公共场所、出版读物、新闻媒体、产品包装等方面出现的拼写错误、语法错误、用法错误等，从十几个方面加以阐述。许建平以《邓小平文选》第三卷中的两种不同英译版为分析研究对象，就对外宣传翻译中的遣词用字、习惯表达、语气口吻、句式重心等问题进行了讨论，并就相关问题提出了见解。叶小宝、权循莲从语言表达错误和审校疏漏问题两个角度对具体的篇章进行了探讨。关于语言表达错误，从以下几点展开讨论：缘于理解的误译、机械死译、词不达意、累赘翻译、搭配偏离、时态混乱和其他语法错误等，审校方面主要存在拼写错误和格式问题。卢小军认为外宣翻译问题分为单词拼写和语法错误、译名不统一、中式英语、政治性误译等。

段连城将外宣翻译中常见的误译问题分为两种，一种为因外文水平不高、工作态度不够认真而造成的用词不当和语法错误，另一种为因中外文化差异所致的有碍外国读者理解的翻译错误。总结而言，跨文化视域中外宣翻译中的误译主要有语言内误译和语言外误译两种。

一、语言内误译

语言内翻译错误主要涉及文字文法等方面的问题，主要表现为拼音错误、标点错误、拼写错误、用词不当、专有名词错译、译名不统一、语法错误、美国英语与英国英语混用等。

（一）拼音错误

拼音拼写错误多是由翻译的粗心而造成的。在中文中，有些声母和韵母的发音十分相似，如-en 和-eng，sh 和 s 等，在翻译时这些相似的发音很容易弄错，尤其是对我国南方人而言。例如，上海地铁 7 号线有一站叫"芳华路站"，其在车厢显示屏中的英文表达是 We are now at Fan Hua Road Station，很显然 Fan Hua Road Station 就属于拼写错误，而应该是 Fang Hua Road Station。

用拼音代替翻译实际上就是没有翻译，这样的"翻译"也能传达任何实质的信息。例如，某酒店标示有"请上二楼用餐"，但因为翻译是 Please dine on the lou 2。尚且不论冠词的误用，单就"楼"一词直接拼音为 lou 来说，使用汉语拼音来"翻译"汉语无法让外国读者明白其含义，根本达不到翻译的效果，可以说用拼音代替翻译是一种不负责的行为。这样的例子十分常见，再如，开封的万岁山景区在一些宣传册上是 Wan Sui Shan，Shan 是汉语拼音，对于外国友人来说不能理解，而"山"本身是可以对应英语单词的，翻译为 Wan Sui Mountain 即可。河南省肿瘤医院把建卡充值翻译成 Jianka Value，建卡直接用汉语拼音代替，简直让人不知所云，应译为 Card Applying and Recharging。绝大部分外国人士根本不懂汉语拼音，因此这种外宣翻译根本没有起到任何作用。有些单位是为了赶时髦而采用拼音来代替翻译，以为这样更显档次，殊不知，这样会适得其反。

使用不恰当的拼音缩写也是拼音错误中的一种常见情况。上海的简称为"沪"，有很多关于上海的名称也常用"沪"来表示，对于中国人而言这很容易理解。但对其进行英译时直接用汉语拼音 Hu，是难以让外宣受众理解其含义的。例如，从上海通至青浦区的高速公路上的一块指示牌上写着"沪青公路-HUQINGRD"，这对于中国人而言理解起来并不困难，但这样的翻译外国人恐怕难以理解其含义，其正确的翻译应该是 Shanghai-Qingpu Highway，这样外国人理解起来就不难了。

（二）标点错误

标点虽小，但在语言表达中发挥着十分重要的作用。在外宣翻译中，一个小小的标点错误就有可能造成大错误，所以应对标点错误加以重视。

英文中省文撇号的缺失是最常见的标点错误。例如，上海某市区一块路牌上写着"河南中路-HENAN RD（M）"。对于其中的英文部分，在确定少撇号的情况下，其既可以理解为 HE'NANRD（M），又可以理解为 HEN'AN RD（M），这很显然会对外国游客造成误导。

此外，英文中使用汉语中的顿号"、"也是标点误用的情况。在汉语中，顿号表示略微的停顿，主要用于并列的词或并列的词组中。但这一标点符号在英文中并不存在，汉语中的顿号在英文中多用逗号来代替。例如，上海某著名物流公司的数据单上有这样的句子："Prohibited articles stipulated in the Regulations（sic）of posts, e. g. Flammable（sic）、explosive、poisonous、liquid articles and something which is easy to be crushed、cash、correspon dence or something similar to correspondence"，如此多顿号的使用很有可能会让以英语为母语的人怀疑英语表达的地道性和准确性。

（三）拼写错误

在外宣翻译中，词汇拼写错误也是值得重视的问题。无论是地铁站、机场、商场、旅游景区还是路标上，常常会见到单词拼写错误。例如，以前郑州火车站候车大厅的吸烟室的译文是 Smorking Room，正确拼写是 Smoking。再如，著名景区的英语介绍也是漏洞百出，在洛阳龙门石窟景区有提示用语：Please buy ticket in line, then wait for the boat orderly on the deck to ticket chiecking，其中 chiecking 明显拼写错误，应该是 checking。云台山景区的英语介绍中也有类似错误的句子：Human and nature coexist harmouisly，其中 harmouisly 是明显拼写错误，应该为 harmoniously。开封清明上河园的汴河河岸警示语是：水深（3米），岸陡。译文：DEEP WATER（3M）! STEEP BAND! 其中，岸应为 bank，此处错拼为 band。类似这样的低级错误，只需多一些耐心和认真就可以避免。

词汇的大小写错误也是一种常见错误。例如，万岁山景区的英语介绍中有一句子：first one in the central area of china. china 首字母小写是瓷器的意思，此处是中国的意思，应是大写 China。郑东新区商务西二街翻译为 2ND SHANGWU WEST ST，应为 2nd SHANGWU West St。

单词误拼貌似小错误，其实不然。单词误拼会严重影响外宣效果，甚至引起误解，因此应对其加以重视。

（四）用词不当

用词不当是指译者在翻译过程中没能认真分析原文，对原文内容理解不透彻，从而仅按照字面意思随意选词，最终造成语义模糊，不利于译文读者理解。例如：

有"山海川岛、畲族风情、宗教文化和红色旅游"四大旅游优势。

There are" mountains, rivers, seas, and islands; She ethnic charms; religious culture;China revolution history study tourism".

因没能对原文中的"畲族风情"进行仔细斟酌，随意将其译为She ethnic charms，很显然语义十分模糊，让人难以理解其表达的含义。其应该译为 the ethnic charms of the She nationality，这样就容易理解多了。

再如，"天涯海角"是海南的著名景点，其英文翻译是 the end of the world，但这一英文表达的意思是"世界末日"或"大难临头"，面对这样的旅游景点，相信外国游客只会望而却步。

又如，"干炒牛河"这道菜常被翻译为 fuck to fry cow river，这就是因不能理解原文内容且选词不当所致。针对原材料进行分析，这道菜包括嫩牛肉片和河粉，将其译为 cow river 显然仅是对字面的翻译，译者根本没有理解这道菜到底是什么，而对于外国而言，面对这样的翻译更是一头雾水。"干炒"是一种烹饪方法，在翻译这道菜名时应将其烹饪方法翻译出来，这样外国顾客就能了解其烹饪方式了。中国菜取材十分丰富，而且烹饪方式多样，并且取名抽象，还含有丰富的文化含义，因此如果仅仅采用直译法进行翻译，则无法让外国人有一个深入的了解。"干炒牛河"这道菜翻译为 stir-fried rice-noodle with beef 更为地道。常见的例子还有很多，如"麻婆豆腐"被译为 tofu made by grandma with a pockmarked face（麻脸老奶奶制作的豆腐），"四喜丸子"被译为 four glad meat balls（四个高兴的肉团），"口水鸡"被译为 mouth watering chicken，"童子鸡"甚至被译为 chicken without sexual life（没有性生活的鸡）。这些毫无美感的拙劣译文不但不符合外国受众的接受心理，也会导致译文丧失交际作用，进而影响外宣效果。

（五）专有名词错译

外宣翻译常会涉及专有名词的翻译，包括地名、企业名称等的翻译。专有名词的语用特征要求专词专用，但在翻译实践中，专有名词翻译混乱的情况十分常见。例如，"张家界国家森林公园"是专有名词，因此将其翻译成英文时要大写，这样才会更加规范，即 Zhangjiajie National forest park 应改为 Zhangjiajie National Forest Park。

（六）译名不统一

所谓译名不统一，是指我国外宣翻译中出现的统一概念术语同时存在若干种不同译名的现象。译名不统一很容易误导受众，造成信息交流混乱。之所以会出现这种情况，一是因外宣翻译涉及的专名数量巨大，新词层出不穷，很多专名还没有形成约定俗成的说法；二是外宣翻译人员缺乏统一组织，而且素质良莠不齐，常常是不精心研究而想当然地翻译专名。

南京雨花台烈士陵园中的"忠魂亭"在不同的指示牌上分别被译为 Zhonghun Pavilion，the Loyal Souls'Pavilion。有关南京"中华门"城堡就有三种相对应的译文，分别是 Zhonghua Gate，ZHONG HUA Gate 和 Zhonghuamen Gate。但根据我国有关专有地名标志标准，"中华门"应该采用专名加通名的译法，即应统一译为 Zhonghua Gate。"海峡西岸经济区"也有 the economic development area of the Western coast of the Taiwan Straits，the economic zone on the West shores of the Taiwan Straits，the West Taiwan Economic Zone 等多种不同的译文。而被誉为"天下第一奇山"的黄山也有三种不同的译文，分别是 Mount Huangshan，the Huangshan Mountain，the yellow Mountain。其中，Mount Huangshan 是音译加辅译，the Huangshan Mountain 是音译加直译，the yellow Mountain 则是简单的字面翻译，相较于前两种翻译，第三个翻译更加不妥，因为这样会误导游客认为这座山的颜色是黄色。

再如，"西藏中路"在地图上、指示方向的路标上和旅游图上有不同的翻译，在地图上被译为 XiZangZhongLu，在指示方向的路标上则译为 Central Tibet Rd.，而在旅游图中则被译为 CentralXiZang Rd.。如果译名不统一，外国游客就很容易陷入外宣翻译的"迷魂阵"，面对各型各色的翻译不知所措。

又如，广州道路的译名也是五花八门，毫无章法可循。"中山大道"的英文译名为 Zhongshan Avenue，而几十米外的"黄村大道"的英文译名则是 HUANGCUN DADAO，同样是路名，天河南路的英文标示是 TIAN HE NAN LU，天寿路则是 TIANSHOU RODE。同是"广园快速路"这一标示，在路标指示牌上被译为 GUANG YUAN KUAISULU，在高架桥上的指示牌上则被译为 GUANG YUAN EXPRESSWAY。都是路名，有的用汉语拼音，有的汉英混杂，有的大写，有的小写，根本无章可循。

针对上述地名翻译，根据 1999 年颁布的《地名标志牌城乡标准》，我国地名和站名都统一用汉语拼音作为标示。因此，在具体的翻译过程中译者应保持这些概念术语译名的统一，以便于外国受众理解，并树立良好的外交形象。

（七）语法错误

语法错误也是外宣翻译中应重视的问题。有时虽然知道如何恰当地翻译句子，但是在翻译实践中会不可避免地出现各种语法错误。以下就对常见的语法错误进行归类说明。

（1）名词单复数使用错误。例如，"严禁携带易燃易爆物品"常被译为 No Carrying Combustibles and Explosive，实际上其中的 Explosive 应改为 Explosives；"旅游箱包"常被译成 tourist case and bag，实际上 bag 应改为 bags。

（2）冠词使用错误。例如，包公祠对于包拯的翻译为：Lord Bao, native of Hefei City, capital city of An Hui Province，此处英语缺失冠词和关联词，应为：Lord Bao, a native of Hefei, which is the capital city of Anhui Province。

（3）动词形式使用错误。例如，"郑州西南绕城高速"翻译成 Zhengzhou Southwest Wind Ring way，Wind 应该改为 Winding；"所有商品不讲价"被翻译成 All Fixed Price, No Bargain，其中 bargain 应改为 bargaining。

（4）词性使用错误。例如，"上海振华设计装潢公司"被翻译成

Shanghai Zhenhua Design&Decorate Co. Ltd. 显然，Decorate 是动词，不能修饰名词，只有形容词或名词才能修饰名词，因此应将 Decorate 改为 Decoration。再如 disciplinary 一词是形容词，level 和 form 都是名词。

（5）逐字死译。例如，"武夷山风景秀丽，历史悠久，人文荟萃"被译为"Wuyishan scenery beautiful, the history is glorious galaxy."这样的译文根本不符合英语语法，几乎是逐字死译，其译文应该改为："With a beautiful scenery, the Wuyi Mountain enjoys a long history and a rich culture."

（八）美国英语与英国英语混用

由于同宗同源，美国英语和英国英语在很多地方有着相同之处，但是在发音、拼写、词汇和语法方面也表现出一定的差异。例如，英国英语中的 colour, programme, traveller 在美国英语中为 color, program, traveler。在外宣翻译中，美国英语与英国英语混用的现象很多，而且不易被发觉。在上海文广新闻传媒集团上海文广新闻传媒集团的指示牌上写着"11F 计算机中心，节目库房 computer centre, program storeroom"。通常情况下，centre 为美国英语，program 为英国英语，两者尽量避免混用，而应统一成美国英语或英国英语。

将美国英语与英国英语混用，根源在于忽视了外宣翻译中的"外外有别"原则。例如，在对外宣传中的公示语方面，美国人与英国人在使用公示语时就有所差别，如对于"垃圾箱"，美国人常用 garbage can 表示，而英国人则常用 rubbish bin 表示；美国人用 pharmacy 表示"药房"，而英国人用 chemist's shop 表示"药房"。

将美国英语与英国英语混用会给人一种不舒服的感觉，就好比在中文表达中既有简体字又有繁体字一样，让人读起来感觉怪怪的。因此，在外宣翻译中应将美国英语与英国英语分开，都用美国英语，或都用英国英语，而避免将两者混用。

二、语言外误译

语言外错误即语际错误，"是由语言迁移产生的一种错误，是由学习者的本族语导致的错误，也就是母语的习惯、模式、规则等在母语转换的过程中对目的语学习的干扰性错误"。虽然看上去拼写语法没有问题，但这种内伤却让外国朋友感到难懂或者不舒服，这类错误属于语言外错误。可以分为以下几种情况。

（一）语气不当

外宣的翻译效果是受不同语气影响的，如何有效再现原文语气是每一位外宣译者都应考虑的问题。如果忽视原文语气或对原文口吻把握不当，就会对译文效果产生很大的影响。

例如，《邓小平文选》已经被翻译成多种语言对外介绍中国特色社会主义的内涵，其中很多的文章都是以讲话及座谈的形式发表的，所以语气口吻是翻译实践中不可忽视的重要内容。其中有一句"谁想变也变不了"，如果不假思索想当然地翻译为 "Nobody can change this even if he wants to." 很显然这是一个真实条件句，表示普遍存在的现象，但这里实际上是小平同志告诉全党同志党的路线、方针和政策被实践证明是正确的，不能改变。这并不是批评，而是一种告诫和提醒，所以翻译成英文语气太过强硬是不妥当的，而应改用虚拟语气，即改为："Nobody could change them, even if he wanted to."

再以公示语的翻译为例，不同的文化习俗使中国人和外国人对公示语的反应不同。在郑州，我们也经常见到如"旅客止步""禁止喧哗"等公示语，中国人觉得并无不妥，但是翻译成英语应考虑到外国受众，体现人文关怀，创造和谐氛围。因为太直接的表达法在英语读者中不受欢迎，所以如果翻译成祈使句或者命令句 Guest Go No Further, Don't make noise 就会显得口气生硬，如果翻译为 "Staff Only, Quiet please" 就会恰当一些。河南省博物馆内禁止吸烟的提示语 No Smoking 虽然翻译不错，但却语气强硬，如果变通为静态的 Smokeless Museum，不改变语义却委婉缓和许多，与环境更为吻合。

再如，在商店、火车等常见的标语，如"闲人莫入""旅客止步"常被译为 Passengers stop here 和 Strangers are forbidden。对于中国人而言，这样的标示已经耳熟能详，但对于外国人而言，这样的标示听起来好像一道命令一样。而采用地道的英语表达 Staff only 和 Employees 不仅听起来十分友好，也利于外国人接受。在不同的文化背景中，相同的话语有着不同的"礼貌等级"，在外宣翻译中应确保译文与源语有着相同的礼貌等级，即使改变形式也在所不惜。

汉语中的否定祈使句在译成英语之后表达会非常直接，给人一种下命令的感觉，这就违反了英语国家的语用原则。对此，在翻译汉语否定祈使句时应尽量转化为肯定句。例如，在麦当劳中常会看到"请不要食用非麦当劳食品和饮料"这一标语，其英文翻译是 Consumption of MacDonald foods only；"爱护绿化，爱护环境，就是爱护自己"多被译为 The Grassland Needs Your Care，这样翻译不仅语义清晰，而且语气得当，能够达到应有的宣传效果。

（二）中式英语

由于中西历史背景、社会文化、思维方式、行为习惯的差异，汉译英过程中很容易出现"中式英语"（Chinglish）现象。所谓中式英语，就是按照汉语的字面意思直接翻译，译文有着明显的汉语特征，与英语语言表达方式不符。在外宣翻译中，中式英语现象十分常见，而且常会使人不知所云，在对外交流中严重影响外宣效果。

中式英语既不是中文也不是英语，而是一种混合的语言文字，形式上是英语，但表达却不符合英语习惯，往往是中国人看不懂，外国人也不理解。从翻译的角度而言，中式英语望文生义的英译形式，是译者受母语干扰所致的一种语言表达形式，是"硬译、死译"的结果。

例如，郑州一家商场把"少女贵妇装"直接翻译为 Grace lady's and expensive female attire，译为 Women's Wear 就可以了。希腊神话高级会所直接翻译为 The Myth of Greek Top Club，英语单词一一对应，意思反而差的十万八千里，应改为 The Top Club of Greek Mythology。

洛阳龙门石窟景区多处把票价直接翻译为 ticket price，这也是不太合适的，因为在英语当中景点票价应该是入场费的意思，应选用 admission 这个词。景区中的"爱护文物，人人有责"也直接翻译为 It's duty of each of us to protect the cultural relics，实在有失妥当，应改为 Please Protect Cultural Relics。清明上河园的"游客安全须知"也直接翻译为了 Tourists Safety Must Know，这种直译是十分可笑的，简洁地翻译为 Notice 即可。

总结而言，外宣翻译中，造成中式英语的原因主要是外宣翻译者对号入座。"在开展对外宣传时，翻译的时候往往是按照汉语的字面意思和语序结构，用'对号入座'和'亦步亦趋'的方法进行生硬的'套译'。"因译者的生搬硬套，大量的中式英语就产生了。例如，一次性筷子（throwaway chopsticks）常被想当然地译为 one sex chopsticks，"打白条"（issue an IOU）译成了 give a white slip。

这种机械的硬译和死译，不仅起不到良好的宣传作用，有时反而会引起误解。地铁门上的标示"小心站台间隙"常被翻译为 TAKE CARE OF THE GAP，但 take care of 并没有"小心"的意思，其含义是"照顾"或"呵护"，所以应改为 be ware of the gap，watch for your steps，minal the gap 等。再来看下面例子。

本酒店设有残障人士房。

Our hotel provides handicapped rooms.

原文想要表达的意思是酒店配有为残障人士准备的房间，但译文过于拘泥于原文的结构，最终导致中式英语出现，而且让人不知所云。上述翻译应改为：accessible rooms avaible.

（三）忽略文化差异

每个民族都创造了自己独特的文化，虽然各个民族文化间有着相似之处，但也存在巨大的差异。外宣翻译者不仅是信息的传递者，也是文化的传播者，所以外宣翻译者要考虑不同的文化背景历史、民俗风情等。在翻译时不注意社会文化差异，翻译就无法达到预期的效果。许多外宣翻译不准确的根源在于缺乏对不同文化差异的了解。

例如，省内许多公共交通工具上针对老弱病残孕的专座翻译成 The Old Weak Sick Disable and Pregnant Only，虽然看起来没有错误，但是在西方崇尚年轻不愿老去的思维方式下，"老"这个字是不合适的。在西方，老年人往往不愿意别人说自己老，更不愿别人用老字来称呼自己，所以英语中对老人的表述总是会以委婉语代替，在翻译时巧妙避开 old 这一类的词，老人专座就可以译为 Senior Citizen First。当然我们也可以直接借鉴外国的用法，如 Please offer a seat，Priority Seat，这些也是比较合适的用法。

汉语中常会将"以外贸企业为龙头"译成 with foreign trade enterprises as the dragon head。这样的翻译存在两个方面的问题：首先，西方人心目中的"龙"和中国人心目中的"龙"有着不同的联想，在我国的古代传说中，龙是一种神异动物，象征着权威、力量、才华和吉祥，中国人常自诩为龙的传人，但在西方人心目中，则是一只长着翅膀、身上有鳞、拖着长尾、口中喷火的怪兽，是个凶恶的形象；其次，在国外并没有耍龙灯这一习俗，因此也不知晓龙头的作用。上述翻译应改为 with foreign trade firms as the locomotive 或 flagship，用众人皆知的火车头或者旗舰作比喻，意思清晰明了，问题也就迎刃而解了。

在各种场合的开场白中，中国人习惯说"尊敬的各位领导，各位来宾，女士们，先生们，朋友们"，这是因为受封建传统思想的影响，中国的称呼语文化有着明显的等级制度，往往会体现个人的身份和地位等。但西方人则强调人人平等，所以将上述译为 Respectful leaders and guests，ladies and gentlemen 并不符合西方文化，因此只要根据英语习惯改译为 Ladies and gentlemen 即可。

（四）政治性错误

在外宣翻译中，政治性错误也是一个十分关键的问题，值得外宣翻译者加以重视。在外宣翻译中，外宣翻译者不仅仅要把握语言本身，也与国家利益、国家在国际上的话语权等紧紧联系在一起，所以译者除了要准确处理语言问题，还要掌握语言的政治含义和政治分寸，坚持政治立场，规避政治错误。

为了避免政治错误，翻译中首先要紧扣原文，不能任意删减，其次要仔细斟酌用词的政治含义与影响，要有政治头脑和敏感性，最后还要掌握分寸，用词情况要恰如其分。

但因某些外宣翻译人员缺乏政治面感性和谨慎态度，外宣翻译中时常会发生政治性误译，这不仅会影响外宣效果，也会误导大众，"中国大陆"一词的翻译就是一个非常典型的例子。在大量的网站上，将其译为 Mainland China 的不计其数，而国内权威的英文报 China Daily 中竟然有数百篇新闻报道中使用 Mainland China 来指代"中国大陆"。Mainland China 的含义就是"中国大陆"，并暗指存在"中国台湾"，实质上就是"两个中国"，这种政治性误译影响是非常消极的，在翻译中不可取。台湾是中国领土的一部分，这是不争的事实，因此"中国大陆"翻译成 the mainland of China 和 China's mainland 立场更加鲜明，而且译文也更加准确。

在涉及国家领土、主权等重大政治问题的外宣翻译工作时，译者一定要保持清醒的政治头脑，切不可盲目翻译，否则就会造成政治误译。

就目前来看，外宣翻译中出现的错误远不止上述几种类型，但通过上述内容可以了解到我国外宣翻译中问题的多样性和复杂性。这些错误不仅影响外宣工作的效果，也不利于我国文化形象的树立。

第三节　外宣翻译误译成因解析

综上分析我国对外宣传翻译中存在的各种问题，有单纯的拼写错误、语法错误等低级错误，也有中式英语、政治性误译等错误。这些错误有时是客观原因造成，如语言文化差异；有些是主观原因造成的，如译者素质不一、审校监管力度不够等。归纳起来，跨文化视域中外宣翻译误译的成因有以下几个方面。

一、受传统观念的影响

社会上的很多人都认为，只要掌握英语，并借助工具书就可从事外宣翻译工作。这种传统的观念完全忽视了外宣翻译的重要性、独特性和挑战性，认为外宣翻译工作就是简单的汉译英，但实际并非如此，外宣翻译工作注重传播的效果和受众的认同，关系国家的形象与利益，覆盖面广泛，而且政治敏感性强。但是，受传统观念的影响，许多外宣翻译人员翻译能力不强，水平不高，从而导致外宣翻译误译现象严重，甚至被贻笑大方。

二、语言文化差异

（一）中英两种语言间的差异

汉语和英语是两种截然不同的语言，它们属于完全不同的语系，前者属于汉藏语系，后者属于印欧语系，因而中文和英文语言的表达方式上也自然而然存在很多差异，诸如语言习惯、句子结构等。外宣翻译中经常因为翻译人员弄混中英语言不同的差异而造成翻译的失误问题。中英两种语言间的差异体现在很多方面，如汉语喜欢排比重复强化，语言修辞方面偏爱华丽辞藻的堆砌，极尽夸张之势，英语却没有这种习惯。如果我们直接翻译则会让译文充斥空泛堆砌的修饰语，读起来不流畅、不地道，收不到预期的传播效果，甚至会有相反的效果。具体而言，中英两种语言间的差异体现在以下几个方面。

（1）汉语语势和英语不同。汉语语势比较重，喜欢强化，会使用很多的副词和形容词当作修饰说明成分，用四字格加深印象、加重语气，如果我们照搬直译，会使翻译变得冗长烦琐，甚至会有相反的效果，直接影响我们的外宣形象。例如，会议"胜利召开"如果直接译成 The meeting is now successfully convened，则会让英语读者误以为会议之前遇到了很多的阻碍，会议是好不容易才开成的。此外，中国的政府报告中常会使用"积极""认真""大力"等肯定性评价语，以强化语气，但如果直译成英语，则会使英语读者误以为中国政府不够积极、认真和切实。在翻译这些强化语时，不必保留，直接删除即可。例如，"积极发展"可译为（vigor-ously）developing social undertakings，"认真贯彻"可译为（fully）implement，"认真落实"可译为（conscientiously）implement。不假思索地照译汉语强化语，不仅会使译文拖沓冗长，有时甚至还会产生相反的效果，影响表达力度。

（2）汉语的审美习惯和英语不同。运用夸张、华丽的辞藻也是汉语行为的习惯和特点，有时旅游语篇中，常采用四字句，使用对称结构，引用诗词曲赋，以增添语言的韵味和美感。对于中国人而言，这已经习以为常，而且能从中感受到诗情画意般的意境。但西方人讲究务实，并不习惯这些夸张、华而不实的文风，而且也会令他们不知所云、难以理解。对此，在外宣翻译实践中，应考虑到外国读者的语言习惯和审美心理，注重语言的平实，传达实质信息。例如，旅游广告常会用尽夸张之词，将旅游之地说成是"人间仙境，世外桃源"，并直译成 earthly fairyland。但在英语中，fairyland 是指美妙的童话世界，因此用在这里并不合适，实际上只要译为 a retreat/beaten track away from the hustle and bustle of the city 即可，这样不仅利于外国游客理解，还能起到良好的宣传效果。

云梦山风景区内的映瑞池与映瑞门，宣传用语摘取片段如下：

映瑞池，原名三溪池，为云梦山水帘、青龙、龙背三溪汇流处，在云梦山狭谷东段垭口，鬼谷先生当年常携弟子来此习武，历代墨士骚客进水帘洞游览都过此，有迎霞聚瑞之涵，故易名映瑞池，池水清澈，碧波荡漾，朝映霞辉，暮衔星月，水色天光，鱼儿嬉戏，美不胜收，池中有一井，名曰："鬼谷井"，为缅怀鬼谷而名。

由此可见，我国旅游的外宣用语大量使用四字词、平行结构，多用夸张过分渲染的华丽辞藻，讲究音韵节奏铿锵有力，营造诗情画意。"池水清澈，碧波荡漾，朝映霞辉，暮衔星月，水色天光，鱼儿嬉戏，美不胜收"这一串美不胜收的词营造了华丽的氛围却让外国读者不知所云。池水清澈和碧波荡漾到底有什么区别呢？暮衔星月又是什么呢？估计只有中国人能够理解，但是这句子的意境又是只可意会不可言传的，对于翻译而言岂不难哉？我们将其进行简化处理如下：

The Yingrui Pond is named after Three-Stream Pond, where the three streams converge into the river in the Yunmeng Mountain valley. It is the place where master Guigu used to take his disciples to practice martial arts, and the literati and poets of past dynasties once visited. Here tourists can watch the sunrise, sea and sun in the pond. Here is really an amazing spectacle. Moreover, there is a well called Guigu well in the pond in memory of master Guigu.

长长的一个描述句子其实只需要简单翻译成一个英语句子，表达出来景色非常美就足够了。由此可见，汉语和英语是两种截然不同的语言，它们属于完全不同的语系，因而语言的表达方式上也自然而然存在很多差异和不同。在外宣翻译中要充分考虑两者的差异，否则就会出现错误和失误。

（二）中西两种文化间的差异

外宣翻译中由于文化差异也容易导致错误的出现，尤其是当译者对于中西文化知之甚少的时候就更容易出现问题。语言和文化是紧密联系在一起的，语言是表达文化的载体，语言可以表达体现文化，文化对语言也有着深厚的影响，文化体系不同，语言也会有很大差异，因此处理语言文化和翻译的关系的时候我们就要格外小心。

汉英中有些词汇虽然意义相同，但对应的文化含义是完全不同的。例如，白色在英语中是纯洁的意思，但在汉语语言环境下有时是指死亡。而有些词汇是某种文化所特有的，其他文化中并不存在对应的词汇，特别是富有中国文化特色的词语，如传统艺术、行话俚语、历史事件在英语中很难找到相对应的词。如果直译，西方读者会觉得中国的翻译难以理解，即使是看懂字面意思却难以了解字里行间的深层意思。所以在翻译过程中就要考虑如何将中文的意思表达给受众，让西方读者理解中国人熟悉的词语对于西方人来说却是十分陌生，有中国特色、有中国文化概念的词语不能简单做字面上的翻译，要进一步解释说明。这需要我们理解文化引起的差异，在翻译的过程中考虑哪些翻译对外国人是可以接受的，哪些是不容易接受的，尽量避免文化失真和文化差异的缺省所带来的翻译失误或错误。我们来看河南淮阳的"泥泥狗"的宣传用语：河南淮阳"泥泥狗"。

泥泥狗是淮阳农村的农民用手捏制的泥玩具，几乎家家都有，人人都会做。一进村庄，就可以看到家家的院子外面，屋子里面都摆放着各种泥泥狗。泥泥狗是当地民间泥玩具的总称，可能源自于古代的氏族社会图腾。传说人皇伏羲是人头狗身，"伏"字便是"人"与"犬"两字合成，所以淮阳人用泥泥狗来表达人们对先祖的崇敬。

"泥泥狗"是河南民俗的产物，是典型地方特色，但在西方并无对等词汇，国内主流的汉英词典对此也无收录，从目前查询网络词典的结果来看也是一片空白。如果完全采用音译，译为 Ninigou 或 Ni Ni Gou，均会增加西方读者的文化障碍，让西方人理解无能，并产生文化排斥感拒人千里之外。如翻译为 muddy dog，给西方读者的印象不过是"一条浑身是泥的狗"，容易让西方受众对中原文化产生误读：为何淮阳人民要拿脏兮兮、浑身是泥的狗来做工艺品，作为艺术创作和欣赏的对象？因此，翻译时要充分考量这些因素，如何将所选因素在目的语中用相对最合适的方式加以表达。

　　而本段文字中提到了"伏羲"，且并未就"伏羲"给出任何解释，西方读者仅能得知的是"传说伏羲是人头狗身"，而不知道"伏羲"二字背后的远古与尊崇，这才是当地文化最重要的文化内涵。因此，简单音译不足以传递这种深层的文化信息，更不足以让西方读者意识到"伏羲"在中原文化中的地位，很可能误导西方读者认为"伏羲"不过是"人头狗身"的普通神灵，甚至可能将其理解为"怪物"，从而产生文化误读。因此，我们翻译的时候有必要对其采用音译加注释的形式加以传达，以补充这些必要的文化信息。我们试译如下：

"Clay Puppies" of Henan Huaiyang

"Clay Puppies", the handmade clay toys, are so popular in Huiyang that almost each local household is a workshop. As the collective name for all local clay toys, "clay puppies" may have originated from totems of ancient communities of clans. Huaiyang is the native land of Fuxi, a legendary ancestor who was said to have a human head and a dog body. One of the two Chinese characters making his name indicate the combination of "human and dog"" is one of the evidences as some people believe. Clay Puppies, therefore, symbolize the honor dedicated by the local people to ancestor Fuxi.

　　这里把"泥泥狗"翻译成 clay puppies，能够表现其文化内涵与范畴。首先，符合西方文化内涵，容易理解，在西方的圣经文化中，上帝用 clay 创造出了人类，并将生命的气息吹入其鼻孔赋予其生命，这是充满美感与神圣感的过程。因此，clay 一词并不像 mud 这样给人泥巴的感觉，而是很神圣的。其次，puppy 用来指比较可爱的小狗，英语中经常用 puppy love 指小孩子的早恋，puppy 在西方文化中表达的是"令人喜爱"之意，从而给人"供喜爱、欣赏之物"的人文意象，比较接近淮阳"泥泥狗"的文化实质。组合在一起给西方读者营造的是"用土创作的，小狗的形状，令人喜爱欣赏的东西"的文化意象，从而避免文化上的审美错位。同样，也避免了因单纯音译而造成的文化排斥感，更容易为西方游客理解和接受。

（三）中西两种社会间的差异

中西两种社会本质的意识形态是完全不同的，西方是资本主义制度，我国是有中国特色的社会主义，资本主义的意识形态和社会主义的意识形态是截然不同的甚至是对立的。自然对外时不能用我们熟悉的马列主义和社会主义去宣传，更不能用我们特有的意识形态去教育外国人士，翻译也绝不是教育工具，只是传播的工具，我们要用翻译来介绍中国，让更多的外国人了解中国。而在涉及意识形态、政治等问题上，我们必须仔细权衡，注意分寸。

我们党的十六大报告中提出了全面建设小康社会的奋斗目标，对于"小康社会"的翻译是 a well-off society，但是这个翻译会让西方读者产生误解，并不符合我们国家的实际国情。因为 well-off 在西方的社会语境下是指比较有钱的意思，well-off 的英语解释是 having a lot of money，西方人会误以为我国已经很富有了。

十七大报告的英语翻译稿中将对"小康社会"一词的翻译更改为 a moderately prosperous society 或 a relatively comfortable life，这个翻译更能反映我国现在实际的经济社会情况，而且为我国的现状做出了准确的定位，清晰地对外表明了我国正处在并将长期处在社会主义初级阶段，我们的发展还不均衡，我们在未来的目标是"全面建成惠及十几亿人口的更高水平的小康社会"，修改后的译法避免了模糊的概念，反映了我国社会的主流意识形态。

三、译者素质不一

随着中国经济的快速增长以及跨文化交流的日益增多，中国外语人才的培养开始呈现出爆炸式发展。但我国外宣翻译起步较晚，相关理论体系尚未完善，高校也缺乏外宣翻译翻译人才培养的项目，所以从事外宣翻译的专业人才并不是很多。通常，国家级主流媒体中的外宣翻译质量较高，但地方性的外宣翻译则存在诸多问题，总体而言，我国外宣译者的素质参差不齐。不少译者英文功底不足，对所译对象不了解，仅凭一知半解就草率翻译。

例如，译文中用词错误就经常有"先进""富含""老"被错误地译为 high-class，high contains，age。语法错误也非常明显，如形容词 nutritious 不能与名词 balance 并用，"人体必需的多种维生素、矿物质"被误译为"…vitamins, and minerals that need for human body"等。这样的翻译不仅不能让外国读者了解其含义，而且也达不到预期的宣传效果。

外宣翻译涉及语言、文化、政治等诸多方面，稍有不慎就会达不到翻译效果，甚至会有损国家形象。因此，外宣翻译的工作性质就决定了其具有一定的难度和挑战性。

在我国，外宣翻译属于一项新开创的事业，而这项新事业的发展需要理论的支持。尤其是外宣翻译的政治性特点，决定着外宣翻译者必须具备较高的理论水平、扎实的业务功底。但实际上，我国受过专业训练并精通英语的复合型人才并不多，很多的外宣翻译人员没有接受过专业规范的培训，翻译水平也不高。总体而言，我国外宣翻译人才还十分匮乏。

四、审校监管力度不够

社会对外宣翻译需求的加大使得我国外宣翻译行业出现热闹非凡但鱼龙混杂的局面。外行人看来只要会英语就可以从事翻译，殊不知外宣翻译领域对专业性要求很高，没有坚实的语言功底、极强的跨文化交际能力和丰富的翻译实践经验，是无法胜任这项工作的。既然是专业领域，就需要有符合行业规范要求的审校和监管。

但我国外宣翻译的门槛并不高，而且地方性外宣翻译审校监督情况也不容乐观。一方面，有关单位对外宣翻译的了解不够，也不够重视外宣翻译，所以没有对此投入足够的人力和物力，致使多数基层外宣单位没有专职的外宣人员，无法保证翻译质量；另一方面，现在外宣翻译这一行业发展得并不成熟，缺乏有效的准入机制和评价体系，使得一些并不具备翻译资质的人员混杂其中，造成对外翻译质量的下降。

因监管不力，一些译员难免会因追赶翻译速度而牺牲翻译质量，这在无形中就降低了外宣翻译的交际效果。甚至有些部门和机构因对外宣翻译的重要性认识不足，片面地认为外宣翻译仅仅是形象工程，无须反复审校，因此随意请人翻译，有的甚至仅通过翻译软件进行翻译，结果只能是译文错误百出。

凡此种种，要求各级领导和外宣机构，一方面要重视外宣翻译工作，加大投入，不断培养具有高素质的专业外宣翻译人才，同时动员丰富的智力资源，采用"走出去"和"请进来"的方法抓好外宣译者的培训和储备工作；另一方面亟须成立相关审校和监管机构，建立对外文工作的检查，咨询、审核等机制，使其制度化。各翻译部门应规范翻译制度，建设有责任感的翻译质量监督管理部门，以此对外宣翻译人员的职业道德等进行管理和监督，只有这样才能培养更多、更加专业的外宣翻译人员，也才能进一步提高我国外宣翻译的整体水平。

从某种程度上来说，外宣翻译就是全方位地向世界展示中国形象，就此意义而言，外宣翻译中出现的各种误译现象不仅仅是语言方面的问题，而且是展示中国形象的战略性问题。这就需要外宣翻译者不仅要关心不同语言文字间的转换问题，还要重视跨文化交际方面的问题，同时要关心意识形态等制约翻译行为的诸多问题，唯有这样才能提高外宣翻译质量，达到外宣翻译的交际效果。

第七章　外宣翻译的新技术——机器翻译

从人工智能或智能模拟的角度来看，机器翻译就是模拟人的语言能力：模拟人对于外国语言的接受、理解、分析、对比，然后把它的内容用母语重新表达出来。

第一节　机器翻译的发展与基本问题研究

机器翻译研究涉及语言学、计算机软件、人工智能等多个研究领域，其中对知识的要求涉及人工智能研究中的各个基本方面，它们存在一些共同的基本问题需要深入研究。

一、机器翻译的三个发展阶段

国际上一般按照机器翻译的转换基础和加工单位的不同，把它分为三代。

（1）第一代是以词汇作为转换基础，以单词作为加工单位，在词汇层次上进行的词对词的机器翻译。

（2）第二代是以形式语言学为指导理论，带有句法分析且以句子为加工单位的句对句的机器翻译。

（3）第三代是以语义分析为转换基础，以句段为加工单位，句段对句段的机器翻译。

二、语言学领域的基本问题

任何机器翻译系统都涉及对两种或两种以上的自然语言进行处理，它既要求对源语言进行分析，同时还要求利用对源语言分析的结果生成另一种语言。所以机器翻译研究首先要解决的是一系列语言学领域基本问题。

（一）文法体系设计

机器翻译要求对所涉及语言的各种知识和规律在计算机中表示、存储和处理。因此，如何设计一种强有力的语言规则知识表示形式，即文法规则表示形式，并以此为基础，设计面向各种不同自然语言的结构分析规则体系，是机译系统开发中要解决的一个基本语言学问题。

（二）广义词典语义学研究

机器翻译系统中的词典是为语言处理程序提供源语言基本构成元素所具有的各种有关词法、语法、词义、语义、语用、常识等方面信息，这是包括目标语言与源语言的对译关系复杂特征的信息集合。它是自然语言处理程序对源语言进行分析加工的主要信息来源。词典应该设置哪些信息、词典结构应采取什么形式，在很大程度上决定了能否获得正确的分析结果和合格的译文输出。

（三）复杂多义区分

自然语言处理中最难解决的一个问题是自然语言表示的复杂多义区分。自然语言的多义性有多种表现形式，涉及语法（结构）的多义性、词义的多义性、格多义性、指代关系的多义性、字面上的多义性。

（四）上下文相关处理

自然语言处理难度很大的一个主要原因是不能很好地处理上下文的相关性。因此上下文相关处理是自然语言处理中的一大难题，也是机器翻译研究中的一个基本问题。

（五）对话现象处理

自然语言表示中的对话现象，包括省略、倒装、指代、首语重复等，普遍存在，处理这些现象也是计算机翻译的基本问题研究对象之一。

第二节　机器翻译的实现过程

一、分词处理

机器翻译程序编写通常情况下的处理方法是：假设对汉字串 C1C…Cn 进行分词处理，分词过程的算法流程如图 7-1 所示。

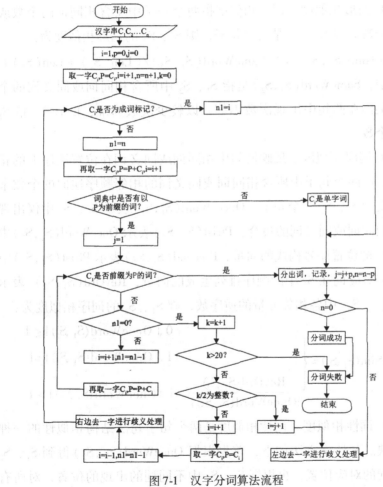

图 7-1　汉字分词算法流程

二、相似度判断

分词完成后，对分词进行相似度判定。机器翻译面临的另一个难题是长句，长句的成分非常复杂，会使实施步骤增多，难免会出现预想不到的问题。人们创造的近似机器翻译方法在回避长句这一类问题。近似翻译的实质是从语料库中找出与输入语句相似度最大的源语句，因此，语句间的相似度的计算是关键。① 相似度判定分为词形相似度、词序相似度、词性相似度、句子相似度四种。

（1）词形相似度。词形相似度指两个句子中所含相同词的个数或同义词个数。设 S_1、S_2 是两个句子，则 S_1、S_2 的词形相似度为：

$$Wordsim(S_1,S_2) = 2 * SameWord(S_1,S_2) / (Len(S_1) + Len(S_2))$$

其中，$SameWord(S_1,S_2)$ 是指 S_1、S_2 中所含相同或同义词的个数，若某词在两句中出现次数不等，以较少次数为准，$Len(S_1)$ 指 S_1 中词的个数。

（2）词序相似度。反映两句中相同词或同义词在位置顺序上的相似程度，以两个句子中所含相同词或同义词的相邻顺序逆向的个数来衡量。设为 S_1、S_2 两个句子，$Once\ Word(S_1,S_2)$ 表示 S_1、S_2 中仅出现一次的相同词或同义词的集合，$Pfrist(S_1,S_2)$ 表示 $OnceWord(S_1,S_2)$ 中的词在 S_1 的位置序号构成的向量，$Psecend(S_1,S_2)$ 表示 $Pfrist(S_1,S_2)$ 中的分量按对应词在 S_2 中的顺序排列生成的向量，$RevOrd(S_1,S_2)$ 表示 $Psecend(S_1,S_2)$ 中各相邻分量的逆序数，则 S_1、S_2 的词序相似度为：

$$OrdSim(S_1,S_2) = \begin{cases} 0, & |OnceWord(S_1,S_2)| < 1 \\ 1, & |OnceWord(S_1,S_2)| = 1 \\ \dfrac{RevOrd(S_1,S_2)}{|OnceWord(S_1,S_2)|} - 1, & |OnceWord(S_1,S_2)| > 1 \end{cases}$$

（3）词性相似度。词性相似度是两个句子句法结构相似性的一种简单反映。其计算方法如下，首先根据 $OnceWord(S_1,S_2)$ 得到 S_1、S_2 中相同词的对应位置，再根据 S_1、S_2 中不同词的出现的位置，对所有

---

① 崔启亮. 论机器翻译的译后编辑 ［J］. 中国翻译，2014（6）.

不同词进行最佳位置匹配，如 S_1 中各相同词在 S_2 中的对应位置为（5，，7，0，1，，4），则得到 S_1、S_2 的两个不同词对 $< W_{13}$，$W_{26} >$、$< W_{16}$，$W_{21} >$。记 $SamePos(S_1, S_2)$ 为所得不同词对中词性一致的词对个数，则 S_1，S_2 词形相似度为：

$$SimPos(S_1, S_2) = 2^* (S_1, S_2) + SimPos(S_1, S_2) / (Len(S_1) + Len(S_2))$$

（4）句子相似度。句子相似度综合词形、词序和词性三个方面来反映两个句子之间的相似程度。设 S_1、S_2 是两个句子，则 S_1、S_2 句子相似度为：

$$Sim(S_1, S_2) = \lambda_1 {}^* SimWord(S_1, S_2) + \lambda_2 {}^* OrdWord(S_1, S_2) + \lambda_3 {}^* SimPos(S_1, S_2)$$

其中，λ_1，λ_2，λ_3 是常数，且 $\lambda_1 + \lambda_2 + \lambda_3 = 1$，实验中 λ_1，λ_2，λ_3 分别取值为 0.85、0.1、0.5，显然 $0 \leqslant Sim(S_1, S_2) \leqslant 1$。

三、近相似度检索

如果直接将整个语料库中的源语句都作为候选实例，依次去计算它们与输入语句的句子相似度，则工作量庞大，检索效率低，所以采用分阶段进行检索的方法，以减少相似度的计算量。算法要点如下。

（1）对句型转换翻译模块未能翻译的输入语句考虑词性标注，从中抽出关键词（名词、代词、动词和形容词），并从同义词词典中查找各关键词的同义词。

（2）从单词索引倒排表 InvTab 中，查找包含输入语句中每个关键词或其同义词的实例语句链表，并从中统计找出的各实例语句 Si 包含输入语句中关键词的个数 $WordSim(S_i, I)$，然后取得分最高的前 m（m = 30）个实例语句进行下一步操作。

（3）在句子长度表中查找出这 m 个实例语句的长度信息，并计算出各语句与输入语句的词形相似度 $SamWord(S_i, I)$（j = 1，2，…，m），然后取得分最高的前 n（n = 10）个实例语句进行下一步操作。

四、译出

（1）从语料库中取出这个以个实例语句的词汇信息，再取 $\lambda_1 {}^* SimWord(S_1, S_2) + \lambda_2 {}^* OrdWord(S_\kappa, I)$ 值最高的前 I（I = 4）个实例语

句进行下一步操作。

（2）根据语料库中这个实例语句的词性信息，计算出各语句与输入语句的句子相似度 $Sim(S_h, I)$（$h = 1, 2, \cdots, I$），最后取得分最高的的实例语句 S 和它对应的目标语句 T 作为近似翻译输出。

第三节　机器翻译外宣范畴和发展方向

翻译有着悠久的历史。但是，在几千年的社会发展过程中，传统的翻译方法在技术上并无大的变化。近年来，国际间的交流日趋频繁，科学技术文献大量涌现，各种语言文字的材料堆积如山，产生所谓"资料爆炸"。20 世纪 70 年代初，全世界每年出版各类书籍约 40 万种，定期刊物约 20 万种，以及各种论文约 300 万篇。据联合国经济合作发展组织估计，从 1960 年到 1985 年，世界上的文献资料数量增加了 10 ~ 16 倍。在所有这些材料中，英文资料最多，约占 60%。交流离不开翻译。但如此巨大的工作量绝非单一的人工翻译能够全部担负起来。从这个意义上说，传统的人工翻译面临着时代的挑战。

机器翻译是由语言学、数学和计算机技术相结合而形成的一门边缘科学，它是应用语言学的一个重要分支。按照自动化的程度不同，机器翻译也可分为全自动的机器翻译和半自动的机助翻译两种。前者要求机器进行没有译前和译后编辑的全自动化的翻译，实质上这是一种高级的人工智能研究；后者要求机器储存大量的术语和数据，以供翻译使用，这实际上是一部自动的翻译百科辞典。目前，世界各国机器翻译的研究与应用，主要是为翻译科技文献资料服务的。这一方面是因为科技语言的结构比较严谨，适合机器翻译的要求；另一方面是由于科技文献资料的翻译工作量大，时间性强，需要机器翻译更为迫切。

从 20 世纪 70 年代开始，机器翻译研究重新走上迅速发展的新阶段。这一方面是因为社会发展的需要；另一方面是人们不断加深了对机器翻译重要性的认识，同时也反映了计算技术特别是软件技术飞速发展的必然结果。机器翻译已被历史证明是具有生命力的。

随着机器翻译研究水平的不断提高，各种类型的机器翻译系统相继问世。有人模仿计算机的分类，把机器翻译系统分作三代：第一代，只能进行词对词的简单翻译；第二代，能够进行语法加工；第三代，具有较强的语义分析能力。

从三代机器翻译的发展历史可以看出：第一代机器翻译使用了"巨型词典法"，结果是有缺陷的；第二代机器翻译虽然重视了句法分析，但仍然存在着一定的局限性；只有第三代机器翻译才在词汇和语法分析的基础上，加强了语义分析的手段，因而也就能够较好地理解和表达自然语言。因此，人们把第三代机器翻译系统称作"智能系统"。目前世界上已有的各种机器翻译系统还不能完全算作"智能系统"，但不少系统都不同程度地具备了较强的语法、语义辨识能力。随着机器翻译研究的不断深入，其中的人工智能问题也就更加突出。有些国家的学者也在考虑用人工智能的方法研制全语义型的机器翻译系统。

现在，市场上的机器翻译产品数不胜数，品种类型也层出不穷，有电子词典式，如多种翻译王、词霸；也有颇具规模的翻译系统，如天语英汉机器翻译系统、高力、译星、通译，以及 IMT/EC 等。我国开展机器翻译研究已 40 多年。信息时代呼唤着高质量的机器翻译。改革开放为我国机器翻译事业开创了前所未有的大好局面，在国家继续把机器翻译作为科教兴国的项目给予支持的同时，许多商家也看好机器翻译的巨大潜在市场而竞相介入，从而把机器翻译推向产业化的发展道路。我国机器翻译从来没有像今天这样面临着空前的发展机遇。希望国家、商家、翻译家、计算机和语言学家共同携手，克服困难，把机器翻译工作做得更好，走进新阶段。

参考文献

［1］许宏. 外宣翻译与国际形象构建［M］. 北京：时事出版社，2017.

［2］刘星光. 中国机器翻译研究述评：问题与对策［M］. 北京：科学出版社，2015.

［3］卢小军. 国家形象与外宣翻译策略研究［M］. 北京：外语教学与研究出版社，2015.

［4］毛峰. 传播学概论［M］. 长沙：中南大学出版社，2006.

［5］王向远. 翻译文学导论［M］. 北京：北京师范大学出版社，2004.

［6］安乐哲，罗思文. 《论语》的哲学诠释［M］. 北京：中国社会科学出版社，2003.

［7］白靖宇，文化与翻译（修订版）［M］. 北京：中国社会科学出版社，2010.

［8］陈刚. 旅游翻译与涉外导游［M］. 北京：中国对外翻译出版公司，2004.

［9］邓炎昌，刘润清. 语言与文化：英汉语言文化对比［M］. 北京：外语教学与研究出版社，1989.

［10］段连成. 对外传播学初探（增订版）［M］. 北京：五洲传播出版社，2004.

［11］顾嘉祖. 跨文化交际——外国语言文学中的隐蔽文化［M］. 南京：南京师范大学出版社，2000.

［12］郭锦桴. 汉语地名与多彩文化［M］. 上海：上海辞书出版社，2003.

［13］何国平. 中国对外报道思想研究［M］. 北京：中国传媒大

学出版社，2009.

[14] 衡孝军. 对外宣传翻译理论与实践：北京市外宣用语现状调查与规范 [M]. 北京：世界知识出版社，2011.

[15] 贾岩，张艳臣，史蕊，跨文化翻译教学中本土化身份重构策略研究 [M]. 北京：清华大学出版社，2014.

[16] 李成洪. 英语教学与跨文化传播 [M]. 沈阳：东北大学出版社，2013.

[17] 刘建明，宣传舆论学大辞典 [M]. 北京：经济日报出版社，1992.

[18] 刘雅峰，译者的适应与选择：外宣翻译过程研究 [M]. 北京：人民出版社，2010.

[19] 卢红梅. 华夏文化与汉英翻译 [M]. 武汉：武汉大学出版社，2006.

[20] 莫爱屏. 语用与翻译 [M]. 北京：高等教育出版社，2006.

[21] 琼·平卡姆. 中式英语之鉴 [M]. 北京：外语教学与研究出版社，2003.

[22] 任金州. 电视外宣策略与案例分析 [M]. 北京：中国广播电视出版社，2003.

[23] 王洪涛. 翻译学的学科建构与文化转向 [M]. 上海：上海译文出版社，2008.

[24] 王纪平，王朋进，潘忠勇，如何赢得媒体宣传公共组织宣传操作指南 [M]. 广州：南方日报出版社，2006.

[25] 武锐，翻译理论探索 [M]. 南京：东南大学出版社，2010.

[26] 许钧. 当代法国翻译理论 [M]. 武汉：湖北教育出版社，2004.

[27] 许钧. 翻译论 [M]. 武汉：湖北教育出版社，2003.

[28] 严明，跨文化交际理论研究 [M]. 哈尔滨：黑龙江大学出版社，2009.

[29] 殷莉，韩晓玲. 英汉习语与民俗文化 [M]. 北京：北京大学出版社，2007.

[30] 曾文雄. 语用学翻译研究 [M]. 武汉：武汉大学出版社，2007.

[31] 翟树耀. 对外宣传报道与英语写作 [M]. 厦门：厦门大学出版社，2001.

[32] 张健. 外宣翻译导论 [M]. 北京：国防工业出版社，2013.

[33] 张全. 全球化语境下的跨文化翻译研究 [M]. 昆明：云南大学出版社，2010.

[34] 张振华. 求是与求不是广播电视散论 [M]. 北京：中国国际广播出版社，2007.

[35] 中国大百科全书出版社编辑部. 中国大百科全书·新闻出版 [M]. 北京：中国大百科全书出版社，1990.

[36] 仇贤根. 外宣翻译研究——从中国国家形象塑造与传播角度谈起 [D]. 上海：上海外国语大学，2010.

[37] 董悦. 武汉市主要旅游景点翻译现状调查报告 [D]. 武汉：华中师范大学，2012.

[38] 何晶. 中文旅游景点介绍英译的原则和策略——目的论视角下 [D]. 武汉：华中师范大学，2013.

[39] 沈瑜. 从读者接受理论看外宣翻译如何"讲好中国故事"——以《敬业》第二章英译为例 [D]. 北京：北京外国语大学，2015.

[40] 王守宏. 跨文化语用学视角下的外宣翻译策略研究 [D]. 上海：上海外国语大学，2012.

[41] 安新奎. 跨文化交际冲突与翻译之策略 [J]. 语言与翻译，2004（5）.

[42] 柏舟. 旅游文化与翻译策略——以杭州西湖的匾额、楹联、诗词的翻译为例 [J]. 现代城市，2009（3）.

[43] 曹迎春，外宣翻译误译现象剖析 [J]. 潍坊教育学院学报，2011（6）. [44] 谭玮，熊欣. 论跨文化视角下外宣材料的汉英翻译研究 [J]. 吉林广播电视大学学报，2017（5）.

[45] Davus Linell. DoingCulture-Cross-Cultural Communication in

Action [M]. Beijing: Foreign Language Teaching and Research Press, 2004.

[46] Hawkes D. The Story of The Stone [M]. London: Penguin Books, 1977.

[47] Hudson R. A. Sociolinguistics [M]. Oxford, U. K: the Alden Press, 1980.

[48] James C. Errors in Language Learning and Use: Exploring Error Analysis [M]. Beijing: Foreign Language Teaching and Research Press, 2001.